REDLINE WIRTSCHAFT
bei ueberreuter

McKinsey & Company
Richard Foster · Sarah Kaplan

Schöpfen und Zerstören

Wie Unternehmen langfristig überleben

REDLINE WIRTSCHAFT
bei ueberreuter

Die deutsche Bibliothek – CIP-Einheitsaufnahme

Foster, Richard
Schöpfen und Zerstören : Wie Unternehmen langfristig überleben /
Richard Foster / Sarah Kaplan, –
Frankfurt/Wien : Redline Wirtschaft bei Ueberreuter, 2002
Einheitssacht.: Creative Destruction <dt.>
ISBN 3-8323-0882-2

1 2 3 / 2004 2003 2002

Aus dem Amerikanischen von Thorsten Schmidt und Harald Stadler
Die Originalausgabe erschien unter dem Titel „Creative Destruction: Why Companies That Are Built to Last Underperform the Market – and How to Successfully Transform Them“ bei Currency/Doubleday/Random House, New York

Redaktion: Jutta Scherer
Umschlaggestaltung: Ursula Neumann
Druck: Druckerei Theiss GmbH, A-9400 Wolfsberg
Printed in Austria

Meinem jüngsten Sohn, Thomas William Foster, für seine Energie, Wissbegierde, ansteckende Lebensfreude und Geduld; meiner Frau Catherine für ihre unablässige, unerschütterliche und enthusiastische Unterstützung, Zuversicht und Nachsicht; und meinen älteren Söhnen: Doug für seine Marktkenntnisse und sein praktisches Verständnis und Lucien für seinen klugen Rat.

Richard Foster

Meinen Eltern, die mich auf meinen Weg brachten, und meinen Schwestern, die mich auf diesem Weg begleitet haben.

Sarah Kaplan

Inhalt

Danksagungen

„Schöpfen und Zerstören“ entstand in über zehnjähriger Forschungsarbeit, gefördert von unseren Kollegen bei McKinsey & Company und unseren Klienten. Ihnen möchten wir zuallererst für ihre Mithilfe in diesen Jahren danken.

Zahlreiche Kollegen haben ihre Zeit geopfert und ihre Überlegungen zur Argumentation dieses Buchs beigesteuert. Einige davon verdienen besondere Erwähnung. Allen voran Peter Walker, Managing Director unseres New Yorker Büros: Pete hat unser Vorhaben von Anfang an unterstützt. Er ließ sich nicht beirren – selbst wenn es Zweifel gab, ob wir noch auf der richtigen Spur waren. Ohne seine anhaltende Unterstützung wäre dieses Vorhaben gescheitert.

In den verschiedenen Arbeitsphasen halfen uns viele andere, das Projekt in Gang und auf hohem Niveau zu halten. Darunter vor allem Rajat Gupta, Herb Henzler, Ian Davis, Bill Meehan, David Meen, John Bookout, Steve Coley, Mike Nevens, Bruce Robertson, Ron Hulme, Tim Koller, Bill Fallon, Ron Farmer, Peter Freedman, Anton von Rossum, Andreas Beroutsos, Eric Lamarre, Michael Silber, Jessica Hopfield, Endre Holen, Hugh Courtney, Kathleen Hogan, Bill Pade, Peter Bisson, Larry Kanarek, Suzanne Nimocks und Kevin Coyne.

Auch etliche Freunde von uns aus der akademischen Welt haben im Laufe der Jahre intensiv und nachhaltig zu unseren Überlegungen beigetragen. Dazu gehören Tim Reufli von der University of Texas, David Campbell von der University of Illinois, Martin Shubik, Will Goetzmann und Stan Garstka in Yale, Ronel Elul von der Brown University, Joe Bower, Clay Christensen und Teresa Amabile von der Harvard Business School, Ron Heifetz von der Kennedy School of Government in Harvard sowie Mihalyi Csikszentmihalyi, ehemals University of Chicago (inzwischen Claremont Graduate University).

Frühes Feedback zu unserem Manuskript gaben unter anderem Brian Arthur und Eric Beinhocker: Beide nahmen sich sehr viel Zeit, um die Stärken und Schwächen unserer Ideen zu durchleuchten und zu kommentieren.

Zu den ersten Projektmitgliedern von McKinsey gehörten Karen Barth, Vince DePalma, Carl Hanson, Anna Slomovic, Bro Uttal und Lily Zaidman. Sie halfen mit, aus den anfänglichen Überlegungen etwas Greifbares zu entwickeln. Chip Hughes und Kenneth Bonheure testeten schon früh die Konsequenzen für die Praxis, denn sie verwandelten unsere abstrakten Konzepte in nützliche Instrumente für den Alltag.

Auf der operativen Ebene baute Shishir Shroff die Performance-Datenbank auf, die einen entscheidenden Teil unserer Analyse ausmacht. Das begann schon Anfang der neunziger Jahre, als er noch an der Stern School of Business der New York University studierte – damals konnte er noch nicht ahnen, dass aus dieser Aufgabe einmal ein Berufsweg werden könnte. Bis heute gibt es niemanden, der mehr über die Datenbank und ihre Struktur weiß als Shishir, inzwischen Practice Specialist bei der „Corporate Finance and Strategy Practice" unseres New Yorker Büros. In der Anfangszeit arbeitete Shishir unter Anleitung von Michael Allison und Mike Ghenta. Robin Tsai – einer der besten Statistiker, die uns je begegnet sind – lieferte fachmännischen Rat in der Frage, was sich überhaupt in Erfahrung bringen lässt und was nicht, sowie erste aufschlussreiche statistische Analysen. Später arbeiteten Larry DiCapua, Tom Ball und Ravi Chanmugam laufend am Projekt mit.

Ajay Shroff, heute an der Harvard Business School, übernahm die Neuorganisation und Aktualisierung der „McKinsey Performance Database", nachdem erste Anwendungen ihren Nutzen klar gezeigt hatten. Durch Ajay gewann das Ganze wesentlich an Klarheit. Als die Daten anschaulich dargestellt waren, verfassten Christopher Baldwin und Robert Reffkin die zentralen Fallstudien und verliehen den Daten so ein „menschliches Antlitz". Ihre gründlichen Recherchen, ihr unbedingter Vollständigkeitsanspruch und ihr schreiberisches Können zeigen sich in vielen der folgenden Kapitel. In der Anfangszeit lieferte Anne Biondi fachkundig zusammengestellte Bibliographien und Quellenverzeichnisse. Cara Davis besorgte in allen Entstehungsphasen des Buches immer wieder Faktenmaterial, gab uns hilfreiche Empfehlungen zur Literatur und förderte auf unsere endlosen Fragen stets die treffenden Antworten zu Tage. Ohne Cara gäbe es dieses Buch nicht.

Zur Ausarbeitung der Details trugen viele weitere Kollegen bei. Steven Abernethy, inzwischen Chairman von Transecura, und Qiang (John) Feng waren uns eine große Hilfe, als sie vor vier Jahren die ersten Ergebnisse der Datenbank interpretierten. Paul Brown-Kenyon, Jürgen Kaljuvee, Rajini Sundar und Antony Blanc führten die ersten Fallstudien durch. Als die anfänglichen Analysen einige Überraschungen zu Tage förderten, übernahmen Christian Weber und Stephan Leitner aus unserem deutschen Büro die Interpretation der Ergebnisse. Ihre frühen Erklärungsversuche erwiesen sich auch für weiter gehende Analysen als haltbar. Später entwickelten Toshi Moghi und Nick Robinson automatisierte Verfahren zur Darstellung der Daten, so dass auch normal Sterbliche die Daten aus fast vier Jahrzehnten über mehr als tausend Unternehmen verstehen konnten. Somu Subramaniam konnte uns immer genau sagen, ob wir auf der richtigen Fährte waren oder nicht.

Unser Vorgehen zur Durchdringung der langfristigen Unternehmensleistung entwickelte sich aus der praktischen Arbeit mit Klientenunternehmen. Eines davon war die wohl wichtigste Erkenntnisquelle für uns: Johnson & Johnson. Unser ausdrücklicher Dank gilt daher unseren Klienten und Freunden Ralph Larsen, Robert Wilson, Roger Fine, Bill Weldon, Jim Lenehan, Ruß Deyo, Bob Darretta, Christian Koffmann, JoAnn Heisen, Brian Perkins, Bill Nielsen, Jim Utaski und Bernie Walsh für ihre jahrelange, richtungsweisende Begleitung.

Als die analytische Arbeit mehr oder weniger abgeschlossen war, half uns Stephen Fenichell, aus unseren Denkansätzen den ersten Entwurf für „Schöpfen und Zerstören" zu entwickeln. Dieses Manuskript zeigte uns, wie weit wir schon waren – und welcher Weg noch vor uns lag. Amanda Urban von International Creative Management gab uns die dringend benötigte Bestärkung und fachkundige Anleitung, um weiterzumachen. Erik Calonius, ein versierter Autor, der für *Fortune* und *Wall Street Journal* schreibt, stand uns dann für die endgültige Version zur Seite. Als andere das Manuskript bereits für ausgegoren hielten, nahm Roger Scholl, der Verleger von Currency Books bei Doubleday, den Stift zur Hand und führte uns zum vorliegenden Endprodukt. Durch Rogers Erfahrung und Urteilsvermögen ist das Buch prägnanter und auch lesbarer geworden. Unsere Assistentinnen während dieses Prozesses, Heidi Smith, Lin Sierzenga und Loreta Kelly, haben stets pünktlich und in höchster Qualität geliefert – trotz des Drucks aus dem Tagesgeschäft. Heidi war diejenige, welche die Sache zu Ende bringen musste. Sie bewies in den letzten beiden Jahren unseres Feilens am Buch ein enormes Maß an Energie, Geduld, Witz und Stil.

Kelly und Robert Day, enge Freunde der Fosters, gewährten Unterkunft, Ruhe und stetige Freundschaft, als Buch-Schreiben und Hausrenovierung zeitlich zusammenfielen. Carole und Arthur Broadus erwiesen sich in der ganzen Zeit als treue Freunde und machten uns Mut. Viele weitere Personen haben in aller Stille geholfen, als die Autoren mit der Materie kämpften; unter anderem Parker Merrow, Sarah und Bill Manson, Jude und Eric Boass, Patricia Henry und Ulda Calderon.

Im Verlauf eines derartigen Projekts wird man immer wieder an alte und zugleich neue Lektionen des Lebens erinnert: zum Beispiel daran, dass solche Unterfangen ohne familiären Rückhalt unmöglich wären. Richard Foster erhielt von seiner Frau Catherine mehr Rückhalt, als man sich hätte vorstellen können. In all den Jahren, in denen es immer wieder hieß, „nur noch ein Kapitel", unterstützte sie unsere Sache mit unermüdlicher Begeisterung. Richard Fosters sechsjähriger Sohn Thomas brachte für die langen Phasen seiner Abwesenheit ebenso viel Verständnis auf. Er ist sehr reif für sein Alter. Wenn Papa das nun mal tun musste, war das für Thomas okay. Sein Verständnis wäre für jedes Alter bemerkenswert gewesen. Auch Fosters ältere Söhne Douglas und Lucien waren stets großartige Kameraden, hilfreiche Kommentatoren und Ratgeber.

Sarah Kaplan dankt ihren Eltern, Meredith McGovney Kaplan und Hesh Kaplan, ihren Schwestern Esther, Sharon und Rachel, ihren Freunden und Förderern David Ashen, Laurie Blitzer, Joe Haviv, Chip Hughes, Sylvia Mathews, Noah Walley, Kristina Wollschlaeger sowie dem verstorbenen Joe Merolla für die unablässige Unterstützung und Rückenstärkung während all der Höhen und Tiefen, die zu einem solchen Unterfangen gehören.

An dieser Stelle ist ein Hinweis üblich, der auch hier nicht fehlen darf: Alle oben Genannten haben sich nach Kräften bemüht, uns behilflich zu sein. Wo sie es konnten, gebührt der Erfolg ihnen; wo sie uns nicht helfen konnten, liegt die Verantwortung allein bei uns.

New York, im Januar 2001

VORWORT ZUR DEUTSCHEN AUSGABE

Schöpferische Zerstörung ist auch für deutsche Unternehmen eine Überlebensstrategie

Schöpfen und Zerstören, dieser elementare Antagonismus beherrscht seit jeher die Entwicklung der Wirtschaft. Neues verdrängt Altes, revolutionäre Geschäftsmodelle vernichten klassische Unternehmensstrukturen, aggressive Newcomer schlucken schwerfällige Traditionskonzerne. Ausschlaggebend für deren Untergang – das zeigen Richard Foster und Sarah Kaplan in diesem Buch – ist die Angst, das Alte zugunsten des Neuen aufzugeben. Viele Firmen scheitern an der Unfähigkeit, sich spontan und radikal zu verändern. Denn in einer Wirtschaftswelt, die sich durch Kapitalmarktdruck und neue Technologien immer schneller wandelt, liegt eine entscheidende Überlebensstrategie nach den Worten der Autoren darin, die „Kunst der schöpferischen Zerstörung“ zu beherrschen.

Dieses Buch beschreibt die Herausforderungen, denen sich Unternehmen im Prozess des Schöpfens und Zerstörens zunehmend stellen müssen. Zugleich zeigt es Strategien auf, wie Firmen diesen Prozess für sich nutzen können, anstatt von ihm überrollt zu werden. Dabei gilt es vor allem, sich vom Glauben an eine scheinbare Kontinuität zu lösen – denn die gibt es im 21. Jahrhundert nicht mehr.

Kaum ein Beispiel verdeutlicht diesen Irrglauben besser, als der Rückblick des begeisterten Seglers Foster auf das Ende der Frachtsegelschifffahrt vor etwa 100 Jahren. Bis zum Jahr 1890 waren die zumeist dreimastigen Schnellsegler das gefragteste Transportmittel zwischen England und den Vereinigten Staaten; in Hunderten von Jahren waren sie immer weiter optimiert worden. Dann aber machten schnellere dampfgetriebene Schiffe den Klippern ihre Spitzenposition streitig. Die stattlichen Schnellsegler verloren Marktanteile, weil der Frachttransport via Dampfschiff preiswerter war.

Die Eigner der Schnellsegler waren jedoch nicht bereit, das Alte zugunsten des Neuen aufzugeben. Um den Frachtraum zu vergrößern und die Betriebskosten zu senken, investierten sie in immer größere Segelschiffe mit vier, fünf, ja sogar sieben Masten und riesigen Segelflächen. Schließlich ließen sie mit der

Thomas W. Lawson einen wahren Giganten der Meere vom Stapel. Doch mit diesem stolzen Schiff hatten sie die Grenzen des technisch Machbaren überschritten. Als der Riesensegler vor den Scilly Islands in einen Sturm geriet, war er auf Grund seiner Größe nicht mehr zu manövrieren und sank. Bei dem Unglück fand – bis auf den Kapitän, der wie durch ein Wunder überlebte – die gesamte Mannschaft den Tod. Mit diesem Schiffbruch endete die Ära der Frachtsegelschifffahrt.

Wie das Beispiel der Frachtsegler zeigt, zog sich der Prozess der schöpferischen Zerstörung früher häufig über einen längeren Zeitraum hin. Inzwischen aber hat er rasant an Dynamik gewonnen. Das verdeutlicht die Entwicklung der Kapitalmärkte: Ein Unternehmen, das vor 80 Jahren in den Standard and Poor's Index aufgenommen wurde, blieb dort meist ein halbes Jahrhundert gelistet – 1998 lag die durchschnittliche Verweildauer bei nur noch zehn Jahren. Auch hierzulande verschwanden in den vergangenen Jahrzehnten viele Firmen von der Bildfläche; AEG, Nixdorf und Grundig sind nur einige von zahlreichen Beispielen. Von den 512 Aktiengesellschaften, die 1954 im Amtlichen Handel notiert waren, sind heute noch rund ein Viertel gelistet. Nur 16 Prozent operieren tatsächlich unabhängig im Markt, die übrigen sieben Prozent sind Tochtergesellschaften. Wie schnell die Fluktuation zunimmt, verdeutlicht ein Blick auf den MDAX. Dort stieg der jährliche Anteil der Aussteiger zwischen 1994 und 2001 von 5,5 auf 13 Prozent *(Quelle: Deutsche Börse AG).*

Foster und Kaplan gehen mit Blick auf den US-Markt davon aus, dass sich dieser Trend weiter verstärken wird. Sie erwarten, dass im S&P 500 Index in den nächsten 20 Jahren mehr als drei Viertel der aktuell gelisteten Unternehmen von jungen, aggressiv expandierenden Konzernen geschluckt oder verdrängt werden, deren Namen, Produkte und Dienstleistungen heute noch keiner kennt.

Um den fortschreitenden Prozess der schöpferischen Zerstörung detailliert zu analysieren, trugen die Autoren – unterstützt von zahlreichen McKinsey-Kollegen – in zehn Jahren eine gewaltige Menge von Informationen über die Performance von 1.008 US-Unternehmen aus 15 Branchen in einer Datenbank zusammen. Die Entwicklung dieser Firmen verfolgten sie über einen Zeitraum von nahezu 40 Jahren (von 1962 bis 1998). Diese wohl umfangreichste Studie ihrer Art bildet den Prozess der schöpferischen Zerstörung, den nur 160 der 1.008 beobachteten US-Unternehmen überlebten, detailliert und umfassend ab.

Aus ihrer Untersuchung leiten die Autoren drei wesentliche Aussagen ab:

- Langfristig die Marktführerschaft zu behaupten, ist für Unternehmen außerordentlich schwer und wird künftig noch wesentlich schwerer.
- Auch börsennotierte Unternehmen, die sich längerfristig im Markt behaupten, haben eine schlechtere Performance als der Marktdurchschnitt und als Angreifer aus der eigenen Branche.
- Kapitalmärkte sind kreativer, handlungsfähiger und zerstörerischer als Unternehmen, wenn es darum geht, weniger rentable Geschäftsmodelle gegen renditestärkere auszutauschen.

Bestätigt werden die Ergebnisse der Autoren von der Forbes-Liste der wachstumsstärksten US-Unternehmen zwischen den Jahren 1917 und 1987: In diesem Zeitraum gelang es nur zwei Konzernen – General Electric und Eastman Kodak –, mit ihrer Marktkapitalisierung den langfristigen Wachstumsdurchschnitt von 7,5 Prozent knapp zu schlagen. General Electric erzielte einen Durchschnittszuwachs von 7,8 Prozent, Eastman Kodak erreichte 7,7 Prozent (und steht mittlerweile längst nicht mehr so gut da).

In Deutschland kann die Entwicklung „langlebiger“ Unternehmen nicht in gleicher Weise mit historischen Kapitalmarktdaten belegt und verlässlich interpretiert werden. Dies hat vor allem drei Gründe:

- Daten zur Entwicklung von Unternehmen an den Kapitalmärkten sind hier in weit geringerem Umfang vorhanden oder öffentlich zugänglich.
- Die einschneidende Diskontinuität, welche der Zweite Weltkrieg und die Nachkriegszeit für die deutsche Wirtschaft bedeuteten, erschwert die Interpretation der wenigen vorhandenen Langfristdaten erheblich.
- Der Aktienmarkt hatte in Deutschland bis vor wenigen Jahren eine weit geringere wirtschaftliche Bedeutung als in den USA.

So betrug die Marktkapitalisierung aller an der deutschen Börse gelisteten inländischen Unternehmen noch 1995 ganze 23 Prozent des Bruttoinlandsprodukts, gegenüber 92 Prozent in den USA (NYSE und Nasdaq). Gerade junge und dynamische Unternehmen waren an deutschen Börsen nicht notiert. Sie entwickelten sich außerhalb der Börse und traten am Aktienmarkt – wenn überhaupt – erst in Erscheinung, nachdem sie sich etabliert hatten. Die Gründung des Neuen Marktes und der Börsengang hunderter Unternehmen in den vergangenen Jahren setzten der relativen Ruhe an den deutschen Aktienmärkten allerdings ein Ende. Inzwischen hat Deutschland gegenüber den USA aufgeholt: Im Jahr 2000 machte die Marktkapitalisierung börsennotierter Unternehmen schon 72 Prozent des BIP aus, verglichen mit 128 Prozent in den USA. Somit müssen sich künftig deutsche ebenso wie die amerikanischen Unternehmen einer wachsenden Zahl von Herausforderern stellen, die sich über den Aktienmarkt finanzieren können und mit ihnen um die Gunst der Anleger konkurrieren.

Viele Vorstände erkennen neue Marktchancen zu spät

Ausschlaggebend für die meist unterdurchschnittliche Performance von Unternehmen, die jahrzehntelang das Schöpfen und Zerstören im Markt überleben, ist nach Auffassung der Autoren die mangelnde Bereitschaft, sich fortlaufend zu erneuern. Verhaftet in nicht mehr zeitgemäßen Denkmodellen, konzentrieren sich diese Firmen darauf, ihre traditionellen Strukturen und Ertragsquellen zu schützen. So verfolgen viele Vorstände neue Marktentwicklungen und -chancen zu spät oder gar nicht. Für die Kapitalmärkte aber spielt es keine Rolle, ob sich ein Unternehmen kontinuierlich weiterentwickelt oder fortlaufend neu aufstellt. Sie fördern – im Gegensatz zu vielen Konzernen – ein Geschäftsmodell nur, solange es Wertzuwächse verspricht, um es andernfalls rasch und skrupellos zu eliminieren.

In der deutschen Wirtschaft spielt der Prozess der schöpferischen Zerstörung eine tragende Rolle, und mit der Globalisierung der Finanzmärkte und dem Zusammenwachsen der Weltwirtschaft gewinnt er zunehmend an Dynamik. Auch hierzulande gibt es Unternehmen, die sich konsequent an den Spielregeln der Kapitalmärkte orientieren und sich in den vergangenen Jahren radikal erneuerten. So finden sich auf der Liste der zehn besten Firmen, die im Zeitraum zwischen dem 1. Januar 1973 und dem 12. Dezember 2001 den CDAX schlugen, drei Konzerne, die mit ihrer Unternehmenstradition gebrochen und neue Wege eingeschlagen haben: die Allianz auf Platz 3, Aventis auf Platz 5 und Preussag auf Platz 6 *(Quelle: Datastream)*.

Von den dreien hat die Preussag den wohl tief greifendsten Prozess des Zerstörens und Neuschöpfens hinter sich. Sie veräußerte ihr traditionelles Kohle- und Stahlgeschäft sowie den Anlagen- und Schiffsbau, um als Newcomer in das wachstumsstarke Touristikgeschäft einzusteigen. Allein in den Jahren 1998 und 1999 verkaufte das Unternehmen Geschäfte im Volumen von 11 Milliarden DM und kaufte Geschäfte mit 21 Milliarden DM Umsatz hinzu. Heute ist

Preussag weltweit die Nr. 1 im Touristikmarkt. Die Wertschöpfungskette umfasst alle touristischen Dienstleistungen – vom Reisebüro über das Reiseveranstaltergeschäft bis hin zur Flugzeugflotte und Ferienanlagen.

Die systematische Zerlegung eines Traditionsunternehmens

Steht die Preussag als Beispiel für den Sprung aus traditionellen Geschäftsfeldern in einen völlig neuen Markt, symbolisiert der Name Aventis die systematische Zerlegung eines Traditionsunternehmens, der sogar der Markenname Hoechst zum Opfer fiel. Nach seiner Bestellung zum Hoechst-Vorstandsvorsitzenden im Jahr 1994 kaufte Jürgen Dormann zunächst den amerikanischen Pharma-Konzern Marion Merell Dow. Dann veräußerte er in vier Jahren Hoechst-Unternehmen im Wert von 25 Milliarden DM, gliederte sie als Spinoff aus oder platzierte sie an der Börse. Aus diesem kompromisslosen Umbau erwuchs nach der Fusion mit Rhône-Poulenc ein schlagkräftiger Life-Sciences-Konzern. Mit der Abtrennung der Agrarsparte ist die Positionierung der früheren Farbwerke Hoechst als eines der weltweit führenden Unternehmen im wachstumsstarken Pharmamarkt abgeschlossen.

Fokussiert sich Hoechst beziehungsweise Aventis auf ein Geschäftsfeld seines ehemals aus sechs Unternehmensbereichen bestehenden Portfolios, präsentiert die Allianz nach der Übernahme der Dresdner Bank mit dem Einstieg in das Allfinanzgeschäft ein neues Geschäftsmodell. Der ehemalige Versicherungskonzern verbreiterte damit seine Positionierung im Kapitalmarkt erheblich. Dort tritt er an, um die Überlegenheit des kombinierten Angebots von Versicherungs- und Bankprodukten unter Beweis zu stellen.

Ein weiteres prominentes Beispiel für Schöpfung und Zerstörung in Deutschland ist die Übernahme von Mannesmann durch Vodafone. Hierbei traf es ausgerechnet ein Unternehmen, das bis dahin als Paradebeispiel für Wandlungsfähigkeit und Kapitalmarktorientierung galt. Der ehemalige Montankonzern hatte sich in den achtziger Jahren zu einem der führenden deutschen Technologiekonzerne umstrukturiert. Dann vollzog er mit dem erfolgreichen Einstieg in das Mobilfunkgeschäft und die Festnetztelefonie einen Quantensprung, der schließlich in der Übernahme der britischen Mobilfunkgesellschaft Orange gipfelte. Das war jedoch der Anfang vom Ende: Der Markteinstieg in Großbritannien forderte den Wettbewerber Vodafone heraus, der Mannesmann schließlich schluckte. Ausschlaggebend hierfür war unter anderem die relativ niedrige Bewertung der Industriebeteiligungen des deutschen Traditionsunternehmens.

Schöpfung und Zerstörung als fortlaufender Zyklus

Die Strategien von Preussag, Aventis, Allianz und Mannesmann haben eines gemeinsam: Die Unternehmen konzentrierten sich nicht allein auf den Ausbau ihres operativen Geschäfts, sondern beobachteten den gesamten Markt, um dort einzusteigen beziehungsweise zu expandieren, wo sie die besten Wachstumschancen sahen. Laut Foster und Kaplan kommt es für viele Firmen künftig immer mehr darauf an, den Prozess des Schöpfens und Zerstörens nicht als einmalige Chance zu begreifen, sondern als kontinuierlichen Zyklus in ihre Geschäftsprozesse zu integrieren. Es gilt, wie im Kapitalmarkt renditestarke Geschäfte zu fördern und weniger profitable Geschäftsfelder leidenschaftslos abzustoßen. Als Maßstab für das „Stirb und Werde" dient die Bewertung aller Unternehmensbereiche, Geschäftsfelder und Tochtergesellschaften an Hand der Renditekriterien des Aktienmarkts.

Ausschlaggebend bei der Suche nach neuen Investitionszielen ist es, über den Rand des eigenen Unternehmens hinauszuschauen und Produkt- und Prozessinnovationen aus dem Marktumfeld sowie aus verwandten Branchen auf das eigene Geschäft zu übertragen. Dem Management kommt die Aufgabe zu, auch divergentes Denken im Unternehmen zu fördern. Es gilt, den Status quo immer wieder infrage zu stellen und fortlaufend neue Geschäftsmodelle durchzuspielen. Um den Einstieg in chancenreiches Neugeschäft voranzutreiben, brauchen Manager Handlungsspielraum, sodass sie rasch über Investitionen und Veräußerungen entscheiden können. Dabei liegt die Kunst darin, Risiken zu steuern, anstatt sie zu meiden. Das schließt bewusst die Akzeptanz gelegentlicher Fehlinvestitionen ein. Für das Controlling bedeutet dies, einen Mittelweg zwischen starrer, die Spontaneität einschränkender Kontrolle und der Gewährung allzu großzügiger und riskanter Entscheidungsfreiheiten aufzuzeigen. Den Veränderungsprozess im Unternehmen beschleunigt eine Unternehmenskultur, die divergent denkende Talente sucht, unterstützt und schnell in maßgebliche Positionen bringt. Entscheidend ist jedoch vor allem, den Dialog über den Prozess der schöpferischen Zerstörung im Vorstand zu verankern und dort fortlaufend die Chancen neuer Geschäftsmodelle zu erörtern.

Enron: Vom Börsenliebling zum Rekordpleitier

Wie schnell der Prozess der Schöpfung und Zerstörung selbst einen der größten US-Konzerne treffen kann, hat kurz vor Veröffentlichung der deutschen Ausgabe dieses Buches der Zusammenbruch von Enron gezeigt. Der Einstieg des einstmaligen Betreibers von Erdgaspipelines in den Strom- und Erdgashandel und sein rascher Aufstieg zum amerikanischen Marktführer sind ein Paradebeispiel für die konsequente Umsetzung des Prinzips der schöpferischen Zerstörung. Enron revolutionierte das Energiegeschäft. Über seine elektronische Handelsplattform „Enron Online" wickelte das Unternehmen allein in den Jahren 1999 und 2000 ein Transaktionsvolumen von 880 Milliarden Dollar ab. Enron scheute sich nicht, wie beispielweise in Kalifornien und New Hampshire, mit hohen Investitionen in Erdgasmärkte einzusteigen, um sofort wieder auszusteigen, wenn sich die Erwartungen nicht erfüllten. Der für das gescheiterte Vorhaben verantwortliche Manager wurde nicht bestraft, sondern für den raschen Ausstieg belohnt.

Weil sich Enron konsequent an den Spielregeln der Kapitalmärkte orientierte, avancierte das Unternehmen rasch zum Börsenliebling. Ende des Jahres 2001 aber kam es zum plötzlichen Absturz: Aufgrund intransparenter Transaktionen verloren die Investoren das Vertrauen in den Konzern, der Aktienkurs fiel von gut 90 Dollar auf unter 50 Cent. Enron beantragte Gläubigerschutz.

Aufgrund dieser überraschenden Entwicklung haben wir bei der Aktualisierung der deutschen Ausgabe intensiv darüber diskutiert, ob wir den Aufstieg des Unternehmens als Beispiel für konsequent genutzte schöpferische Zerstörung in diesem Buch so stehen lassen dürfen. Unser Fazit: Die revolutionäre Entwicklung Enrons zu einem der größten elektronischen Handelsmarktplätze der Welt darf in einem Buch über die schöpferische Zerstörung nicht fehlen. So haben wir uns entschlossen, alle zugehörigen Beispiele und Erläuterungen von Foster und Kaplan in die deutsche Ausgabe von „Creative Destruction" zu übernehmen. Denn einerseits war Enron mit dem Ausbau seines neuen Geschäftsmodells viele Jahre lang auf dem richtigen Weg – andererseits macht sein Beispiel aber auch deutlich: Die einmalige Verwirklichung einer bahnbrechenden Geschäftsidee garantiert noch keinen langfristigen Geschäftserfolg. Ganz falsch wäre es allerdings, aus dem Fall Enron zu schlussfolgern, dass Stillstand besser sei als Wandel. Dagegen sprechen die zahlreichen hier vorgestellten Erfolgsbeispiele anderer Unternehmen, die sich radikal verändert haben.

Amerika hat schon oft die Trends für die Finanzmärkte der Welt vorgegeben. Wenn sich dies erneut bewahrheitet, gibt es auch für deutsche Unternehmen künftig nur einen Weg, mit ihrer Performance den Marktindex zu erreichen oder gar zu übertreffen: Sie müssen bereit sein, sich mindestens ebenso schnell und konsequent zu verändern wie der Kapitalmarkt.

Meinen Dank richte ich an alle, die an der deutschen Ausgabe von „Creative Destruction“ beteiligt waren: So haben sich meine McKinsey-Kollegen Lothar Stein, Jürgen Meffert, Carine Beer, Hans Liebler und Thomas Augat intensiv mit dem Thema der schöpferischen Zerstörung in Deutschland auseinandergesetzt. Sie prüften die Übertragbarkeit der Ergebnisse der amerikanischen Kollegen auf die deutsche Wirtschaft, erhoben weitere Daten und erarbeiteten Analysen. Weiterer Dank gilt den Übersetzern Harald Stadler und Thorsten Schmidt, Jutta Scherer für die redaktionelle Bearbeitung der deutschen Texte sowie Ina Styra und Rainer Mörike für die Projektkoordination in unserem Hause. Nicht zuletzt danke ich Herrn Professor Dr. Richard Stehle von der Humboldt-Universität zu Berlin für die Bereitstellung langfristiger Kapitalmarktdaten.

Ich hoffe, Sie, liebe Leser, finden das Buch unserer Kollegen so lesenswert und spannend wie ich.

Jürgen Kluge

Einleitung
„Schöpferische Zerstörung" – Modell und Realität

Im Jahre 1986 veröffentlichte Richard Foster einen Bestseller mit dem Titel *Innovation: The Attacker's Advantage* (zu deutsch: Innovation. Die technologische Offensive). Darin erklärt er, dass dem langfristigen Unternehmenserfolg Grenzen gesetzt seien, weil tief greifende Veränderungen in der Geschäftspraxis (gemeinhin „Diskontinuitäten" genannt) nicht vermieden werden könnten. Fazit des Buches war, dass in Zeiten technologischer Diskontinuitäten die Angreifer und nicht die Verteidiger wirtschaftliche Vorteile hätten: Zwar fehle es ihnen meist an Größe und den damit verbundenen Kostenvorteilen, dafür hätten sie aber auch nicht mit den psychologischen und wirtschaftlichen Konflikten zu kämpfen, die Unternehmen bremsen und an der Entwicklung neuer Geschäftsfelder hindern.

Foster zog seine Schlussfolgerungen aus einer Studie über ein Dutzend Unternehmen. Im Laufe der Jahre stellte er jedoch fest, dass sie auch für Hunderte anderer Unternehmen zutrafen. Der Vorteil des Angreifers schien allerdings nicht von Dauer: Kaum hatte ein Unternehmen den Angriff gewagt, verhielt es sich schon bald wie ein Verteidiger mit all dessen Schwächen. Ende der achtziger und im Laufe der neunziger Jahren konnten wir beide immer wieder das selbe Phänomen beobachten: Sobald ein Unternehmen in der populären Managementliteratur als hervorragend oder besonders beständig gelobt wurde, begann es, in seiner Leistung nachzulassen. Nach Spitzenunternehmen zu suchen war ungefähr so einfach wie Lichtstrahlen einzufangen: Sie waren leicht vorstellbar, aber schwer fassbar.

War das nur eine Besonderheit der Unternehmen, die wir kannten, oder ging es hier um etwas Grundlegenderes? Wir erinnerten uns an einen Satz, der von Winston Churchill stammen soll – „Je weiter man zurückblickt, desto weiter kann man vorausschauen"[1], – und machten uns daran, die langfristige Erfolgsbilanz einiger führender amerikanischer Unternehmen und ihrer Wettbewerber unter die Lupe zu nehmen, um die Basis ihres langfristigen Erfolgs besser ergründen zu können.

Zu unserem Erstaunen war es gar nicht leicht, diese Daten zu sammeln. Anscheinend hatte bislang niemand hinreichend umfassendes Material gesammelt, um die langfristig leistungsfähigsten Unternehmen zu identifizieren.

Unbeirrt gingen wir daran, die fehlenden Daten über die Unternehmensentwicklung und ihre Determinanten zusammenzutragen. Wir wählten über sechzig Kennzahlen für die Untersuchung aus, darunter Umsatzwachstum, Gewinnspannen, Kapitalrendite, Verschuldung und Bewertung von Schuldtiteln, F&E-Aufwand sowie schließlich die Gesamt-Aktionärsrendite (definiert als Steigerung des Aktienkurses pro Jahr plus eventuelle Dividenden beziehungsweise Sonderausschüttungen, im Folgenden mit GAR abgekürzt). Wir wollten weit genug zurückblicken, um alle wichtigen Ereignisse mit einzubeziehen, die in den vergangenen 38 Jahren in der Wirtschaft, in einzelnen Branchen und innerhalb der Unternehmen selbst aufgetreten waren. Wir wollten erkennen, welche Rolle Diskontinuität in der Wirtschaft, in den verschiedenen Branchen und einzelnen Unternehmen spielte. Wir wollten Muster aufdecken – was regelmäßig und konstant war, was unregelmäßig auftrat, was nur periodisch wiederkehrte (wie zum Beispiel Technologiewandel, Veränderungen regulatorischer Rahmenbedingungen oder Veränderungen der Branchenstruktur durch Hinzukommen oder Ausscheiden von Anbietern). Wir wollten das Tempo und Ausmaß dieser Veränderungen messen können.

Insbesondere wollten wir objektiv „gute“ und „schlechte“ Unternehmensleistung in unterschiedlichen Perioden der Wirtschaft (etwa in den expansiven sechziger Jahren oder den inflationären Siebzigern) messen können. Wir wollten mit diesen Maßstäben „normale“ Leistung auf Anhieb erkennen können, ebenso wie *außergewöhnliche* Leistung – ob außergewöhnlich gut oder außergewöhnlich schlecht. Wir wollten eine ausreichende Zeitspanne und ein hinreichend breites Spektrum an Branchen untersuchen, um die verschiedenen Wirkkräfte aufspüren zu können – um Veränderungen des Umfelds und ihre Ursachen erkennen zu können. Wir wollten die jeweils gängigen Lehrmeinungen hinterfragen – wie beispielsweise „Technologie ist das A und O“, „Ausschlaggebend ist die gesamtwirtschaftliche Lage“, „Hohes Kurs-Gewinn-Verhältnis – niedrige Rendite“ oder „Es kommt nur auf Wachstum an“ oder „Es kommt nur auf Profitabilität an“ oder „Es ist doch alles völlig erratisch“ oder „Spitzenleistung heißt ...“.

In über zehnjähriger Arbeit und mit Hilfe von über fünfzig McKinsey-Kollegen entwickelten wir eine Datenbank über die Leistung von mehr als tausend Unternehmen aus fünfzehn Branchen, die einen Zeitraum von nahezu vier Jahrzehnten abdeckte und mit der wir Kapitalmärkte in der amerikanischen Wirtschaft modellieren konnten. Diese Datenbank bezeichnen wir im Folgenden als die „Corporate-Performance-Datenbank" von McKinsey.

Die Corporate-Performance-Datenbank enthält ausschließlich US-amerikanische Unternehmen. Darunter alteingesessene wie Exxon und Chevron, aber auch New Economy-Unternehmen wie Cisco und Dell. Neben stagnierenden Branchen wie der Stromversorgung sind auch so spannende wie Software oder Halbleiter vertreten; neben Low-tech-Sektoren wie Papier oder Güterkraftverkehr auch technologisch hoch entwickelte wie Pharmazeutika und medizinische Produkte; neben staatlich regulierten Branchen wie Fluggesellschaften auch unregulierte wie die Spezialchemie. Die Erdölindustrie mit ihren Berg- und Talfahrten ist ebenso erfasst wie die Rüstungsindustrie mit ihrer ewigen Abhängigkeit von der US-Regierung.

Die Corporate-Performance-Datenbank unterscheidet sich von der realen Volkswirtschaft nur dadurch, dass sie nicht sämtliche Branchen und Unternehmen abdeckt. Sie enthält allerdings die detaillierte Historie von 1008 Unternehmen und ist damit nach unserer Kenntnis die umfangreichste Studie dieser Art. Diese Unternehmen standen Ende 1998 für einen Gesamtumsatz von 2,1 Billionen Dollar sowie eine Marktkapitalisierung von insgesamt 5,2 Billionen Dollar.

Sämtliche Unternehmen in der Corporate-Performance-Datenbank sind mehr oder weniger *„pure plays"* – das heißt, mehr als die Hälfte ihrer Umsätze kommt aus der eigenen Branche. In der Datenbank sind keine „komplexen" Unternehmen wie General Electric oder Johnson & Johnson erfasst, die in unterschiedlichen Branchen operieren. Ebenso wenig vertreten sind Branchen, die aus nur wenigen Unternehmen bestehen (wie etwa Automobile oder Rasierklingen), denn ohne eine größere Zahl von Wettbewerbern fehlt der Maßstab für „Normalität". (Allerdings haben wir mit Hilfe der Corporate-Performance-Datenbank eine Art synthetisches Modell von Johnson & Johnson entwickelt und es dann mit dem echten Konzern verglichen. Baut man die Komponenten unserer Datenbank-Volkswirtschaft in derselben Weise zusammen wie Johnson & Johnson seine Geschäfte, ergibt sich ein Renditemuster, das dem tatsächlich beobachteten stark ähnelt.)

Wir ließen neue Unternehmen „entstehen" (nahmen sie in die Datenbank auf), sobald sie gemessen an der Marktkapitalisierung zu den größten achtzig

EINE DEFINITION VON MÄRKTEN UND UNTERNEHMEN

Wir wollen im Folgenden etwas genauer umschreiben, was wir mit „Markt" und „kognitivem Überbau" meinen. Für uns sind Märkte, einschließlich Kapitalmärkte, „informelle Zusammenschlüsse von Käufern, Verkäufern, deren Eigentümern und anderen Vermittlern zum Zwecke des Austauschs wirtschaftlicher Güter". Die „Kapitalmärkte" sind Märkte, in denen Kapital ausgetauscht wird – beispielsweise Geld gegen Aktien oder Schuldtitel. Die Käufer und Verkäufer sind in der Regel Unternehmen; einige lassen ihre Aktien an einer Börse notieren, um den aktuellen Wert ihres Unternehmens zu etablieren.

Diese informellen Zusammenschlüsse und die angewandten Prozesse bestimmen das Gleichgewicht zwischen Kontinuität und Wandel in der Wirtschaft. Die Regeln der Kapitalmärkte bestimmen Zutritt, Verhalten und Ausscheiden der Akteure in den Märkten. In unserer Wirtschaft entscheidet der einzelne Konsument, ob er bei eingeführten Produkten und Dienstleistungen bleibt oder zu neuen wechselt. Die Kapitalmärkte stellen das Geld zur Verfügung, damit dem Konsumenten etwas geboten werden kann, doch das Tempo der Veränderung bestimmt der Konsument .[3]

Kapitalmärkte unterscheiden sich ganz klar von Unternehmen, denn letztere haben einen „kognitiven Überbau". Sie haben einen Vorstand mit einem Vorsitzenden, sie planen und sie steuern. Die Verantwortlichen nehmen ihre Aufgabe sehr ernst, wie es das Gesetz auch verlangt. Sie haben sich ein Leben lang auf ihre Position vorbereitet und äußerst strenge Auswahlverfahren durchlaufen. Im Gegensatz zu Kapitalmärkten werden Unternehmen nicht von weit entfernten Ausschüssen und Kommissionen verwaltet.

Ein Hauptzweck der Unternehmensplanung und -steuerung besteht darin, Überraschungen und Risiken zu vermeiden:

> *Steuerung bedeutet im Wesentlichen, alles „in der Spur" zu halten. Das ist eine der wichtigsten Aufgaben der Unternehmensführung. Bei guter Steuerung kann eine wohlunterrichtete Person einigermaßen sicher sein, dass keine größeren unangenehmen Überraschungen auftreten werden.*[4]

Robert Simons, Professor für Betriebswirtschaft an der Harvard Business School, sagt dazu: „Das Messen konzentriert sich auf fehlerhafte Ausführung einerseits und das Verfehlen (negative Abweichen) von Zielen andererseits. Steuerungssysteme sind im Grunde negative Rückkopplungssysteme. Kontrollberichte dienen primär als Bestätigung dafür, dass alles ‚richtig läuft'. Überraschung gilt als Feind."[5]

Kapitalmärkte begünstigen von Natur aus den Zugang neuer Wettbewerber und das Ausscheiden schwacher Marktteilnehmer und sorgen damit für häufigere Überraschungen. Kapitalmärkte „kontrollieren“ zwar, aber nicht Ergebnisse, sondern Prozesse und das Einhalten von Standards. Kapitalmärkte legen auch keine „Ziele“ fest. Die Federal Reserve Bank ist von allen Institutionen noch am ehesten diejenige, welche die amerikanische Wirtschaft durch eine gewisse Zielsetzung und Strukturpolitik zu „steuern“ versucht, doch das lässt sich in keinster Weise mit dem Steuerungsprozess eines Unternehmens vergleichen.

Mit Ausnahme der Federal Reserve „denken“ Kapitalmärkte gar nicht über die Verbesserung ihres Leistungsniveaus nach. Ihre Administratoren kümmern sich wohl darum, wie gut die Märkte funktionieren, doch deren Leistungsniveau beeinflussen sie nicht. Kapitalmärkte werden zwar von Aufsichtsbehörden, Gerichten, der Polizei und der Federal Reserve Bank kontrolliert, doch niemand würde das mit den Führungsaufgaben in einem Unternehmen gleichsetzen.

Aufgrund der fehlenden übergreifenden Steuerung kommt es in funktionierenden Kapitalmärkten eher zu Anpassungen und neuen Alternativen als in Unternehmen. Effiziente Kapitalmärkte schaffen Altes einfach ab, ohne große Überlegungen oder Gewissensbisse – und ohne die damit einhergehenden Verzögerungen. Und wenn die Politik diese simplen Mechanismen durchkreuzt, wie beispielsweise bei staatlichen Unternehmen, dann gehen ihre positiven Auswirkungen häufig verloren.

Prozent der US-Unternehmen gehörten (diese Zahl stellte uns das Center for Research on Security Prices der University of Chicago zur Verfügung). Sie werden im Folgenden als „Neuzugänge“ bezeichnet. Das Jahr des „Neuzugangs“ bezeichnet also das Jahr des Eingangs in die Datenbank, nicht das Gründungsjahr.

Wir ließen auch Unternehmen „sterben“, wenn sie übernommen wurden (die meisten „sterbenden“ Unternehmen werden übernommen) oder wenn sie in Konkurs gingen (was weniger häufig der Fall ist). Diese Unternehmen sind hier als „Abgänge“ bezeichnet. Auch wenn ein Unternehmen „gestorben“ war, verblieben sämtliche bisherigen Daten darüber in der Datenbank. Einige, wie zum Beispiel Rolm, wurden im fraglichen Zeitraum als Zugang wie auch als Abgang erfasst. Und schließlich gibt es natürlich auch ein paar, die ganz zu Anfang (1962) in die Datenbank aufgenommen wurden und bis zum letzten Erfassungsjahr (1998) darin blieben. Sie bezeichnen wir als die „Langlebigen“.

Von 1008 erfassten Unternehmen waren es nur 160. Unsere Datenbank gleicht einem Video, auf dem Leute mit versteckter Kamera beim Aufwachen, Baden, Essen, Arbeiten, Nach-Hause-Kommen, Relaxen und Schlafen aufgenommen wurden; nur haben wir eben keine Personen, sondern Unternehmen beobachtet. Mit Hilfe der Corporate-Performance-Datenbank können wir Makroeffekte wie den massiven Einbruch der Aktienkurse 1974 und 1975 (fast alle Aktienkurse sanken, ausgenommen Erdöl und Hardware) mit ihren Auswirkungen auf spezifische Branchen, ja sogar einzelne Unternehmen nachvollziehen (beispielsweise kamen Champion International und International Flavors and Fragrances unter die Räder). Mit unserer Datenbank können wir Fragen zu Ursache und Wirkung stellen – und rasch Antworten finden –, ohne für jede neue Frage eine neue Datenbank anlegen zu müssen. Die Datenbank bietet uns genügend Spielraum und Reichweite, um das Zentrum wie auch die Peripherie der Wirtschaft gleichzeitig zu erfassen, und zwar immer in Bezug auf die gesamtwirtschaftliche Leistung (da unsere Datenbank auch die von anderen geprägten makroökonomischen Kennzahlen genau erfasst, so zum Beispiel die S&P 500 Indizes für die Gesamt-Aktionärsrendite).

Nach unseren Recherchen bildet die Corporate-Performance-Datenbank die Realität sehr getreu ab. Ein Ereignis in der realen Wirtschaft, wie beispielsweise der Börsenkrach von 1974/1975, wird auch in unserer Datenbank sichtbar. Wir können sowohl den Vorfall selbst als auch die Erholung der Konjunktur nachverfolgen. In den siebziger Jahren wurde die Wirtschaft von den boomenden Branchen Erdöl und Hardware vorangetrieben, und auch das spiegelt unsere Datenbank wider. In den Achtzigern gewannen die Rüstungs- und die Pharmaindustrie an Bedeutung – es zeigt sich in der Datenbank. In der folgenden Grafik werden die jährlichen Anlagerenditen aus unserer Datenbank mit denen aus dem S&P 500 verglichen. Wie man sieht, stimmen sie fast vollständig überein. Auch die Konjunkturzyklen der amerikanischen Wirtschaft sind leicht zu erkennen.

Vergleich der Gesamt-Aktionärsrendite (GAR) gemäß McKinsey-Datenbank und gemäß S&P 500

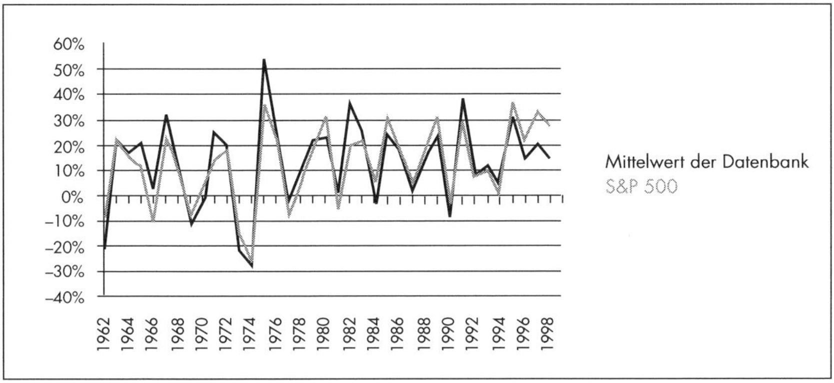

Wir betonen nochmals: Die Daten, die unserer Untersuchung zur schöpferischen Zerstörung zugrunde liegen, stützen sich auf unsere Analyse der Corporate-Performance-Datenbank, und diese wiederum gründet sich auf die wirklichen Erfahrungen von 1008 amerikanischen Unternehmen. Wertvolle Erkenntnisse für unsere Analysen gewannen wir zudem aus unseren persönlichen Beziehungen zu einigen der größten und erfolgreichsten Unternehmen der Vereinigten Staaten. In unserer Rolle als Ratgeber haben wir daran gearbeitet, Erfolgs- und Misserfolgsfaktoren aufzudecken. Wir hoffen, unsere Erkenntnisse helfen auch anderen Unternehmen, ihre Performance zu verbessern – und zwar schneller und zielsicherer, als sie es vielleicht sonst könnten.

16. Oktober 2000

KAPITEL 1

Überleben und Erfolg im Zeitalter der Diskontinuität

Dieses Unternehmen wird in hundert, ja fünfhundert Jahren noch blendend dastehen.

C. JAY PARKINSON, PRESIDENT VON ANACONDA MINES
drei Jahre vor dem Konkurs von Anaconda

Im Jahre 1917, kurz vor dem Ende des Ersten Weltkriegs, stellte Bertie Charles („B.C.") Forbes erstmals eine Liste der hundert größten amerikanischen Unternehmen zusammen. Eingestuft wurden sie nach dem Betriebsvermögen, da die Umsatzzahlen damals nur ungenau erhoben wurden. 1987 veröffentlichte *Forbes* die allererste „Forbes 100"-Liste erneut und stellt sie der aktuellen Liste gegenüber: Von den Unternehmen aus der ursprünglichen Gruppe gab es 61 nicht mehr.

Von den übrigen 39 hatten sich achtzehn in der Gruppe der hundert Besten behaupten können. Diese achtzehn – darunter Kodak, DuPont, General Electric, Ford, General Motors, Procter & Gamble und ein Dutzend andere – waren in der Öffentlichkeit zu Recht geachtet. Sie hatten die Weltwirtschaftskrise der dreißiger Jahre, den Zweiten Weltkrieg, den Koreakrieg, den Boom der sechziger Jahre, die Öl- und Inflationskrise der Siebziger und den beispiellosen technologischen Wandel in den Branchen Chemie, Pharma, Computer, Software, Rundfunk und Fernsehen sowie in der weltweiten Telekommunikationsindustrie unbeschadet überstanden. Sie waren echte Überlebenskünstler.

Allerdings: Ihr wirtschaftlicher Erfolg war eher dürftig. Als Gruppe betrachtet, erzielten diese Superfirmen zwischen 1917 und 1987 für ihre Investoren eine Langfrist-Rendite, die um zwanzig Prozent unter dem Schnitt des Gesamtmarktes lag.[1] Nur zwei davon, General Electric und Eastman Kodak, lagen über dem Durchschnitt – und für Kodak hat sich die Lage inzwischen verschlechtert.

Leistungsfähigkeit langlebiger Unternehmen

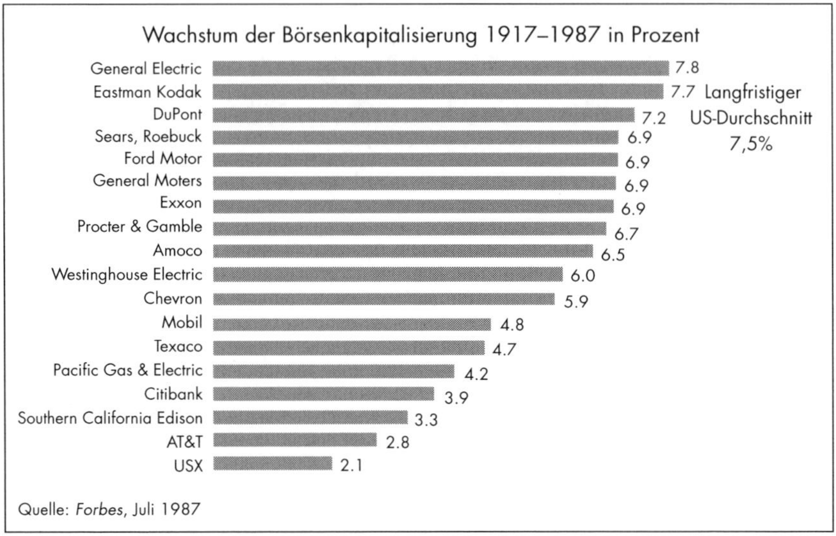

Beim Blick auf den S&P 500 zeigt sich das gleiche Bild[2]: Von den fünfhundert Unternehmen, die 1957 im Index gewesen waren, zählten vierzig Jahre später nur noch 74 dazu. Davon zeigten im Zeitraum 1957–1998 nur zwölf Ergebnisse über dem Index. Dabei enthielt die Liste Unternehmen aus zwei Branchen – Pharma und Nahrungsmittel –, denen es in diesem Zeitraum besonders gut ging. Würde der S&P 500 heute noch dieselben Unternehmen enthalten wie 1957, dann wäre die Gesamtleistung dieser 500 um etwa zwanzig Prozent schlechter ausgefallen – und zwar *Jahr für Jahr*.

In den vergangenen Jahrzehnten wurden stets die Überlebenskünstler unter den Großunternehmen in den Himmel gehoben, ihre „Spitzenleistungen“ und ihre Standfestigkeit gerühmt. Sie galten als Rückgrat der amerikanischen Wirtschaft. In diese Unternehmen sollten „geduldige“ Anleger investieren, und diese Investitionen würden sich im Laufe eines Lebens sicherlich bestens auszahlen. Jedoch – wir haben etwas anderes festgestellt: Gemäß den Daten aus der Corporate-Performance-Datenbank, die immerhin 38 Jahre abdecken, waren diese Unternehmen keineswegs so erfolgreich wie angenommen. Wer tatsächlich mit Geduld und Beharrlichkeit in diese „Langlebigen“ investierte, musste deutlich schlechtere Renditen hinnehmen als jemand, der sich einfach nach dem Marktindex richtete.

Langzeitstudien von McKinsey über die Gründung, die Lebensdauer und den Niedergang US-amerikanischer Unternehmen belegen zweifelsfrei, dass das „Eldorado"-Unternehmen – die goldene Firma, die sich durchwegs besser entwickelt als der Markt – *nie existiert hat.* Es ist eine Legende. Wenn das Management auf Langlebigkeit angelegt ist, erwirtschaften selbst die besten und angesehensten Unternehmen für ihre Aktionäre keine hohen Langfristrenditen. Ganz im Gegenteil: Auf lange Sicht schlägt der Markt sie alle.

Die Annahme: Kontinuität

Wie ist das möglich? Wieso kann sich ein Börsenindex wie der ‚Dow Jones Industrial' oder der S&P langfristig besser entwickeln als alle bis auf zwei Unternehmen der *Forbes*-Liste? Und dies, obgleich Indizes – im Gegensatz zu Unternehmen – nicht von kompetenten Führungskräften, erfahrenen Vorständen, ausgeklügelten Organisationsstrukturen, modernsten Führungsmethoden, einzigartigen Wettbewerbsstärken oder einem Netz von ausgewählten Beziehungen profitieren können? Sind die durch Börsenindizes abgebildeten Kapitalmärkte „klüger" als Führungskräfte, die sich doch unentwegt mit der Leistungskraft ihrer Unternehmen auseinandersetzen?

Die Antwort: Die Kapitalmärkte (und entsprechend auch ihre Indizes) fördern die Entstehung von Unternehmen und ermöglichen ihre effiziente Geschäftstätigkeit – vorausgesetzt, sie sind wettbewerbsfähig –, werfen sie aber auch rasch und gnadenlos wieder hinaus, sobald sie nachlassen. Unternehmen dagegen gehen in ihren Führungsgrundsätzen von Kontinuität aus und können sich deshalb nicht so rasch und umfassend umstellen wie Kapitalmärkte. Folglich können sie auch langfristig nicht mit der Wertschöpfung von Märkten mithalten, weder im Umfang noch im Tempo.

Eine überdurchschnittliche Wertentwicklung findet man eher bei den jungen Unternehmen im Markt, wie etwa Intel, Amgen und Cisco: Dank der Struktur und Mechanismen der globalen Kapitalmärkte können sie, zumindest vorübergehend, bessere Ergebnisse erzielen als die besten der Langlebigen. Außerdem: Unternehmen, welche die Erwartungen der Anleger – so unrealistisch sie auch sein mögen – nicht mehr erfüllen, zehren volkswirtschaftliches Vermögen auf. Kapitalmärkte werden solche Minderleister noch schneller los als selbst die leistungsorientiertesten Unternehmen. Joseph Alois Schumpeter, der bedeutende österreichisch-amerikanische Wirtschaftswissenschaftler der dreißiger und vierziger Jahre, bezeichnete diesen Prozess der Schaffung und Eliminierung als „Sturm der schöpferischen Zerstörung". Mit der Leitung eines Unternehmens sind heute so große Herausforderungen verbunden, dass nur wenige Manager die Energie oder auch die Zeit aufbringen, die Prozesse der schöpferischen Zerstörung in geordnete Bahnen zu lenken – zumindest nicht im nötigen Tempo und Umfang, um mit dem Markt mithalten zu können. Doch genau das müssten sie tun, um langfristig die Leistungsfähigkeit auf Marktniveau zu halten.

Unternehmen und Kapitalmärkte unterscheiden sich vor allem darin, wie sie die Prozesse der schöpferischen Zerstörung ermöglichen, regulieren und steuern. Unternehmen gehen von Kontinuität aus, sie konzentrieren sich auf ihr derzeitiges Geschäft. Kapitalmärkte dagegen gründen sich auf die Annahme von *Diskontinuität*; sie konzentrieren sich auf Schöpfung und Zerstörung. Der Kapitalmarkt fördert die rasche und umfassende Neubildung von Unternehmen und damit den stärkeren Aufbau von Vermögen. Er ist gegenüber langfristig schwacher Leistung nicht so tolerant wie Unternehmen. Herausragende Unternehmen verdienen sich zwar das Recht zu überleben, nicht aber die Fähigkeit, langfristig überdurchschnittliche oder auch nur durchschnittliche Aktionärsrenditen zu erzielen. Warum? Weil ihre Führungsprozesse – die selben, denen sie ihr langfristiges Überleben verdanken – sie blind machen für die Notwendigkeit des Wandels.

Die Wirklichkeit: Diskontinuität

Diese unterschiedliche Art, wie Unternehmen und Märkte an den Prozess der schöpferischen Zerstörung herangehen, ist weder ein Produkt unserer Zeit noch eine Erscheinung der „dot.com"-Generation. Sie existiert seit Jahrzehnten, wie eine schwelende Glut, die jeden Augenblick aufflammen kann. Die Marktturbulenzen, die wir heute erleben, sind eine logische Konsequenz von jahrzehntealten Trends.

Die Ursprünge der modernen Managementtheorie reichen in das achtzehnte Jahrhundert zurück: Damals trat Adam Smith dafür ein, durch Arbeitsteilung und Spezialisierung den Ausschuss zu reduzieren. Ende des neunzehnten Jahrhunderts gipfelten diese Ideen im Zeitalter der amerikanischen Trusts, der europäischen Holdings und der japanischen *zaibatsus*. Diese komplexen Giganten sollten natürliche Ressourcen auf effizienteste Art und Weise in Nahrungsmittel, Energie, Bekleidung und Behausung verwandeln, dabei den Produktionsertrag maximieren und den Ausschuss minimieren.

Ab 1920 florierten die Großkonzerne, die Smiths simpler Idee folgten und das Potential der Massenproduktion nutzten. Peter Drucker schrieb 1946 das erste große Handbuch für diese Unternehmen, *The Concept of the Corporation* (zu deutsch: *Das Großunternehmen. Sinn, Arbeitsweise und Zielsetzung in unserer Zeit*). Das Buch legte die Grundzüge des damals modernen Unternehmens dar; sie beruhten auf Arbeitsteilung, Massenproduktion und dem effizienten Einsatz materieller Wirtschaftsgüter.

Dieser Ansatz passte genau in die damalige Zeit. Das Bild änderte sich allmählich in den zwanziger Jahren, als der erste Standard and Poor's Index der neunzig bedeutendsten US-amerikanischen Unternehmen aufgestellt wurde. In den zwanziger und dreißiger Jahren betrug die Fluktuationsrate im S&P 90 durchschnittlich etwa 1,5 Prozent im Jahr. Wer damals neu in den Index aufgenommen wurde, konnte damit rechnen, im Schnitt über 65 Jahre darin zu bleiben. Die Unternehmen jener Zeit gründeten sich auf die Annahme von Kontinuität – einer immer währenden Beständigkeit, deren Wesen Drucker in seinem Buch beleuchtete. Veränderung war ein weniger wichtiger Faktor. Unternehmen betrieben ihre Geschäfte mit dem Ziel, Rohstoffe in Endprodukte zu verwandeln und jede kostspielige Interaktion zwischen unabhängigen Firmen im Markt zu vermeiden. Dazu mussten sie große Stückzahlen produzieren und ihre Kosten sorgfältig kontrollieren. Solche vertikal integrierten Gebilde ließen bestenfalls geringfügige Veränderungen bei sich zu.

Wir behaupten, dass diese über siebzigjährige Epoche der Unternehmensentwicklung nun zu Ende ist. 1998 erreichte die Fluktuationsrate im S&P 500 fast zehn Prozent – damit betrug die durchschnittliche Verweildauer der Unternehmen auf der Liste nicht mehr 65, sondern nur noch zehn Jahre! Drucker sagte den Wendepunkt bereits 1969 in seinem Buch *The Age of Discontinuity* (zu deutsch: *Die Zukunft bewältigen*) voraus, doch seine überzeugenden Argumente konnten den Zeitgeist der siebziger Jahre nicht bezwingen. Die Siebziger waren für viele Manager eine Neuauflage der dreißiger Jahre. Die Inflation galoppierte, die Zinsen waren so hoch wie seit der Zeit vor dem Zweiten Weltkrieg nicht mehr, und die Börse zeigte sich lustlos. Nur wenige Neueinsteiger wagten es, Kapital oder Karriere aufs Spiel zu setzen und im Geiste Druckers ein neues Unternehmen zu gründen. Je mehr die langfristige Existenzsicherung in den Vordergrund rückte, desto weniger Gehör fanden Druckers Empfehlungen.

Das Tempo des Wandels hat sich seit den zwanziger Jahren fortwährend gesteigert. Allerdings gab es drei große Wellen, und sie verliefen in Timing und Umfang parallel mit der zu- und abnehmenden Fähigkeit der US-Wirtschaft zur Generierung beziehungsweise Absorption. Die erste Welle setzte kurz nach dem Zweiten Weltkrieg ein, als der Aufbau der Verbraucher-Infrastruktur wieder in den Vordergrund und die Rüstung in den Hintergrund rückte. Viele neue Unternehmen traten zu der Zeit auf den Plan und wurden in den vierziger und fünfziger Jahren zu wirtschaftlichen Größen, darunter Owens-Corning, Textron und Seagram.

Die zweite Welle begann in den sechziger Jahren. Die Fluktuationsrate im S&P 90 zog an, als die Verteidigungsprojekte und die Luft- und Raumfahrtprogramme der US-Regierung die Wirtschaft erneut ankurbelten, sodass Mittel für die Entwicklung von Logik- und Speicherchips und später für den Mikroprozessor verfügbar waren. Eine Zeit der allgemeinen Euphorie war das – oder auch eine Zeit der Träume und Schäume, wie manche meinten. Die guten Aktien nannte man „one-decision stocks“: Man brauchte sie nur zu kaufen und zu halten, und schon war der Weg zum großen Geld gesichert.

Veränderungen im S&P 500
Gleitender Durchschnitt über Sieben-Jahres-Periode

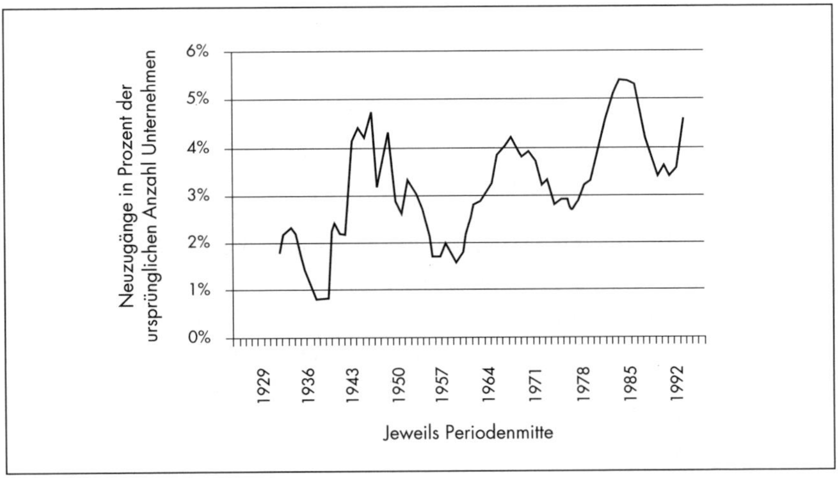

Die Träume platzten 1968 wie Seifenblasen. Die New York Stock Exchange, die auf fast 1000 Punkte angestiegen war, erreichte dieses Niveau erst wieder

Anfang der achtziger Jahre. Während dieser Phase der Absorption, in der die Vereinigten Staaten unter steigenden Ölpreisen und Inflationsraten zu leiden hatten und Rentenpapiere weit höhere Renditen abwarfen als Aktien, gab es im S&P 500 nur wenige Neuzugänge und Abgänge. Allerdings: Selbst unter diesen Wirtschaftsbedingungen – den desolatesten seit der Weltwirtschaftskrise – fiel die Fluktuationsrate im Index nie wieder so tief wie in den fünfziger Jahren. Das zugrunde liegende Veränderungstempo in der Wirtschaft war stetig angestiegen.

Auf Initiative des Chairmans der Federal Reserve Bank, Paul Volcker, konnte die Inflation schließlich eingedämmt werden, und schon bald stieg die Zahl der Neuzugänge im S&P 500 wieder schneller an. In den achtziger Jahren verdrängten abermals junge, wachstumsstarke und hoch gehandelte Unternehmen im Index die älteren, deren Marktwert langsamer wuchs oder gar rückläufig war. Die wechselnde Zusammensetzung des S&P 500 spiegelte Veränderungen im Branchenmix der amerikanischen Wirtschaft wider. Als die Märkte Ende der achtziger Jahre zusammenbrachen und die US-Wirtschaft Anfang der Neunziger eine kurze Rezession durchmachte, ging auch die Fluktuationsrate im S&P 500 zurück. Doch auch diesmal fiel sie nie auf das Niveau, auf dem sie in den Siebzigern gewesen war. Das Mindestmaß an Wandel in der Wirtschaft war langsam, aber sicher angestiegen und beschleunigte sich erneut. Noch klarer zeigte sich das, als das Technologie-Wettrennen der Neunziger einsetzte und

Durchschnittliche Lebensdauer von S&P 500-Unternehmen

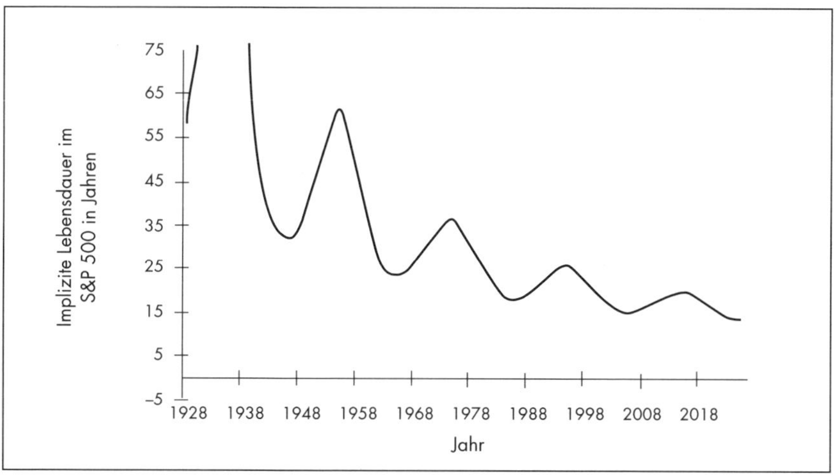

die Fluktuation im S&P auf bislang ungekannte Höhen trieb. Zur Jahrtausendwende befanden wir uns dann längst im „Zeitalter der Diskontinuität", von dem Peter Drucker sprach. Wenn wir die bisherigen Muster fortschreiben, ergibt das bis Ende 2020 eine durchschnittliche Lebensdauer von nur noch zehn Jahren für die Unternehmen im S&P; die Zahl der „Überlebenskünstler" unter ihnen wird stetig abnehmen.

Der Sturm der Diskontinuität

Das Zeitalter der Diskontinuität brach nicht durch Zufall in den neunziger Jahren an. Es entsprang fundamentalen wirtschaftlichen Kräften, darunter vor allem:

- die zunehmende Effizienz von Unternehmen aufgrund drastisch sinkender Kapitalkosten. Im selben Maße, wie die Wirtschaft ihren Schwerpunkt von Waren auf Dienstleistungen verlagerte, sanken Interaktions- und Transaktionskosten. Gründe waren das Aufkommen der Informationstechnologie sowie der stetige Anstieg der Arbeitsproduktivität dank der Fortschritte in Technologie und Managementmethoden.
- die wachsende Effizienz der Kapitalmärkte aufgrund der zunehmenden Exaktheit (und Transparenz) betrieblicher Leistungsdaten.
- die zunehmende Liquidität der Volkswirtschaft, die wiederum auf die höhere Ertragskraft amerikanischer Unternehmen zurückging, gekoppelt mit einer weltweit einzigartigen Präferenz für amerikanische Aktien.
- ein strafferes Fiskalmanagement der US-Regierung, einschließlich einer effektiv funktionierenden Federal Reserve, sowie eine Senkung der Unternehmenssteuern.

Diese Kräfte ließen Giganten wie Microsoft entstehen, dessen Marktkapitalisierung nur von den zehn führenden Volkswirtschaften der Welt überboten wird (wobei das eigentliche Vermögen des Unternehmens nur etwa ein Prozent davon ausmacht). Der Computerhersteller Dell hat praktisch überhaupt keine Vermögenswerte. Internet-Startups fangen fast ohne Kapital an. Bei solchen Unternehmen ist die Kapitalrendite nach bisherigen Maßstäben unvorstellbar hoch. Die Produktivität übersteigt alles Dagewesene, die Entwicklungs-Pipeline ist gefüllt mit viel versprechenden neuen Technologien. Allein bei den Venture-Capital-Gesellschaften stapeln sich über zehntausend Internet-Geschäftskonzepte, die auf ihre Bewertung warten – selbst nach dem Einbruch der Nasdaq im März und April 2000. Nach allem, was man hört, steigt die Zahl (wenn auch nicht die Qualität) dieser Konzepte ständig weiter. Die Informationstechnologie ist noch lange nicht an ihren Grenzen angelangt. Die Effektivität der Softwareprogrammierung nimmt weiter zu; die Kommunikationstechnologie steht erst an ihrem Anfang. Die weltweite Wirtschaftsleistung wird sich in den nächsten zwanzig Jahren verdoppeln und zusätzliche Umsätze von ungefähr zwanzig bis vierzig Billionen Dollar erzeugen. Wenn sich durch die Produktivitätsverbesserungen im Rahmen des Internet auch nur zwei Prozent des derzeit erzeugten Volumens von 25 Billionen Dollar einsparen lassen, dann wird der Marktwert dieser Einsparungen in die Billionen gehen.

Die Unternehmen von heute haben eine nie gekannte Chance, von diesen Zeiten zu profitieren. Wenn wir jedoch die Vergangenheit als Maßstab nehmen, wird kaum mehr als ein Drittel der heutigen Großkonzerne die nächsten fünfundzwanzig Jahre ohne Bedeutungsverlust überdauern. Die anderen werden wohl keinen jüdisch-christlichen, sondern eher den hinduistischen Tod der Transformation sterben – und in größere, stärkere Wirtschaftsgefüge eingegliedert werden –, aber sterben werden sie so oder so. Und Schuld an ihrem Tod wird ihre mangelnde Anpassungsfähigkeit im Wettbewerb sein. Oder, krasser ausgedrückt: Die meisten dieser Unternehmen werden deshalb eingehen oder geschluckt werden, weil sie schlicht und einfach zu lahm sind, um mit dem Wandel im Markt Schritt zu halten. Im Jahre 2020 wird der S&P 500 zu mehr als drei Vierteln aus Unternehmen bestehen, die wir heute noch gar nicht kennen – neuen Unternehmen, die von der Peripherie mitten in den Strudel der wirtschaftlichen Aktivität gezogen werden; geboren aus Erkenntnissen, die wir uns heute noch gar nicht vorstellen können.

Die Fiktion von Kontinuität, auf die sich die meisten unserer führenden Unternehmen seit Jahren gestützt haben, lässt sich nicht mehr aufrechterhalten. Diskontinuität beherrscht das Bild. Die rund einhundert Unternehmen im derzeitigen S&P 500, die bis 2020 überleben werden, lassen sich nicht mit den „Überlebenskünstlern" von heute vergleichen. Sie werden Meister der schöpferischen Zerstörung sein müssen – ausgelegt auf Diskontinuität und erneuerbar wie der Markt selbst. Schumpeter sah diese Umwandlung vor mehr als einem halben Jahrhundert voraus, als er bemerkte: „Gewöhnlich beschäftigt man sich mit der Frage, wie der Kapitalismus bestehende Strukturen *aufrechterhält* – die relevantere Frage aber wäre, wie er sie *schafft* und *zerstört.*"

Warum das Prinzip der Kontinuität nicht mehr greift

Wie können Unternehmen den Märkten ähnlicher werden? Die Grundregel dafür lautet: das Maß der schöpferischen Zerstörung auf das Niveau des Marktes heraufsetzen, ohne jedoch die Kontrolle über die laufenden Geschäfte zu verlieren. So vernünftig diese Empfehlung ist, so schwer ist sie umzusetzen.

Hunderte von Managern aus Dutzenden von Ländern haben uns berichtet, sie seien ganz zufrieden mit ihrem operativen Können, nicht jedoch mit ihrer Fähigkeit, Veränderungen zu bewirken. „Wie machen die herausragenden Innovatoren das nur?", fragen sie in der Annahme, dass es solche Innovatoren gibt. „Wie erreicht man einen innovativen Durchbruch?" Andere fragen, wie man ein Unternehmen über dessen Kerngeschäft hinaus wachsen lassen kann. Und die Kernfrage heißt: „Wie kommen wir an neue Ideen?"

Die Problematik hinter diesen Fragen entspringt einem inhärenten Konflikt: Einerseits müssen Unternehmen ihr bestehendes Geschäft steuern, andererseits muss ein Milieu geschaffen werden, das neue Ideen gedeihen und alte rechtzeitig absterben lässt. Dazu kann es erforderlich sein, traditionelle Geschäfte abzustoßen, bestehende Vertriebskanäle zu hinterfragen oder auch Akquisitionen zu tätigen, die das Ergebnis „verwässern". Was es auch immer im Einzelfall sein mag – nach unserer Überzeugung werden es die meisten Unternehmen nicht schaffen, die Leistungsfähigkeit des Marktes zu erreichen oder gar zu übertreffen, solange sie sich nicht von der Annahme der Kontinuität verabschieden. Der Autor James Reston schildert in seinem Buch *The Last Apocalypse* die in Europa herrschende Angst, dass das erste Jahrtausend mit einem heftigen Knall enden würde.

> *Als das neue Jahrtausend anbrach, traf die Apokalypse tatsächlich ein: Eine Welt ging unter und eine neue erstand aus den Ruinen. Doch die letzte Apokalypse war eher ein Prozess als ein Kataklysmus. Das „plötzliche" Ereignis dauerte vierzig Jahre.*[3]

Die derzeitige „Apokalypse" – der Übergang vom Zustand der Kontinuität zur Diskontinuität – findet mit derselben Plötzlichkeit statt. Geschäftstätigkeit in den USA wird nie mehr das sein, was sie einmal war. Die Regeln haben sich ein für alle Mal geändert. Einige Unternehmen haben den Übergang geschafft. Unter Jack Welch hat General Electric die Apokalypse überstanden und anschließend davon profitiert. Johnson & Johnson überquert die Scheidelinie zügig, wie wir im Folgenden sehen werden. Corning ist vom Gebrauchsgüterhersteller zum Marktführer für Hightech-Lichtwellenleiter geworden. L'Oréal in Frankreich scheint ebenfalls auf dem richtigen Weg: Das Unternehmen hat sich anders aufgestellt und ist dabei, seine Kosmetikkonzepte von einem Wirtschaftsraum auf den anderen zu übertragen. Das sind aber Ausnahmen. Nur wenige haben die Reise angetreten. Noch weniger sind angekommen.

Erstarrung in der Unternehmenskultur

Ein halbes Jahrhundert lang war Aspirin das Zugpferd für Sterling Drug – bis Johnson & Johnson Tylenol auf den Markt brachte. Anstatt aber nun sein führendes europäisches Aspirin-freies Schmerzmittel Panadol auch in den Vereinigten Staaten einzuführen – was man aus Furcht vor Kannibalisierungseffekten unterließ – versuchte Sterling Drug, die Bayer-Produktlinie im Ausland auszuweiten. Diese Fehlentscheidung führte letztendlich zur Übernahme durch Kodak. Sterling Drug war unbeweglich geworden und vor lauter Angst außer Stande, das Verhalten eines halben Jahrhunderts zu ändern. Seine starke Unternehmenskultur – die festen Regeln für die Entscheidungsfindung, die Steuerungsprozesse, die Entscheidungsvorlagen – blockten den Fortschritt und besiegelten schließlich das Schicksal des Unternehmens. Obwohl alle Anzeichen für Veränderung sprachen, blieb es in seiner ineffektiven Vorgehensweise verhaftet.

Die „kulturelle Erstarrung" – die Unfähigkeit, die eigene Unternehmenskultur selbst angesichts klarer Wettbewerbsbedrohungen zu ändern – ist der Grund, weshalb manche Unternehmen nur schwer auf die Botschaften des Marktes reagieren können. Sie entsteht durch die allmähliche Versteifung der unsichtbaren Unternehmensarchitektur und durch Verknöcherung von Entscheidungskompetenzen, Kontrollsystemen und mentalen Modellen. Sie lähmt die Fähigkeit des Unternehmens, Innovationen einzuführen und Geschäftsbereiche mit weniger rosigen Aussichten abzustoßen. Und sie ist ein Zeichen für das unaufhaltbare Abrutschen des Unternehmens auf ein schwächeres Leistungsniveau. Oft – und das war auch bei Sterling Drug der Fall – manifestiert sich diese kulturelle Erstarrung in drei fundamentalen Ängsten: der Furcht, eine wichtige Produktlinie zu kannibalisieren, der Angst vor Vertriebskanalkonflikten mit wichtigen Kunden und der Sorge um mögliche Ergebnisverwässerung als Folge einer strategischen Übernahme. So plausibel all diese

Befürchtungen für etablierte Unternehmen sein mögen, so wenig kennt sie der Markt. Daher bewegt sich der Markt dorthin, wohin sich das Unternehmen nicht traut.

Die Erstarrung in der Unternehmenskultur ist die letzte von einer Reihe „emotionaler" Phasen in der Existenz eines Unternehmens – Phasen, welche denen bei Menschen erstaunlich ähneln. In den ersten Lebensjahren eines Unternehmens, gleich nach der Gründung, überwiegt die Leidenschaft – die schiere Energie, die Veränderungen erzwingt. Wenn Leidenschaft herrscht, werden Informationen und Analysen zugunsten von Visionen ignoriert: „Wir kennen die Antwort, wir brauchen keine Analyse."

Wird das Unternehmen älter, nistet sich allmählich Bürokratie ein. Die Begeisterung kühlt ab und wird durch „rationale Entscheidungsfindung" ersetzt, die oft nichts weiter ist als die Festschreibung dessen, was bislang funktioniert hat. Man sammelt Daten, macht Analysen, postuliert Alternativen und entwickelt Szenarien. Man versucht, das Zurechtformen von Informationen zu vermeiden. Nur wenn „rationale" Entscheidungsprozesse en vogue sind, fließen alle relevanten Informationen zum richtigen Entscheider, und zwar zum richtigen Zeitpunkt und in der richtigen Form, um problemlos analysiert und interpretiert werden zu können. Dieses Stadium wird oft als Normalzustand des Unternehmens dargestellt; nach unserer Erfahrung aber entspricht dieser ideale Zustand nur selten der Praxis in den Unternehmen – vor allem dann, wenn das Tempo des Wandels zunimmt.

Früher oder später offenbart die rationale Entscheidungsfindung, dass das Zukunftspotential des Geschäfts begrenzt ist. An diesem Punkt – konfrontiert mit der Aussicht auf eine düstere Zukunft – greift das Unternehmen oft auf Defensivmechanismen zurück, um so seinem Schicksal zu entrinnen; genau wie wir Menschen zu Abwehrreaktionen neigen, wenn wir ein traumatisches Erlebnis vorausahnen. Die Unternehmensführung sieht die Zukunft nun eher problematisch als verheißungsvoll. Entscheidungen zum Schutz bestehender Geschäftsbereiche werden gefällt. Die Angst, das Alte zugunsten des Neuen aufzugeben (Produkt-Kannibalisierung), die Angst vor Kundenkonflikten und die Angst vor Ergebnisverwässerung durch Übernahmen lähmen die schöpferische Zerstörung und machen das Unternehmen oft für lange Zeit blind gegenüber Zukunftsproblemen – und gegenüber dem entsprechenden Handlungsbedarf. Die kulturelle Erstarrung setzt ein und vereitelt jede Möglichkeit, dass jemand Neues die Führung übernimmt und die Lage rettet.

Die Ursachen der kulturellen Erstarrung

Wie kommt es überhaupt zur Erstarrung in der Unternehmenskultur? Der Kern des Problems sind die verborgenen Regelwerke, oder auch mentalen Modelle, die – einmal entstanden – ungeheuer schwer zu verändern sind. Mentale Modelle sind die zentralen Konzepte des Unternehmens, die Überzeugungen und Annahmen, die Kausalbeziehungen, die Vorgaben für die Interpretation von Worten und Signalen sowie die Geschichten, die unternehmensintern weitergegeben werden. Charlie Munger, langjähriger Freund und Koinvestor von Warren Buffet und Vice Chairman von Berkshire Hathaway, definiert mentale Modelle als die „theoretischen Denkrahmen, die dem Investor helfen, die Welt besser zu verstehen“.[4]

Mentale Modelle sind im Unternehmen nicht sichtbar. Sie werden weder offen angesprochen noch untersucht, doch sie sind allgegenwärtig. Bei entsprechender Ausgestaltung ermöglichen sie es der Unternehmensführung, künftige Entwicklungen vorherzusehen und Probleme zu lösen. Doch über kurz oder lang werden mentale Modelle zum Selbstzweck; sie bestärken nur noch sich selbst, gleichzeitig aber behindern sie sich selbst. Und wenn sie nicht mehr mit der Realität übereinstimmen, verleiten sie das Management zu Fehlprognosen und Fehlentscheidungen. Die Annahme von Kontinuität ist genau eine solche Abkoppelung von der Realität.

Mentale Modelle manifestieren sich in den Steuerungssystemen des Unternehmens. Diese sollen eine vorhersagbare Zielerfüllung gewährleisten, sei es bei der Kontrolle der Kosten, dem Kapitalaufwand oder dem Einsatz von wichtigen Mitarbeitern. Bei effektiver Steuerung kann eine wohl unterrichtete Führungskraft relativ sicher sein, dass es keine unangenehmen Überraschungen geben wird.

Leider können Kontrollsysteme auch „Abwehrmechanismen“ in Unternehmen auslösen. Solches Schutzverhalten besteht beispielsweise darin, den Status quo nicht mehr zu hinterfragen, Meinungsvielfalt nicht zu fördern, Vorgesetzten nicht zu widersprechen (um sich nicht unbeliebt zu machen), vage und widersprüchlich zu kommunizieren und diese Verhaltensmuster – so sie denn erkannt werden – unter den Teppich zu kehren. Echter Wandel wird auf diese Weise unmöglich gemacht.

Die Kontrollsysteme des Unternehmens untergraben auch dessen Fähigkeit, im selben Tempo und Umfang wie der Markt Innovationen zu Stande zu bringen. Unter der Annahme der Kontinuität können beispielsweise alle Argumente für den Aufbau eines neuen Geschäfts zurückgewiesen werden, da die Erfolgsaussichten nicht im Voraus nachzuweisen sind. Stattdessen werden eher solche Ideen unterstützt, die auf der bloßen Weiterentwicklung bestehender Fähigkeiten und mentaler Modelle beruhen.

Die Steuerungssysteme von Unternehmen beschneiden die Kreativität, weil sie sich auf *konvergentes Denken* stützen. Konvergentes Denken konzentriert sich auf klar umrissene Probleme und stellt umgehend bekannte Lösungen bereit. Es lebt von der Fokussierung. Ordnung, Einfachheit, Regelmäßigkeit, klare Verantwortlichkeiten, eindeutige Messmethoden und Berechenbarkeit sind seine Grundlagen. Konvergentes Denken ist zugeschnitten auf die Annahme einer Kontinuität. Es mag sich gut dafür eignen, mit allmählichen Veränderungen und Unterschieden fertig zu werden, doch bei größeren Umwälzungen ist dieses Denksystem völlig überfordert.

Diskontinuität lebt von einer ganz anderen Art von Denken, dem *divergenten Denken*. Dieses zielt darauf ab, den Kontext eines Entscheidungsprozesses zu erweitern und aufzufächern. Es befasst sich zu Anfang mehr mit der Generierung von Fragen als mit der Suche nach einer möglichst schnellen Antwort. Divergentes Denken legt besonderen Wert darauf, die richtigen Fragen zu stellen, und überlässt diese dann den konventionellen konvergenten Denkprozessen.

Divergentes Denken bedient sich der breit angelegten wie auch der konzentrierten Suche. Es stützt sich ebenso sehr auf sorgfältige Verfolgung der Fakten wie auf deren Interpretation. Es konzentriert sich ebenso sehr auf die Fähigkeit zur Reflexion (die einen gewissen Abstand erfordert) wie auf die Fähigkeit zur raschen Entscheidung (die jede Verzögerung zu vermeiden sucht). Für uns sind die drei Aspekte *Gespräch*, *Beobachtung* und *Reflexion* die Kernfähigkeiten des divergenten Denkens. Leider werden diese Fähigkeiten von den herkömmlichen Steuerungssystemen in kontinuitätsgläubigen Unternehmen gelähmt oder sogar regelrecht abgetötet. [5]

Wenn sich mentale Modelle nicht mit der Realität decken, verlieren Unternehmen ihr Frühwarnsystem. Führungskräfte mit echten Visionen kommen nicht zum Zug. Ron Heifetz, Leiter des Studiengangs Führungskompetenz an der Kennedy School of Government in Harvard, drückt es so aus: „Menschen, die führen, tragen aus dem Kampf um Veränderungen oft Narben davon. Häufig werden sie zum Schweigen gebracht, mitunter sogar ums Leben."

Ein Beispiel ist Abbott Laboratories: Mit dem Aufbau starker Positionen in der medizinischen Diagnostik und Labortechnik hatte das Unternehmen Erfolge gefeiert – nun war man erpicht darauf, sich die Erschütterungen zu ersparen, welche die Pharmaindustrie mit Einführung von Medicare und Medicaid Anfang bis Mitte der siebziger Jahre erlebte. Und dennoch: An der Spitze des Unternehmens behauptete sich ein CEO, der nicht weniger als drei potenzielle Nachfolger, die einen Kurswechsel anstrebten, aushebeln konnte.

Sobald Entscheidungen aus der kulturellen Erstarrung heraus gefällt werden, ist das Schicksal des Unternehmens besiegelt – auch ohne größeren äußeren Schock.

Wie Märkte den Wandel ermöglichen

Kapitalmärkte hingegen haben keine eigene Kultur, Führung oder Emotion, und kennen deshalb nicht die Ausbrüche von Verzweiflung, Depression, Abwehr und Hoffnung, die Unternehmen durchleben. Der Markt kennt weder Langzeitgedächtnis noch Reue. Auch mentale Modelle sind ihm fremd. Der Markt fürchtet keine Kannibalisierung, keine Vertriebskanal-Konflikte und keine Ergebnisverwässerung. Er wartet einfach darauf, dass die treibenden Kräfte zum Tragen kommen – dass neue Unternehmen gegründet werden und Übernahmen das Feld säubern. Die Märkte dulden stillschweigend, dass schwächere Unternehmen zum Verkauf stehen, und sie überlassen es den neuen Eigentümern, sie auf Vordermann zu bringen oder zu schließen. Bei den ersten Anzeichen von Schwäche werden Maßnahmen ergriffen. Nur wenn der Staat rettend eingreift, reagiert der Markt so, wie es für Unternehmen typisch ist. Meist aber eliminiert der Markt einfach die schwachen Akteure und steigert so die durchschnittlichen Renditen.

Da Märkte keine produktionsorientierten Steuerungssysteme haben, halten sie mehr Überraschungen und Innovationen bereit als Unternehmen. Sie gehen von Diskontinuität aus und arrangieren sich mit der Kontinuität. Unternehmen dagegen gehen von Kontinuität aus und arrangieren sich mit der Diskontinuität. Der Unterschied ist gravierend.

Neuausrichtung des Unternehmens im Sinne der Diskontinuität

Das Existenzrecht jedes Unternehmens währt nicht ewig, sondern muss kontinuierlich verdient werden.

ROBERT SIMONS

Der Markt hat gezeigt, wo eine mögliche Lösung liegt: Mit dem Tempo des Wandels in der Wirtschaft wächst auch die Diskrepanz zwischen dem Verbesserungspotential und der tatsächlichen Leistung großer Unternehmen. Als Reaktion darauf konnten sich bestimmten Typen von Firmen – vor allem Kapitalbeteiligungsgesellschaften, wie in Kapitel 7 erörtert – ebenso schnell und umfassend verändern wie der Markt und damit anhaltend hohe Renditen erzielen. Die beiden Spielarten der Kapitalbeteiligungsgesellschaften – Finanzinvestoren und Venture-Capital-Gesellschaften – unterscheiden sich zwar deutlich voneinander, ähneln jedoch beide in gewisser Weise den Holdinggesellschaften des späten neunzehnten Jahrhunderts. Es ist durchaus vorstellbar, dass sie Keimzellen für die Industriegiganten des einundzwanzigsten Jahrhunderts bilden werden.

Diese Firmen haben die Leistungsfähigkeit der Märkte in den letzten zwei bis drei Jahrzehnten übertroffen – länger als alle anderen Unternehmen, die wir kennen. Der Unterschied zu herkömmlichen Unternehmen liegt im organisatorischen Ansatz: Die Finanzgesellschaften haben entdeckt, wie man Geschäfte in großem Umfang hocheffizient betreibt und zugleich schöpferische Zerstörung im Tempo des Marktes praktiziert, genau wie Joseph Schumpeter es sich vorstellte. Sie gehen grundsätzlich vom Gedanken der Diskontinuität aus und entscheiden dann, wie sie den Anforderungen der Kontinuität am besten gerecht werden können.

Kapitalbeteiligungsgesellschaften kaufen niemals Unternehmen, um sie auf ewig zu halten. Vielmehr zielen sie auf mittelfristige (vier- bis siebenjährige) Wertschöpfung ab. Herkömmliche Unternehmen dagegen konzentrieren sich im operativen Geschäft auf ganz kurze Zeiträume (weniger als achtzehn Monate) und in der Forschung auf sehr lange Zeiträume (über acht Jahre).

Diese Firmen verdienen ebenso gut daran, das Zukunftspotential „ihrer“ Unternehmen zu steigern, wie mit der Verbesserung der Betriebsergebnisse. Wenn sich eine Kapitalbeteiligungsgesellschaft in ein Unternehmen einkauft oder es ganz aufkauft, verfolgt sie dabei von Anfang an eine Ausstiegsstrategie.

Die Geschäftsleitung weiß genau, wie sie in den folgenden vier bis sieben Jahren die Beteiligung weiter entwickeln muss, um für den nächsten Käufer einen langfristigen Wert aufzubauen.

Schließlich sehen Kapitalbeteiligungsgesellschaften ihr Geschäft als revolvierendes Portfolio von Unternehmen in unterschiedlichen Entwicklungsstadien. Sie sind sich im Klaren darüber, dass sie jedes Jahr einige ihrer Anlagen veräußern und neue hinzukaufen werden. Sie führen ihrer Pipeline an einem Ende immer neue Beteiligungen zu, am anderen Ende immer neue Käufer – in dieser Kunst sind sie Meister. [6]

Von herkömmlichen Unternehmen unterscheiden sich diese Firmen nicht nur durch ihr divergentes Denken, sondern auch durch die Geschwindigkeit und Intensität ihrer Forschung. Ferner lassen Kapitalbeteiligungsgesellschaften jedem ihrer Portfolio-Unternehmen sein eigenes Steuerungssystem. Auf diese Weise können sie sich viel stärker auf Schöpfung und Zerstörung konzentrieren als traditionelle Unternehmen, ja sogar stärker als ihre eigenen Beteiligungen oder 100-prozentigen Töchter.

Der Weg in die Zukunft

Die langfristige Performance der Unternehmen hat bisher nicht mit der Leistungsfähigkeit der Märkte Schritt halten können, denn Unternehmen sind nicht so anpassungsfähig wie Märkte. Das liegt nicht daran, wie sie ihr Tagesgeschäft betreiben, sondern daran, wie sie sich weiter entwickeln. Wie wir bereits dargelegt haben, sind Unternehmen historisch auf die Produktion von Waren und Dienstleistungen angelegt, nicht auf ihre Weiterentwicklung. Um sich im Tempo der Märkte weiterzuentwickeln, müssen sie sich die Schöpfung und Zerstörung besser beherrschen lernen – die beiden zentralen Elemente der Entwicklung, die ihnen fehlen.

Ein Unternehmen in diesem Sinne umzugestalten, das erfordert mehr als nur Anpassungen. Die Grundkonzepte operativer Spitzenleistung sind dafür gänzlich ungeeignet – und Schöpfung und Zerstörung kann man nicht einfach nachträglich hinzufügen, man muss sie von vornherein vorsehen. Nur wenn das Unternehmen so umgestaltet wird, dass es sich in Markt-ähnlichem Tempo und Umfang weiter entwickelt, kann es seine langfristige Leistungsfähigkeit steigern. Märkte schneiden besser ab als Unternehmen, weil sie Neueinsteigern freieren Zutritt gewähren und Teilnehmer ohne Wettbewerbschancen gnadenloser verdrängen. Vor allem tun Märkte dies schneller und umfassender als Unternehmen.

Wir sind der Ansicht, dass Unternehmen auf Basis des Diskontinuitätsprinzips von oben nach unten umgestaltet werden müssen. Die Unternehmensleitung muss das Maß der schöpferischen Zerstörung durch Schaffung oder Übernahme neuer Firmen und Eliminierung leistungsschwacher Bereiche steigern – ohne dabei die Kontrolle über das operative Geschäft zu verlieren. Ist das operative Geschäft gesund, wird das Maß an schöpferischer Zerstörung im Unternehmen seine langfristige Wettbewerbs- und Leistungsfähigkeit bestimmen. Die Finanzgesellschaften der heutigen Zeit stimmen uns zuversichtlich, dass eine solche Neuausrichtung funktionieren kann. Sie zeigen auch, wie das geht.

Um schneller neue Geschäfte aufzubauen, müssen sich Unternehmen auch gründlicher mit divergentem Denken vertraut machen, denn damit beginnt die Kreativität. Viele divergente Denker weisen scheinbar widersprüchliche Züge auf: Sie können begeistert und objektiv zugleich sein, stolz und bescheiden, extrovertiert und introvertiert; in Verhandlungen können sie zugleich flexibel und unnachgiebig sein, oder aufmerksam und gleichzeitig zerstreut. Sie besitzen das, was Mihalyi Czikszentmihalyi – Autor von *Flow* und einer der führenden Köpfe auf dem Gebiet der Kreativität – einen „sonnigen Pessimismus" nennt. F. Scott Fitzgerald beschrieb dieses Phänomen so:

> *Herausragende Intelligenz lässt sich an der Fähigkeit messen, zwei gegensätzliche Gedanken gleichzeitig festzuhalten und dennoch weiter zu funktionieren. Man sollte beispielsweise die Ausweglosigkeit einer Sache erkennen können und dennoch entschlossen sein, sie zu ändern.* [7]

Unternehmensführung, die divergentes Denken etablieren will – die also sicherstellen will, dass die richtigen Fragen so früh gestellt werden, dass man sie mit Scharfsicht angehen kann –, muss als Stimulus für diese Fragen ein Umfeld mit hoher Informationsdichte schaffen. Steuerung muss durch Auswahl und Motivation von Mitarbeiter erfolgen statt durch Kontrolle ihrer Handlungen. Notwendig sind ausreichende Ressourcen (einschließlich Zeit), um Ergebnisse zu erzielen; das Wissen, was und wann man messen muss; und echter Respekt vor den Fähigkeiten und dem Potential anderer. Nicht zuletzt auch die Bereitschaft, Leute aus ihrer Verantwortlichkeit zu entlassen, wenn klar wird, dass sie den Anforderungen nicht gerecht werden können. Letztendlich müssen divergentes und konvergentes Denken erfolgreich nebeneinander bestehen.

Um die langfristige Performance zu verbessern, müssen als nächstes die allgemeinen Planungs- und Steuerungsprozesse des Unternehmens neu überdacht werden. Der herkömmliche Prozess der strategischen Planung hat sich in den meisten Unternehmen nicht bewährt. So wie er praktiziert wird, würgt er genau den Dialog ab, den er eigentlich anregen soll. Gefordert sind neue Methoden der Kommunikation und des Austauschs zwischen den Lenkern der Unternehmen und deren Nachfolgern.

Schließlich müssen Systeme der Unternehmenssteuerung aufgebaut werden, die das operative Geschäft steuern und zugleich den Grad der schöpferischen Zerstörung erhöhen. Dabei gilt die Faustregel: Steuere nur so viel wie nötig, nicht so viel wie möglich – nur, sooft Du musst, und nicht, sooft Du kannst. Ist ein Steuerungsvorgang nicht unbedingt nötig, weg damit. Wir brauchen weniger Zwischenstationen zwischen Messung und Umsetzung, dafür kürzere Rückkopplungsschleifen.

Im Kern geht es darum, die Steuerung soweit als möglich dem Markt zu überlassen. Gegenüber Kontrollmechanismen ist Skepsis geboten – sie behindern mehr als sie steuern. Die Leiter der einzelnen Bereiche sollten entscheiden können, welche Steuerungsmaßnahmen für ihren Bereich am besten geeignet sind (denn sie kennen das System am besten). Die Last der Integration sollte auf die Konzernebene verlagert werden – anstatt Einheitssysteme zu konzipieren, die unabhängig von der Eigenart jedes Geschäftsbereichs im gesamten Konzern etabliert werden. Wenn solche Veränderungen greifen, wird sich im Unternehmen nicht mehr alles darum drehen, Risiken zu begrenzen und damit ungewollt die Kreativität zu unterdrücken, sondern darum, die Kreativität zu fördern – und genau das ist erforderlich, um die langfristige Performance zu verbessern.

Um diese Ideen zu verwirklichen, muss auch die Rolle der Unternehmensführung neu überdacht werden. Ron Heifetz (Professor in Harvard) erklärt dazu:

> *Der Anpassungsdruck unserer Gesellschaften erfordert eine Führungsriege, die Verantwortung übernimmt, ohne auf Offenbarungen oder Aufforderungen zu warten. Man muss gegebenenfalls auch führen können, wenn man nichts weiter als eine Frage zur Hand hat. Ein Unternehmensführer muss seine Mitarbeiter dazu motivieren, Herausforderungen anzunehmen, Wertvorstellungen zu modifizieren, Sichtweisen zu ändern und neue Verhaltensmuster zu entwickeln.* [8]

Werden diese Schritte erfolgreich unternommen, lässt sich weitgehend verhindern, dass man in der Unternehmenskultur erstarrt.

Dieses Buch sendet eine klare Sturmwarnung an dot.com-Unternehmen: Ihr seid in einer ganz besonderen Zeit entstanden – einer Zeit, in der alle Elemente des idealen kreativen Umfelds gleichzeitig gegeben sind. Wenn Ihr Euch nur darauf konzentriert, „das Produkt auf den Markt zu bringen" und „die Website einzurichten", tretet Ihr in die Fußstapfen von Millionen von Unternehmen seit der Zeit von Adam Smith. Ihr habt das Glück, in einer Zeit des schnellen Wandels zu operieren, und damit auch die Chance, in die Zukunft zu blicken und euch darauf einzurichten. Doch nach der anfänglichen ungestümen Wachstumsphase werdet Ihr vor denselben Herausforderungen stehen wie andere Unternehmen in der Vergangenheit: zu wachsen und Euch nicht in Eurer Unternehmenskultur zu verfangen.

Ein Neuanfang

Der skizzierte Handlungsbedarf ist beachtlich. Nicht alle Unternehmen werden bereit sein, ihn anzugehen. Der erste Schritt besteht in der bewussten Erkenntnis, dass die Wirtschaftswelt immer mehr durch *Diskontinuität* geprägt ist. Auf den folgenden Seiten werden wir detaillierter darlegen, weshalb wir die Welt als einen Raum der Diskontinuität sehen. Und wir werden die spezifischen Probleme – und Lösungen – darlegen, denen sich Unternehmen stellen müssen, wenn sie auf lange Sicht aus der Unterdurchschnittlichkeit ausbrechen und sich als Unternehmen der Spitzenklasse etablieren wollen. In einem Zeitalter der Diskontinuität reicht es nicht mehr, ein Unternehmen für die Ewigkeit zu gründen und auf pures Überleben auszurichten. Die folgenden Kapitel sollen den richtigen Weg weisen.

KAPITEL 2

Wie schöpferische Zerstörung vonstatten geht – oder: Das Schicksal der East River Savings Bank

Manche Dinge entstehen rasch, andere vergehen rasch. Und von dem, was entsteht, ist ein Teil bereits erloschen. Bewegung und Veränderung erneuern unablässig die Welt ...

MARCUS AURELIUS, RÖMISCHER KAISER,
„Selbstbetrachtungen", *2. Jh. n. Chr.*

Wenn man in New York auf der Westlichen 96. Straße vom Henry Hudson Drive Richtung Central Park fährt, stößt man an der Ecke Amsterdam Avenue auf ein ehrwürdig aussehendes Bankgebäude. Der Bau ist nicht groß, aber beeindruckend – gebaut für die Ewigkeit, mit wahrhaft monumentaler Architektur. Er besteht aus massivem Kalkstein, ist ein riesiges Stockwerk hoch (mit doppelt hohen Fenstern) und ungefähr einen halben Block lang. Der Haupteingang wird von fünf sehr soliden ionischen Säulen flankiert. In den steinernen Fries sind die Jahreszahlen 1848 und 1926 eingemeißelt. Aphorismen über die Tugend der Sparsamkeit von Thomas Jefferson und Abraham Lincoln zieren den Fries zu beiden Seiten der Jahreszahlen. Wenn man sich dem Gebäude nähert, denkt man unwillkürlich: „In dieser Bank hätte ich gerne mein Geld. Dort wäre es für immer sicher."

Überquert man jedoch die Amsterdam Avenue, merkt man, dass das heute gar keine Bank mehr ist, sondern eine Apotheke. Die Geschichte der Bank ist ein gutes Beispiel dafür, dass auch das vermeintlich Starke und Dauerhafte in der Welt durchaus vergänglich sein kann. Und je ehrbarer eine Institution erscheint, desto verwundbarer ist sie vermutlich.

Die East River Savings Bank als Apotheke im Jahr 2000

Die East River Savings Institution wurde 1848 gegründet. Während New York immer größer wurde, entwickelte sich die Bank ganz allmählich zu einem florierenden Unternehmen. Ihr achter Direktor Darwin R. James erklärte oft, dass ihm die Atmosphäre in der Bank sehr ruhig vorkam – dass sie vom Direktor eigentlich wenig Engagement erforderte.

Das sollte jedoch nicht lange so bleiben. Im Jahre 1925 benannte James die Bank in East River Savings Bank um und führte eine Reihe von Neuerungen ein: Die Bank machte nun Werbung für ihre Dienstleistungen und machte sich für ein Gesetz stark, wonach örtliche Sparinstitute Filialen eröffnen durften.

Die erste Niederlassung der East River Savings Bank wurde 1927 in eben jenem monumentalen Bau aus Kalkstein und Marmor an der Ecke Amsterdam Avenue und 96. Straße eingerichtet. Entworfen wurde sie von dem bekannten Architekturbüro Walker & Gillette, das neben vielen modischen New Yorker Stadthäusern auch den Sitz der New York Historical Society, den Greenwich Country Club und die gesamte Stadt Venice in Florida gestaltet hatte. „Da Sparkassen ihr Geschäft auf kleine Einlagen von zahlreichen Kunden stützten, hatten sie oft imposante Gebäude, welche die Aufmerksamkeit der Anwohner erregten und sie in die weitläufigen und üppig ausgestatteten Räume zogen", erklärt Andrew Dolkart von Landmark West. „Hier konnten die Leute ihr Geld anlegen in der Gewissheit, dass es in einem solch grandiosen Gebäude sicher aufgehoben war."

Als die Weltwirtschaftskrise hereinbrach, mussten im ganzen Land Banken schließen. Die East River Savings Bank florierte jedoch weiter. Im Jahre 1932 übernahm sie sowohl die Maiden Lane Savings Bank – eine Bank für deutsche Einwanderer, die vorwiegend in der Schmuckbranche tätig waren – als auch die Italian Savings Bank of the City of New York. Diese beiden Institute konnten zwar nicht mit dem architektonischen Glanz einer East River Savings Bank aufwarten, doch brachten sie ihr in den folgenden drei Jahrzehnten die Ersparnisse der New Yorker Einwanderer.

Erst die siebziger Jahre waren eine kritische Zeit für die East River Savings Bank. Die Zinsen schossen in die Höhe, und als Folge ging das Geschäft mit Immobiliendarlehen drastisch zurück. Im Bemühen um Diversifizierung übernahm die East River Savings Bank zwei Bausparkassen im Staat New York. Dabei machte sie sich auch neue Bestimmungen zunutze, wonach Bausparkassen fünf Prozent ihres Vermögens in Immobilien investieren durften. Dieser Schritt lockte jedoch einen Bauunternehmer an, der die Bank kaufte und in River Bank of America umbenannte. Der neue Name sollte die „landesweiten Aktivitäten des Unternehmens im Immobiliengeschäft, Firmenkreditgeschäft und Kapitalmarkt" reflektieren. [1]

Die River Bank ging jedoch schnell den Bach hinunter. Die Geschäftsleitung investierte in Werbung und neue Verbraucherprodukte, doch nicht bediente Kredite zwangen sie in die Knie. 1991 verfügte die Federal Deposit Insurance Corporation eine Unterlassungsanordnung an die River Bank. 1992 war das Volumen der Not leidenden Kredite auf 575 Millionen Dollar angewachsen, das entsprach 29 Prozent der Aktiva insgesamt. 1995 wurden die Filialen der River Bank an die Marine Midland Bank verkauft.

Diese wiederum beschloss 1997 (bevor sie selbst von der Hongkong and Shanghai Banking Corporation übernommen wurde), die altehrwürdige Filiale zu verkaufen. Die Anwohner waren bestürzt. „Die Marine Midland Bank an der nordöstlichen Ecke der Amsterdam Avenue und der 96. Straße ist eine solch solide, stattliche Erscheinung, dass die Anwohner sie inzwischen *als Dauereinrichtung ansehen*", hieß es in der *New York Times*.[2] Trotz der Vorbehalte der

Anwohner wurde die Filiale Anfang 1998 von der Immobilienfirma Essex Capital Partners gekauft, die auf städtische Gewerberäume spezialisiert war. Sechs Monate später wurde bekannt, dass Essex das Bankgebäude an die landesweite Apothekenkette CVS verpachten wolle, die allein in New York 36 Läden unterhielt.[3] Und so wurde aus der Bank eine Apotheke. Das ist ein Beispiel dafür, wie schöpferische Zerstörung vonstatten geht.

Die Beschleunigung der schöpferischen Zerstörung

Dass Institutionen wie die besagte Niederlassung der East River Savings Bank untergehen, ist vielleicht bedauerlich, aber nicht ungewöhnlich. Das Kommen und Gehen unter den Giganten der Wirtschaft ist keine Folge des Internet oder der New Economy. Vielmehr ist es ein Phänomen, das seit den zwanziger Jahren allmählich um sich gegriffen hat, lange bevor es mit der East River Savings Bank zu Ende ging.

Heute zeigt sich diese Veränderung in der rapiden Geschwindigkeit, mit der starke neue Unternehmen in den S&P-Index aufsteigen und alteingesessene Unternehmen herausfallen. Eine derartige Fluktuation wäre in den zwanziger

Gesamt-Aktionärsrendite S&P 500
Langzeitüberlebende versus S&P 500-Durchschnitt

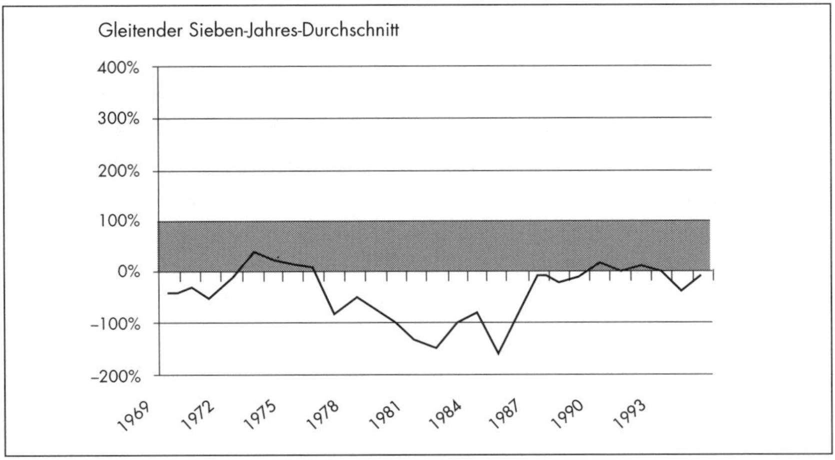

Jahren unvorstellbar gewesen, und selbst vor fünfundzwanzig Jahren wäre sie zumindest ungewöhnlich gewesen. Dennoch: Betrachten wir die Vielzahl neuer Unternehmen, die in den S&P-Index aufgenommen wurden, so ist das Tempo des Wandels schon während der letzten siebzig Jahre stetig angestiegen.[4]

Die beschleunigte Fluktuation ist wichtig, denn die Neuzugänge erwirtschaften eine höhere Gesamt-Aktionärsrendite als die älteren Unternehmen. Ohne sie wäre die Gesamtleistung der Märkte, wahrscheinlich sogar der ganzen Volkswirtschaft, weitaus schlechter ausgefallen. Würde beispielsweise der S&P 500 heute noch dieselben Unternehmen enthalten wie bei seiner Einführung 1957, so wäre seine Gesamtentwicklung merklich schlechter verlaufen, wie die Grafik auf Seite 52 zeigt.

Auch die Corporate-Performance-Datenbank von McKinsey, die Daten mit ihrem Verlauf über die letzten 38 Jahre nachzeichnet, spiegelt diese Entwicklungen wider (siehe Grafik unten). Geht man den Veränderungen auf den Grund, so zeigt sich, dass viele der einst so bedeutenden Unternehmen inzwischen nicht mehr existieren und zahlreiche andere an ihre Stelle getreten sind.

Fluktuation im S&P 500 im Vergleich zum Index der Netto-Neuzugänge

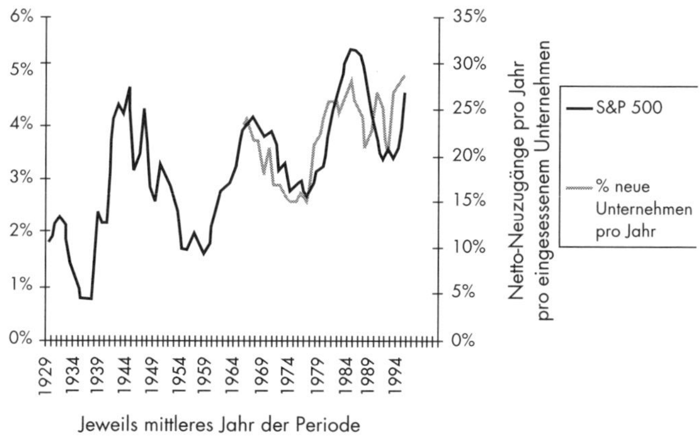

Im Mittelwert des Index für Netto-Neuzugänge sind die öffentlich regulierten Wirtschaftszweige (Erdöl, Energie, Güterkraftverkehr, Luftverkehr, Rüstung) nicht eingeschlossen, da sie in der Corporate-Performance-Datenbank stärker vertreten sind als im S&P 500.

Prozentsatz an Unternehmen nach Kategorie

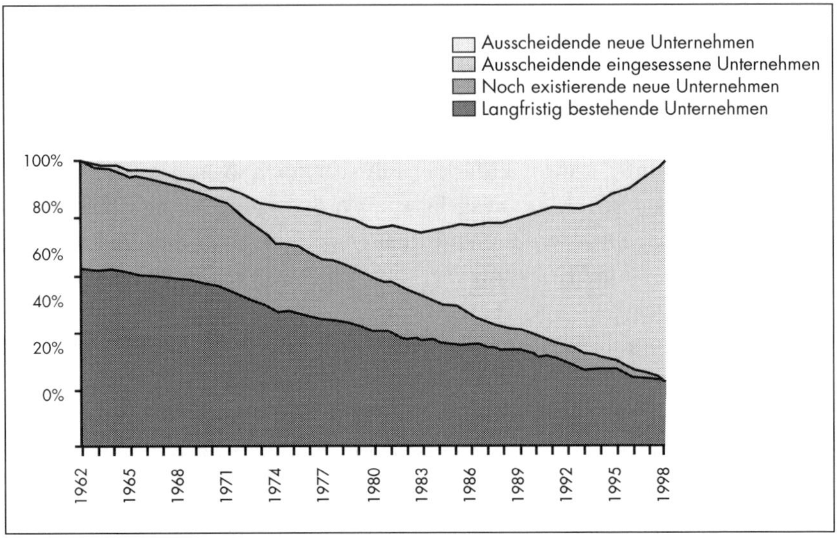

Auf die Neuzugänge in der Datenbank entfällt im Laufe der Zeit ein immer größeren Anteil an der Gesamtzahl der Unternehmen, während der Anteil der „Langlebigen" schrumpft. Anders als beim S&P 500 ist bei der McKinsey-Datenbank die Zahl der erfassten Unternehmen nicht festgelegt; entsprechend stieg sie zwischen 1962 und 1998 von 249 auf 696, und der Anteil der Neuzugänge hat sich von 1,6 Prozent jährlich in den sechziger Jahren auf heute 4,6 Prozent erhöht. Diese Erhöhung fand in Wellen statt, wie auch beim S&P 500 der Fall. (Die Zahlen würden sogar noch drastischer ausfallen, wenn die Stromversorger – in der Stichprobe mit rund einhundert Unternehmen vertreten – nicht eingeschlossen wären, denn sie sind nicht denselben Marktkräften unterworfen wie die Unternehmen anderer Branchen.)

Einzelne Branchen wie Computer-Hardware, Telekommunikation oder medizinische Geräte weisen sogar noch höhere Veränderungsraten auf, die bisweilen um das Zwei- oder Dreifache über den allgemeinen Durchschnittswerten liegen.

Dass sich der Prozess der schöpferischen Zerstörung in der amerikanischen Wirtschaft derart robust zeigte, hat direkt zur starken langfristigen Entwicklung der amerikanischen Kapitalmärkte beigetragen. Die US-Wirtschaft wird heute von Unternehmen beherrscht, die 1962 nicht groß genug waren, um zu den führenden achtzig Prozent zu gehören. Es ist durchaus denkbar, dass sie in

36 Jahren von Unternehmen dominiert wird, die heute noch zu klein sind, um zu den größten achtzig Prozent zu zählen.

Schumpeter beschrieb das Wesen dieser Veränderung bereits 1938 als

> *...einen... Prozess der industriellen Mutation ... der unaufhörlich die Wirtschaftsstruktur von innen heraus revolutioniert, dabei unaufhörlich die alte Struktur zerstört und unaufhörlich eine neue schafft. Dieser Prozess der ‚schöpferischen Zerstörung' ist das für den Kapitalismus wesentliche Faktum. Darin besteht der Kapitalismus, und darin muss auch jedes kapitalistische Gebilde leben.*[5]

Bilder der Kontinuität

Der S&P-Index zeugt beredt von der Beschleunigung des Wandels und der zunehmenden Diskontinuität in der Gesamtwirtschaft. Wie aber sieht es mit einzelnen Branchen aus? Wie haben sie sich im Laufe der Zeit entwickelt? Wie funktioniert die schöpferische Zerstörung eigentlich?

Um diese Fragen verständlich zu beantworten, müssen wir die komplexen Erfolgsmuster, wie wir sie in den Kapitalmärkten beobachten, vereinfachen. Wir müssen nachvollziehen können, welcher Anteil der sichtbaren Veränderungen auf die Gesamtwirtschaft, auf einzelne Branchen und auf einzelne Unternehmen zurückzuführen ist.

Zu diesem Zweck haben wir das Performance-Diagramm entwickelt. Mit ihm können wir die bisherigen Muster der schöpferischen Zerstörung visualisieren – wir können bestimmen, wann sie anfing und aufhörte oder auch wie normal oder unnormal sie erscheint, und wir können eine Branche mit der Gesamtwirtschaft oder verschiedene Branchen untereinander vergleichen.

Das Performance-Diagramm bildet langfristige Performance ab. Es verwandelt die komplexen Zusammenhänge hinter den jährlichen Veränderungen der Aktionärsrendite in ein einfaches, aber dennoch genaues Bild, das die wesentlichen Performance-Details einer Branche oder eines Unternehmens aus der Verzerrung der jährlichen Schwankungen herauslöst.

Es gibt zwei Arten von Performance-Diagramm: Im einen vergleichen wir eine Branche, wie etwa Pharma, mit der Gesamtwirtschaft (der Gesamtheit aller Branchen in unserer Corporate-Performance-Datenbank); im anderen vergleichen wir ein Unternehmen, beispielsweise Merck, mit der jeweiligen Branche.

Grundbestandteil eines Branchendiagramms ist die „normale" Performance-Spanne der Wirtschaft, Grundbestandteil eines Unternehmensdiagramms die „normale" Performance-Spanne der jeweiligen Branche. Die Endpunkte der Normalspanne werden jeweils mit 100 bzw. 0% markiert. Die genaue Position der Branchen- oder Unternehmenskurve in Relation zur normalen Performance-Spanne richtet sich nach der Performance der Branche (bzw. des Unternehmens) in einem bestimmten Jahr, bezogen auf die Entwicklung des Aktienmarktes im betreffenden Jahr.[6] Um die Diagramme noch klarer zu machen, haben wir nicht jedes Jahr einzeln dargestellt, sondern jeweils die gleitenden Durchschnitte aus Sieben-Jahres-Perioden ausgewiesen. Auf diese Weise werden die jährlichen Verzerrungen aus den Daten herausgefiltert und die relevanten Grundzüge tatsächlicher Performance-Niveaus und -Veränderungen hervorgehoben. Schneidet eine Branche genauso ab wie die Gesamtwirtschaft, liegt sie exakt bei 50 Prozent. Solange die Leistung einer Branche oder eines Unternehmens innerhalb der normalen Bandbreite – also zwischen 0% und 100% – liegt, weicht sie statistisch nicht signifikant von der Performance der Gesamtwirtschaft bzw. der Branche ab. Liegt das Ergebnis über oder unter der Normalspanne, haben wir es möglicherweise mit schöpferischer Zerstörung zu tun und müssen eine Erklärung für diese außergewöhnliche (positive oder negative) Performance finden.

Viele Branchen liegen mit ihren Ergebnissen innerhalb der „normalen" Performance-Spanne der amerikanischen Märkte. Als Beispiel mag die Spezialchemie dienen, die im folgenden Performance-Diagramm dargestellt ist.

Spezialchemie – GAR im Vergleich zur Gesamtwirtschaft, gleitender Sieben-Jahres-Durchschnitt

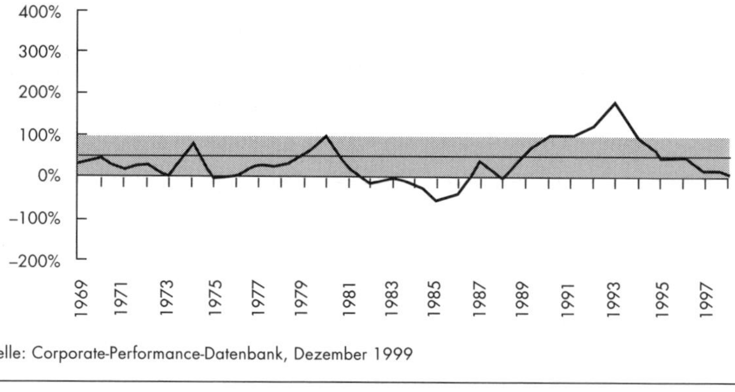

Quelle: Corporate-Performance-Datenbank, Dezember 1999

Abgesehen von einer kurzen Periode Ende der achtziger Jahre, die – so könnte man argumentieren – eine schwache Phase in den späten siebziger Jahren ausglich, hat es in der Spezialchemie nie eine Periode außergewöhnlicher Performance gegeben. Der Markt hat sie zu allen Zeiten „fair" bewertet. Diese Branche ist durchweg der Entwicklung der amerikanischen Wirtschaft gefolgt. Im untersuchten Zeitabschnitt lag die Spezialchemie sogar meist unter dem Mittelwert, wenn auch statistisch nicht signifikant. Allerdings zeigen einzelne Unternehmen in der Branche ein ganz anderes Bild, wie wir später sehen werden. Entsprechende Beobachtungen gelten auch für fünf andere Branchen: Chemie-Commodities, Papier, Stromversorgung, Hygieneartikel und – mit Ausnahme einer kurzen Phase Anfang der sechziger Jahre – Güterkraftverkehr. Auf diese Branchen entfällt ungefähr ein Drittel aller Umsätze in der McKinsey-Datenbank; sie repräsentieren die Kräfte der Kontinuität. Das ist ein bedeutender Faktor, aber unserer Datenbank zufolge keine beherrschende Kraft der amerikanischen Wirtschaft.

Ähnliches gilt für einzelne Unternehmen, besonders die langlebigen. In der Regel übertreffen sie das Leistungsniveau ihrer Branche nicht. Nehmen wir beispielsweise Becton-Dickinson, einen bedeutenden und standfesten Anbieter für medizinische Produkte: Absolut gesehen, hat das Unternehmen wohl einige sehr gute Jahre gehabt, doch hat es nie besser abgeschnitten als die Branche insgesamt, wie die folgende Grafik zeigt.

Medizinische Produkte
Becton Dickinson & Co.

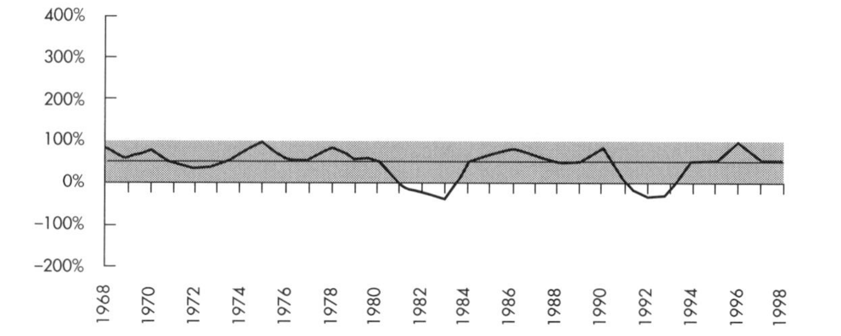

Quelle: Corporate-Performance-Datenbank, Dezember 1999

Das Schicksal von Becton-Dickinson war eng verknüpft mit dem seiner Branche.

Dagegen zeigen Rohm and Haas klare Abweichungen vom Branchen-Mittelwert. Allerdings: Sie lagen ebenso oft unter dem Durchschnitt wie darüber. Mit anderen Unternehmen wie etwa Raytheon oder International Flavors and Fragrances verhält es sich ähnlich. Diese Unternehmen haben offensichtlich ein größeres reales Risiko zu tragen als Wettbewerber, die innerhalb der normalen Bandbreite ihrer Branche bleiben. Es ist eben ein Unterschied, ob man schon ein oder zwei Jahre nach einem Tief wieder mit einem Hoch rechnen kann – oder ob man ein oder zwei Jahrzehnte auf die Wende warten muss.

Das gilt auch für andere Unternehmen in anderen Bereichen, etwa Rockwell und General Dynamics in der Rüstung, Westvaco und Mead in der Papierindustrie, American Home Products und Bristol-Myers Squibb in Pharma, Texas Instruments in der Elektronikbranche oder AMR, die Muttergesellschaft von American Airlines, in der Luftfahrt.

Einige Unternehmen wie etwa Delta Air Lines hatten in der Vergangenheit ausgezeichnete Ergebnisse vorzuweisen, sind aber in den letzten zwei, drei Jahrzehnten nicht über das „normale" Leistungsniveau ihrer Branche hinausgekommen. In diese Kategorie fallen auch Air Products and Chemicals, Dow Chemical, Ethyl Corporation sowie Baxter International.

Papier
Champion International Corp.

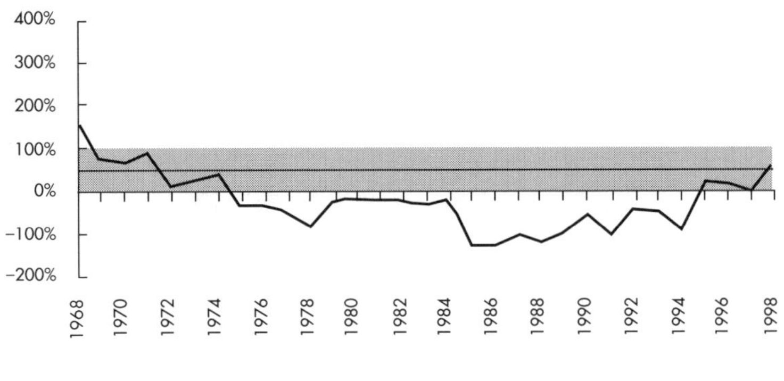

Quelle: Corporate-Performance-Datenbank, Dezember 1999

Nicht alle langlebigen Unternehmen blieben mit ihren Ergebnissen im Mittelfeld – einige wenige schnitten sogar Jahr für Jahr schlechter ab als die Gesamtbranche. Dazu gehört beispielsweise Champion International: Erst in jüngster Zeit, kurz vor der Übernahme durch International Paper, erreichte das Unternehmen wieder das normale Leistungsniveau der Branche. Gates Learjet und NL Industries sind weitere Beispiele.

Eine kleine, erlesene Gruppe von Unternehmen konnte ihre Ergebnisse dauerhaft über dem Branchendurchschnitt halten – auch wenn sie nie über die normale Bandbreite hinausgingen. Dazu zählen Hewlett-Packard, Medtronic, Abbott, Merck und – seit ungefähr zehn Jahren – Warner-Lambert. Es ist interessant, dass sämtliche Unternehmen dieser Kategorie in Branchen tätig sind, in denen selbst zu „normalen Zeiten“ deutliche Veränderungen auftreten. Ihre Ergebnisse sind vielleicht das Beste, was man ohne Wechsel in eine neue Branche erreichen kann (während man bei einem solchen Wechsel aufgrund des Branchen-Gesamtniveaus tendenziell höhere Aktionärsrenditen erzielen kann, wie wir in Kürze sehen werden). Erfolg in diesen Branchen setzt voraus, dass man dauerhaft die Erwartungen der Analysten übertreffen kann. Auf Dauer ein ziemlich hoher Anspruch.

Es gibt auch einen kleinen Kreis von Unternehmen, die den Dauermarsch zum überragenden Leistungsniveau innerhalb ihrer Branche angetreten ha-

Computer-Hardware
Hewlett-Packard Co.

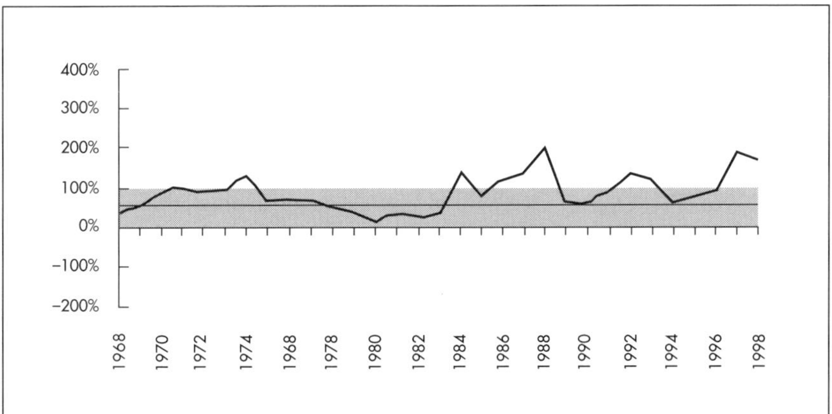

Quelle: Corporate-Performance-Datenbank, Dezember 1999

ben. Dazu gehören unter anderem Kimberly-Clark und Sherwin-Williams. Kimberly-Clark war bis Anfang der siebziger Jahre ein Anbieter für Papier-Massenerzeugnisse und wechselte dann zu Papier-Spezialprodukten, da diese langfristig bessere Ergebnisse versprachen. Man beschloss, im Bereich Papierwindeln den Wettbewerb mit Procter & Gamble aufzunehmen, und führte mit Erfolg die Marke „Huggies" ein. Damit erzielte Kimberly-Clark Ergebnisse, die für Spezialprodukte normal waren, dabei aber weit über den Ergebnissen im Bereich Massenprodukte lagen. Kurz: Weil man die Gesetzmäßigkeiten des Marktes für Papier-Commodities nicht aufheben konnte, verlegte man sich auf ein benachbartes und lohnenderes Feld. Als Folge begann für Kimberly-Clark eine Phase höherer Aktionärsrenditen.

Papier: Kimberly-Clark Corp.
GAR im Vergleich zur Branche (gleitender Sieben-Jahrs-Durchschnitt)

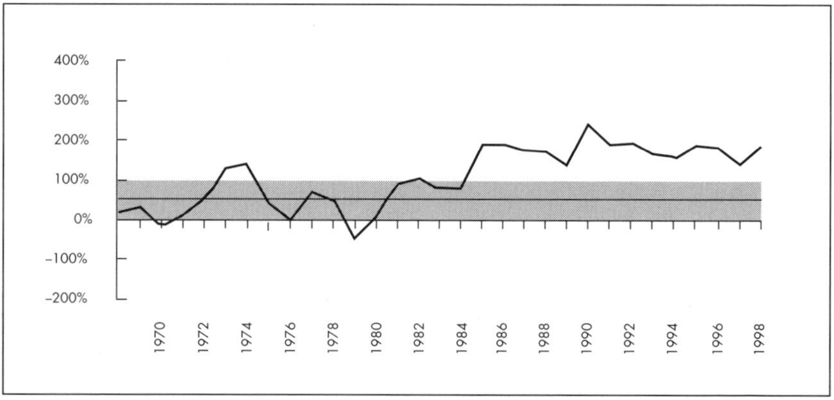

Mit Sherwin-Williams lief die Sache ähnlich: Früher hauptsächlich ein Farbenhersteller, verlagerte das Unternehmen seinen Schwerpunkt zum Mehrkanalvertrieb von Farben und eröffnete in den achtziger Jahren über zweitausend Läden. In beiden Fällen wurden entscheidende Schritte unternommen, die sich für die Anteilseigner der Unternehmen ausgezahlt haben.

Im Allgemeinen entgehen die Unternehmen jedoch selten der Schwerkraft ihrer Branche. Sie halten sich an die geltenden Regeln, und diese bestimmen zum Großteil ihre Leistungsfähigkeit. Sie erreichen das, was die Branche erreicht. Das war auch das Los der East River Savings Bank. Die Branche war im Untergang begriffen, und die Bank konnte sich dem Abwärtssog nicht entziehen. Das Gebäude mit seinen Marmorsäulen und dem reich verzierten Fries, das doch die Beständigkeit der Bank widerspiegeln sollte, wurde dichtgemacht und als Apotheke wiedergeboren – ganz so, wie es Schumpeter vorausgesagt hätte. So geht schöpferische Zerstörung vonstatten.

Bilder der Diskontinuität

In den Kapitalmärkten begegnen wir nicht nur der Kontinuität. Wenn Branchen und Unternehmen den Markt übertrumpfen, spielt Diskontinuität eine weit wichtigere Rolle.

Innerhalb von Branchen

Einige Branchen weichen mit ihrer Leistung über längere Zeiträume vom Niveau der Gesamtwirtschaft ab. So hat beispielsweise die Hardwarebranche von ihren Anfängen in den sechziger Jahren bis zum Beginn der achtziger Jahre regelmäßig besser abgeschnitten als der Markt insgesamt.

Die sechziger und siebziger Jahre waren eine Zeit substanzieller Innovation. IBM beherrschte die Branche, und es gab jede Menge technologischen Entwicklungsspielraum. Anfang der achtziger Jahre hatten sich die Bedingungen

Computer-Hardware – GAR im Vergleich zur Gesamtwirtschaft (gleitender Sieben-Jahres-Durchschnitt)

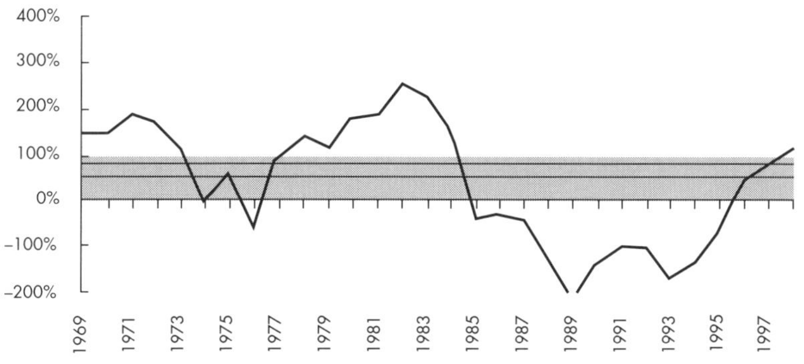

Quelle: Corporate-Performance-Datenbank, Dezember 1999

jedoch geändert. Apple und DEC forderten IBM heraus; zugleich traten Softwareunternehmen wie Microsoft auf den Plan. Nun blieb die Hardwarebranche hinter den Ergebnissen des Gesamtmarktes zurück, bezwungen durch zwei mächtige technologische Umbrüche: den Personal Computer und die Software. Erst in letzter Zeit hat sich die Hardwarebranche wieder erholt, allerdings mit einer völlig neuen Ausrichtung: PCs und Client-Server-Netzwerke treten jetzt an die Stelle der Großrechner-Hardware, welche die hohen Erträge der Sechziger und Siebziger generierte. Den Analysten fiel es immer recht schwer, die Computerindustrie richtig und übereinstimmend zu beurteilen: Zu manchen Zeiten unterschätzten sie die Kurswerte und wurden dann angenehm überrascht, sodass die Renditen hoch gingen; zu anderen Zeiten war es umgekehrt. (Details zur Entwicklung der Hardwarebranche finden sich im Kasten auf der nächsten Seite.)

Entsprechendes gilt auch für andere Branchen. So brachte die Halbleiterindustrie ihren Anlegern in den siebziger Jahren hervorragende Renditen, in denen sich nicht nur das Wachstum der Computer-Hardware widerspiegelte, sondern auch das der Telekommunikation, insbesondere des Internet. Wie die Computer-Hardware-Branche hat auch die Halbleiterindustrie größere technologische Umbrüche erlebt. Die wirtschaftlichen Konsequenzen waren offenbar nur schwer vorhersehbar, wie die langen Phasen mit über- und

Halbleiter – GAR im Vergleich zur Gesamtwirtschaft (gleitender Sieben-Jahres-Durchschnitt)

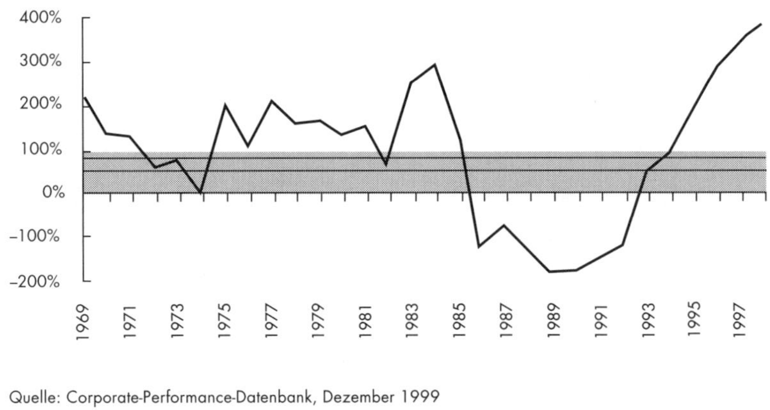

Quelle: Corporate-Performance-Datenbank, Dezember 1999

DIE ENTWICKLUNG DER COMPUTER-HARDWAREBRANCHE

Im Jahre 1962 gab es acht Unternehmen in der Computer-Hardwarebranche: IBM und die „sieben Zwerge" (Burroughs, Sperry usw.). 1967 entfielen auf IBM über 55 Prozent aller Umsätze in diesem Sektor. Erst 1988 rutschte das Unternehmen laut unserer Datenbank auf unter 50 Prozent Marktanteil, und selbst 1995 bestritt es noch mehr als ein Drittel des Gesamtumsatzes. Vor allem aber erzielte IBM 1967 achtzig Prozent der Gesamt-Nettobetriebsergebnisse der Branche; 1995 lag dieser Wert bei knapp vierzig Prozent.

Weil IBM Ende der sechziger und Anfang der siebziger Jahre die Computerindustrie praktisch definierte (zu einer Zeit, da Computer – neben Rechenmaschinen, Diktiergeräten und Schreibmaschinen – noch zur Büromaschinenbranche gezählt wurden), standen die meisten Neulinge im Markt in irgendeinem Teilbereich mit IBM im Wettbewerb. Als es dann Digital Equipment und Wang Laboratories gelang, Marktsegmente für ihre Computer zu finden, brachte das weitere Computerhersteller auf den Plan. So wurde beispielsweise Storage Technology 1972 mit der simplen Absicht gegründet, Band- und Plattenlaufwerke in Konkurrenz zu den entsprechenden IBM-Produkten herzustellen und zehn Prozent billiger zu verkaufen.

Storage Technology und andere vom gleichen Schlag, die nach dem Motto „So gut wie IBM, aber billiger" vorgingen, entdeckten einen unausgeschöpften Markt und wurden mit rasantem Umsatzwachstum und hoher Aktionärsrendite belohnt. In der Regel konnten diese kleinen Unternehmen über Preis konkurrieren, und so begannen sie, den Marktanteil von IBM auszuhöhlen. Eine hohe Nachfrage und Verbesserungen in der Fertigungstechnologie ließen Gewinnmargen und Erträge merklich steigen. Zwar kamen diverse neue Teilnehmer auf den Markt, doch wurde die Neueintrittsrate vom Umsatzwachstum übertroffen, sodass die Unternehmen steigende Erlöse und wachsende Margen verbuchen konnten. Die Computerbranche schnitt in diesen zehn Jahren besser ab als die Wirtschaft insgesamt, und die Aktionäre hatten Grund zur Freude.

Doch die beeindruckenden Erträge lockten noch mehr Unternehmen an. Eine Flut neuer Hersteller von Mainframes und Workstations – darunter Amdahl, Floating Point Systems, Intergraph und Stratus – nahmen im Markt für größere Systeme den Wettbewerb mit IBM und Digital Equipment auf. Bald wuchs die Zahl neuer Hersteller rascher als der Markt, und ab 1982 begannen die Gewinnspannen zu sinken. Dieser Trend setzte sich in den gesamten achtziger Jahren fort, sodass viele Aktionäre die Rentabilität ihrer Anlagen neu bewerteten. Die Gesamt-Aktionärsrendite sank während der achtziger Jahre kontinuierlich, und am

Ende der Dekade fand sich die Hardwarebranche weit unter dem Niveau der Gesamtwirtschaft.

Die hohen Eintrittsraten Ende der siebziger und Anfang der achtziger Jahre zeigen, wie leicht es geworden war, im Hardwaremarkt mitzumischen. Jeder Informatiker mit einer Garage war in der Lage, ein preisgünstiges und wettbewerbsfähiges System zusammenzubauen. Neue Anbieter wie Apple, Compaq und (später) Dell sowie Komponentenhersteller wie Seagate, Western Digital und Quantum drängten sich im Markt für Desktops, hervorgegangen aus den Heim- und Hobbycomputern vom Typ Tandy oder Commodore.

IBM schaffte es, mit seinen PCs den Desktop-Computer zu legitimieren und im Grunde auch zu standardisieren – gleichzeitig aber stieg die Zahl der Unternehmen im Markt drastisch an. Bei der Interpretation dieser potenziell widersprüchlichen Trends äußerte Standard and Poor's 1985 unter anderem die Ansicht, dass wohl kaum jemand versuchen werde, den neuesten PC von IBM (den AT mit 286er Intel-Prozessor, 256k RAM und ohne Festplatte) zu „klonen", da IBM ja eine so beherrschende Führungsposition innehabe. Eine Analyse, die dem jungen Michael Dell anscheinend nicht zu Ohren kam.

Tatsächlich wuchsen viele der neuen Marktteilnehmer auf Kosten von IBM weiter. Das Unternehmen konnte – trotz stetig rückläufigem Marktanteil seit dem Spitzenwert von 1970 – seine Gewinnspanne bis 1982 halten, bis es schließlich das Ausmaß des Wettbewerbsdrucks erkannte. Daraufhin gab man bekannt, man erwarte für die Gesamtbranche eine Umsatzsteigerung von 15 Prozent und beabsichtige, schneller zu wachsen als die Branche. In Wirklichkeit verlangsamte sich das Wachstum der Branche von 15 Prozent im Jahre 1984 auf 7 bis 10 Prozent in den neunziger Jahren. IBMs Prognosen zum eigenen Wachstum trafen noch weniger ein. Um das Wachstum anzukurbeln, wurden 1984 die Aufwendungen für Forschung und Entwicklung auf 4,2 Milliarden Dollar (neun Prozent des Umsatzes) aufgestockt. Leider reichten die Investitionen nicht aus, um einen Wachstumsschub zu bewirken.

IBM spezialisierte sich auf große, proprietäre Systeme, und das machte das Unternehmen angreifbar und wehrlos gegenüber den neuen Konkurrenten in der Branche. An die Entwicklung standardisierter Computerkomponenten passte man sich nicht an. Die Folge: Nur wenige Jahre nach der Einführung des IBM-PC zeigte sich, dass IBM die Schlacht um den aufkeimenden Markt verlieren würde.

Mitte der achtziger Jahre war die Hardwarebranche angeschlagen, aber trotzdem wurden weiterhin neue Unternehmen gegründet. Als 1983 die Gewinnspannen zurückgingen und die Hardwareunternehmen schlechter abschnitten als der Markt, schien es für neue Unternehmen wenige Anreize zu geben, sich mit in das Kampfgetümmel zu stürzen. Dennoch stieg die Zahl neuer Unternehmen in der Branche in den gesamten achtziger Jahren weiter an.

unterdurchschnittlicher Performance in der Branche zeigen. In diesem Fall resultierte die Diskontinuität aus dem Wechsel von Speicherchips zu Mikroprozessoren, doch die Implikationen für Anleger waren die selben wie in der Hardwarebranche beim Übergang vom Großrechner zum PC. Die Aktien von Halbleiterherstellern richtig zu bewerten war für Analysten wie Anleger nicht leicht, zum einen aufgrund des technologischen Risikos, zum anderen aufgrund des aggressiven Vorgehens japanischer Wettbewerber beim Ausbau ihrer Positionen im US-Markt.

Die Softwarebranche, das „Wunderkind" der späten achtziger und frühen neunziger Jahre, erlebte seit ihrer Entstehung zwei große Phasen überdurchschnittlicher Performance. Die Fähigkeit der Branche zur Erzeugung von Produkten, welche die Kunden anscheinend immer wieder „überraschen und erfreuen", übertrifft nun schon seit zwei Jahrzehnten alle Erwartungen. In vielerlei Hinsicht ähnelt das, was vor sich geht, den anfänglichen Entwicklungsmustern bei Hardware und Halbleitern. Ob die Branche ihre überdurchschnittlichen Erfolge weiterhin aufrechterhalten kann, wird die Zukunft zeigen. (Details dazu siehe Kasten mit der Überschrift „Die Entwicklung der Softwarebranche" auf Seite 67.)

Software – GAR im Vergleich zur Gesamtwirtschaft (gleitender Sieben-Jahres-Durchschnitt)

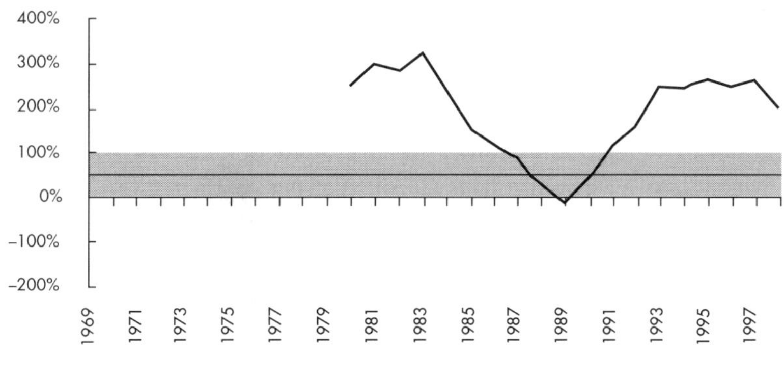

Quelle: Corporate-Performance-Datenbank, Dezember 1999

Die Erdölbranche weist rein zufällig ein ähnliches Muster auf wie die Computerindustrie, allerdings aus ganz anderen Gründen: Weil sich der Ölpreis nur schwer vorausbestimmen lässt, sind exakte Prognosen zur Performance-Entwicklung kaum möglich. Die späten siebziger Jahre bescherten der Branche eine Phase überdurchschnittlicher Ergebnisse, da sämtliche Überraschungen positiv ausfielen. Doch wie bei der Computerindustrie sackte die Leistung schließlich weit unter das Niveau der Gesamtwirtschaft ab. In dieser Entwicklung spiegeln sich unmittelbar die Gründung der OPEC sowie ihr anschließender Bedeutungsverlust bei der Kontrolle der weltweiten Erdölförderung und -preisgestaltung.

Erdöl – GAR im Vergleich zur Gesamtwirtschaft (gleitender Sieben-Jahres-Durchschnitt)

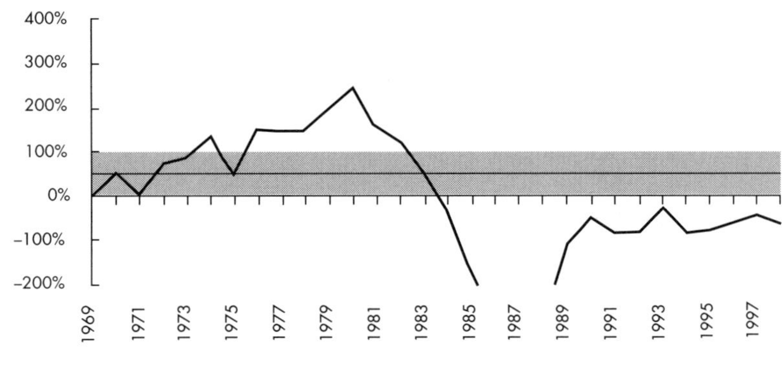

Quelle: Corporate-Performance-Datenbank, Dezember 1999

Die Pharmaindustrie ist ein weiteres Beispiel dafür, wie schwer es bisweilen ist, Prognosen zu treffen (siehe Grafik S. 67). Der Branche ging es in den sechziger und frühen siebziger Jahren gut, bis die Auflagen der staatlichen Versicherungssysteme Medicare und Medicaid drohten, den Ballon platzen zu lassen. Die Branche hat sich jedoch wieder erholt. Sie profitiert von ihren außergewöhnlichen Fähigkeiten in der Arzneimittelentwicklung und -vermarktung sowie einem starken patentrechtlichen Schutz ihrer Entdeckungen. Nach wie vor erfreut sie Analysten wie Anleger.

Die Branche für medizinische Produkte stand vor ähnlichen Problemen, hatte jedoch dank des rasanten technologischen Fortschritts wieder einen deutlichen Aufschwung zu verzeichnen (siehe Grafik S. 69).

Pharmaindustrie – GAR im Vergleich zur Gesamtwirtschaft (gleitender Sieben-Jahres-Durchschnitt)

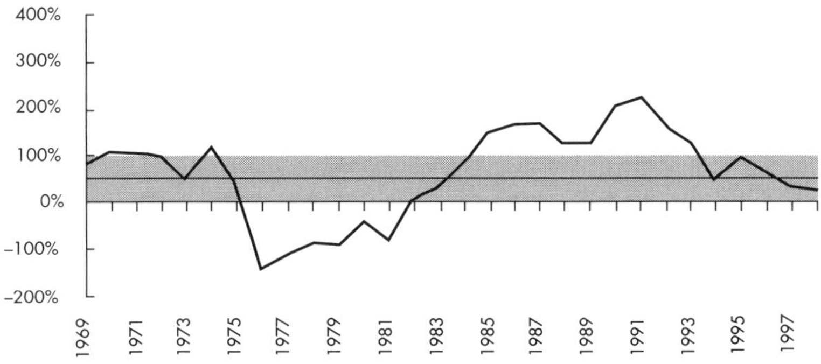

Quelle: Corporate-Performance-Datenbank, Dezember 1999

DIE ENTWICKLUNG DER SOFTWAREBRANCHE

Die Computerindustrie begann 1970, sich in die Hardware- und die Softwarebranche aufzuteilen: Damals beschloss IBM, die Software, die auf seinen Großrechnern lief, separat in Rechnung zu stellen. Zwar gab es bereits seit den sechziger Jahren Unternehmen wie Ross Perots Electronic Data Systems, die spezielle Datenverarbeitungssoftware für Großrechner verkauften, doch die Maßnahme von IBM gab anderen Unternehmen die Möglichkeit, generische Software-Anwendungspakete herzustellen, die mit einigen IBM-Produkten konkurrieren konnten. Doch erst als Anfang der achtziger Jahre der Personal Computer auf den Markt kam, begannen sich die Wege der Soft- und der Hardwarebranche wirklich zu trennen. Noch Ende 1981 war die Softwarebranche recht klein: Software wird in der Regel eher für bereits installierte Computer gekauft als für solche, die gerade erst auf den Markt kommen; somit machte sich der Übergang vom Großrechner zum PC Mitte der Achtziger erst sechs Jahre später in vollem Umfang in der Softwarebranche bemerkbar. Im Jahre 1990 waren IBM und Unisys die beiden führenden Softwareunternehmen weltweit. IBM erzielte mit seiner Software einen Umsatz von nahezu zehn Milliarden Dollar, fast genauso viel wie die übrigen zehn Spitzenunternehmen zusammen.

Das Potential des PC lockte jedoch in unglaublichem Tempo neue Unternehmen in die Branche. Zwischen 1982 und 1986 verdoppelte sich die Zahl der Marktteilnehmer von Jahr zu Jahr. In dieser Zeit stiegen die Softwareumsätze zwar rasant an, doch der Zustrom neuer Marktteilnehmer verringerte die durchschnittliche Größe der Softwareunternehmen, verschärfte den Wettbewerb und drückte die Rentabilitätserwartungen. Als Folge ging die durchschnittliche Aktionärsrendite zurück und erreichte 1986 die Talsohle. Seither ist jedoch die Gesamt-Aktionärsrendite in der Softwarebranche erheblich gestiegen und hat sich deutlich über dem Niveau der Gesamtwirtschaft gehalten.

Ab 1987 verbesserten sich die Aussichten der Softwareunternehmen mit dem wachsenden Volumen an installierten PCs. Die Weiterentwicklungen bei der PC-Hardware (Einführung des 286er Chips von Intel, flächendeckendere Verwendung von Festplattenlaufwerken) ermöglichten es den Softwareherstellern, PC-Benutzern komplexere und nützlichere Tools anzubieten. Überall gab es nun Programmpakete mit Tabellenkalkulation und Textverarbeitung (inzwischen natürlich veraltet). Dank verbesserter Betriebssysteme – zunächst von Apple Macintosh, später von Microsoft Windows – konnte man seinen PC nun über eine standardisierte grafische Benutzeroberfläche bedienen und damit auf komplexe Funktionen zugreifen, ohne sich Unmengen von neuen Tastenkombinationen merken zu müssen.

Je mehr Computer eingesetzt wurden, um so häufiger mussten die Benutzer ihre Dateien mit anderen austauschen. Das begünstigte eine Konsolidierung bei speziellen Anwendungen. So waren zum Beispiel noch 1985 fünf der fünfzehn führenden Anwenderprogramme Textverarbeitungssysteme (darunter WordStar, Microsoft Word und WordPerfect); 1990 waren es nur noch zwei, und seit Mitte der neunziger Jahre ist Microsoft Word die einzige nennenswerte Größe auf diesem Gebiet.

In vielerlei Hinsicht ernteten die Softwareunternehmen die Früchte der Innovation in der Hardwareindustrie, während die Hardwareunternehmen selbst gar nicht so sehr davon profitieren konnten. Eine schnellere und größere Festplatte nützt dem Kunden kaum etwas, wenn sie ihm nicht ermöglicht, etwas schneller oder besser zu machen – und dazu braucht man Software. Da Hardwarekomponenten für PCs in der Regel austauschbar sind (ausgenommen vielleicht der Prozessor), müssen sich Hardwareanbieter ihre Marktanteile über Preis erkämpfen, was die Softwarehersteller nicht nötig haben. Im Gegenteil: Wenn sich, als Folge des Wettbewerbs in der Hardwarebranche, mehr Kunden bessere Rechnerleistung für weniger Geld kaufen können, haben sie mehr Geld übrig für neue und bessere Software, mit der sie die Zusatzkapazität nutzen können.

Medizinische Produkte – GAR im Vergleich zur Gesamtwirtschaft (gleitender Sieben-Jahres-Durchschnitt)

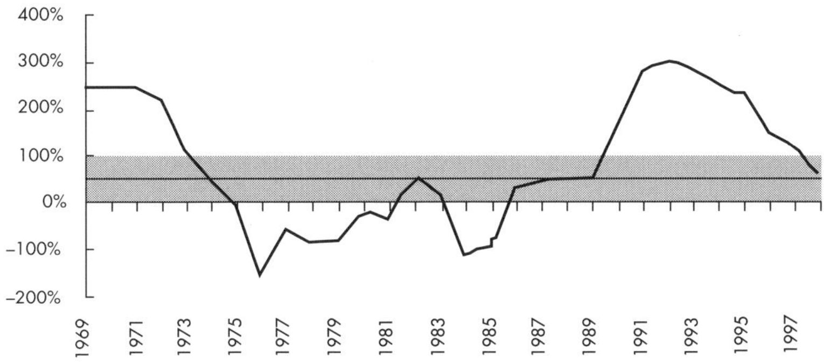

Quelle: Corporate-Performance-Datenbank, Dezember 1999

Die Rüstungsindustrie, die nicht von den rohen Kräften des Marktes, sondern ausschließlich von den strategischen Erfordernissen der Nation gesteuert wird, folgt ganz anderen Gesetzen als die Hardware- oder die Halbleiterindustrie; dennoch ist sie ebenso wenig berechenbar, wie das Aufkommen von *Glasnost* und der Untergang der Sowjetunion vorherzusehen waren (siehe folgende Grafik).

Rüstung – GAR im Vergleich zur Gesamtwirtschaft (gleitender Sieben-Jahres-Durchschnitt)

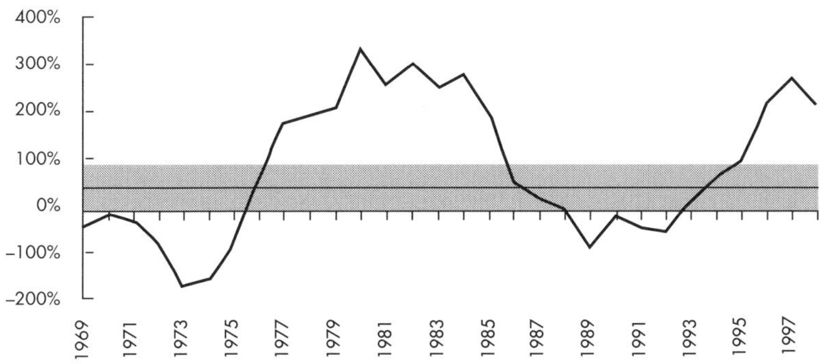

Quelle: Corporate-Performance-Datenbank, Dezember 1999

Die Anleger in der Rüstungsindustrie profitierten sowohl von der Zuspitzung als auch vom Ausklingen des Kalten Krieges. Die Phase überdurchschnittlicher Performance war beachtlich, doch wie alle solche Phasen ging auch sie einmal zu Ende.

Es gibt auch Wirtschaftszweige, die sich mehr oder weniger fortlaufend *unter* dem Niveau der Märkte bewegen und Anleger wie Analysten kontinuierlich enttäuscht haben. Die Luftfahrtindustrie sticht hier besonders hervor. Ihr schlechtes Abschneiden kann auf alles Mögliche zurückgeführt werden – auf Regulierung oder Deregulierung, steigende oder fallende Treibstoffpreise, die Macht der Flugzeugbauer oder der Triebwerkhersteller oder einfach auf blinden Optimismus der Anleger. Auf jeden Fall zeigt das Beispiel: Andauernde *underperformance* ist möglich.

Luftfahrtindustrie – GAR im Vergleich zur Gesamtwirtschaft (gleitender Sieben-Jahres-Durchschnitt)

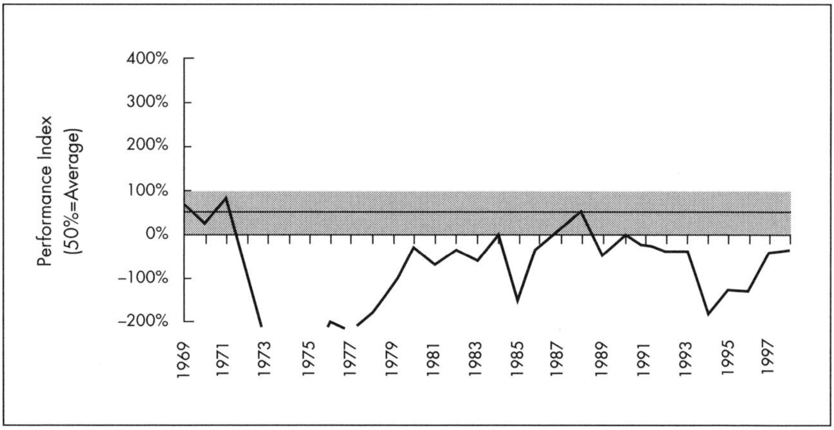

Wie wir gesehen haben, lässt sich Diskontinuität oft auf ganz unterschiedliche Ursachen zurückführen. Manche abrupten Veränderungen treten aufgrund technologischer Neuerungen ein, wie bei der Computer-Hardware und Software; manche gehen auf Verschiebungen im internationalen Wettbewerb zurück, wie in der Erdölindustrie der Fall, und manche auf eine geänderte Haltung der Regulierungsbehörden, wie etwa bei der Rüstungsindustrie oder der Telekommunikation. Und in manchen Branchen wirken mehrere Ursachen zusammen. In der Pharmaindustrie beispielsweise spielen sowohl technologische

Neuerungen als auch politische Entwicklungen eine Rolle. In allen Fällen sind die Ursachen der Diskontinuität nur sehr schwer vorherzusehen, und damit sorgen sie für „anormale“ Renditen. So sehr wir uns auch bemüht haben – wir fanden kein einziges Beispiel für eine Branche, die im beobachteten Zeitraum die Performance des Gesamtmarktes fortwährend übertroffen hätte. Unseren Daten zufolge kann eine Branche zwar leistungsfähiger sein als der Markt, doch fast immer nur für begrenzte Zeit.

Innerhalb von Unternehmen

Was einzelne Unternehmen betrifft, so fanden wir keine Langlebigen, die mit ihrer Leistung längere Zeit deutlich über Marktniveau lagen. Dagegen stießen wir auf viele neue Marktteilnehmer (es waren natürlich nicht alle), die besser abschnitten als der Rest des Marktes. Das ging unterschiedlich lange, ebenso wie auch bei einer jungen Branche die Dauer der überdurchschnittlichen Leistung variiert, doch irgendwann geht diese Phase immer zu Ende.

Ein typisches Beispiel ist Storage Technology, ein Hersteller von Speicherkomponenten für Computer (siehe auch Kapitel 4). Das Unternehmen wurde Anfang der Siebziger gegründet und konnte in den ersten Jahren außergewöhnliche Ergebnisse vorweisen, die sich nicht allein durch die damalige kometenhafte Entwicklung der Computerindustrie erklären ließen: Vielmehr bot es IBM-kompatible Großrechnerkomponenten zu einem Preis an, zu dem sich IBM nicht herablassen wollte. Zehn Jahre später hatte die Branche den Vorsprung von Storage Technology ausgehöhlt, wie die Grafik auf Seite 72 zeigt.

Storage Technology musste in immer größeren Dimensionen denken, um an der Spitze zu bleiben. Man versuchte sich sogar in der Herstellung eines Großcomputers, um IBM direkt die Stirn zu bieten. Nach einigen kostspieligen Fehlentscheidungen sanken die Umsätze, der Ertragszuwachs und die Kapitalrendite; schließlich verfiel der Aktienkurs, und das Unternehmen war dem Konkurs nahe, bevor es sich noch einmal fing und zu seinem Kerngeschäft zurückkehrte.

Was zeigt uns dieses Beispiel? Wie Richard Foster in *Innovation* erläuterte, sind neue Marktteilnehmer gegenüber älteren Unternehmen im Vorteil. Gewiss, einige Neulinge wie Exabite, International Rectifier und Unitrode schneiden schlechter ab als die Branche insgesamt, und unter bestimmten Umständen geht es den Neulingen einer Branche sogar schlechter als den Langlebigen (besonders in Monopolbereichen wie der Rüstung und der Stromversorgung, oder in Branchen wie Pharmazeutik oder medizinische Produkte, wo der Aufwand für Forschung und Lizenzierung Neugründer abschreckt). In den meisten Branchen befinden sich jedoch die Neulinge, die „Angreifer", im Vorteil. Das soll nicht heißen, dass alle Angreifer auch immer Sieger sind. Mit Sicherheit aber sind die meisten Sieger Angreifer.

Storage Technology – Erstes Jahr: 1972
GAR-Performance-Diagramm (Sieben-Jahres-Durchschnitt)

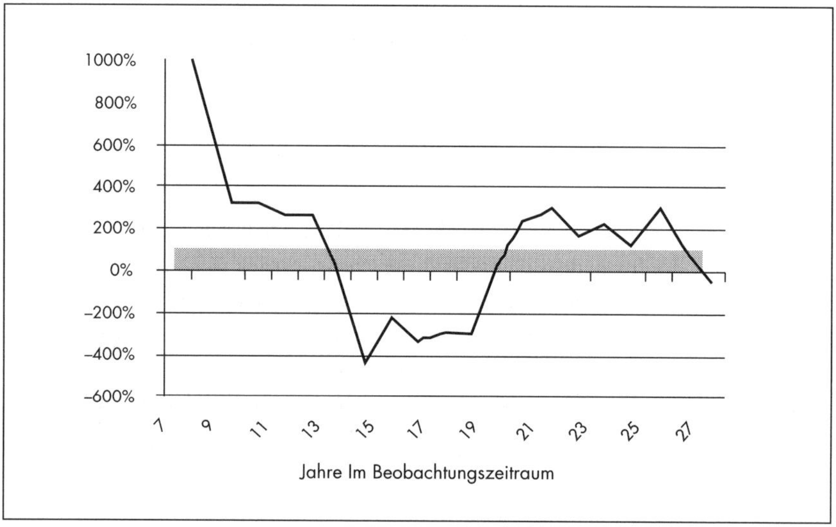

Betrachtet man die einzelnen Unternehmen in all den Branchen, die wir wie oben beschrieben analysiert haben, so fallen die Ergebnisse vielleicht nicht ganz so dramatisch aus, aber dennoch recht ähnlich. Wie aus der folgenden Grafik hervorgeht, zeichnen sich besonders Branchenneulinge durch herausragende Performance aus. Früher oder später sinken ihre Ergebnisse aber auf das Niveau des Branchendurchschnitts und schließlich sogar unter den Mittelwert.

Für dieses Entwicklungsmuster gibt es drei Gründe, die wir in späteren Kapiteln weiter ausführen werden: 1) Die ursprüngliche Innovation, die der neue Marktteilnehmer einbringt, wird nachgeahmt oder – häufig von noch neueren Mitbewerbern – übertroffen, sodass für den Urheber wenig an überdurchschnittlichem Ertrag oder Wachstum übrig bleibt. 2) Der Markt lernt, das Unternehmen richtig zu bewerten, und so nähern sich die Erträge den Eigenkapitalkosten der Branche an. 3) Der neue Marktteilnehmer fällt irgendwann der „kul-

Die Spitze flacht schließlich ab ...

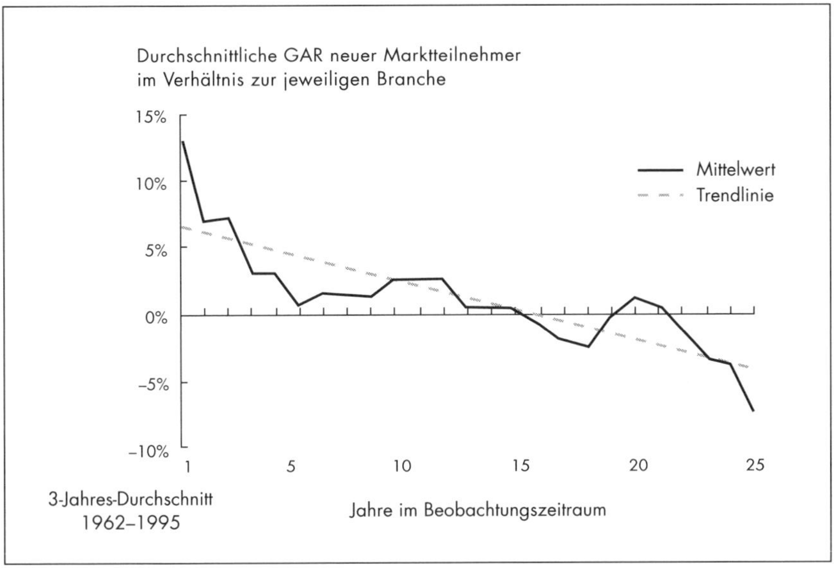

turellen Erstarrung" zum Opfer und ist dann nicht mehr in der Lage, ähnlich umwälzende Innovationen zu schaffen wie zu Anfang.

Unternehmen, die den Markt übertreffen, sind nur vorübergehend Mitglieder einer permanent existierenden Klasse. Viele dieser Unternehmen operieren in Pionierbranchen oder sind selbst Pioniere in ihren Branchen. Während der Phase ihrer Supererfolge bringen sie etwas Neues in die Wirtschaft ein, entweder als Gesamtbranche oder als einzelnes Unternehmen. Ihre Spitzenleistung resultiert weniger aus anhaltender Führungskompetenz als aus ihrer Neuheit, ihrem Neuigkeitswert. Wir haben festgestellt, dass nur sehr wenige Unternehmen wirklich versuchen, sich im Tempo und Umfang des Marktes zu verändern. Doch nur eine breit angelegte Erneuerung kann den Unternehmen die Gewähr bieten, dass ihre Langlebigkeit nicht zu langfristiger unterdurchschnittlicher Ertragsentwicklung führt. Spitzenleistung an sich ist immer nur vorübergehend, niemals dauerhaft. Der außergewöhnliche Erfolg eines Unternehmens währt nicht ewig, ebenso wenig wie der einer Branche. Er wird immer von den Kräften der schöpferischen Zerstörung zunichte gemacht.

Diskontinuität und schöpferische Zerstörung

Die Wechselwirkung zwischen „Neuheit“ und Leistung innerhalb von Unternehmen und Branchen ist sehr wichtig. Neuheit innerhalb einer Branche zeigt sich an der Nettorate der neu eintretenden und ausscheidenden Unternehmen: Je neuer eine Branche, desto „frischer“ und unverbrauchter ist sie. Der Umschlag einer Branche ist vergleichbar mit dem eines Lebensmittelladens: Je größer die Umschlagshäufigkeit, desto frischer die Ware. Die „Neuheit“ ist ein Maß für Tempo und Umfang der schöpferischen Zerstörung einer Branche.

Um detaillierter analysieren zu können, wie die Prozesse der schöpferischen Zerstörung vonstatten gehen, haben wir einen Neuzugangsindex, oder auch „Neuheitsindex“, geschaffen. Dieser zeigt an, in welchem Tempo und Ausmaß neue Unternehmen in eine Branche eintreten. Im Grunde ähnelt er der Messung der Fluktuationsrate im S&P 500: Im Neuheitsindex wird einfach die Zahl der Unternehmen, die in einer Siebenjahresperiode aus einer Branche ausscheiden, von der Zahl der Neuzugänge im selben Zeitraum abgezogen. Um besser zwischen den Branchen vergleichen zu können, dividieren wir die Differenz zwischen Zugängen und Abgängen durch die ursprüngliche Zahl der Unternehmen in der jeweiligen Branche.

In unserer Stichprobe ist das Verhältnis von Netto-Neuzugängen (neu eintretenden minus ausscheidenden Unternehmen) zur Gesamtzahl der Unternehmen in der Branche in den vergangenen 36 Jahren angestiegen: Anfang der sechziger Jahre gab es rund zwei Netto-Neuzugänge pro zehn Unternehmen, 1998 waren es schon rund drei. Diese Werte können als Basis-Veränderungsrate der Gesamtwirtschaft angesehen werden. Wir werden sie später verwenden, um die Veränderungsraten von Unternehmen zu beurteilen. So wie Marktindizes von Neuzugängen hochgepusht werden, so profitieren auch die Branchen. Neue Unternehmen werden durch hohe Ertragserwartungen in aussichtsreiche Geschäftsfelder gelockt. Natürlich sind nicht alle neuen Marktteilnehmer erfolgreich. Aber die erfolgreicheren erzielen viel höhere Renditen als die etablierten Unternehmen.

Einige Branchenbeispiele sollen dies weiter veranschaulichen. In den siebziger Jahren wies die Branche für medizinische Produkte eine geringere Netto-Neuzugangsrate („Neuheitsrate“) auf als die Wirtschaft insgesamt: Während dort in einem Zeitraum von sieben Jahren auf jeweils zehn bestehende Unternehmen zwei Neueintritte kamen, sank hier sogar die Gesamtzahl der Branchenmitglieder durch Konsolidierung und Fusionen. Ende der siebziger Jahre kam es jedoch zu einer Wende. Die Angst vor nachteiligen Auswirkungen von Medicare und

Medicaid hatte sich gelegt; angespornt durch das Potential neuer Technologien, traten wieder neue Unternehmen in die Branche ein. Anfang der neunziger Jahre kamen im Sieben-Jahres-Zeitraum pro zehn bestehenden Unternehmen in der Branche mehr als fünf neue hinzu. Das ist eine enorme Veränderungsrate.

Netto-Neuzugangsrate Medizinische Produkte

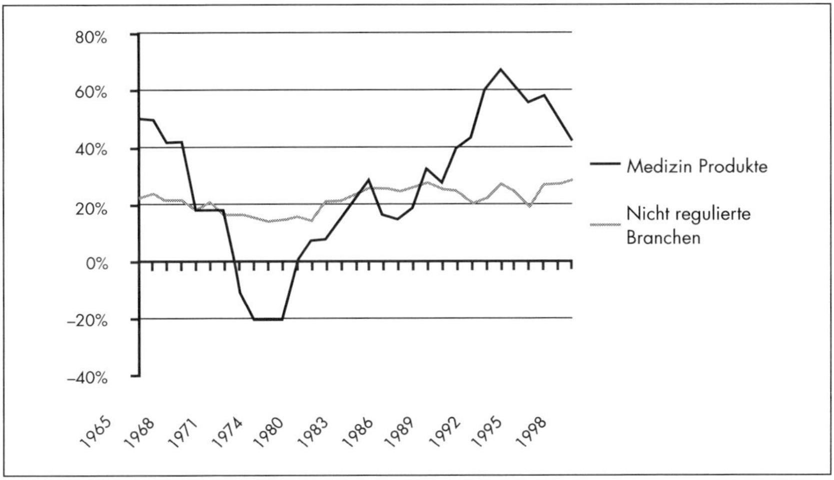

Medizinische Produkte – GAR im Verhältnis zur Netto-Neuzugangsrate

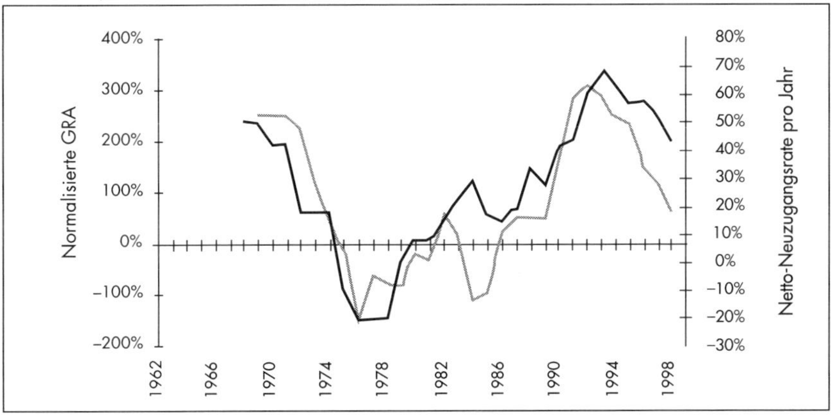

Die Veränderungsraten stehen in einem engen Verhältnis zu den Renditen für die Anleger, wie die obige Grafik zeigt.

Dasselbe Muster lässt sich auch in anderen Branchen beobachten. In der Erdölindustrie ließ der Preisboom der siebziger Jahre die Netto-Neuzugangsrate steigen, und mit ihr die Aktionärsrendite. Letztere war auch insgesamt gesehen in dieser Phase massiver Neuzugänge am höchsten. In Zeiten des Preisverfalls und des wirtschaftlichen Drucks dagegen schrumpfte die Branche, wie aus den Grafiken klar hervorgeht.

Netto-Neuzugangsrate Erdöl

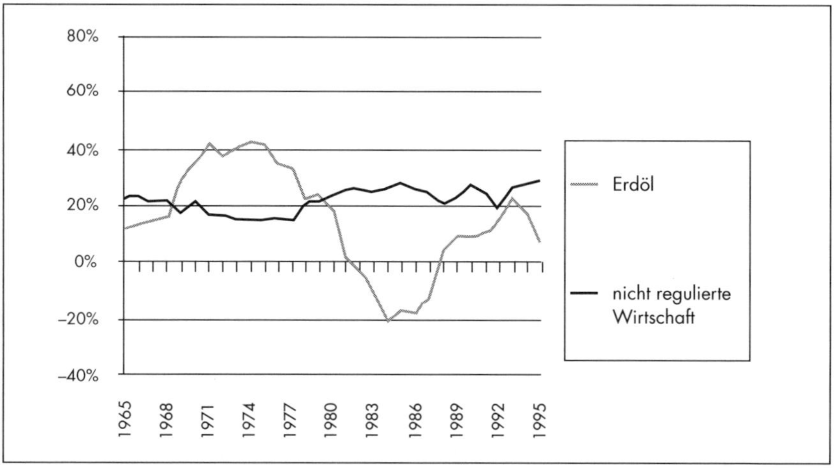

Erdöl – GAR im Verhältnis zur Netto-Neuzugangsrate

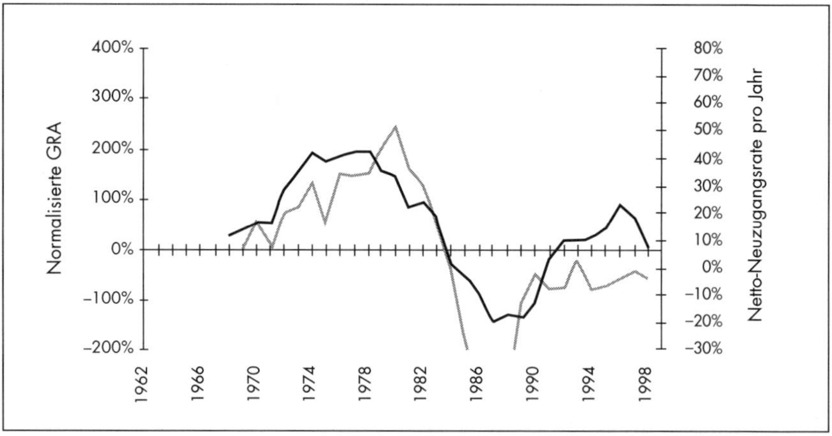

In der Telekommunikationsbranche führte die Zerschlagung von AT&T Anfang der achtziger Jahre zu zahlreichen Ausgründungen, und die Branche wurde insgesamt dynamischer. Neue Serviceangebote wurden entwickelt, neue Möglichkeiten zur Senkung von Kosten und Investitionsaufwand identifiziert. Die Branche blühte.

Netto-Neuzugangsrate Telekommunikation

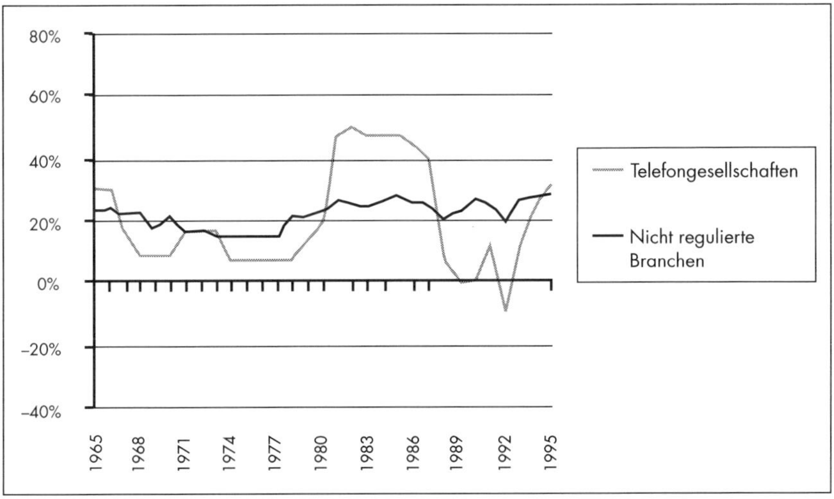

Telekommunikation – GAR im Verhältnis zur Netto-Neuzugangsrate

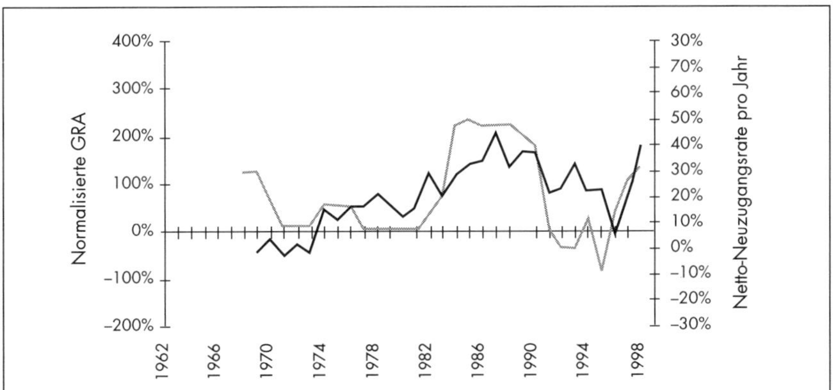

Quelle: Corporate-Performance-Datenbank, Dezember 1999

Dass solche Wechselwirkungen bestehen, ist an sich noch nicht sehr überraschend – doch dass sie so stark sind, überrascht durchaus. Die Profitabilität und das Wachstum einer Branche werden von vielen Faktoren beeinflusst, ebenso wie die entsprechenden Anlegererwartungen für die Zukunft. Eine so enge Korrelation der Gesamt-Aktionärsrendite mit dem „Neuheitsindex" für Veränderung deutet darauf hin, dass diese Wechselbeziehungen zu den stärksten in der Branche zählen.

Die Wirkungsweise der „Neuheit"

Wieso steht „Neuheit" in Wechselbeziehung zur Aktionärsrendite? Das fehlende Verbindungsglied in unserer bisherigen Diskussion von Unternehmensleistung und Neuheit ist die Rolle der Anleger. Ihre Meinung zum langfristigen Zukunftswert der Unternehmensanteile ist schließlich maßgebend. Sie müssen vom langfristigen Wert überzeugt sein, sonst verkaufen sie. Wenn genügend Anleger verkaufen, treibt der Preisdruck den Aktienkurs nach unten. Sind die Anleger umgekehrt der Meinung, dass die Aussichten für ein Unternehmen besser sind als sein derzeitiger Aktienkurs impliziert, so kaufen sie. Gibt es mehr Kaufinteressenten für die Aktie als Verkäufer, steigt der Kurs so lange, bis sich die Nachfrage der Käufer und das Angebot der Verkäufer wieder die Waage halten.

Wie erkennt der Anleger, wie erkennt die Gruppe von Anlegern, die aufgrund ihrer Größe den Kurs einer Aktie beeinflussen kann, was diese wert ist? Und woher wissen sie, was die Zukunft bringen wird? Wie wir bereits gesehen haben, zeichnen sich manche Branchen mehr durch Kontinuität als durch Wandel aus; die Zu- und Abgangsraten sind recht gering. Die Szenerie verändert sich nur langsam. Wer genau hinschaut, kann relativ regelmäßige Variationsmuster erkennen. Unter solchen Bedingungen können im Laufe der Zeit Faustregeln aufgestellt werden. Solange sich die Branche innerhalb der selben Grenzen bewegt wie beim Aufstellen der Regeln, funktionieren sie auch.

Prognosen für die Zukunft basieren aus pragmatischen Gründen oft auf Analogien zur Vergangenheit. Wo Kontinuität den allgemeinen wirtschaftlichen Kontext bestimmt, ist das auch durchaus vertretbar. In einem solchen Fall kann man erwarten, dass die Aktienkurse einigermaßen „fair" festgesetzt werden und nur um den Betrag steigen, der zur Deckung der Eigenkapitalkosten nötig ist – ganz so, wie es die gängigen Finanztheorien beschreiben.

Die Märkte umfassen jedoch nicht nur Branchen, die sich durch Kontinuität auszeichnen, sondern auch solche, die durch Wandel geprägt sind. Denken wir nur an die Computer-Hardware und -software, die Erdölindustrie der siebziger Jahre, Pharma und Medizintechnik zu Zeiten von „Managed Care" oder heute die Branchen, die vom Internet beeinflusst sind. Wie ändern sich nun aber die Prognosen? Die Antwort darauf, so scheint es, ist alles andere als leicht.

Sobald Diskontinuität auftritt, sind die alten Faustregeln nicht mehr anwendbar. Traditionelle Prognoseansätze werden unbrauchbar, wenn überraschende Ereignisse auftreten, wie zum Beispiel die Einführung der staatlichen Programme Medicare und Medicaid im amerikanischen Gesundheitswesen Anfang der siebziger Jahre; der Anstieg und anschließende Rückgang der Ölpreise aufgrund der OPEC-Gründung, ebenfalls Anfang der siebziger Jahre; das Überangebot an DRAMs auf dem Halbleitermarkt Anfang der achtziger Jahre, gefolgt von der Verbreitung des Mikroprozessors; der technologische Wandel in der Computerindustrie in den achtziger Jahren, die Zerschlagung von AT&T und die allmähliche Deregulierung der Telekommunikation in den achtziger Jahren; und schließlich das Aufkommen des Internet in den Neunzigern.

Gilbert Keith Chesterton – englischer Romanautor und Zeitkritiker des frühen zwanzigsten Jahrhunderts, der Ghandi dazu inspirierte, sich für den Nationalismus in Indien einzusetzen – brachte die Problematik der akkuraten Bewertung zu Zeiten schöpferischer Zerstörung auf den Punkt:

> *Das eigentliche Problem mit dieser unserer Welt besteht nicht darin, dass es eine unvernünftige Welt ist, und auch nicht darin, dass es eine vernünftige ist. Das alltäglichste Dilemma besteht darin, dass sie beinahe vernünftig ist, aber nicht ganz. Das Leben ist keine unlogische Größe, doch für den Logiker bildet es eine Falle. Es sieht ein klein wenig mathematischer und regelmäßiger aus, als es ist; seine Exaktheit ist augenfällig, doch seine Ungenauigkeit bleibt verborgen; seine Wildheit lauert im Hinterhalt.*[8]

Warum Märkte bei rasantem Wandel schwer zu prognostizieren sind und ihre „Wildheit im Hinterhalt lauert", ist unschwer zu verstehen: Es ist praktisch nicht möglich, ihre Struktur und deren Gesetzmäßigkeiten zu entziffern und durch simple Fortschreibung die Zukunft vorherzusagen, wie die East River Savings Bank erkennen musste. Das herkömmliche Modell funktioniert nur in wenigen Fällen, und solche Fälle wird es in Zukunft noch seltener geben.

Ließen sich diese diskontinuierlichen Ereignisse vorhersehen, so würden sich Aktienkurse entsprechend anpassen, doch das erscheint in der Praxis schwer durchführbar. Außerdem können Umbrüche und Phasen rapiden Wandels größere Verschiebungen nach oben oder unten auslösen. Überdurchschnittliche Leistung kommt zustande, wenn eine Branche oder ein Unternehmen die Anlegergemeinde zu überraschen vermag.

Allerdings: Das ursprüngliche Überraschungsmoment alleine kann noch nicht erklären, warum die Phasen außergewöhnlicher – ob sehr guter oder sehr schlechter – Performance so viel länger dauern als die Diskontinuität selbst. Woher kommt das? Unserer Ansicht nach liegt der Grund darin, dass Analysten und Anleger die Zukunftserwartungen an eine Branche oder ein Unternehmen nicht rasch genug nach unten oder oben korrigieren. Analysten sind in der Vergangenheit verankert, und sie können den Anker nicht schnell genug lichten, um ihre Zukunftsszenarien exakt und rasch genug zu revidieren.

Es gibt viele Belege dafür, dass Menschen – wie beispielsweise Investoren und Manager – beim Verlust eines vertrauten, auf Kontinuität beruhenden Umfelds plötzlich die Fähigkeit verlieren, sich auf die Zukunft einzustellen. John Sterman, Professor für Management und Leiter der Fachgruppe System Dynamics am MIT hat die langfristige Lernfähigkeit von Managern untersucht: Nach seinen Beobachtungen zeigen Menschen in komplexen Umgebungen um so schlechtere Leistungen, je mehr sie an Erfahrung mitbringen. Hier die Quintessenz von Stermans Erkenntnissen:

- „Sogar in perfekt funktionierenden Märkten bewirkt ein geringfügiges Maß an Komplexität größere und systematische Abweichungen vom rationalen Verhalten."
- „Es gibt kaum Hinweise darauf, dass die eigenen ‚Regeln' modifiziert werden, wenn die Komplexität einer Aufgabe steigt." In einem komplexen Umfeld scheinen die Menschen auf einfache Regeln zurückzugreifen, die zeitliche Verzögerungen und Rückkopplung ignorieren, was letztlich zu schlechteren Leistungen führt.
- Einzelpersonen „prognostizieren, indem sie Durchschnitte früherer Werte ermitteln und frühere Trends fortschreiben. [Sie] verwenden sogar in komplexen Märkten weniger Zeit auf ihre Entscheidungen als in einfachen Märkten."
- Die schwächere Leistung, die Menschen aufgrund größerer Komplexität zeigen, wird auch mit größerer Erfahrung nicht besser. Die Menschen wer-

den „weniger aufmerksam für kritische Kennzahlen und anfälliger für Fehlprognosen – ihr Wissen beeinträchtigt ihre Fähigkeit, unter komplexen Bedingungen gute Leistungen zu erbringen".

- Die meisten Menschen lernen nicht, wie sie ihre Leistung unter komplexen Bedingungen verbessern können. Unter relativ einfachen Bedingungen – ohne Zeitverzögerungen und Rückkopplung – „erzielen sie deutlich bessere Ergebnisse, wenn sie aktiv werden, als wenn sie nichts tun. Doch in komplexen Situationen ist es häufig umgekehrt: Ihre Bemühungen führen zu schlechteren Resultaten als Nichtstun". Die Versuche von Einzelpersonen, das System zu beherrschen, sind also kontraproduktiv. [9]

Märkte, die rapide oder sprunghafte Veränderungen durchlaufen, sind extrem komplex. Wirtschaftssysteme sind hochgradig vernetzt und erfordern ein beträchtliches Maß an Rückkopplung. In Anbetracht der Erkenntnisse Professor Stermans überrascht es nicht, dass bei rapidem Wandel die Prognosefähigkeit nachlässt.

Die Schwierigkeit, Diskontinuität vorauszusehen

Nach unseren Beobachtungen gehen Anleger mit der Komplexität der Zukunft um, indem sie guten Aussichten mit Skepsis begegnen – und schlechten Aussichten mit Optimismus. Die tiefere Ursache für diese Haltung könnte man sicher in einer gewissen Risikoscheu suchen. Es gibt jedoch noch einen anderen, sehr viel plausibleren Grund dafür: die Verwendung von Prognosealgorithmen, die auf der kurzfristigen Vergangenheit (beispielsweise den letzten zwei Jahren) der Branche oder des Unternehmens beruhen – anstatt von Analogien und Entwicklungsmustern aus anderen Branchen und Wirtschaftssektoren.

Unsere Corporate-Performance-Datenbank zeigt, dass sich Branchen und deren Produkte oder Dienstleistungen nach einem Umbruch zunächst langsam entwickeln, bis sie sich in den Augen der Kunden etabliert haben. Dann entwickeln sie sich rascher, bis sie nahezu alle erreichbaren Kunden auch erreicht haben, und anschließend wieder langsamer. Dieses Muster lässt sich aus der Grafik auf S. 82 ablesen.

Typische Entwicklung der Branchenerträge

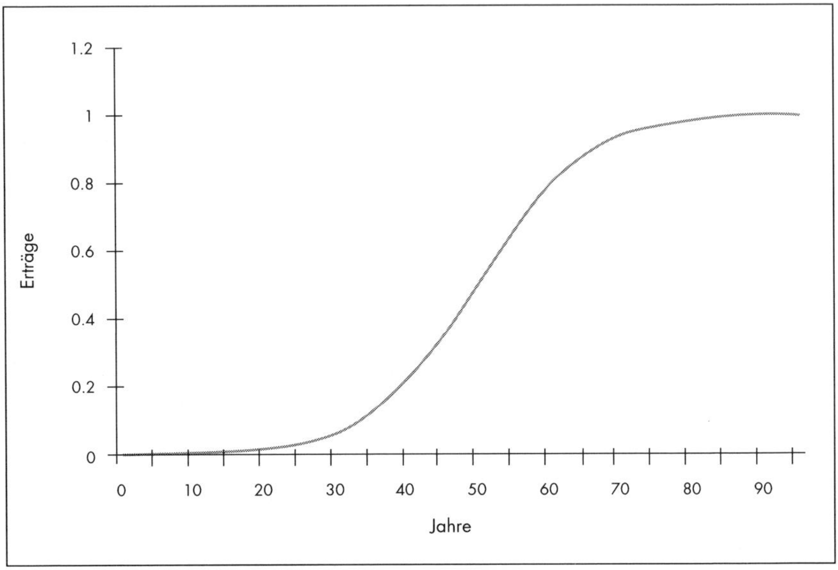

Dieses weit verbreitete Muster bezeichnen wir als S-Kurve. Sie mag zwar bei Umsätzen oder Erträgen gewisse Abweichungen zeigen (so ist es beispielsweise für Umsätze nicht ungewöhnlich, dass sie am Scheitel der Kurve in eine zyklische Phase eintreten oder auch zurückgehen, anstatt konstant zu bleiben), doch bildet die S-Kurve die von uns untersuchten Branchen recht gut ab. So nahm in der Branche der Chemie-Massenerzeugnisse, die wohl ihr Reifestadium erreicht haben dürfte, die Umsatzentwicklung den unten dargestellten Verlauf. Wer sich nur auf die unmittelbare Vergangenheit und Zukunft konzentriert, wird solche Muster schwer erkennen, denn sie offenbaren sich nur bei langfristiger Beobachtung. Was die S-kurvenförmige Branchenentwicklung für traditionelle, auf Fortschreibung der Vergangenheit beruhende Prognosen bedeutet, liegt auf der Hand (siehe Grafik auf Seite 83).

Zu Anfang werden die Prognosen zu den langfristigen Umsätzen oder Erträgen eines gegebenen Unternehmens zu niedrig – zu konservativ – ausfallen und daher, mit Vorliegen neuer Daten, laufend nach oben korrigiert werden müssen. Als Folge steigen der Aktienkurs und die Aktionärsrenditen. Die späteren Prognosen fallen dann zu hoch aus, denn die Vorhersagen der Analysten beruhen auf dem Wachstum zurückliegender Quartale und übersteigen damit

Umsatzentwicklung

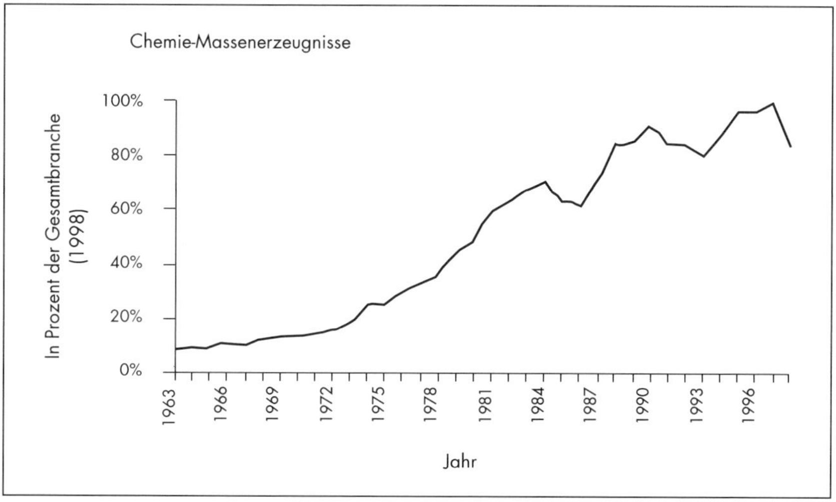

die tatsächliche Performance, sobald die Wachstumskurve abzuflachen beginnt. Schließlich müssen die Analysten ihre Voraussagen laufend nach unten korrigieren, wodurch die Aktionärsrenditen wieder sinken. Auf diese Weise sorgen Phasen der Diskontinuität dafür, dass die Aktien eines Unternehmens während bestimmter Phasen eine bessere und dann wieder eine schlechtere Performance zeigen als der Gesamtmarkt.

Genau das passiert in schnelllebigen Branchen wie Computer-Hardware. Von 1962 bis Mitte der siebziger Jahre lagen sowohl die Gesamt-Aktionärsrendite als auch das Kurs-Gewinn-Verhältnis der Computerbranche über den entsprechenden Werten für die US-Wirtschaft insgesamt. Ein Alptraum für substanzorientierte Anleger, die sich deshalb der Branche fernhielten und auf einen besseren Zeitpunkt für Investitionen warteten. Als die „besseren Zeiten" kamen, schnitten diese Unternehmen schlechter ab als der Markt, und sowohl die Gesamt-Aktionärsrendite als auch das KGV fielen unter das Niveau der Gesamtwirtschaft – bis sich eine neue Gruppe von Unternehmen an die Spitze setzte und die Performance durch Aufspringen auf die nächste S-Kurve (Personal Computer und später Internet) wieder in die Höhe trieb. Natürlich wird dadurch ein Kapitalmarktmodell, das von einem Zusammenhang zwischen hohen Kurs-Gewinn-Verhältnissen und niedrigen Erträgen ausgeht, ad absurdum geführt.

Fehlprognosen

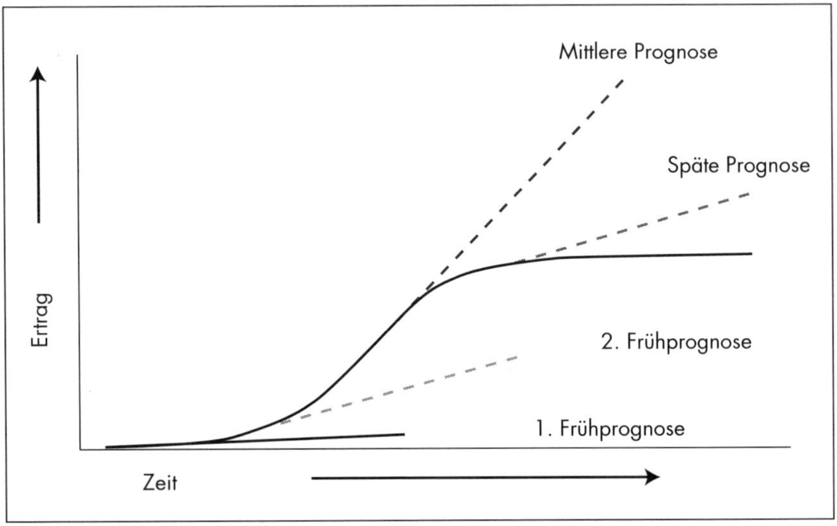

Auswirkungen von Fehlprognosen auf KGV und GAR

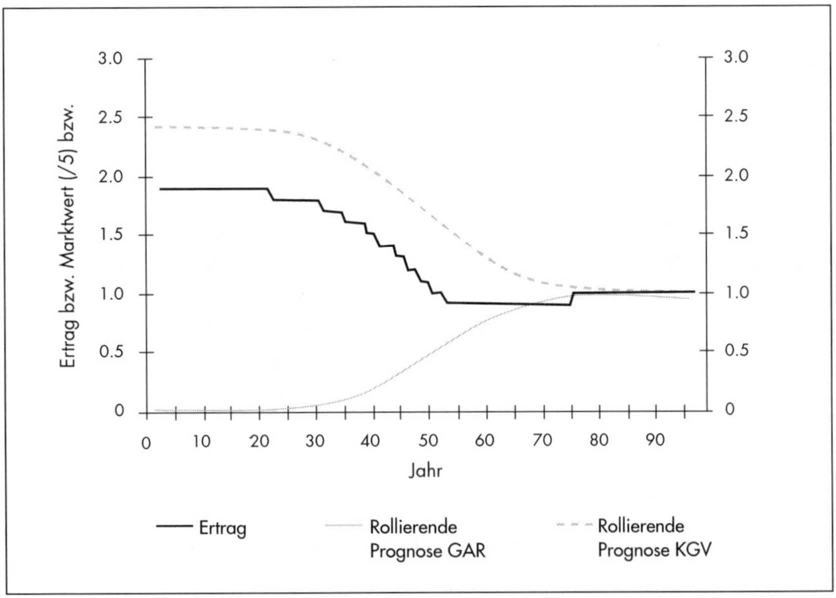

Darüber hinaus zweifeln Analysten und Anleger in der Regel daran, dass Unternehmen über lange Zeiträume hohe Wachstumsraten zu niedrigen Investitionen aufrechterhalten können. Wenn Unternehmer diese Erwartungen durchkreuzen – wie Microsoft, Cisco und Dell während der gesamten neunziger Jahre –, dann werden sie reich belohnt, wie wir bereits an früherer Stelle erläutert haben. Einige Unternehmen haben gezeigt, dass sie die Märkte mehr als ein Jahrzehnt lang verblüffen können. Der Grund: Sie beherrschen die Kunst der schöpferischen Zerstörung.

Wie schöpferische Zerstörung in Zukunft funktionieren wird

Funktioniert die schöpferische Zerstörung wie oben erläutert, so impliziert das unter anderem, dass der Anteil der Fehlprognosen mit zunehmendem Tempo des Wandels vermutlich weiter steigen wird. Wer die „dot.com-Revolution“ verfolgt hat, weiß, dass das passieren kann. Wenn sich das Veränderungstempo überschlägt, kommt es nicht selten vor, dass der geschätzte kurzfristige Wert eines Unternehmens jedes langfristig tragfähige Modell um ein Mehrfaches übersteigt. Sobald die Prognosefehler erkannt werden, brechen Marktkapitalisierung, Kurs-Gewinn-Verhältnis und Renditen ein. Als traurige Folge dieses Phänomens – das im Grunde nichts anderes ist als die praktische Ausprägung der oben beschriebenen Fehler – kann die Gesamtrendite für Aktionäre deutlich unter Null fallen. Und sie kann jahrelang dort bleiben, bis die Realität die Prognosen wieder einholt. Die Ungenauigkeit der Voraussagen ist schuld an den Spekulations„blasen“, die im Markt zu beobachten sind. Die Blase bildet sich meist genau auf halber Strecke der Ertragsentwicklung und erreicht ihren Höhepunkt, bevor sich das Ertragswachstum verlangsamt. Das ist in der Regel weit früher, als das Gros der Analysten erwartet.

Für Unternehmensführungen hat dies verschiedene Implikationen:

- Die Investitionschancen sind in früheren Jahren attraktiver, als man vielleicht erwartet hätte. Unternehmen sollten diese Effekte berücksichtigen, wenn sie Akquisitionen erwägen.
- In dem Maße, wie das Entwicklungstempo der Branche und des Unternehmens zunimmt, steigt auch das Risiko, dass Kurse und Gesamt-Aktionärs-

renditen – wenn auch ausgehend von einem sehr hohen Niveau – stark nachgeben.

- Mit steigendem Entwicklungstempo der Branche und des Unternehmens sind das Quartalsergebnis und der Aktienkurs des Unternehmens immer weniger miteinander verknüpft.
- Schließlich nimmt auch die Volatilität des Marktes in dem Maße zu, wie das Entwicklungstempo der Branche und des Unternehmens steigt.

Wie wichtig es ist, schöpferische Zerstörung zu fördern

Schöpferische Zerstörung liegt bis heute den Realitäten der Performance zugrunde – heute vielleicht mehr denn je, wie aus dem Schumpeter-Zitat zu Beginn des Kapitels hervorgeht.

Kein einziges Unternehmen hat sich bisher fähig gezeigt, seine Branche über lange Zeiträume hinweg zu überflügeln. Die Märkte sind einfach zu sehr dem Wettbewerb unterworfen, um ein einzelnes Unternehmen an die Spitze kommen und dort bleiben zu lassen. Und die Analysten sind zu sehr darum bemüht, den Aktienkurs eines Unternehmens auf dessen Änderungs- und Wachstumsrate abzustimmen. Es gibt zwar einige starke Unternehmen wie Hewlett-Packard, General Electric und Johnson & Johnson, es gibt erfolgreiche Comebacks wie das von Kimberly-Clark, Colgate-Palmolive, DuPont und Sherwin-Williams; doch in der Regel erzielen nur neu auftretende Unternehmen Renditen über dem Branchendurchschnitt. Und sie tun das auch nur für begrenzte Zeit, oft weniger als ein Jahrzehnt lang. Sie florieren eine Weile, weil sie während ausgedehnter Phasen auf höherem Ertragsniveau wachsen können, als die Analysten erwarteten. Diese Ergebniskonstellation überrascht die Analysten und resultiert in kräftigen Gesamt-Aktionärsrenditen. Die konventionelle Vorstellung vom Spitzenunternehmen – dem Unternehmen, das ewig besteht, hervorragend abschneidet und seinen Investoren laufend Super-Renditen einbringt – ist eine Legende. Die Annahmen, auf denen diese Vorstellung beruht, sind schlicht und einfach nicht haltbar.

Aber vielleicht bieten ja die Märkte – die wahren Könner auf dem Gebiet der schöpferischen Zerstörung – ein Modell dafür, wie stärkere Langfrist-Performance erreicht wird: durch das Meistern des kontinuierlichen Wandels. Die Märkte bestimmen den Standard für Tempo und Ausmaß der Veränderung.

Wie wir gesehen haben, können einzelne Branchen ein deutlich höheres Leistungsniveau erreichen als die Gesamtwirtschaft, und das sind vor allem diejenigen, welche die meisten Veränderungen durchlaufen und bewältigt haben. Die Botschaft ist klar: Nur Unternehmen, die sich so schnell und umfassend verändern wie der Markt, können hoffen, der Entwicklung des Marktes insgesamt gewachsen oder sogar überlegen zu sein. Schaffen sie das aber nicht, sinkt ihre Performance fast unweigerlich auf ein Mittelmaß ab.

Für Unternehmen gilt es also, Tempo und Ausmaß des Wandels im Markt nachzuahmen – ohne dabei die Kontrolle über das operative Geschäft zu verlieren (das sie ja, im Unterschied zu den Märkten, neben der schöpferischen Zerstörung auch noch bewältigen müssen). Beides in Einklang zu bringen ist ein ausgesprochen schwieriges Unterfangen. Dennoch – es bleibt nichts anderes übrig, denn die schöpferische Zerstörung in der Gesamtwirtschaft beschleunigt sich weiter: In den letzten siebzig Jahren hat, von der Öffentlichkeit weitgehend unbemerkt, der „Neuheitsanteil" in der US-Wirtschaft immer schneller zugenommen.

Unsere Studien zeigen, dass sich das Tempo der schöpferischen Zerstörung in den nächsten Jahrzehnten wahrscheinlich noch steigern wird, wenn auch in Zyklen. Das bedeutet einen erheblichen Zusatzdruck für Unternehmen, von denen viele immer noch von Kontinuität ausgehen. Für ihre mangelnde Veränderungsbereitschaft gibt es tief liegende Ursachen, die wir im nächsten Kapitel ergründen werden. Und die damit zusammenhängenden Probleme sind schwer zu bewältigen. Aber sie *können* bewältigt werden – mit einer starken Führung. Es müssen neue Systeme der Unternehmensführung entwickelt werden, um Kapital aus der „Wildheit" der schöpferischen Zerstörung zu schlagen – trotz der Schwierigkeit dieser Aufgabe. Wer die Lektionen der Diskontinuität und der schöpferischen Zerstörung nicht lernt, muss damit rechnen, dass ihn irgendwann dasselbe Schicksal ereilt wie die East River Savings Bank.

KAPITEL 3

Erstarrung in der Unternehmens-kultur

Alles sollte so einfach wie möglich gemacht werden, nur nicht einfacher.
ALBERT EINSTEIN[1]

Jahrelang war IBM jedermanns Lieblingsunternehmen. Es verkörperte technologische Stärke, Innovation, ausgeprägt amerikanischen Geist und die Quintessenz amerikanischer Wettbewerbsstärke. Doch unter John Akers brach das Unternehmen in den achtziger Jahren schwer ein, und eine Zeit lang kämpfte es ums nackte Überleben. Der *Economist* merkte dazu 1993 an:

> *Als John Akers 1985 Chairman von IBM wurde, sah es so aus, als habe er den besten Posten in der amerikanischen Wirtschaft ergattert. Mit nur fünfzig Jahren hatte Akers einen kometenhaften Aufstieg hinter sich. Seine Position an der Spitze des Unternehmens schien gesichert – eines Unternehmens, dessen technologische Potenz und Führungsstärke weltweit bewundert und zugleich gefürchtet waren. Akers selbst dachte, IBM stehe ein explosives Wachstum bevor. Viele andere dachten das auch. Stattdessen ist das Unternehmen in tiefe Verluste gestürzt, und nun fordern die Kritiker einstimmig Akers Kopf.*[2]

Als IBM scheiterte, geschah das auf monumentale, dramatische und sichtbare Weise, nicht in der schleichenden, Alzheimer-artigen Form, wie sich viele das Schicksal großer Unternehmen vorstellen. Es siechte nicht vor sich hin, sondern ging unter lautem Getöse unter und riss dabei John Akers und viele seiner Topmanager mit sich.

Was war mit diesem „Spitzenunternehmen" geschehen? Hätte es seinem Schicksal entgehen können? Wie konnten so viele kluge Manager die Lage des Unternehmens so komplett missdeuten? Wieso ergriffen sie so lange keine Gegenmaßnahmen? Weshalb konnte eine so dynamische Führungspersönlichkeit wie John Akers nicht sehen, worauf das Unternehmen zusteuerte? War IBM einfach zu groß geworden? War es zu bürokratisch? Hatte es seinen technologischen Vorsprung eingebüßt? War seine Marktbearbeitung blutleer geworden? Hatte es den Kontakt zu seinen Kunden verloren?

Unserer Auffassung nach war keiner dieser Faktoren alleine schuld an dem Debakel. Schuld war vielmehr das kollektive Versagen der mentalen Prozesse des Unternehmens, seines „Verstands". IBM scheiterte, weil es die Zeichen der Zeit nicht sah und das reiche Mosaik an Zukunftsmöglichkeiten nicht erkannte. IBM scheiterte an seiner Selbstüberschätzung – dem Glauben, ein einzelnes Unternehmen, und sei es auch noch so stark, könne stärker sein als die kollektiven Kräfte des Marktes. Es scheiterte am Unvermögen, den Kontext der Entscheidungsfindung im Unternehmen zu durchdringen. Es scheiterte am mangelnden Dialog zwischen den Spitzenmanagern, die sich stattdessen in dem sicheren Glauben wiegten, IBM und nur IBM habe das Veränderungstempo der Computerbranche in der Hand. Kurz: IBM scheiterte, weil es nicht erkannte, dass der Glaube an Kontinuität – business as usual – ein Irrglaube ist.

In den achtziger Jahren war es für IBM vorbei mit „business as usual": Das Unternehmen steckte mitten in einer massiven *Diskontinuität des Marktes*, denn inzwischen war der Personal Computer marktreif. Marktdiskontinuitäten verändern und verzerren beinahe jede Wahrnehmung des Managements und machen alte Sicht- und Darstellungsweisen obsolet. Sie stellen alle Grundannahmen von Kontinuität in Frage, die Unternehmen für sich aufgestellt haben. Im Falle von IBM war es die Annahme, „wir sollten weiterhin in Großrechner investieren, denn dort gibt es viel mehr Spielraum für Produktivitätsverbesserungen". Vielleicht stimmte das sogar, doch man ließ dabei die Frage außer Acht, ob Investitionen in den PC nicht vielleicht noch größere Produktivitätssteigerungen ermöglichen würden. (Vielleicht stellte man sich diese Frage deshalb nicht mit dem nötigen Nachdruck, weil man insgeheim fürchtete, den Großrechnerbereich zu kannibalisieren.) Diskontinuitäten dieser Art konfrontieren die Unternehmensführung mit einer nicht enden wollenden Flut von Problemen, Rätseln, Paradoxa und Mysterien, die so lange ungelöst bleiben, bis sich der geistige Kontext des Betrachters ändert. Kurz, sie lösen ein großes Durcheinander aus.

Viele CEOs erleben solche Momente der Diskontinuität wie einen Alptraum à la „Alice im Wunderland", in dem vertraute Personen plötzlich ganz andere Rollen spielen, die Schwachen stark und die Starken schwach werden. Hätte sich John Akers wohl 1983 träumen lassen, dass sein Nachfolger bei IBM praktisch keine Ahnung vom Computer-Business haben würde und dass er aus den Führungsetagen von Tabak- und Keksherstellern rekrutiert würde? Hätte er wohl geglaubt, dass ein CEO mit Background im Kreditkartengeschäft und Consulting eines Tages als Retter des Unternehmens gelten würde? Hätte sich John Akers vorstellen können, dass ein kleines Software-Startup, früher einer von vielen IBM-Zulieferern, eines Tages ein Vielfaches der Marktkapitalisierung von IBM erreichen würde? Wohl kaum.

IBM strauchelte, weil mit John Akers' Weltbild – seinem mentalen Modell – etwas nicht stimmte. Akers glaubte fest an Kontinuität, an eine Beständigkeit, die bestenfalls allmählich, schrittweise Veränderungen zuließ. Doch die Welt war diskontinuierlich geworden. Die Welt, wie Akers und IBM sie kannten, glitt ihnen unter den Füßen weg, als der Großrechner an Bedeutung verlor. Diskontinuitäten dieser Art sind für das Management wie ein fast halluzinogener Trip durch eine Landschaft, die sie zu kennen glauben, durch die sie aber plötzlich nicht mehr navigieren können.

John Akers war nicht der Einzige. Das Beben, das die Computerbranche damals erschütterte, war typisch für die Verschiebungen in vielen Märkten. Die pharmazeutische Industrie brach Mitte der siebziger Jahre zusammen, die Rüstungsindustrie schoss in die Höhe und stürzte dann jäh ab, die Halbleiterindustrie erlebte eine regelrechte Achterbahnfahrt, die Fluggesellschaften entkamen nie der Schwerkraft ihrer Märkte und sackten zuweilen enorm ab. Diskontinuitäten bewirken tief greifende Verschiebungen in der Interaktion zwischen Wettbewerbern (und damit in der Leistungsfähigkeit der einzelnen Unternehmen), und sie verändern auch die Einschätzung der Anleger bezüglich künftiger Entwicklungen. Diskontinuität erfordert daher eine Anpassung der mentalen Modelle. Wie wir sehen werden, sind mentale Modelle oft notwendige und nützliche Konstrukte. Ohne sie könnten wir die Welt in ihrer Komplexität gar nicht verstehen. Doch leider stützen sie eher die Annahme der Kontinuität als die der Diskontinuität. Die Gründe dafür werden wir im weiteren Verlauf dieses Kapitels darlegen.

Mentale Modelle

Den Begriff des mentalen Modells schuf der schottische Psychologe Kenneth Craik. Im Jahre 1943 postulierte er, mentale Modelle seien das Produkt einer enormen Vielfalt innerer Darstellungen der Außenwelt:

Wenn der Organismus ein ‚Miniaturmodell' der äußeren Realität und seiner eigenen möglichen Handlungsweisen im Kopf hat, ist er in der Lage, verschiedene Alternativen auszuprobieren, die beste davon herauszufinden, sich bereits im Voraus auf zukünftige Situationen einzustellen, in der Auseinandersetzung mit Gegenwart und Zukunft auf das Wissen aus vergangenen Ereignissen zurückzugreifen und in jeder Hinsicht umfassender, sicherer und kompetenter auf eintretende Krisen zu reagieren.

Wir bilden von fast allem mentale Modelle – von Autos, Flugzeugen, Unternehmen, Oper und Ballett, Märkten und ihrer Entwicklung, Wettbewerb, Betriebsprozessen, Kundentreue, Verbrauchermarketing, Innovation, operativer Spitzenleistung, Wissensentwicklung, Führung und so weiter. Insbesondere beim Erstellen von Prognosen werden mentale Modelle gebildet. Einige dieser Modelle sind eher statisch, andere – meist die brauchbareren – dagegen dynamisch. Einige sind recht realistisch, andere eher symbolisch. Einige mögen visionär sein. Und einige lassen vielleicht mehrere legitime Deutungen zu, die von der Perspektive und dem Kontext des Betrachters abhängen.

Heutzutage entwickelt kaum noch jemand Geschäftsstrategien ohne Rückgriff auf mentale Modelle, die das Unternehmen und seine Rolle im Markt, in der Volkswirtschaft, der Wettbewerbslandschaft und der Welt insgesamt darstellen. Meist aber existieren mentale Modelle unausgesprochen, häufig sogar unsichtbar und verborgen. Doch sie sind da. Ohne sie können wir gar nicht funktionieren. Sie sind essenziell für das logische Denken. Der russische Dichter Anton Tschechow, der in beklemmender Weise die Kommunikationsunfähigkeit des Menschen schilderte, war der Meinung, man müsse „nach kleinen Details greifen und sie so gruppieren, dass man, hat man sie einmal in sich aufgenommen, auch bei geschlossenen Augen das entsprechende Bild entstehen lassen kann". Mentale Modelle sind der Mechanismus, mit dem wir „nach kleinen Details greifen und sie gruppieren". Wie Albert Einstein schon bemerkte: „Der Mensch sucht [...] ein vereinfachtes und übersichtliches Bild der Welt zu gestalten [...]." [3]

Philip N. Johnson-Laird, Experte für kognitive Psychologie an der Universität Princeton, sagt dazu: „Um brauchbar zu sein, müssen Miniaturmodelle der Realität weder vollkommen exakt sein noch vollständig mit dem übereinstimmen, was sie nachbilden." [4] Mit anderen Worten, es gibt einen gewissen Spielraum. Der Maler, der Dichter, der Philosoph und der Naturwissenschaftler, sie alle schaffen – jeder auf seine Art –mentale Modelle der Welt, die sie für andere darzustellen suchen. Dasselbe trifft auch auf große Investoren und Manager wie Charlie Munger zu. John Akers, so können wir mit einiger Sicherheit annehmen, hätte sich wohl bei der Schaffung und Nutzung mentaler Modelle mehr anstrengen müssen.

Es gibt viele Beispiele dafür, wie Modelle die Welt vereinfachen, ohne dabei nützliche Informationen auszusparen. Beim Komprimieren von Daten beispielsweise geht es genau darum. Die Datenkomprimierung ist eine Schlüsseltechnologie in der Computer- und der Telekommunikationsindustrie. Der Mechanismus der Komprimierung besteht darin, alle unwesentlichen Daten wegzulassen. Was aber sind unwesentliche Informationen? Sie sind definiert als all die Informationen zwischen zwei Punkten, die sich nicht ändern. Nehmen wir beispielsweise die Leerräume auf einer Buchseite: Würde man alle entfernen und an ihrer Stelle knapp, aber präzise vermerken, welche entfernt wurden, wo sie anfingen und wo sie endeten, so würde man ein kürzeres, aber genaues „Modell" der Seite erhalten. So wird die Mitteilung vereinfacht, ohne ihren eigentlichen Inhalt einzubüßen. So in etwa funktionieren mentale Modelle.

Virginia Woolf sagte einmal: „Wenn eine Gabe zu nennen wäre, die für den Romanschriftsteller wichtiger ist als andere, dann ist es die Fähigkeit, eine einzelne Vision zu entwickeln." Unter „Vision" ist zweifellos ein mentales Modell von der künftigen Ordnung der Dinge zu verstehen. In der Welt der Wirtschaft ist eine „Vision" eine vereinfachte Darstellung dessen, wofür das Unternehmen steht, wohin es sich entwickelt und welche Verhaltensweisen akzeptabel oder inakzeptabel sind. Die Mitarbeiter müssen die Vision der Unternehmensleitung verstehen, um beurteilen zu können, ob sich der Einsatz dafür lohnt.

Natürlich haben Unternehmen nicht nur jeweils ein mentales Modell, sondern eine Vielzahl davon. So besteht das mentale Modell eines traditionellen Fertigungsbetriebs vielleicht darin, das Unternehmen als Fertigungsprozess mit Abrechnungen, Forderungen und Verbindlichkeiten zu sehen. Ein Computerunternehmen versteht sich vielleicht als Netzwerk aus Knotenpunkten, die miteinander verbunden sind.

Wie auch immer das Bild im Einzelfall aussehen mag – die mentalen Modelle, die auf der höchsten Ebene eines Unternehmens geprägt werden, ziehen sich bis auf Spartenebene durch. Die Modelle auf den unteren Ebenen sind entweder kleinere Versionen des übergreifenden mentalen Modells oder auch etwas ganz anderes. Auf jeden Fall müssen sie mit dem übergreifenden Modell vereinbar sein, wenn das Unternehmen reibungslos laufen soll.

Die Macht mentaler Modelle

Craik würde sicher mit Charlie Munger darin übereinstimmen, dass mentale Modelle auch Investoren und Managern zum besseren Verständnis der Welt verhelfen, indem sie die unfassbare Komplexität vereinfachen. Die Notwendigkeit zur Vereinfachung ergibt sich aus unseren begrenzten kognitiven Fähigkeiten. Die kognitive Psychologie lehrt uns, dass diese Fähigkeiten – unsere Aufmerksamkeitsspanne, das Speichern, Abrufen und Verarbeiten von Informationen – im Vergleich zu den Komplexitäten des Lebens recht begrenzt sind. Die Lösung liegt für den menschlichen Verstand in der Bildung mentaler Modelle. [6]

Wie nützlich das ist, erläutert Johnson-Laird in seinem Buch *Mental Models*:

> *Mentale Modelle spielen eine zentrale und vereinheitlichende Rolle bei der Darstellung von Gegenständen, Zuständen, Sequenzen von Ereignissen, der Natur der Welt sowie sozialen und psychischen Handlungen des täglichen Lebens. Sie erlauben es den Menschen, Schlussfolgerungen zu ziehen und Voraussagen zu machen, Phänomene zu verstehen, Vorgehensweisen zu beschließen und deren Ausführung zu kontrollieren und vor allem, Ereignisse stellvertretend zu erleben; sie ermöglichen es, mittels Sprache Darstellungen zu schaffen, die mit jenen vergleichbar sind, die durch direkte Kenntnis der Welt entstehen; und sie stellen durch Vorstellung und Wahrnehmung einen Bezug zwischen Wort und Welt her.* [7]

Mentale Modelle sind insofern hilfreich, als sie die Welt um uns herum auf das reduzieren, was wir als wesentlich erachten. „Eine straffe Analogie oder ein Modell ermöglicht es uns, mit weniger Mühe mehr über die Welt zu erfahren", bemerkt Dean Keith Simonton, der Psychologe, Historiograph und anerkannte Kreativitätsforscher an der University of California in Davis. Mentale Modelle können uns zum Erfolg verhelfen oder aber, wenn sie falsch angelegt sind, scheitern lassen. Sie helfen uns zu erkennen, wie wir Chancen nutzen und Risiken begrenzen können. Sie helfen uns, Probleme zu erkennen und Lösungen zu entwickeln. Mentale Modelle und die daraus abgeleiteten – expliziten oder impliziten – Verhaltensregeln bilden eine Grundlage für die Denkprozesse der meisten Manager.

Mentale Modelle kommen Managern auch bei der Problemlösung zugute – gerade bei so komplexen Problemen, wie sie typischerweise in Unternehmen auftreten. Ohne Rückgriff auf mentale Modelle wären unsere kognitiven Systeme viel zu überladen mit Daten, um noch richtig zu funktionieren. Der große Vorzug mentaler Modelle besteht darin, dass sie komplexe Situationen vereinfachen und die Entscheidungsfindung aufteilen, sodass Tausende von Menschen in einem Unternehmen Tag für Tag Entscheidungen treffen können, ohne jede einzelne mit allen anderen absprechen zu müssen. Das birgt aber auch eine große Gefahr, da falsche oder ungenaue mentale Modelle eine Multiplikatorwirkung auf unzählige Entscheidungen haben können.

Mentale Modelle erleichtern auch die Kommunikation und die Diskussion. Sie ermöglichen es uns, die Sprache und das Handeln anderer zu interpretieren. Sprache ist ein wesentliches Element bei der Bildung mentaler Modelle. James March, Professor für Politikwissenschaft und Soziologie an der Stanford University, erklärt dazu: „Sprache dient dazu, aus alten Bedeutungen neue zu erschaffen, metaphorische Sprünge zu machen und zu erkennen, was jemand unter etwas Bestimmtem verstehen könnte." [9]

John Akers hatte ein mentales Modell von IBM, doch es war falsch. Auch Bill Gates hatte ein mentales Modell; es war eine Zeit lang richtig, bis er erkannte, dass er es ändern musste. George Soros, Warren Buffet, Charlie Munger – alle hatten mentale Modelle, die eine Weile ganz gut funktioniert haben und jetzt unter Druck geraten sind. Brian Arthur, Professor am Santa Fe Institute und in den Augen vieler der „Chefökonom" der New Economy, erklärte, Wettbewerb sei Wettbewerb innerhalb einer „Ökologie mentaler Modelle".

Die Grenzen mentaler Modelle

So nützlich mentale Modelle eine Zeit lang sein mögen, so haben sie doch auch ihre Schattenseiten, wie John Akers feststellen musste. Unter Diskontinuitätsbedingungen werden nämlich die mentalen Faktoren, die Menschen sonst bevorzugen – basierend auf ihrer Erfahrung, Ausbildung, Sachkenntnis und ihrem Fachwissen – zu Belastungen. Die selben mentalen Modelle, die zuvor die Führungsstärke ausgemacht haben, können dann Führungsschwäche bewirken. Dieses Umfeld prägt in zunehmendem Maße die Märkte von heute, und es wird sich in Zukunft sogar noch weiter verbreiten.

Präzise mentale Modelle können natürlich dazu beitragen, die Zukunft vorherzusagen, und somit einen klaren Wettbewerbsvorteil schaffen. Doch so ansprechend mentale Modelle auch sein mögen – Manager müssen ihnen mit Vorsicht begegnen, denn sie können zahlreiche Unwägbarkeiten und Irrtümer bergen. Ungenaue mentale Modelle können Fehler in der Beurteilung und Systemplanung provozieren, falsche Handlungen auslösen und am Ende zu einer schlechten Performance führen. Das Verändern mentaler Modelle bedeutet harte Arbeit. Weil so viele unserer mentalen Modelle unter der Textur des Unternehmensalltags verborgen liegen, kann eine Kursänderung mitunter schwierig sein.

Bei der Bildung und Anwendung mentaler Modelle können vier grundsätzliche Probleme auftreten: Erstens können sie falsch sein, weil gerade jene Vereinfachung, in der ihr eigentlicher Nutzen liegt, sie auch einschränkt. Zweitens können sie unsachgemäß angewendet werden. Drittens können sie zu falschen Ergebnissen führen, wenn sie mit fehlerhaften Informationen gespeist werden. Und viertens wird ihre Wirksamkeit selten überprüft. Wir wollen jeden dieser Punkte einzeln beleuchten.

Sie können falsch sein

Mentale Modelle können gerade durch die Vereinfachungen, die ihnen zugrunde liegen, in ihrem Nutzen eingeschränkt sein. Grobe Vereinfachung kann zu systematischen Fehlern bei der Urteilsbildung, bei logischen Schlüssen und Prognosen führen. Wenn beispielsweise ein Online-Anbieter davon ausgeht, dass Konsumenten auch künftig Daten über ihre Gewohnheiten und Bedürfnisse kostenlos zur Verfügung stellen werden, dann könnte sich diese Annahme leicht als falsch herausstellen. Einige Anbieter haben bereits erkannt, dass sie gegen relativ geringe Beträge eine potenzielle datenschutzrechtliche Haftung in größerem Ausmaß umgehen können.

Professor Kurt Gödel (1906–1978) vom Institute for Advanced Study in Princeton wies bereits in den dreißiger Jahren nach, dass kein System zugleich vollständig und in sich logisch sein kann und dass mentale Modelle zwangsläufig Fehler bergen. Deshalb muss sich jeder, der mentale Modelle anwendet, ihrer möglichen Grenzen bewusst sein und überlegen, wie sich die Konsequenzen mildern lassen.

Sie können falsch angewandt werden

Wenn das Umfeld hochgradig komplex wird, reagieren Entscheidungsträger oft nicht richtig: Sie versäumen es, neue mentale Modelle zu bilden. Stattdessen greifen sie auf ältere, einfachere Modelle zurück, wie John Sterman darlegte. Nach seiner Beobachtung stellen etwa Entscheidungsträger häufig Prognosen, indem sie Durchschnittswerte aus früheren Zahlen bilden und Trends aus der Vergangenheit extrapolieren – anstatt die Wirkungskräfte in ihrer Industrie und deren potenzielle Effekte ganz neu zu überdenken. Dabei werden solch komplexe Beziehungen in der vernetzten Welt des Internet immer alltäglicher.

Mit der Ungenauigkeit mentaler Modelle gehen unmittelbare Risiken einher (wenn auch oft verborgene Risiken, da das Modell seinen „Erbauer" nicht darauf aufmerksam macht). Im letzten Kapitel war beispielsweise vom katastrophalen Ertragseinbruch in der Halbleiterindustrie Anfang der achtziger Jahre die Rede. Das eigentlich Überraschende daran war, dass niemand damit gerechnet hatte – obwohl jeder wusste, dass die Japaner neue Halbleiterfabriken in solchen Größenordnungen bauten, dass sie leicht den Markt mit Chips überschwemmen und einen Preisverfall auslösen konnten. Genau das passierte dann auch. Doch die amerikanischen Halbleiterunternehmen hatten an ihren mentalen Modellen festgehalten, die besagten, dass die Preise einfach nicht so tief fallen könnten. Der Einbruch riss mehrere Unternehmen in den Abgrund. Dazu gehörte auch Mostek, einer der bis dato führenden Anbieter: Er hatte die Gefahr eines drohenden Zusammenbruchs vollkommen übersehen und bezahlte für sein fehlplaziertes mentales Modell mit der eigenen Existenz.

Sie erfordern korrekte und aktuelle Daten

Mentale Modelle sind nur so gut wie die Informationen, auf die sie sich stützen. Diese können falsch, veraltet, unvollständig, emotional verzerrt, mehrdeutig oder irrelevant sein, oder mitunter beruhen sie auf falschen Messungen aufgrund subjektiver Selektion oder anderer kognitiver Schieflagen. Solche mangelhaften Informationen stellen die Realität zwangsläufig falsch dar. Ohne exakten und aktuellen Input gibt es auch keinen exakten und aktuellen Output.

Sie müssen überprüft werden

Wie Jean Piaget ausgeführt hat, findet die Bildung und Anwendung mentaler Modelle weitestgehend im Verborgenen statt; sie ist kein Managementprozess, der für Diskussion und Kritik offen steht. Dennoch ist die bloße Existenz mentaler Modelle, wie wir gesehen haben, noch lange kein Grund anzunehmen, sie seien korrekt.

Nur selten werden „Qualitätssicherungsverfahren" eingesetzt, um die Gültigkeit eines mentalen Modells vorab zu testen oder im Laufe seiner Anwendung zu überprüfen. Im Unterschied dazu wird die Wirksamkeit anderer Produkte – zum Beispiel Arzneimittel – mittels unterschiedlicher Testverfahren geprüft: So werden Doppelblindstudien durchgeführt, um zu gewährleisten, dass das Ausbleiben negativer Auswirkungen nicht als Nachweis einer positiven Wirkung missdeutet wird; man sucht bewusst nach Gegenbeweisen und nicht nur nach Beweisen für die Wirksamkeit; und man untersucht auch Alternativen, um sicherzustellen, dass wirklich die beste und nicht einfach irgendeine Lösung gewählt wird. Ohne solche Qualitätskontrollen ist der Modellbildungsprozess anfällig für Fehler. In der Praxis werden solche Verfahren jedoch selten angewandt oder auch nur in Erwägung gezogen.

Dass ein neues mentales Modell erforderlich ist, kann durch widersprüchliche Daten und laufende kleinere Korrekturen an bestehenden Modellen verschleiert werden. Veränderungen des Umfelds sollten eigentlich zu einer Überprüfung des eigenen mentalen Modells veranlassen, was aber oft nicht der Fall ist. Die mentalen Modelle von Entscheidungsträgern schreiben ganz genau vor, welche Informationen notwendig sind; und so ignorieren die Entscheider häufig jene Informationen, welche die Relevanz der Modelle selbst infrage stellen. Je stärker sich der Kontext ändert, desto mehr neigt der Unternehmensführer dazu, am bestehenden Modell festzuhalten – wie John Akers, der den Großrechner nicht aufgeben wollte.

Das Festhalten an einem überholten Modell kann kostspielig sein. Liefert ein mentales Modell keine akkurate Vereinfachung oder Darstellung der Realität mehr, dann sind auch sämtliche davon abgeleiteten Folgerungen und Prognosen verzerrt. Allerdings zeigen Manager meist wenig Bereitschaft zum Wechsel, da es keine Garantie dafür gibt, dass die neuen Modelle tatsächlich effektiver sind. Solange also die bestehenden Modelle zu funktionieren scheinen, wird an ihnen festgehalten.[10] Darüber hinaus haben ihre Gestalter oft ein ureigenes Interesse daran, sie zu schützen. Sie werden sie so lange nicht aufgeben, bis ein Führungswechsel im Unternehmen einem neuen, geeigneteren Modell den Weg bahnt. Studien zeigen, dass Entscheidungsträger nur nach Daten zur Bestätigung, nicht aber zur Widerlegung geltender mentaler Modelle suchen. Dem liegt ein natürliches menschliches Bedürfnis nach Bestätigung zugrunde.

In seinem Bericht über die zufällige Entdeckung des Ozonlochs über der Antarktis liefert James March ein aufschlussreiches Beispiel dafür, wie schwierig es ist, mentale Modelle zu ändern:

Da die NASA-Wissenschaftler glaubten, niedrige Ozonwerte müssten falsch sein (weil sie ja von der Existenz der Ozonschicht wussten), entwickelten sie ein Messsystem, das niedrige Messwerte – die ihre Modelle möglicherweise über den Haufen geworfen hätten – einfach ausschloss. Zum Glück hatte die NASA die ursprünglichen, ungefilterten Daten gespeichert und bestätigte später, dass die Gesamt-Ozonmenge tatsächlich seit dem Start von Nimbus 7 zurückgegangen war. Weil die NASA ein Messsystem entwickelt hatte, das immun war gegen jede Entkräftung ihrer Annahmen, verzögerten sich die Entdeckung des Ozonlochs und die resultierenden globalen Abkommen zur Verringerung des FCKW-Ausstoßes um nicht weniger als sieben Jahre. [11]

Eine ähnliche Erfahrung machte Richard Foster 1987 in China beim Besuch eines führenden Krankenhauses. Als er den Leiter des Diagnoselabors zur Verbreitung von AIDS in China befragte, antwortete der Krankenhausfunktionär: „Wir haben kein AIDS in China." Foster war überrascht und drängte weiter. „Bei all Ihren Blutproben in China haben Sie noch nie einen Fall von AIDS entdeckt?", fragte er. „Nein, nein", erwiderte der Vertreter des Krankenhauses, „wir wissen, dass wir in China kein AIDS haben, deshalb testen wir gar nicht danach." Wie James March es so schön ausdrückte: „Das Erlebte wird editiert, um Widersprüche auszumerzen."

Dean Keith Simonton nennt einen möglichen Grund für dieses potenziell dysfunktionale kognitive Verhalten:

Den eigenen intellektuellen Denkrahmen nolens volens aufzugeben, bloß um sich mit dem Chaos zufälliger Ereignisse zu arrangieren, birgt die Gefahr, die mentale Unordnung auszuweiten und somit die Anpassungsfähigkeit im Verhalten einzubüßen. [12]

Die Fähigkeit, über entkräftende Daten hinwegzugehen, ist eine uralte Kunst. Eine Spielart davon ist das „Vermeiden des Themas", wobei negative oder bedrohliche Daten einfach ausgeblendet werden. Für Chris Argyris, Professor für Pädagogik und Organisationsverhalten in Harvard, ist diese Verhaltensweise ein „Abwehrmechanismus". Abwehrmechanismen können dazu führen, dass Alternativen gescheut oder abgelehnt werden. „Sie irren sich. Wir *sind* innovativ, verändern uns und halten mit den Märkten mit, heute vielleicht mehr denn je", so argumentiert dann etwa ein Manager, wenn es sich in Wirklichkeit nur um inkrementelle Innovation handelt.

Oder, um ein Beispiel aus jüngerer Zeit zu nehmen: Als der ehemalige McDonald's-Chef Mike Quinlan von *Business Week* gefragt wurde, ob angesichts des abflauenden Erfolgs bei McDonald's eine Kursänderung erforderlich sei, erwiderte Quinlan: „Ob wir uns verändern müssen? Nein, wir müssen uns nicht verändern. Wir haben die erfolgreichste Marke der Welt." Seine Äußerung erschien den Mitgliedern der Geschäftsleitung offenbar derart verbohrt, dass sie Quinlan feuerten und einen neuen CEO suchten.

Es gibt zahlreiche Belege dafür, dass mentale Modelle, die als Hilfen bei der Entscheidungsfindung gedacht sind, über kurz oder lang zum massivsten Hindernis für Veränderung werden. Unserer Meinung nach wird sich dieses Problem sogar noch ausweiten, wenn in einer Branche nach der anderen größere Umbrüche und Verschiebungen auftreten. Der Aufbruch ins Internet ist nur der Anfang – aller Voraussicht nach wird auf die meisten Unternehmensführer eine ganze Reihe verwirrender Umfeldveränderungen zukommen.

In dieser Zeit des rasanten Wandels und der zunehmenden Komplexität sind mentale Modelle ein äußerst viel versprechendes Instrument – und zugleich ausgesprochen gefährlich. *Sofern sie auf der Annahme einer Kontinuität beruhen, sind sie für den Anwender eher hinderlich als hilfreich.* Indes, wir können auf mentale Modelle nicht verzichten. So sind wir nun einmal gestrickt. Wir haben lediglich die Wahl, welche Modelle wir anwenden und wie. Wir müssen einsehen, dass wir mentale Modelle hin und wieder austauschen müssen. Und wir müssen einen Weg finden, den Austausch weniger kostspielig zu machen als das Festhalten an unbrauchbaren Modellen. Die Unternehmensleitung von Mostek könnten uns ein Lied davon singen, welchen Preis sie für das Festhalten an einem fehlerhaften mentalen Modell zu zahlen hatte.

Mentale Modelle schaffen und verändern

Jean Piagets Forschungsarbeit belegt, dass wir von klein auf unbewusst mentale Modelle bilden. Mit zunehmendem Alter lernen wir – in formellen wie auch informellen Prozessen. Lernen kann als Veränderung mentaler Modelle verstanden werden. „Am wirksamsten lernen wir aus direkter Erfahrung", erklärt Peter Senge, der Autor von *The Fifth Discipline.* Wir greifen auf unsere Erfahrung zurück, um unsere mentalen Modelle zu modifizieren.

Jay Forrester, der bekannte Erfinder des Magnetkernspeichers (eines Vorläufers der heutigen RAM-Technologie) und Vater der „Systemdynamik", einer Methode zur Bildung komplexer Strukturen, notierte 1971:

> *Ein mentales Modell verändert sich mit der Zeit, ja sogar im Laufe einer einzigen Unterhaltung. Der menschliche Verstand bringt ein paar Bezüge*

zusammen, die auf den Kontext einer Diskussion passen. Wenn sich das Thema ändert, ändert sich auch das Modell. Jeder Teilnehmer einer Unterhaltung verwendet ein anderes mentales Modell zur Interpretation des Gesprächsgegenstands. Die grundlegenden Annahmen der Beteiligten unterscheiden sich, werden jedoch nie offen ausgesprochen. [13]

Dieselbe Sichtweise vertritt auch James March: Mentale Modelle würden oft durch den andauernden, informellen Dialog innerhalb eines Unternehmens verändert. Dies geschehe mittels „Legenden, Symbolen, Ritualen und Geschichten. Sie sind die Bindeglieder des gesellschaftlichen Lebens, sie stellen Verbindungen her zwischen Einzelnen und Gruppen, über Generationen und geografische Entfernungen hinweg". An anderer Stelle erklärt March: „Sie liefern den Kontext, der es einem ermöglicht, die Geschichte zu verstehen und sich selbst darin zu orten." [14]

Im Lauf des unternehmensinternen Dialogs werden mentale Modelle korrigiert, um die Gegebenheiten vor Ort widerzuspiegeln. Die Korrekturen werden dann durch Rückkopplungsschleifen in die mentalen Modelle des Top-Managements eingespeist, so dass sich diese verändern. Wie March zu „Visionen" anmerkt, lassen sich aufkommende mentale Modelle „in einem Unternehmen nicht per Erlass oder durch Machtausübung etablieren. Vielmehr gilt es, zu überzeugen, begeistertes und entschlossenes Engagement zu schaffen, ... weil es für den Zeitpunkt, für das Unternehmen und für dessen Mitarbeiter richtig ist. Wenn der führende Kopf die allgemeine Aufmerksamkeit auf eine Vision [ein mentales Modell] lenkt, wirkt er auf die emotionalen und geistigen Ressourcen des Unternehmens, auf seine Werte, Selbstverpflichtungen und Ziele ein."

Auch Sterman bezeugt die Macht informeller Prozesse bei der Veränderung mentaler Modelle:

Die aktive Modellbildung geschieht lange, bevor die sensorische Information jene Bereiche des Gehirns erreicht, die für das bewusste Denken zuständig sind. Dafür sind massive Evolutionszwänge verantwortlich: Unser Überleben hängt so vollständig von der Fähigkeit ab, die Realität schnell zu interpretieren, dass wir schon vor langer Zeit Strukturen entwickelt haben, mit denen wir diese Modelle automatisch zu bilden vermögen. [15]

Forresters, Marchs und Stermans Anmerkungen über die Bedeutung verbaler Kommunikation beim Abgleich unterschiedlicher mentaler Modelle liefern wichtige Hinweise darauf, wie Unternehmen ihre mentalen Modelle sichtbar verändern können. In Kapitel 11 gehen wir näher darauf ein.

Um die mentalen Modelle eines Unternehmens zu modifizieren, ist jedoch mehr als nur kommunikativer Austausch erforderlich. „Der Prozess der Modellbildung wird von kontextabhängigen Signalen und impliziten Folgerungen auf Basis des Allgemeinwissens gesteuert", erklärt Johnson-Laird. [16] Kontextabhängige Signale bilden gleichsam die Umrisse des Puzzles, die uns zur Lösung führen – allerdings nur, wenn wir sie richtig deuten. Oft bestimmt die Unternehmenskultur den Kontext. Sprache, visuelle Umsetzung, Überzeugungen und Verhaltensmuster sind die Hauptgrundlagen der Unternehmenskultur, und damit prägen sie den Kontext. [17]

Die Reaktion von Johnson & Johnson auf die Tylenol-Krise Mitte der achtziger Jahre zeigt beispielhaft, wie stark der Kontext dazu beiträgt, ein neues mentales Modell zu entwickeln – in diesem Fall eines für das richtige Vorgehen zur Bewältigung einer Krise. Die Krise bedeutete für Johnson & Johnson ein komplexes Problem: Die Ursachen waren nicht klar, die Konsequenzen einer Nicht-Bewältigung gravierend (im Großraum Chicago starben sieben Menschen nach der Einnahme der Tabletten) und die Kosten für die Behebung des Problems gewaltig – so gewaltig, dass sie den Marktwert des Unternehmens gefährdeten.

Eine der grundlegenden Überzeugungen von Johnson & Johnson ist das Credo, das einmal von Robert Wood Johnson geprägt wurde und von dem sich das Unternehmen auch heute noch in seinen Entscheidungen und Verhaltensweisen leiten lässt. Es bestimmt die Wertehierarchie bei Johnson & Johnson: An erster Stelle stehen die Kundinnen, an zweiter die Angestellten, an dritter Stelle steht das Gemeinwesen und an vierter die Anleger (wobei man davon ausgeht, dass, wenn es den ersten dreien gut geht, auch letztere davon profitieren werden). Die Klarheit des Credos und seine Beherzigung durch Management und Mitarbeiter ermöglichten es Jim Burke, schnell und leicht über das weitere Vorgehen zu entscheiden. Als eine Reihe mysteriöser Vergiftungsfälle auftrat, beschloss er spontan, Tylenol landesweit aus den Regalen nehmen zu lassen. Gemäß Verlautbarungen kostete der Vorfall Johnson & Johnson in jenem Jahr 100 Millionen Dollar, doch die Entscheidung wurde innerhalb von Stunden getroffen, als die Bedrohung für die Verbraucher offenkundig wurde. Andere Unternehmen führen Rückrufaktionen nicht so schnell und vielleicht auch nicht so umfassend durch wie Johnson & Johnson, weil sie nicht dasselbe Credo haben. Das Credo ist ein zentrales Element der Unternehmenskultur von Johnson & Johnson, und diese wiederum ist entscheidend dafür, wie die mentalen Modelle des Unternehmens in neuen Situationen umgesetzt beziehungsweise wann alte Modelle korrigiert werden.

Unternehmen verkünden selten, sie würden nun „ein neues mentales Modell entwickeln". Eher heißt es, man werde „eine Strategie entwickeln, um die neuen Chancen im e-Commerce zu nutzen", oder „die Grundprinzipien der Organisationsstruktur überprüfen, um die Wettbewerbsfähigkeit weiter zu stärken". Das sind Beispiele für Absichtserklärungen, hinter denen die Bildung neuer mentaler Modelle steht. Sind diese Modelle erst einmal geschaffen, haben sie erheblichen Einfluss darauf, wie das Unternehmen auf Chancen und Herausforderungen reagiert.

Wie mentale Modelle das Unternehmensverhalten beeinflussen

Mentale Modelle wirken sich auf vier elementare Bereiche der traditionellen „Unternehmensarchitektur" aus: Informationssysteme, Entscheidungsprozesse, Umsetzungsfähigkeiten und Steuerungssysteme.

Informationssysteme

Menge, Art, Qualität, Form und Häufigkeit von Informationen werden maßgeblich vom – expliziten oder impliziten – mentalen Modell des oberen Managements bestimmt. So glauben viele Unternehmen beispielsweise, ihr Erfolg hänge mehr von Vertriebsspannen ab als von investiertem Kapital. In solchen Unternehmen enthalten daher die monatlichen Gewinn- und Verlustrechnungen Daten über Umsätze und Umsatzkosten (damit die Gewinnspannen kalkuliert werden können), nicht jedoch über das investierte Kapital – obwohl die Anleger sehr gerne wüssten, wie viel Kapital das Unternehmen in Zukunft brauchen wird.

Entscheidungsprozesse

Alle zentralen Entscheidungsprozesse innerhalb eines Unternehmens – Planungssysteme, Terminsteuerung, Zielsetzung, Bestimmung des Handlungsbedarfs, Festlegung von Entscheidungskriterien und so weiter – müssen mit den mentalen Modellen des Unternehmens vereinbar sein. Es versteht sich von selbst, dass diese Entscheidungssysteme von den Informationssystemen des Unternehmens gespeist werden und daher auch mit diesen kompatibel sein müssen. Wenn man in einem Unternehmen meint, man sei vom Zyklus der Produktentwicklung geprägt – so etwa bei Halbleiterherstellern wie Intel und Texas Instruments –, dann bestimmt dieser Zyklus die zentralen Entscheidungsprozesse (zum Beispiel die Entscheidung, mit der Entwicklung eines neuen Chips zu beginnen, eine neue Fertigungsanlage zu bauen oder beim nächsten Produktangebot den Zulieferer zu wechseln), den Zeiteinsatz der Führungskräfte, die Tagesordnung der wichtigsten Sitzungen und die strategische Planung. Bei Einzelhändlern in der Modebranche, wie Saks Fifth Avenue oder Gap, richtet sich der Kalender nach den wichtigen saisonalen Terminen für die Kollektionsauswahl sowie der zeitnahen – oft täglichen – Überprüfung der Umsätze in den einzelnen Geschäften, damit entschieden werden kann, wann eine Sonderaktion (zur Senkung der Lagerbestände) gestartet, beendet oder modifiziert werden soll.

Umsetzungsfähigkeiten

Mentale Modelle müssen drittens mit den Umsetzungsfähigkeiten des jeweiligen Unternehmens vereinbar sein. Personalwirtschaftliche Prozesse wie Stellenbesetzung, Bewertungen und so weiter werden im Einklang mit dem mentalen Modell des Unternehmens bestimmt. Für Chemiekonzerne wie DuPont mag dabei auch internationale Erfahrung wichtig sein, weil sie sich weitgehend als globale Akteure sehen; Erfahrungen aus zweiter Hand, beispielsweise mit den Geschäftspraktiken in China, werden daher nicht genügen. Für Fluggesellschaften wie AMR, die Muttergesellschaft von American Airlines, dürfte Kundenerfahrung ganz wesentlich sein; demnach werden Mitarbeiter, die direkte Erfahrungen an der Kundenfront gesammelt haben, als besonders wertvoll gelten.

Steuerungsprozesse

Schließlich beeinflussen die mentalen Modelle eines Unternehmens auch dessen Steuerungsprozesse, von den betrieblichen Kontrollprozessen über Vergütungssysteme bis hin zur Mittelzuweisung. Ein Unternehmen mit geringen Gewinnspannen, so etwa ein Stromversorger wie Con Edison, wird solche Mitarbeiter am meisten schätzen, die sich mit der tagtäglichen Kostenkontrolle auskennen.

Dagegen ist für einen Pharmakonzern wie Merck, Pfizer oder Johnson & Johnson die transformatorische Innovation besonders wichtig, wie sie für die Entdeckung neuer Arzneistoffe benötigt wird – folglich wird man dort nicht die Kostenkontrolle als wichtigsten Steuerungsprozess ansehen, vielmehr wird man sich vor allem darum bemühen, die richtigen Wissenschaftler zu finden, ihnen genügend Freiraum an Zeit und Ressourcen zu geben und so die Chancen zu maximieren, dass sie neue und effektivere Wirksubstanzen entdecken.

Diese vier Elemente sowie die mentalen Modelle, welche die Interaktion zwischen ihnen bestimmen, all das bezeichnen wir als „Unternehmensarchitektur". Wir verwenden für die Unternehmensarchitektur auch den Begriff „MIDAS" – mentale Modelle, Informationen, Direktiven (oder Entscheidungen), Aktionen und Steuerungssysteme. Die Elemente der Unternehmensarchitektur entwickeln sich weiter, so wie das Unternehmen reift und seine mentalen Modelle sich verändern. Und eben diese Weiterentwicklung entscheidet über die Wettbewerbsfähigkeit. Somit ist der Prozess der Bildung mentaler Modelle – egal, ob explizit und reflektiert oder implizit und unreflektiert – der zentrale Managementprozess des Unternehmens.

Die natürliche Entwicklung der Unternehmensarchitektur

Wenn Unternehmen wachsen und reifen, entwickeln sich die fünf Elemente der Unternehmensarchitektur (MIDAS) sowie die Beziehung zwischen ihnen. Es ist eine Reaktion auf die Veränderungen in den Ressourcen (einschließlich der fähigsten Mitarbeiter), im Konkurrenzdruck, der Unternehmenskultur und den Zukunftsperspektiven.

Nach unserer Überzeugung ist die Fortentwicklung der Unternehmensarchitektur verantwortlich für die nachlassende Innovationskraft des typischen Unternehmens, das auf diese Weise wehrloser gegenüber den Angriffen kleinerer Wettbewerber wird. Jüngere Unternehmen werden von ganz anderen mentalen Modellen gesteuert und verwenden andere Informationssysteme, andere Ansätze zur Entscheidungsfindung und andere Mess- und Steuerungssysteme. Wo immer diese mentalen Modelle genauer zutreffen als ältere Modelle, verschaffen sich die jüngeren Unternehmen einen riesigen Wettbewerbsvorteil.

Betrachten wir einmal Transecure und General Motors, um zwei Extrembeispiele zu nehmen. Transecure ist ein sehr kleines Startup-Unternehmen, ursprünglich spezialisiert auf die Schlichtung von Rechtsstreitigkeiten, die im Internet auftreten. Transecure konnte einige Anfangserfolge erzielen und baut nun zügig sein Geschäft aus. Das mentale Modell des Unternehmens hat sich mehrmals weiterentwickelt, seit Steve Abernethy und Ahmed Khaishgi die Firma 1999 gründeten. In der Anfangszeit hieß das Unternehmen WebLaw. Beabsichtigt war, über das Internet Rechtsberatung anzubieten. Im Laufe der Zeit wurde daraus der heutige Fokus auf Schlichtung, und der Name wurde in Transecure geändert. Als der geschäftliche Schwerpunkt nun geklärt war – zumindest auf absehbare Zeit –, begann das Unternehmen, sein Konzept an andere Internet-Unternehmen zu vermarkten, mit denen man einen Bestand an zu klärenden Rechtstreitigkeiten aufbauen konnte. Man hatte dafür keinerlei Informationssystem außer einer Liste von Leuten, die Abernethy und Khaishgi kannten – oder über Internetportale und Auction-Sites kennen lernen konnten. Die Entscheidungsprozesse waren simpel und zielten erst einmal darauf ab, die richtigen Leute für den Aufsichtsrat zu finden und damit Glaubwürdigkeit und erste Kunden zu gewinnen. Die Steuerungsprozesse wurden von Business Angels etabliert, die das Startkapital vorstreckten, damit Abernethy und Khaishgi in der Aufbauphase wenigstens etwas zu essen hatten. Diese Steuerung resultiert weitgehend aus dem Recht der Kapitalgeber zur Übernahme der Firma, falls die Dinge nicht so laufen wie sie sollten. Sonst gibt es bei Transecure so gut wie keine Steuerungssysteme: Zwar finden häufig Meetings zur Festlegung der nächsten Schritte statt, doch es existiert keine „strategische Planung“. Es gibt keine komplizierten Bewertungs- und Feedbacksysteme für die Mitarbeiter. So etwas wird mehr oder weniger nebenbei erledigt – aber mit Sorgfalt. Treibende Kraft für Abernethy und Khaishgi war der schiere Eifer, etwas Neues zu schaffen, die Welt zu verbessern mit etwas, was sie selbst aufgebaut hatten. Dafür waren sie bereit, alles zu riskieren. Die Herausforderung und die damit verbundenen Risiken spornten sie ungeheuer an. Transecure basiert nicht auf der Annahme der Kontinuität – ganz im Gegenteil. Transecure ist aufgebaut auf der Annahme der Diskontinuität. Abernethy und Khaishgi wollten sogar Diskontinuität erzeugen und fühlten sich absolut wohl bei dem Gedanken, dass Transecure im Laufe seiner Entwicklung selbst einige radikale Veränderungen durchlaufen wird.

Man vergleiche diese Architektur mit der eines großen, etablierten Unternehmens wie General Motors. General Motors hat eine klare Vorstellung von seinem Geschäftszweck – und verfolgt ihn schon seit geraumer Zeit. Die zentralen Elemente des mentalen Modells wurden in den zwanziger Jahren von

Alfred Sloan geprägt. Für die Entscheidungsprozesse sowie die Kommunikation zwischen Tausenden von Mitarbeitern auf der ganzen Welt und zwischen den zahlreichen Geschäftszweigen hat das Unternehmen hoch entwickelte Informationssysteme, in denen riesige Investitionen für Computer und Datenübertragung stecken. Die Entscheidungssysteme von GM werden seit Jahrzehnten ausgefeilt; viele sind heute reine Routine. Auch Planungs- und Steuerungsprozesse – einschließlich der personalwirtschaftlichen Prozesse – sind seit Jahrzehnten etabliert und werden von Informationssystemen gespeist, die genau auf ihre Erfordernisse zugeschnitten sind. Es wurde einiges in ‚Enterprise Resource Planning' (ERP)-Systeme investiert, um die Steuerungssysteme möglichst kostengünstig zu gestalten und so nahtlos wie möglich in die Beschaffungs- und Zuliefersysteme sowie die Marketing- und Verkaufsabteilungen zu integrieren. Man kann wohl schwerlich behaupten, General Motors sei von Eifer und Leidenschaft getrieben. Wohl sitzen in den oberen Führungsetagen ausgesprochen erfahrene und wettbewerbsbewusste Leute, die für das Unternehmen, die Kunden und Investoren ihr Bestes geben. Aber Leidenschaft ist nicht das Prägende an diesem System.

Es gab eine Zeit, da war auch General Motors so klein wie Transecure und wurde wahrscheinlich noch von der Leidenschaft beflügelt. Doch das ist lange her. Die heutige Architektur von General Motors gleicht so wenig der von Transecure wie der eigenen von einst. Sie hat sich im Laufe der Zeit verändert – oft aus gutem Grund und mit großem Weitblick, doch bisweilen mit Folgen, die schwer vorauszusehen waren. So kam es auch dazu, dass sich die Annahme der Kontinuität breit machen konnte, womit das Entscheidungsspektrum zumindest auf der mittleren Konzernebene schmäler wurde.

Der Vergleich zwischen Transecure und General Motors macht die Unterschiede zwischen einer frühen und einer reifen Unternehmensarchitektur deutlich. Obwohl Diskontinuität die Märkte beherrscht, bestimmt die Vorstellung von Kontinuität die mentalen Modelle langlebiger Unternehmen, und diese Modelle wiederum haben Einfluss darauf, wie schnell die Unternehmensarchitektur verändert und angepasst wird. Die Probleme, mit denen John Akers kämpfte, resultierten aus der unbeabsichtigten – und ungesteuerten – Weiterentwicklung der Unternehmensarchitektur bei IBM. Akers konnte nicht erkennen, dass er sein mentales Modell der Hardwareindustrie hätte ändern müssen; er operierte lieber mit dem Modell, das ihm und seinen Kollegen Erfolg bei IBM gebracht hatte. Nach diesem Verständnis war es nicht notwendig, irgendetwas zu ändern, weder Entscheidungsprozesse noch Umsetzungsmethoden, weder Steuerungs- noch Informationssysteme – beispielweise, um die Schachzüge der kleineren Wettbewerber zu verfolgen, die an die IBM-Kunden verschiedene Produkte verkauften und teils recht erfolgreich damit waren. Akers sah gar keine Notwendigkeit, groß etwas zu ändern – abgesehen von der Effektivität des Vertriebs. Wenn der nur mehr verkaufen würde, so dachte er, dann wäre das „Problem“ (der enorme Ertragsrückgang) gelöst.

Das war falsch gedacht, und es führte zum falschen Ergebnis. Und letztlich zu Akers' Ablösung. Während Akers' mentales Modell auf der Annahme der Kontinuität beruhte, durchlief die Branche eine der gravierendsten Umwälzungen in ihrer Geschichte. So unglaublich es erscheinen mag – diese Diskontinuität war der damaligen IBM-Führung vollkommen verborgen geblieben. Sie konnte sie nicht sehen, weil ihre mentalen Modelle nicht zuließen, dass sie die Validität der erhaltenen Informationen akzeptierte. Unangekündigt und unbemerkt hatten sich Abwehrmechanismen in das Unternehmen eingeschlichen.

Wenn die Weiterentwicklung der Unternehmensarchitektur nicht gesteuert wird, vollzieht sie sich auf vorhersehbare Weise und führt zwangsläufig zu einer Erstarrung in der Unternehmenskultur – einem Zustand, in dem das Unternehmen durch drei Ängste gelähmt wird: die Befürchtung, die bestehende Produktlinie zu kannibalisieren, die Angst, in Geschäftsfelder einzudringen, wo man möglicherweise mit den eigenen Kunden konkurrieren müsste, und die Furcht, dass Akquisitionen zu einer vorübergehenden Ergebnisverwässerung und damit eventuell auch zu einem Rückgang des Aktienkurses führen könnten. Diese drei Ängste machen das Unternehmen handlungsunfähig und schaffen die Voraussetzung für einen Einbruch seiner Leistungsfähigkeit – so, wie es bei IBM der Fall war, bis der Board of Directors eingriff und John Akers durch Lou Gerstner ablöste.

In der Entwicklung einer Industrie sind vier wesentliche Phasen zu unterscheiden. Jede dieser Phasen soll im Folgenden knapp skizziert werden, um einen Eindruck davon zu vermitteln, wie selbst umsichtig geführte Unternehmen trotz aller Bemühungen des Managements in ihrer Unternehmenskultur erstarren können.

Phase 1 – Gründung (Angriff)

Jede neue Industrie lockt zahlreiche junge Unternehmen an, die von den sich bietenden Chancen profitieren wollen. Im zweiten Kapitel haben wir gesehen, wie dies bei der Computer-Hardware und der Software, bei den medizinischen Produkten und in verschiedenen anderen Branchen regelmäßig der Fall war. Viele dieser Unternehmen gleichen unserem Beispiel Transecure: Sie werden von ein paar Leuten in den Zwanzigern oder Dreißigern gegründet und geleitet, die die Welt verbessern wollen und bereit sind, Tag und Nacht zu arbeiten. Ihre mentalen Modelle sind noch im Fluss. Entscheidungen werden ad hoc gefällt oder bestenfalls von der Struktur bestimmt, die Kapitalgeber und Aufsichtsräte vorgeben. Robert Simons drückt es so aus:

> *In der Anfangsphase besteht kaum Bedarf an formalen Steuerungssystemen. Da die Mitarbeiter in ständigem persönlichem Kontakt stehen, können grundlegende Aspekte des Geschäfts auch ohne offizielles Berichtswesen gesteuert werden. Das einzig notwendige formale Steuerungssystem ist eine interne Rechnungsprüfung, um zu gewährleisten, dass das Betriebsvermögen gesichert und die Abrechnungsdaten zuverlässig sind.* [18]

In dieser Phase stellt sich Erfolg ein – oder nicht. Die Gründe dafür werden kaum reflektiert. Das Alltagsgeschäft nimmt alles in Anspruch.

Outsider mögen diese Unternehmen für kreativ halten, aber in Wirklichkeit ist die kreative Phase, in der die Geschäftsidee entwickelt wird, längst abgeschlossen. Abernethy und Khaishgi formulierten das ursprüngliche Konzept für WebLaw nicht erst, als Transecure bereits existierte, sondern als sie noch bei McKinsey waren, wo sie sich tagsüber mit aller Kraft für ihre Klienten einsetzten und nachts mit aller Kraft daran arbeiteten, die Gründung von WebLaw vorzubereiten. So läuft das häufig ab, ob die Jungunternehmer nun bei McKinsey, an einer Universität oder bei einer anderen Firma tätig sind. Die kreativen Ideen werden oft außerhalb der Arbeitszeiten entwickelt. Sobald dann das Unternehmen anläuft, bleibt kaum noch Zeit für irgendetwas anderes als die Aufrechterhaltung des laufenden Betriebs.

Viele Wettbewerber einer Branche überleben in dieser Phase gar nicht. Die meisten werden von anderen, größeren Unternehmen desselben Zweigs geschluckt. Einige gehen bankrott. Ein paar überleben jedoch und rücken in das nächste Stadium vor.

Phase 2 – Wachstum

Die zweite Phase in der Entwicklung einer neuen Industrie ist von rapidem Wachstum gekennzeichnet. Häufig handelt es sich um die untere Krümmung der S-Kurve, wie im zweiten Kapitel erläutert. Derzeit befinden sich viele Internet- und Biotechnologiefirmen in diesem Stadium. Der erste Überlebenstest ist bestanden, man hat ein paar hundert Mitarbeiter zu führen (in dieser Phase eine typische Größenordnung), und nun beginnen einige der Unternehmen, über die Ursachen ihres Erfolg nachzudenken. Oft führen sie ihn auf ihre „einzigartige" Kombination aus Marktkenntnis, technologischer Kompetenz, Managementmethoden und Führungskultur zurück. Tatsächlich ist das Erreichte vielleicht eher glücklichen Zufällen als gutem Management zu verdanken, aber das ist mitunter schwer auseinander zu halten. Nach ihrer Überzeugung jedenfalls geht ihr Erfolg – die Vergrößerung von einer Handvoll auf ein paar hundert Mitarbeiter – darauf zurück, dass sie die richtigen Maßnahmen getroffen, die richtigen Mitarbeiter eingestellt und die richtigen Führungssysteme entwickelt haben.

In diesem Stadium beginnt das Unternehmen, an vielen Standorten und in verschiedenen Märkten zu operieren. Formale Trainingssysteme werden eingeführt, damit neue Mitarbeiter – egal, wo und für wen sie arbeiten – mit der Unternehmenskultur und ihren Wirkprinzipien vertraut gemacht werden. Mission Statements werden formuliert und ausgegeben. Die Führungskräfte werden darüber instruiert, dass gewisse Aktivitäten tabu sind. Entscheidungen werden vermehrt auf untere Ebenen delegiert. Messbare Zielvorgaben werden gemacht. Diagnostische Steuerungssysteme werden eingeführt, um den Informations- und Steuerungsbedarf des oberen Managements zu erfüllen. Leistungsanreize werden an die Erreichung messbarer Ziele geknüpft. Sind diese formalen Systeme und Ergänzungen zur unsichtbaren Unternehmensarchitektur erst einmal installiert, lassen sie sich nur noch schwer ändern. Die Leidenschaft von einst ist der Übermacht der rationalen Entscheidungsfindung gewichen. In Phase 1 war für so etwas keine Zeit gewesen, denn da gab es noch zu viel anderes zu tun.

Die Wachstumsaussichten solcher Unternehmen sind in der Regel so gut wie noch nie. Es gibt zahlreiche Möglichkeiten, die bestehende Strategie auszuweiten, und diese bringen immer noch etwas ein und erfordern keinerlei Veränderungen an den vorhandenen Fähigkeiten. Die Unternehmensführung ist sich bewusst, dass sich Märkte und Wettbewerb ständig verändern; man hält Ausschau nach Bedrohungen von außen, die vielleicht radikalere Maßnahmen notwendig machen würden – doch häufig findet man niemanden, der „genau das selbe macht wie wir". Also zeichnet sich keine Krise ab. Der bisherige Kurs kann gefahrlos beibehalten werden. Allerdings: Heute sehen Unternehmen in dieser Phase ihre Erfolge und Perspektiven vielleicht etwas nüchterner als noch vor ein paar Jahren.

Am Ende der zweiten Phase werden einige weitere Unternehmen von Wettbewerbern übernommen, oft allerdings gegen einen Preisaufschlag. Im Bereich Datenübertragung beispielsweise zählte in den letzten Jahren Cisco und Lucent zu denen, die des öfteren Übernahmen tätigten. Auch wenn sie dabei hohe Preise zahlen mussten, wurden die Akquisitionen als attraktive Ergänzung der Produktlinien und als wertvolle Ressource für die Zukunft betrachtet.

Phase 3 – Marktbeherrschung

Unternehmen, die das zweite Stadium überleben und in das dritte vorrücken, sind gereift. Einige davon haben in ihren Branchen eine führende Stellung erreicht und gelten nun als Vorbilder für unternehmerischen Scharfsinn. Sie zeichnen sich durch Größe, Ressourcen, fähige Mitarbeiter und Geschäftsverständnis aus. Es scheint, als würden sie lange bestehen bleiben. Ariba, Commerce One, Broadcom und andere sind aktuelle Beispiele für diese Kategorie. Sie sind zu den „Spitzenunternehmen" geworden, die von Journalisten, Wissenschaftlern, Unternehmensberatern und Managern aufgesucht und studiert werden. Nach dem Geheimnis ihres Erfolgs befragt, verweisen sie gerne auf Details ihrer Unternehmensarchitektur – ihre Systeme, ihre Daten, ihre Umsetzungsfähigkeit und ihre Steuerungsprozesse.

Implizites Unternehmensziel in dieser Phase ist es häufig, das bislang so erfolgreiche Führungssystem zu verfeinern und auszuweiten, etwa indem andere Unternehmen übernommen und in der erfolgreichen Kultur der Muttergesellschaft unterwiesen werden. Alles läuft wie ein Uhrwerk. Robert Simons beschreibt dieses Stadium wie folgt:

> *In reifen Firmen lernt das obere Management, Innovationen und neue strategische Initiativen den Mitarbeitern und ihrer ständigen Suche nach neuen Chancen zu überlassen. In dieser Phase fängt man an, ausgewählte Steuerungssysteme interaktiv einzusetzen. Glaubenssysteme, strategische Eckpfei-*

ler, diagnostische sowie interaktive Steuerungssysteme regeln nun gemeinsam die Entwicklung und Umsetzung von Strategien. Schließlich werden unternehmenseigene Verhaltensmaßregeln immer dann durchgesetzt, wenn eine Krise die Kosten des Fehlverhaltens von Mitarbeitern vor Augen führt. [19]

Das Unternehmen ist zu einer regelrechten Maschine geworden. Es gibt wenig Überraschendes – solange Kontinuität herrscht.

Doch die Überraschungen lauern häufig im Verborgenen. Für das mittlerweile große und erfolgreiche Unternehmen liegen sie außerhalb des Blickfelds: Für Unternehmen der Phase 3 ist eine Bedrohung durch Unternehmen der Phase 1 oft nicht wahrnehmbar, weil letztere an der Peripherie der Branche existieren und häufig ganz anders aussehen als alles bislang Gewohnte. Vielleicht stützen sie ihren verdeckten Angriff auf Informationen von einer unzufriedenen Kundengruppe, vielleicht auf eine riskante oder zukunftsträchtige neue Technologie, vielleicht auch nur auf die nachlassende Reaktionsgeschwindigkeit der Unternehmen in Phase 3. Wenn sich ein ernst zu nehmender Angriff formiert, wird dieser genau auf die schwächsten Stellen der derzeitigen Marktführer zielen. Aufgrund ihrer Größenvorteile und Marktmacht hat nichts anderes Aussicht auf Erfolg. Meist ist es so gut wie unmöglich vorherzusagen, welcher der Angreifer erfolgreich sein wird – ob jedoch ein Angriff überhaupt gelingen wird, ist leichter abzuschätzen. Ausschlaggebend sind wirtschaftliche Faktoren und Timing, und es gibt mehr fehlgeschlagene als erfolgreiche Attacken. Einige Angreifer haben jedoch Erfolg und kommen im Markt hoch, ohne von den reifen Unternehmen wahrgenommen zu werden. Diese Angreifer sind die Katalysatoren der Diskontinuität.

Amazon.com ist ein Beispiel dafür, welch gewaltigen Druck ein Unternehmen der Phase 1 auf ein reifes Unternehmen, in diesem Falle Barnes & Noble, ausüben kann. Wie konnte Amazon, ein Startup mit nur wenigen Ressourcen, überhaupt mit der etablierten Buchladenkette konkurrieren? Wie jeder weiß, hatte Amazon eine neue Idee: Man ahnte, dass belesene Leute auch besonders eifrige Internet-Nutzer sind und dass sie auf diesem Wege mehr Bücher kaufen würden als im Buchladen. Von dieser simplen Idee ging Amazon aus und setzte sie meisterhaft um. Nur zwei Jahre später fragte sich jedermann: Wie kann Barnes & Noble noch gegen Amazon.com konkurrieren?

Bei Barnes & Noble nahm man Amazon zuerst gar nicht ernst, weil man zu sehr in der Annahme der Kontinuität verhaftet war (und in den alten Legenden von Größenvorteil, Marktmacht, Kundenkenntnis und Finanzstärke). Man vermochte sich nicht vorzustellen, dass Diskontinuität die Buchladenszene so rasant verändern könnte. Inzwischen ist man bei Barnes & Noble schlauer geworden, aber erst nachdem Amazon einen enormen Vorsprung im Online-Geschäft errungen hatte.

Es überrascht nicht, dass viele neue Unternehmen scheitern. Die meisten werden über kurz oder lang von anderen Unternehmen geschluckt oder gehen bankrott. Die Märkte sind einfach nicht groß genug für all die, die von den vorhandenen Chancen profitieren wollen. Wer scheitert, ist entweder zu früh oder zu spät in den Markt eingetreten oder konnte seine Idee nicht erfolgreich umsetzen, oder der Wettbewerbsvorteil gegenüber bestehenden Unternehmen war nicht groß genug. Die wenigen Neulinge, die überleben, haben in der bestehenden Hierarchie Schwächen entdeckt, die sie ausnutzen können. Der Markt belohnt sie, indem er ihre Aktien bei jedem überraschenden Fortschritt in die Höhe treibt.

Schließlich kommt der Zeitpunkt, wo ein jüngerer Angreifer einem älteren Unternehmen das Wasser abgräbt. Die Attacke kommt für den Alteingesessenen fast immer „überraschend". War Time Warner darauf gefasst, im Jahr 2000 von AOL übernommen zu werden? Hatte IBM die Stärke von Ariba und Commerce One vorausgesehen – oder damals die der jungen Microsoft Corporation?

Phase 4 – Kulturelle Erstarrung: Das Aufkommen der drei Ängste

In dieser letzten Phase kämpft das ehemals marktbeherrschende Unternehmen ums nackte Überleben. Als einzige Verteidigung bleibt ihm oft nur noch, die Preise zu senken. Dazu gibt es viele Methoden, die auf den ersten Blick nicht nach Preissenkung aussehen, wie etwa die Steigerung des Produktnutzens, doch am Ende suchen die meisten Unternehmen ihr Heil in der Preissenkung. Können die Preise weit und schnell genug gesenkt werden, kann der Angriff zumindest vorübergehend abgewehrt werden. Doch das Problem ist damit wahrscheinlich nicht aus der Welt. Ein paar Angreifer können vielleicht zurückgeschlagen werden, aber es werden immer neue Konkurrenten auftauchen, die eine Geschäftschance wittern. Schlussendlich wird einer die Abwehr durchbrechen. [20]

Bei solchen Kämpfen werden beide Fronten von Emotionen beherrscht. Der Angreifer handelt aus Leidenschaft, Überzeugung und anderen „flammenden"

Emotionen. Platzhalter dagegen verfallen oft in dumpfe Verdrängung: Zuerst verdrängen sie, dass der Angriff droht, und dann, dass er bereits vor sich geht oder Wirkung zeigt. Die Auseinandersetzung bedeutet einen Tiefschlag gegen die mentalen Modelle des Unternehmens und die Glaubensgrundsätze, auf denen Entscheidungen basieren. So wie der menschliche Verstand – zuerst in Verdrängung, dann im Zorn – den Gedanken zurückweist, seine Annahmen seien falsch, so auch das Unternehmen.

Die Psychologin Elisabeth Kübler-Ross hat festgestellt, dass der menschliche Verstand fünf unterschiedliche Phasen durchläuft, wenn er mit Traumata und anderen negativen Informationen konfrontiert wird: Verdrängung, Wut, Feilschen, Depression und schließlich Akzeptanz. In jeder Phase wechseln sich Momente der Hoffnung und der Verzweiflung ab. Nicht nur bei Menschen, sondern auch bei Unternehmen sind dies ganz normale und natürliche Abläufe, die dem Selbstschutz dienen. Doch jeder einzelne Schritt in diesem natürlichen Prozess blockiert oder verlangsamt die Informationsaufnahme. Dabei wird auch die Notwendigkeit zur Veränderung mentaler Modelle abgeblockt, und das Schicksal wird herausgefordert – es kommt zu Abwehrmechanismen. Bei IBM beispielsweise verkündete John Akers noch 1989: „Ich glaube nicht, dass sich die Marktbedingungen grundlegend geändert haben."

Als 1991 alles um ihn zusammenbrach, gab er verärgert ein – wie er meinte – internes Memo heraus, in dem er dem Vertrieb die Schuld gab. Das Memo landete umgehend bei der *New York Times*. Es hieß darin: „Die sind alle so verdammt selbstgefällig, und das macht mich verdammt noch mal wütend." [21] Wenn sich im Top-Management Wut und Ärger zeigen, ist die Verdrängung nicht weit.

Die Psychologin Priscilla Vail schrieb über das kindliche Lernverhalten:

> *Wir wissen vom gesunden Menschenverstand her, aus Erfahrung und inzwischen auch aus neuropsychologischen Studien, dass positive emotionale Haltungen die Lernfähigkeit des Kindes steigern und dass negative Haltungen – die bisweilen zur Gewohnheit werden – intellektuelle Energien erschöpfen.* [22]

Dasselbe gilt auch für Unternehmen.

Der Kreislauf von Widerlegung und Verdrängung in einem Unternehmen manifestiert sich in der Angst vor Kannibalisierung, der Angst vor Wettbewerbskonflikten mit Kunden und der Angst vor Ergebnisverwässerung.

Kannibalisierung

In der Welt der Wirtschaft versteht man unter „Kannibalisierung“ die Einführung von Produkten oder Dienstleistungen, die mit der eigenen Produktlinie konkurrieren. Näher erläutert haben dies Richard Foster in *Innovation. Die technologische Offensive* und Clayton Christensen in *The Innovator's Dilemma*. Wenn Unternehmen vor der Kannibalisierung ihrer eigenen Produkte zurückscheuen, unterliegen sie einem Irrglauben – nämlich dass, wenn sie das neue Produkt nicht einführen, auch kein anderer es tun wird und dass folglich die Preise stabil und die Gewinne gesichert bleiben. Als weiteres Argument dafür verweisen die Unternehmen auf ihren starken Marktanteil und die hohen Kosten, die der Verbraucher beim Wechsel zu einem Konkurrenzprodukt in Kauf nehmen müsste.

Was sie dabei nicht beachten, ist: Neue Wettbewerber dringen so oder so in den Markt ein (es sei denn, es handelt sich um eine der wenigen Monopolsituationen). Zudem hat der eigene Marktanteil im Grunde nur geringen Wert, da das neue Produkt – sofern es eine ernst zu nehmende Konkurrenz darstellt – per definitionem beträchtliche neue Vorteile bietet. Aus langfristigen Überlegungen entschließen sich die Kunden dann vielleicht, zu dem neuen Produkt zu wechseln, auch wenn das kurzfristig höhere Kosten mit sich bringt.

Die Scheu vor dem Kannibalisieren kann also Marktanteile und Ergebnisse beeinträchtigen. In manchen Fällen kann sie dauerhafte Marktverluste mit sich bringen. Ein treffendes Beispiel war die jahrzehntelange Passivität von IBM gegenüber dem Softwaremarkt. Wäre Lou Gerstner nicht Chairman geworden, hätte IBM vielleicht gar nicht überlebt.

Wettbewerb mit den eigenen Kunden

Die zweite Angst – die Scheu vor dem Wettbewerb mit den eigenen Kunden – kann ebenso fatale Folgen haben wie das Nicht-Kannibalisieren. Unternehmen scheuen sich vor allem, was die Beziehung zu ihren Kunden gefährden könnte, besonders wenn sie nur einen kleinen Kreis von wichtigen Kunden haben. Leider merken die Kunden das und nutzen es als Druckmittel, um das Unternehmen an der Ausweitung seiner Vertriebskanäle zu hindern.

Wie bei der Angst vor dem Kannibalisieren herrscht auch hier der Irrglaube, dass keine neuen Unternehmen entstehen und um Marktanteile kämpfen werden, beispielsweise durch Überspringen der Zwischenhändler und Vermarktung direkt an den Endverbraucher. Dell beispielsweise gab sich nicht erst mit

Wal-Mart ab, sondern wandte sich direkt an den Kunden. Andere Unternehmen (wie etwa Compaq) hätten denselben Weg beschreiten können, scheuten sich jedoch davor, ihren Kundenstamm zu verprellen. Das war der Spalt, durch den Dell mit so verblüffendem Erfolg in den Markt drängte. Cisco, der Lieferant für Netzwerktechnik, zeigte denselben Mut beim Aufbau seines Vertriebssystems, allerdings nicht ohne gewisse Schwierigkeiten. Internet und e-Commerce haben diesen Trend beschleunigt. (CEO John Chambers festigte die Kundentreue, indem er das Internet als direkten Vertriebskanal einführte.) Wie viel Cisco an der Zufriedenheit der Kunden lag, zeigte sich später an einer Reihe von Maßnahmen: so hat Cisco mit Hilfe des Internet seine eigenen Geschäftsabläufe effizienter gestaltet und diese Kosteneinsparungen an die Verbraucher weitergegeben; darüber hinaus wurde eine umfassende Kundenbetreuung etabliert. Diese Entscheidungen führten im Endeffekt zu massiven Einsparungen (535 Millionen Dollar im Jahre 1998) und stärkten die Kundenbeziehungen. Warenlieferungen waren zu 98 Prozent korrekt und pünktlich, und sechzig bis achtzig Prozent der Rückfragen wurden online abgewickelt. Cisco verzeichnete 1998 ein drastisches Wachstum im Online-Geschäft: fast eine Million Log-ins pro Monat und eine 25-prozentige Steigerung der Kundenzufriedenheit.

Ergebnisverwässerung

Die dritte Angst ist die vor Ergebnisverwässerung. Und gerade diese Angst macht es dem eingesessenen Unternehmen sehr schwer, wenn nicht sogar unmöglich, Unternehmen an der Peripherie zu übernehmen – Neulinge, die eine potenziell überlegene Geschäftsstrategie verfolgen oder besonders fähige Mitarbeiter oder andere Stärken haben. Diese Haltung stützt sich auf folgende Argumentation (die von der herkömmlichen Finanzanalyse ausgeht): Wenn als Folge einer Übernahme der Gewinn pro Aktie verwässert wird, wendet der Markt auf das fusionierte Unternehmen dasselbe Kurs-Gewinn-Verhältnis an wie für das ursprüngliche Unternehmen vor der Übernahme; als Folge kommt es zu Kursverfall und Wertvernichtung.

Heute bringen viele etablierte Unternehmen das Argument der Verwässerung vor, wenn sie sich dafür rechtfertigen wollen, dass sie keine Internet-Start-ups übernommen haben. Leider hält sie diese Argumentation auch davon ab, in dynamische neue Märkte einzusteigen. Letztendlich dürften sie damit viel mehr Wert zerstören, als sie mit einer wohl überlegten Übernahme riskiert hätten. Denn sie gehen einfach davon aus, dass sich der Markt nicht davon überzeugen ließe, dass die Übernahme die langfristigen Perspektiven des Übernehmenden verbessert. Weiterhin unterstellen sie, dass das Wachstum des übernommenen Unternehmens den Verwässerungseffekt der Übernahme nicht in absehbarer Zeit wieder kompensieren wird. Als die Biotechnologie noch in den Kinderschuhen steckte, hätten die meisten großen Pharmakonzerne den Neuling Amgen übernehmen können, was sie aber aus Angst vor Ergebnisverwässerung nicht taten. Inzwischen ist das Quartalsergebnis von Amgen höher als der gesamte Akquisitionspreis vor zehn Jahren gewesen wäre (unabhängig vom damaligen Kurs-Gewinn-Verhältnis). Hier hat konventionelles ökonomisches Denken eindeutig zu den falschen Schlussfolgerungen geführt. Richtig wäre es, sich eine Meinung zum künftigen Wert des Unternehmens zu bilden, wie in Kapitel 2 ausgeführt, und dann zu entscheiden, ob sich der Preis dafür lohnt.

• • •

Diese drei Ängste – die Furcht vor widrigen strategischen Entscheidungen – sind ausschlaggebend dafür, ob sich ein Unternehmen mit Mut und Entschlossenheit für die Zukunft positioniert. Der Markt kennt solche Ängste nicht, wie wir gesehen haben. Der Markt kannibalisiert, er konkurriert mit den eigenen Kunden und fördert das Wachstum von Unternehmen mit hohem Kurs-Gewinn-Verhältnis. Der Markt neigt auch nicht zur Verdrängung. *Um den Erfolg des Marktes zu erreichen, müssen Unternehmen ihre mentalen Modelle im Tempo und Maßstab des Marktes verändern. Sie müssen ihre Blindheit gegenüber konträren Fakten und die damit einhergehenden Abwehrmechanismen ablegen.* Wenn das Unternehmen den natürlichen Hang zur Verdrängung nicht überwinden lernt, wird es auf lange Sicht scheitern oder bestenfalls unterdurchschnittlich abschneiden. Sein Überleben mag zwar gesichert sein, zugleich aber auch seine Leistungsschwäche. Die Annahme einer Kontinuität schadet der Entwicklung eines Unternehmens und verbaut ihm die Zukunft.

Im fünfzehnten Jahrhundert riet Machiavelli führenden Häuptern, Umwälzungen zu ignorieren:

> *Wenn ein Problem entsteht, sei es im Inneren einer Republik oder außen, sei es durch interne oder externe Ursachen, eines, das so groß geworden ist, dass es allmählich jedem Angst macht, dann ist der sicherste Weg der, es erst einmal von sich zu schieben, anstatt es zu beseitigen, denn jene, die es beseitigen*

wollen, werden es fast immer verstärken und den befürchteten Schaden beschleunigen. [23]

Solcher Rat mag im Italien des fünfzehnten Jahrhunderts angebracht gewesen sein. In der Weltwirtschaft des einundzwanzigsten Jahrhunderts lässt sich damit kaum etwas erreichen. Heute besteht die Lösung darin, bevorstehende Diskontinuität zu erkennen und sich damit auseinander zu setzen.

Der Verstand des Unternehmens und der des Marktes

Zu Beginn dieses Kapitels haben wir von IBM erzählt und von den Problemen, mit denen John Akers zu kämpfen hatte. Wir stellten die Frage, weshalb die Indizes der Kapitalmärkte langfristig besser abschneiden als die große Mehrheit selbst der besten Einzelunternehmen – obwohl die Märkte keine fähigen Führungsgremien, Aufsichtsräte und Vorstände haben. Die Kapitalmärkte werden nicht im herkömmlichen Sinn des Wortes „gemanagt". [24] Sie werden lediglich „verwaltet". Darüber hinaus verfolgen die Märkte keinerlei Ergebnisziele. Bei der Securities and Exchange Commission (der amerikanischen Börsenaufsichtsbehörde) „steuert" niemand die Gesamtrendite für Aktionäre der New York Stock Exchange. Wir verwalten Märkte, aber wir managen sie nicht. Gegenteilige Versuche sind zum Scheitern verurteilt, wie jeder in Russland bestätigen kann.

Die Frage ist also: Weshalb sollte ein ungemanagtes System ein langfristiges Leistungsniveau erreichen, dem nur wenige Unternehmen als Vertreter des gemanagten Systems entsprechen können? Weshalb schneidet ein System ohne zentralen kognitiven Überbau durchwegs besser ab als ein System mit einem solchen Überbau?

Die Antwort haben wir bereits im ersten Kapitel gegeben: Die Kapitalmärkte sind von Natur aus robuster und anpassungsfähiger als unsere Unternehmen. In *The Wealth of Nations* schrieb Adam Smith:

Jeder Mensch bemüht sich fortwährend, die nützlichste Verwendungsmöglichkeit für jedwedes Kapital zu finden, über das er verfügt ... [und] wird von einer unsichtbaren Kraft dazu gebracht, ein Ziel zu propagieren, das gar nicht in seiner ursprünglichen Absicht lag. [25]

Smiths Verweis auf die unsichtbare Kraft war ein erster Erklärungsversuch für die überlegene Leistung des ungeführten Systems gegenüber einem bewusst gemanagten System. Der häufig angestrebte „nachhaltige Wettbewerbsvorteil" ist ein unerreichbares Ideal. Es gibt ihn nicht. Er wird von den rauen Winden und Gezeiten der Kapitalmärkte unentwegt und erbarmungslos ausgehöhlt. Viele Manager und Führungskräfte sind zutiefst überzeugt von der Zugkraft des rationalen Denkens. Diese Überzeugung wird indes von Psychologen zunehmend hinterfragt.

Märkte „denken" gleichsam mittels gesellschaftlicher Prozesse; Unternehmen stützen sich auf „logische Schlussfolgerungen". Die Psychologen Daniel Kahneman von Princeton und Amos Tversky (†1996) von Stanford, die sich intensiv mit der Psychologie der Entscheidungsfindung beschäftigten, hinterfragten die Auffassung, wonach „in einer wettbewerbsorientierten Umgebung nur rationales Verhalten Bestand haben könne, ebenso wie die Befürchtung, jede Methode, die auf Rationalität verzichtet, sei chaotisch und unlenksam".[26] Inwieweit ein Ordnungssystem in einer diskontinuierlichen Welt überhaupt effektiv sein kann, ist wahrhaft fraglich.

Man kann die Märkte nicht unbedingt als geordnet bezeichnen, auch wenn die Regeln, an die sie sich halten, geordnet und rational sind. Die Regeln des Marktes verhindern die Diskontinuität nicht, sondern fördern sie. Unser gedankenloses Vertrauen in stabile, oft unsichtbare mentale Modelle mag sich in vergangenen Dekaden bewährt haben, als die Zukunft noch mehr oder weniger der Vergangenheit glich. Heute ist es fehl am Platz, denn die Märkte verändern sich inzwischen viel zu schnell. Erst recht gilt das für die Zukunft, denn glaubt man langfristigen historischen Trends, ist eine weitere Beschleunigung des Wandels zu erwarten.

Tatsache ist, dass Kapitalmärkte die schöpferische Zerstörung wirksamer betreiben als Unternehmen. Und sie betreiben sie heute schneller denn je. Operative Spitzenleistung wird auch künftig für die Wettbewerbsfähigkeit wichtig sein, sie wird aber nicht genügen. Die grundlegende Annahme der Kontinuität und ihrer engen Verknüpfung mit operativer Spitzenleistung muss der komplexeren Annahme der Diskontinuität und ihrer Verknüpfung mit schöpferischer Zerstörung weichen. Darin besteht die große Herausforderung für Unternehmenslenker in den kommenden Jahrzehnten.

In den folgenden Kapiteln wollen wir den Charakter dieser Veränderungen näher beleuchten und beschreiben, was erforderlich ist, damit sich ein Unternehmen mehr wie der Markt verhält.

KAPITEL 4

Operativ versus kreativ – oder: Der Fall Storage Technology Corporation

Der Datenspeicherhersteller Storage Technology wurde 1969 von vier IBM-Ingenieuren gegründet, die glaubten, sie könnten Platten- und Bandlaufwerke für IBM-Computer preisgünstiger herstellen als ihr ehemaliger Arbeitgeber. Storage Technology war einer der ersten Ableger von IBM mit dem erklärten Ziel, IBM die Stirn zu bieten. Nachdem 1972 erstmals ein Gewinn ausgewiesen wurde, entwickelte sich Storage Technology eindrucksvoll und erzielte 1982 einen Jahresumsatz von mehr als einer Milliarde Dollar.

Jesse Aweida, Mitgründer und bis 1984 CEO von Storage Technology, war überzeugt, mit einem straffen operativen Management und „genügend" Innovation seinen Vorsprung vor IBM halten könne. Transformatorische Innovation hielt er für unnötig. „Um mit IBM zu konkurrieren", erklärte Aweida, „muss sich ein kleines Unternehmen gezielt auf einen sehr begrenzten Markt konzentrieren, wie zum Beispiel Magnetbandlaufwerke. In diesem Markt muss man sich dann um technische Innovationen bemühen." [1]

Diese Strategie setzte Aweida um durch Investition in stark fokussierte F&E-Programme, die es Storage Technology ermöglichten, die Fertigungskosten zu senken und dennoch maximal sechs Monate nach Erscheinen neuer IBM-Produkte Gleichwertiges auf den Markt zu bringen. Das wurde zur Strategie des Unternehmens, mit der man Effektivität *und* Innovation in Einklang brachte. Aweida wusste, dass er es mit IBM nicht direkt aufnehmen konnte; also beschränkte er die Innovation auf ein bestimmtes Gebiet und versuchte, den Vorsprung seines Unternehmens durch Kostensenkungen in der Fertigung zu sichern. Aweidas Ziel war es, das operative Geschäft und den Prozess der schöpferischen Zerstörung parallel zu managen. Implizit versuchte er damit, die Annahme der Kontinuität zu überwinden.

Anfangs ging Aweidas Strategie auf. Die gesamten siebziger Jahre über verkaufte seine Firma ihre Produkte fünfzehn Prozent billiger als IBM. Der Marktanteil wuchs, und Storage Technology war bald bekannt für Komponenten, die es in punkto Qualität mit IBM-Produkten aufnehmen konnten. Die Umsatzzahlen schossen in die Höhe, die Wachstumsraten lagen weit über dem Branchendurchschnitt.

Der Aktienmarkt würdigte den Erfolg von Storage Technology mit einem hohen Kurs-Gewinn-Verhältnis und belohnte die Langzeitaktionäre mit Renditen, welche selbst die der Computerbranche (die schon über dem Durchschnitt der Kapitalmärkte lagen) noch übertrafen.

Innovation spielte beim Erfolg des Unternehmens durchaus eine Rolle. Das erste Bandlaufwerk von Storage Technology war dem neuesten Erzeugnis von IBM nicht nur vergleichbar, sondern sogar überlegen, denn es konnte auch Magnetbänder eines früheren IBM-Formats lesen (was die neuen IBM-Geräte nicht leisteten). Und als IBM in den siebziger Jahren Plattenlaufwerke mit nicht auswechselbaren Datenträgern entwickelte (die heute als „Festplatten" bezeichnet werden), konnten die Kunden nicht mehr durch einfaches Einlegen einer zweiten Diskette Sicherungskopien erstellen. Das war ein Wink des Schicksals

Storage Technology 1972–1981
Umsatzzuwachs im Vergleich zur Branche

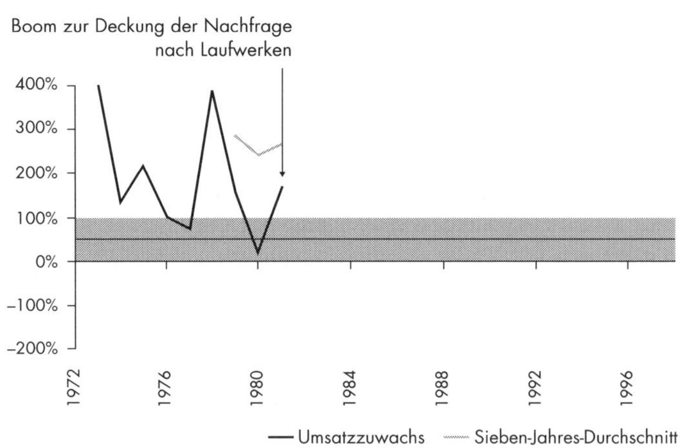

Quelle: Corporate-Performance-Datenbank, Februar 2000

Storage Technology 1972–1981
GAR im Vergleich zur Branche

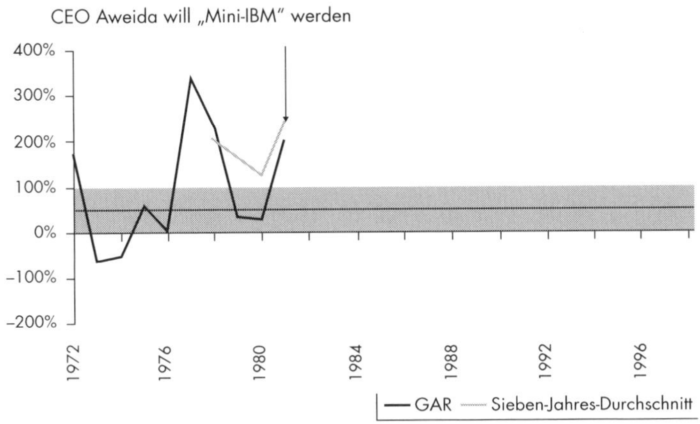

Quelle: Corporate-Performance-Datenbank, Februar 2000

für Storage Technology, wo man schon nach Möglichkeiten zur Expansion in Plattenlaufwerke gesucht hatte. 1981 hatte Storage Technology den Schritt von Phase 1 zu Phase 2 geschafft. Die erste Bewährungsprobe war bestanden, und die Aktionäre wurden reich belohnt.

Mit zunehmendem Wachstum von Storage Technology aber begann das empfindliche Gleichgewicht zwischen operativer Spitzenleistung und Innovation ins Wanken zu geraten. Im Streben nach Wachstum änderte Aweida sein Bild von der Zukunft des Unternehmens: Nun war es sein Ziel, aus Storage Technology ein „Mini-IBM" zu machen. [2]

Als ersten Schritt in diese Richtung wurde die ursprünglich eng definierte Unternehmensvision (Beherrschung des Festplattenmarktes) ausgeweitet: Sie umfasste nun den direkten Wettbewerb mit IBM im Bereich Großrechner. Als klar wurde, dass man es nur mit der eigenen F&E kaum mit IBM aufnehmen konnte, übernahm Storage Technology die Amdahl Corporation (mit dem ehemaligen IBM-Chefingenieur Eugene Amdahl an der Spitze) und Magnuson Computer – zwei kleine Unternehmen, die sich mit IBM-kompatiblen Großrechnern und Minicomputern versuchten. Schließlich investierte Storage Technology 120 Millionen Dollar in die Zusammenarbeit mit Partnern zur Entwicklung eines eigenen Großrechners. Aweidas zweiter Schritt bestand darin, massiv in die Entwicklung optischer Speichermedien zu investieren. Bei Storage Technology war man überzeugt, dass optische Speicher magnetische Medien bald obsolet machen würden. Diese Vision war schöpferische Zerstörung in Reinkultur. Doch bei dem Bemühen, optische Speicher zu entwickeln, hatten die operativen Prozesse bei Storage Technology zweite Priorität angenommen. Das Gleichgewicht drohte ins Wanken zu geraten.

Verzögerungen bei der Einführung der neuen 3380er Plattenlaufwerke durch IBM gaben Storage Technology Gelegenheit, so viel Laufwerke abzusetzen, wie die Produktion hergab. Doch Storage Technology stolperte über die eigenen Füße. „Wir sagten uns, ‚Mann, das ist unsere Chance, massiv Marktanteil zu gewinnen', also verdreifachten wir die Produktion. Das war ein großer Fehler", erinnerte sich Aweida später. [3]

Um die Produktion zu verdreifachen, akzeptierte Storage Technology Bauteile von Zulieferern, die den Spezifikationen nicht entsprachen. Innerhalb eines Jahres waren zehn Prozent der produzierten Laufwerke fehlerhaft. Der gute Ruf von Storage Technology war angeschlagen. Während das Unternehmen nun mit der Behebung des operativen Fiaskos beschäftigt war, brachte IBM schließlich seine neuen Laufwerke heraus und eroberte den Markt zurück. Storage Technology blieb auf seinen Überkapazitäten sitzen und trug zudem einen zweifelhaften Ruf davon. IBM hatte Storage Technology in punkto operativem Geschäft *und* Innovation geschlagen.

Nun, da Storage Technology schon am Taumeln war, ging IBM zum Preiswettbewerb über. Ursprünglich hatte man sich gegen eine Schmälerung der Gewinnspannen entschieden, weil gegen IBM jahrzehntelang ein Prozess lief, den das Justizministerium angestrengt hatte. Als das Ministerium 1982 endlich die Klage fallen ließ, senkte IBM den Preis für sein neuestes Laufwerk um fünfzehn Prozent.

Die Auswirkungen waren bald spürbar: 1983 ging bei Storage Technology der Umsatz mit Plattenlaufwerken um 200 Millionen Dollar zurück, was zu einem Verlust von 40 Millionen Dollar führte. Daraufhin ließ das Unternehmen Anfang 1984 alle Pläne zur Produktion eines eigenen Großrechners fallen und leitete Kostensenkungen ein; trotzdem musste es im Oktober 1984 einen Quartalsverlust von über 20 Millionen Dollar bekannt geben. Der Verlust verstieß gegen die Vereinbarungen mit zehn Banken über eine Kreditlinie von 125 Millionen Dollar. Im verzweifelten Bemühen um Abwendung des Konkurses kündigte Storage Technology an, zehn Prozent seiner Mitarbeiter zu entlassen und die Gehälter des Managements um zehn Prozent zu kürzen.

Am 31. Oktober 1984 musste Storage Technology Konkurs anmelden. Inzwischen hatte sich der geschätzte Quartalsverlust auf 60 Millionen Dollar verdreifacht. Hinzu kam, dass der 70-prozentige Marktanteil im Bandlaufwerkgeschäft rapide schrumpfte, als die Kunden den Untergang von Storage Technology zu fürchten begannen. Als dem Unternehmen ein zusätzlicher Kredit zur Aufrechterhaltung des Betriebs versagt wurde, trat Jesse Aweida als CEO zurück. Das Gleichgewicht zwischen schöpferischer Zerstörung und operativer Spitzenleistung war vollkommen gekippt. Phase 3 war also weit schwieriger gewesen als Phase 2. „Vielleicht hatte uns das [Umsatzwachstum Ende der siebziger Jahre] ein wenig übermütig gemacht", erklärte Aweida später.[4] Er hatte am eigenen Leib erleben müssen, wie schwer das Gleichgewicht zwischen operativer Spitzenleistung und substanzieller Innovation zu halten ist.

Im Januar 1985 hatte man für Aweida einen Nachfolger gefunden: den ehemaligen IBM-Ingenieur Ryal R. Poppa. Er gab seinen Chefsessel bei BMC Industries in Minneapolis auf, um die Leitung von Storage Technology zu übernehmen. Poppa hatte sich als Sanierer einen Namen gemacht; in den drei Jahren bei BMC hatte er die Umsätze verdreifacht. Seine Zielvorstellungen für Storage Technology waren weniger von hochfliegenden Visionen als von nüchternen Zahlen geprägt. „Ich will für die Gläubiger und Aktionäre von Storage Technology dieselbe Rentabilität sichern wie Lee [Iacocca] für die von Chrysler", erklärte er. [5]

Poppa reiste durch das ganze Land, um die Kunden zu überzeugen, dass das Unternehmen drastisch die Kosten senken, sich wieder auf sein Kerngeschäft konzentrieren – und den Konkurs überleben würde. Er baute das Personal um weitere dreißig Prozent ab, stellte die Forschung für optische Speicher ein (die noch Jahre davon entfernt war, ein marktfähiges Produkt hervorzubringen) und verkaufte sogar den sechs Millionen Dollar teuren Firmenjet. Er veräußerte auch die Chipherstellung und Leiterplattenmontage, die gekauft worden waren, um Aweidas Traum von der Produktion eigener Computer zu erfüllen. Die schöpferische Zerstörung trat in den Hintergrund, operative Leistung hatte die höchste Priorität. Kontinuität war an der Tagesordnung.

Mit seiner Vorgehensweise machte sich Poppa nicht unbedingt Freunde bei Storage Technology. (Sein Spitzname „Ajatollah" aus BMC-Zeiten blieb ihm erhalten, und wie um diesen noch zu unterstreichen, wurde die Einstellung der Optikspeicher-Forschung ausgerechnet an Heiligabend bekannt gegeben.)[6] Aber sein Vorgehen zeigte rasch Ergebnisse. Im Januar 1986 wies Storage Technology erstmals seit 1983 wieder ein positives Quartalsergebnis aus. Der Markt reagierte, indem sich der Aktienkurs mehr als verdoppelte.

Nachdem nun die Kosten unter Kontrolle und die Umsätze wieder am Steigen waren, konnte sich Storage Technology auch mit seinen Gläubigern einigen. Über 85 Prozent des Eigenkapitals wurden abgegeben, um einen Großteil der Schulden von 800 Millionen Dollar zu begleichen. 1987 hatte Storage Technology den Konkurs endgültig abgewendet.

Im Geschäft zu bleiben erforderte jedoch mehr, als Gläubigerforderungen zu befriedigen. Es galt, die operative Leistungsfähigkeit beizubehalten, gleichzeitig aber auch wieder Innovationen zu liefern. Die Computerbranche stand in voller Blüte. Das Ausmaß und Tempo der Innovation im Hardwarebereich war überwältigend (vor allem gemessen daran, wie schnell neue Unternehmen die Schwelle des „Kleinunternehmens" überschritten). Doch um mitzumischen, musste ein Unternehmen innovativ sein. Schöpferische Zerstörung musste wieder im Unternehmen verankert werden. Zum Glück hatte Poppa die Forschung im Bereich magnetischer Speichermedien beibehalten, weil sie mit seinem grundlegenden Geschäftsmodell im Einklang stand. Schon 1986 hatte Storage Technology IBM in der Plattenlaufwerk-Technologie wieder eingeholt: Man konnte einer neuen Technik von IBM, die doppelt so viel Speicherkapazität bot wie frühere Produkte, Entsprechendes entgegensetzen.

Als nächstes überlegte Poppa, dass er auch das alte Geschäft mit Bandlaufwerken angehen konnte, das zwar reif, aber mit zehn Milliarden Dollar noch immer riesig war. IBM hatte zwar in punkto Technologie und Marktanteil wieder die Oberhand gewonnen, nachdem das Justizministerium das kartellrechtliche Verfahren eingestellt hatte. Doch bei Storage Technology glaubte man, über die nötigen Fähigkeiten und Ressourcen zu verfügen, um IBM in diesem Segment herausfordern und schlagen zu können.

Storage Technology kam tatsächlich mit einer Innovation auf den Markt. Bis zum Jahre 1986 hatten Bandspeichersysteme aus Spulengeräten bestanden, die zum Wechseln der Bänder erhebliche manuelle Eingriffe erforderten. IBM und Storage Technology boten beide ihre eigenen Versionen von Bandlaufwerken mit Kassetten in Handgröße an, die bedeutend mehr Daten in einem bequemeren Format speichern konnten.

Storage Technology ging jedoch noch einen Schritt weiter und bündelte die Kassetten zu einem Bibliothekssystem. Die Bibliothek konnte bis zu sechstausend Kassetten aufnehmen. Sie waren ringförmig um einen Roboterarm angeordnet, der ein bestimmtes Band griff und in das Bandlaufwerk eingab. Damit hatte man innerhalb von elf Sekunden Zugang zum gesamten Datensystem. Das war zwar relativ langsam im Vergleich zum Plattenlaufwerk (das dieselbe Aufgabe in Millisekunden erfüllte), doch kostete die Plattenspeicherung pro Megabyte ungefähr fünfunddreißig Mal so viel wie die Speicherung auf Band. Verglichen mit dem manuellen Zugriff, der mehrere Minuten dauerte, war die Bibliothekspeicherung eine ungeheure Innovation. Mit diesem System und dem robotergesteuerten Zugriff konnte Storage Technology sogar zum Marktführer für Großrechner-Magnetbandspeicher werden.

Poppa richtete seine Aufmerksamkeit auch auf den rapide wachsenden Markt der Großrechner-Plattenspeicher, wo IBM während der Krise bei Storage Technology wieder die Führung übernommen hatte (1987 mit einem Marktanteil von neunzig Prozent). Im Bemühen um Innovation startete Storage Technology, zusammen mit einigen anderen kleineren Unternehmen, die Entwicklung eines neuen Plattenlaufwerksystems. Das neue Konzept bestand darin, die Festplatten für Großrechner durch einen Satz kleinerer Plattenlaufwerke zu ersetzen, die übergreifend gesteuert wurden und zusammen einen einzigen großen Speicher bildeten. Das Ganze wurde als RAID-System bezeichnet (wobei RAID für *Redundant Array of Inexpensive Devices*, „Redundante Reihe kostengünstiger Vorrichtungen“, stand). Damit konnte man nicht nur die teuren Großrechnerplatten durch kleine und relativ preiswerte Festplatten – ursprünglich für PCs entwickelt – ersetzen, sondern auch Daten über den Plattenstapel replizieren, sodass das Versagen einer Platte nicht zum vollständigen Datenverlust führte. RAID-Systeme versprachen eine weitaus größere Speicherkapazität zu deutlich niedrigeren Preisen als die traditionelle Festplatte.

Im Jahre 1990 begann Storage Technology, Kundenmeinungen zu seinem neuen RAID-Produkt mit Namen „Iceberg“ – Eisberg – einzuholen. Im Januar 1992 hatte Poppa Aufträge im Wert von 150 Millionen Dollar in der Tasche und war schon so weit, mit dem Projekt an die Öffentlichkeit zu gehen (obwohl es noch längst nicht abgeschlossen war). Poppa war von Iceberg so begeistert, dass er sogar behauptete, durch diese Novität könne Storage Technology zum „IBM der neunziger Jahre“ werden. [7] Der Markt zeigte sich entsprechend beeindruckt. Doch Poppas Worte erinnerten auf beklemmende Weise an Aweidas Ankündigung genau ein Jahrzehnt zuvor, Storage Technology werde sich zu einem „Mini-IBM“ entwickeln.

Die erste Lieferung von Testeinheiten aus dem Hause Storage Technology verzögerte sich aufgrund von Defekten im Computercode. Inzwischen war ein anderer kleiner Datenträgerhersteller, EMC, seit zwei Jahren mit einem eigenen RAID-Produkt auf dem Markt. Dennoch – Poppas Begeisterung von Iceberg war ungeschmälert: „Ich habe Dick Egan [dem Gründer und Chairman von EMC] gesagt, ‚Ihr habt ein Dreirad im Vergleich zu unserem Cadillac'", ließ er verlauten. [8]

Ungeachtet all seiner Schönwetterprognosen (klassisches Verdrängungsverhalten der Phase 4) war das Gleichgewicht zwischen operativer Spitzenleistung und Innovation bei Storage Technology abermals empfindlich gestört. Die Verzögerungen hielten an, und die Liefertermine für Iceberg wurden hinausgeschoben. Und das war nur die Spitze des Eisbergs. Die Kapitalmärkte witterten Probleme und wurden unruhig. Im Mai 1992 wurden sie in ihrer Nervosität noch bestärkt, als Poppa und vierzehn weitere Führungskräfte von Storage Technology nach der Ankündigung von Iceberg mehr als neunzigtausend Aktien des Unternehmens verkauften. Durch die resultierende Verkaufswelle fiel der Aktienkurs von Storage Technology in nur vier Monaten um die Hälfte; zum Jahresende lag der Kurswert 76 Prozent unter seinem Höchststand. Mitte 1993 waren es immer noch mehr als sechs Monate bis zur Auslieferung von Iceberg. Die Konflikte zwischen Innovation und operativem Geschäft hatten Storage Technology einen zweiten Todesstoß versetzt.

Als Iceberg 1994 endlich auf den Markt kam, befand sich die Computerbranche abermals inmitten einer dramatischen Umwälzung. Mit der Verbreitung des PCs in den achtziger Jahren musste Rechnerleistung nicht mehr in einem zentralen Großrechner konzentriert werden. Neue Ansätze wurden zuhauf entwickelt; neue Unternehmen drängten in den Markt, da sie die Chancen des Internet und der wirklich dezentralisierten Datenverarbeitung witterten. Unternehmen stellten um auf firmenweite Netzwerke mit Servern, mit denen Daten und Dateien zwischen einzelnen Client-Computern ausgetauscht werden konnten.

Dieser Umbruch war zwar eine gute Nachricht für die Hersteller von Datenspeichern, doch von Storage Technology verlangte er, sich neu zu orientieren und seine Produkte abermals umzustellen: Waren sie bislang allein auf IBM-Großrechner ausgerichtet gewesen, mussten sie fortan auch mit offenen Systemen wie UNIX kompatibel sein. Diese Schwerpunktverschiebung führte zur Fusion mit Network Systems.

Während Storage Technology bemüht war, seine Produktlinie auf offene Systeme auszuweiten und mit Iceberg den Marktanteil auszubauen, blieb das Wachstum des Unternehmens schwach. Auf Druck des Aufsichtsrats erklärte sich Poppa 1995 bereit, Ende 1996 zurückzutreten. David Weiss, der nach 23

Jahren bei IBM 1991 zu Storage Technology übergewechselt war, übernahm die Leitung des operativen Geschäfts und wurde im Mai 1996 CEO. Storage Technology hatte den Versuch aufgegeben, für Investoren überdurchschnittliche Erträge zu erwirtschaften, und operierte inzwischen auf durchschnittlichem Niveau – in der klassischen langsamen Abwärtsspirale, von der in den vorausgehenden Kapiteln bereits die Rede war.

Weiss erkannte, dass Storage Technology nicht über die nötige Infrastruktur verfügte, um Iceberg angemessen zu vermarkten. Er brauchte einen Partner. Er erkannte auch, dass IBM den Plattenspeichermarkt längst nicht mehr dominierte. Vielmehr hatte EMC mit seinem „Dreirad" von einem RAID-Produkt den Markt für Großrechner-Plattenspeicher erobert, den Storage Technology mit Iceberg angepeilt hatte.

Also verhandelte Weiss mit IBM. Im Juni 1996 erklärte sich IBM bereit, selbst keine weiteren Plattenspeicher-Subsysteme mehr zu bauen, und darüber hinaus bis zum Jahr 2000 die RAID-Systeme von Storage Technology an seine Kunden weiterzuverkaufen. Weiss dehnte seine Partnerschaftsbestrebungen auf NCR aus, das einwilligte, Bandlaufwerk-Produkte von Storage Technology weiterzuverkaufen. Diese Partnerschaften verhalfen Storage Technology zu Marktanteilsgewinnen bei Großrechnerplatten. Leider wurde die wirklich wichtige Partie im Bereich offene Systeme und Internet ausgetragen, einem Bereich, den EMC und andere Wettbewerber beherrschten.

Den Eintritt in offene Systeme versuchte Storage Technology mit einigen seiner Innovationen für Großrechnerspeicher, wie beispielsweise einer Software für sofortige virtuelle Datensicherung. Im August 1999 schienen sich die Bemühungen auszuzahlen: Sun Microsystems, ein Spitzenanbieter für Internet-Server, willigte ein, Magnetband-Bibliotheken von Storage Technology weiterzuverkaufen. Diese gute Nachricht wurde jedoch von IBM gekontert mit der Ankündigung, man werde im Jahre 2000 wieder in den Markt für Datenspeicher zurückkehren mit neuen Produkten, die direkt mit denen von Storage Technology konkurrierten.

Als das Umsatzwachstum weiter stagnierte und wenig echter Fortschritt zu erkennen war, reagierten die Aktionäre erneut frustriert. Im Februar 2000 gab Weiss bekannt, dass er als CEO zurücktreten werde, sobald ein Nachfolger gefunden sei.

Nach seinen Anfängen als dynamisch wachsendes High-tech-Unternehmen ist Storage Technology heute Hauptakteur in einem stagnierenden Markt (Magnetbandspeicher für Großrechner), weil das Unternehmen die Kunst nicht beherrschte, operative Spitzenleistung und schöpferische Zerstörung im Gleichgewicht zu halten. Nach wie vor sucht das Unternehmen nach Möglichkeiten, in den Markt für offene Systeme vorzudringen und den ‚Shareholder Value' zu steigern. Seine ursprünglichen Ansprüche und Ziele hat es aber bei weitem verfehlt.

Storage Technology – Umsatzwachstum im Vergleich zur Branche

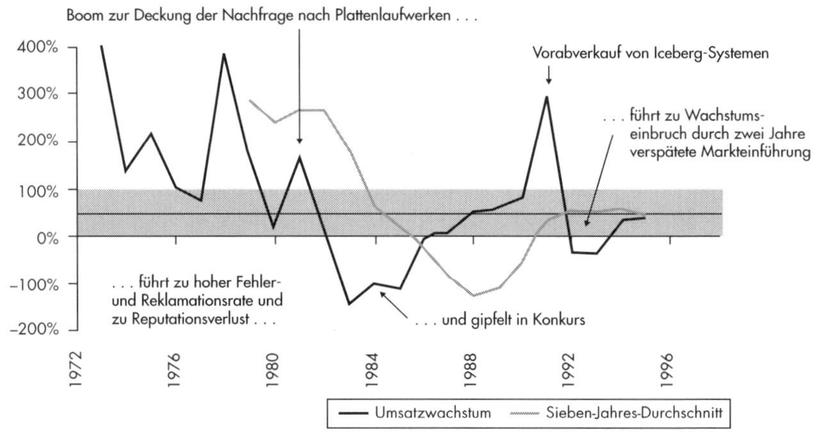

Quelle: Corporate-Performance-Datenbank, Februar 2000

Storage Technology – GAR im Vergleich zur Branche

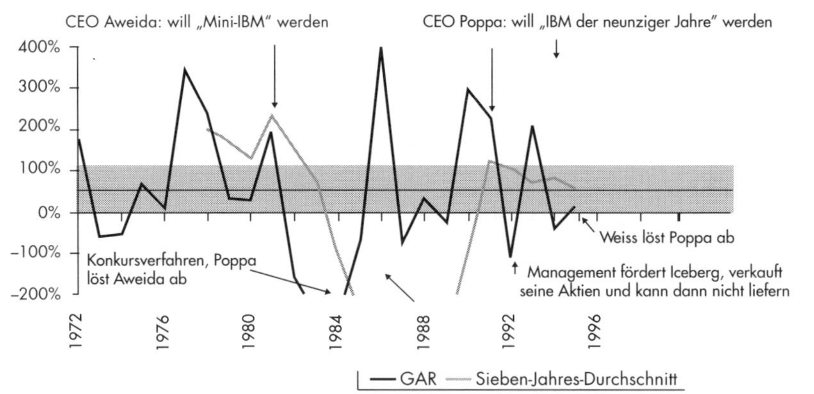

Quelle: Corporate-Performance-Datenbank, Februar 2000

Die Unvereinbarkeit von operativem Geschäft und schöpferischer Zerstörung

Es gibt Hunderte von Fällen wie den von Storage Technology. Die Details unterscheiden sich, doch die Muster sind dieselben. Seit der Zeit von Adam Smiths Nadelfabrik besteht der Daseinszweck von Unternehmen in Produktion, Logistik, Verkauf und Rechnungsstellung. Die Elemente der Unternehmensarchitektur – Informations-, Entscheidungs-, Mess- und Steuerungssysteme – sollen gewährleisten, dass das Unternehmen glatt läuft, dass Probleme vorausgesehen und Risiken vermieden werden. Auf diese Weise können Unternehmen Vermögen aufbauen und ihre Versprechen gegenüber dem Kunden einlösen. Dieses operative System beruht auf der Idee des rationalen Denkens und ist implizit deterministisch, denn es stützt sich auf die Annahme: Wenn all das getan wird, fallen die Ergebnisse erwartungsgemäß aus. „All das zu tun" – das macht den Alltag der meisten Mitarbeiter eines Unternehmens aus.

In Wirklichkeit läuft das System natürlich nicht immer so, wie es soll. Trotz der rationalen Erwartungen gerät es ständig ins Stolpern. Operative Spitzenleistung hat zum Ziel, solches zu vermeiden. Und jedes Unternehmen, ob groß oder klein, muss zuallererst im *operativen Geschäft* erfolgreich sein, bevor es auch nur im Entferntesten an die Zukunft denken kann.

In einer Reihe von Meetings sprachen wir jüngst mit mehr als fünfzig Managern von großen und kleinen Unternehmen in den Vereinigten Staaten und Europa, die das gesamte Spektrum von Hightech-Produkten bis zu alltäglichen Massen-Konsumgütern abdecken. Wir baten sie zu beschreiben, was der Erfolg in ihrem jeweiligen Geschäft erfordert. Angesichts der enormen Unterschiede zwischen ihren Branchen, Größen und Nationalitäten fielen die Antworten überraschend ähnlich aus. [9]

Von allen Faktoren, welche die Manager als Erfolgsvoraussetzungen nannten, stand operative Spitzenleistung an erster Stelle. Sie umfasste erstklassiges Design, herausragende Fertigungsqualität, Logistik- und Vertriebskompetenz, Umsetzungsfähigkeiten, persönliche Motivation und ein alles überragender Einsatz für den Kunden. Außerdem, so unsere Gesprächspartner, verlange die Wettbewerbsfähigkeit in unserer Zeit systematische Planung, effektive operative Kontrolle, die gezielte Nutzung der eigenen Stärken über weite geografische Regionen hinweg und die Begrenzung der Gemeinkosten. Das ist eine ganze Menge.

Ob Europäer oder Amerikaner, ob Haushaltsartikel oder Hightech – die Befragten waren sich darin einig, dass ohne operative Spitzenleistung heutzutage nichts geht. „Nur mit operativer Spitzenleistung kann man die Synergien aller anderen Elemente des Unternehmens ausschöpfen", so erklärten sie einhellig.

Viele dieser Manager hatten allerdings das Gefühl, dass der selbst gesetzte Anspruch nur schwer zu erfüllen war. Als wichtigsten Hinderungsgrund nannten sie Schwierigkeiten oder gar völliges Scheitern bei der Ausführung geplanter Vorhaben. Beispielsweise gelang es einigen Unternehmen nicht, akquirierte Unternehmen in das eigene zu integrieren, meist wegen enormer kultureller Unterschiede. Andere hatten Probleme mit der Integration fachlicher Kompetenz oder beim Übergang zu neuen Kernfähigkeiten.

Schlechte Ausführung kam häufiger vor als Nicht-Ausführung: Die Führungskräfte berichteten von Fällen, in denen die praktische Umsetzung unverhältnismäßig hohe Kosten verursachte, Produkte nicht rechtzeitig auf den Markt kamen oder der Investitionsbedarf unterschätzt wurde.

Und schließlich gestanden nicht wenige der Befragten, es falle ihnen schwer, einen klaren Fokus zu finden. Sie schafften es nicht, schon frühzeitig mit Entschiedenheit zu bestimmen, was für den übergreifenden Unternehmenserfolg ausschlaggebend sein würde – beispielsweise, welche Entwicklungsprojekte gestrichen werden mussten, um nicht die übrigen Projekte „auszuhungern" oder das Unternehmen in den Konkurs zu führen. Es gab operative Fehlleistung in vielen Variationen. Die Entscheidungssysteme dieser Unternehmen waren den Anforderungen einfach nicht gewachsen.

Folglich wollten unsere Gesprächspartner nun wissen, welche Techniken eine adäquate Umsetzung gewährleisteten, welche praktischen Empfehlungen man befolgen müsse, um einen klaren Fokus zu behalten, welches die besten Leistungsmessgrößen und Steuerungsprozesse seien – kurz, wie man alles reibungslos am Laufen halten könne – und wie man diese Herausforderungen mit zunehmender Größe und Komplexität bewältigen könne.

Diese Fragen entbehrten allerdings nicht einer gewissen Ironie: So sehr unseren Managern die Effektivität des operativen Geschäfts am Herzen zu liegen schien – im Grunde waren sie weit mehr an schöpferischer Zerstörung interessiert (auch wenn sie es nicht so ausdrückten). Sie äußerten sich offen zu ihren Schwierigkeiten mit der Innovation und zum Hang ihrer Unternehmen, zu lange an alten Produktlinien festzuhalten. Dabei setzten sie Innovation nicht mit Forschung und Entwicklung gleich, auch nicht mit technologischem Wandel, sondern sie sahen Innovation als breiteres Phänomen: Als das Anpacken neuer Dinge, gleich welchen Ursprungs, oder das Ausführen alter Dinge auf neue Weise. Ihre Sorge galt natürlich auch der Forschung und Entwicklung, ging jedoch weit darüber hinaus.

Diese Sichtweise können wir nur allzu gut nachvollziehen. Wir verstehen unter Innovation die Entwicklung neuer Produkte und Dienstleistungen, welche die Bedürfnisse der Kunden preisgünstiger, schneller und besser befriedigen als gängige Alternativen. Innovation heißt für uns ferner, die betrieblichen Abläufe umzustellen, um neue Produkte und Dienstleistungen zu entwickeln. In diesem Sinne kann sich Innovation auf geänderte Vorgehensweisen in Vertrieb und Kundendienst beziehen, auf die Struktur großer Transaktionen, auf die Migrationspfade von Kunden beim Wechsel von einem Computersystem zum anderen, auf die Fähigkeit zur Diversifikation, auf die Entwicklung von Technologien für den Vertrieb anderer Produkte oder auf die Entwicklung ganz neuer Geschäftsmodelle. [10]

Obwohl also den Führungskräften Innovation wichtig war, hatten sie nach eigenem Bekunden Probleme damit. Konkret nannten sie Schwierigkeiten, über das Kerngeschäft hinaus zu wachsen; den Mangel an wirklich überzeugenden Ideen, die das Kundenverhalten ändern könnten; eine schleppende Produktentwicklung; und schließlich das Unvermögen, eine „Innovationskultur" zu etablieren (wobei niemand genau definieren konnte, was das war). Viele dieser Probleme sind dieselben, an denen auch Storage Technology scheiterte.

Im Zusammenhang mit dem Abbau von Produktlinien, die nicht mehr ausbaufähig waren oder nicht mehr in das Unternehmenskonzept passten, sprachen viele von ihrer Neigung, „zu lange auf ein und derselben Welle zu schwimmen". Selbst die Innovativsten standen vor diesem Problem und gaben das auch offen zu. Auch in dieser Hinsicht erlebten die Befragten ähnliche Schwierigkeiten wie Storage Technology.

Auf die Frage, was in ihren Unternehmen einem besseren Veränderungsmanagement im Wege stehe, nannten die Manager mehrere Punkte: Dass das Unternehmen inzwischen zu sehr auf finanztechnische Analysen fixiert sei; dass eben die Analysemethoden, die ein Projekt rechtfertigen sollten, zu seiner Streichung führten; dass man nicht in der Lage sei, mit genügend Power in neue Gebiete vorzudringen; oder dass man sich weigerte, unangenehmen Wahrheiten ins Gesicht zu sehen („Wenn ihnen die Merkmale einer neuer Technologie nicht gefielen, ignorierten sie sie einfach"). Mehrere sagten, „Immer wenn ein Unternehmensbereich gescheitert ist, weil er sich nicht verändern konnte, dann muss man sich die Muttergesellschaft ansehen – dort liegen die Probleme." In diesem Punkt war sich die ganze Gruppe einig: Die Kontrolle durch die Muttergesellschaft ist tödlich für die Wettbewerbsfähigkeit. Für jedes der genannten Hemmnisse hätten unsere Gesprächspartner gerne Lösungen.

Zur Innovation hatten sie drei Arten von Fragen. Die erste bezog sich auf ihre eingestandene Unfähigkeit, innovative Strategien zu entwickeln:

„Wie machen es die herausragenden Innovatoren?" – was natürlich voraussetzt, dass es die gibt.
„Was steht hinter bahnbrechenden innovativen Ideen?"
„Wie sollen wir eine Innovationsstrategie festlegen – vor allem, wie finden wir ein Gleichgewicht zwischen evolutionärer und revolutionärer Innovation?"
„Wie können wir vermeiden, zu lange auf derselben S-Kurve zu bleiben?"
„Wie können wir ansprechendere Ideen entwickeln, um das Kundenverhalten zu verändern?"

Der zweite Fragenkomplex kreiste darum, wie man den Innovationsfluss im Unternehmen steuert:

„Wie können wir über das Kerngeschäft hinauswachsen?"
„Wie beschleunigen wir den ‚Product-to-Market-Prozess' – einschließlich Prototypenbau, Serienentwicklung, Konstruktion und Markteinführung?" (Ein Teilnehmer fragte: „Wie gehen wir mit den Engpässen um, welche unsere vier Bereichsleiter verursachen? Sie müssen an den meisten Innovationsentscheidungen beteiligt werden, um potenzielle Überlappungen zwischen Produktlinien, Marken und Regionen zu prüfen.")
„Wie schaffen wir im Unternehmen eine Kultur, die Innovation fördert?" (Vor allem: „Wie erhalten sich Unternehmen ihren Innovationsgeist, wenn sie größer und komplexer werden?")
„Wie garantieren wir, dass Innovatoren Gehör finden – trotz der Zwänge des Alltagsgeschäfts und der damit verbundenen Ressourcenbeschränkungen?"
„Wie bewältigen wir die unternehmenskulturellen Unterschiede zwischen Einheiten, die an inkrementellen Innovationen arbeiten, und solchen, die transformatorische Innovationen entwickeln?"
„Wie gehen wir mit Risiken um?"
„Wie entwickeln wir Fähigkeiten weiter?"
„Wie verteilen wir die Prioritäten zwischen verschiedenen großartigen Ideen, die von den Mitarbeitern entwickelt werden?"

Der dritte und vielleicht grundlegendste Fragenkomplex drehte sich darum, wie man neue Ideen aufspürt und umsetzt:

„Wie finden wir neue Ideen?“
„Wie setzen wir Ideen in Geschäfte um?“ („Wie denken große Innovatoren über ‚leichter, schneller, besser‘?“)
„Wie können wir größeren Nutzen aus dem ziehen, was wir bereits erreicht haben?“ („Wie können wir das Misstrauen gegenüber ausländischen Produkten überwinden, das in einigen unserer Drittlandmärkte herrscht?“)
„Wie bringen wir Unternehmen, die um zentralisierte Computersysteme herum gebaut sind, zu mehr Innovation? Die Computersysteme drücken uns die Luft ab!“

Alle wiesen darauf hin, dass mit zunehmender Größe und Komplexität Veränderungen immer schwieriger werden. Einer der Manager formulierte es so: „Es stellt sich also die Frage, wie wir in einem großen Unternehmen ein förderliches Umfeld schaffen können.“ Ein anderer wollte wissen: „Wie lang kann sich dieser Prozess halten, der die Zahl unserer Inventarposten derart in die Höhe getrieben hat?“ Und ein weiterer drehte die Frage um: „Wie bewältigt man die Produktkomplexität, die durch intensiven Innovationsfluss entsteht?“ Diese Manager fanden keine Antwort auf die Frage, wie sie ihre Unternehmen führen sollten, um gleichzeitig operative Spitzenleistung *und* schöpferische Zerstörung im Tempo und Ausmaß des Marktes zu erreichen. Solange sie keine Lösung fanden, richteten sie einfach einen Großteil ihrer Aufmerksamkeit auf die operative Leistung. Das mag eine Zeit lang gut gehen, wie wir bei Storage Technology gesehen haben. Aber nicht ewig. Das System der operativen Spitzenleistung ist in sich schlüssig, aber nicht vollständig.

Grenzen des operativen Unternehmens

Was sind die Ursachen für dieses Dilemma? Erstens: Unternehmen, die auf der Annahme der Kontinuität aufgebaut sind, können nicht gut funktionieren, wenn sie einer Diskontinuität ausgesetzt sind. Behindert werden sie von drei Faktoren, die allesamt Teile der Unternehmensarchitektur bilden: Entscheidungssysteme, Steuerungssysteme für das Management, und Informationssysteme.

Entscheidungssysteme

Entscheidungssysteme halten in vielen Unternehmen den Geschäftsalltag in Gang. Sie funktionieren nur dann reibungslos, wenn folgende Voraussetzungen alle zutreffen:

1. Die Vergangenheit ist eine gute Richtschnur für die Zukunft; Unsicherheit und die damit verbundenen Risiken sind minimal.
2. Der Kontext ist nicht komplex und diffus, sondern einfach und klar.
3. Der Entscheidungsprozess ist nicht erratisch und stressanfällig, sondern ruhig und ausgewogen.
4. Die Wettbewerbs- und Technologielandschaft sowie das regulatorische Umfeld sind nicht in einer Phase raschen Wandels, sondern stabil.
5. Informationen sind nicht unklar und schwer zu interpretieren, sondern standardisiert, eindeutig und vollständig.
6. Entscheidungen können hierarchisch gefällt werden, ohne große Informationsverzerrung.
7. Die Entscheidungsträger sind sich über die Prioritäten einig, so gibt es beispielsweise eine Reihe übereinstimmender Grundüberzeugungen.
8. Die mentalen Modelle entsprechen den erwarteten Bedingungen (wenn sich Systeme nur auf sich selbst beziehen, lassen sich künftige Risiken nur schwer analysieren).

Es versteht sich von selbst, dass diese Bedingungen nur selten erfüllt sind.

Mess- und Steuerungssysteme

Die Mess- und Steuerungssysteme, die das Unternehmen nach Entscheidungen auf Kurs halten sollen, leiden unter ähnlichen Schwächen. Steuerungssysteme sollen gewährleisten, dass die Zielsetzungen des Unternehmens erfüllt werden. Dazu werden wichtige Steuerungsgrößen festgelegt, Standards zum späteren Abgleich mit den Ergebnissen bestimmt, die Ergebnisse gemessen und Abweichungen ermittelt, die Abweichungen korrigiert und die Standards entsprechend modifiziert. Wir haben dazu bereits eingangs Robert Simons mit den Worten zitiert: „Das Messen konzentriert sich auf fehlerhafte Ausführung einerseits und das Verfehlen (negative Abweichen) von Zielen andererseits. Steuerungssysteme sind im Grunde negative Rückkopplungssysteme. Kontrollberichte dienen primär als Bestätigung dafür, dass alles ‚richtig läuft'. Überraschung gilt als Feind."

Genau wie Entscheidungssysteme sind auch Mess- und Steuerungssysteme für Routineabläufe und -funktionen am effektivsten. Werden sie nicht richtig eingesetzt, kann es vorkommen, dass wichtige Fragen außerhalb der festgelegten Standards nicht erkannt und sogar die Absichten der Unternehmensführung untergraben werden. Bei der Entwicklung von Steuerungssystemen etwa werden unter vielen möglichen Steuerungsgrößen nur wenige ausgewählt. Sind sie erst einmal festgelegt, wird ihnen unverhältnismäßig viel Augenmerk gewidmet, wodurch die Aufmerksamkeit von neuen, möglicherweise wichtigen Sachverhalten oder Problemen abgelenkt wird. Auf diese Weise unterdrücken Steuerungssysteme auch Warnsignale für „Risse im Umfeld", wie Simons es nennt.[11]

Informationssysteme

Schließlich weisen auch Informationssysteme zahlreiche Grenzen auf. Dazu gehören die hohen Kosten für Änderungen, der eingeschränkte Zugriff sowie fehlerhafte, irrelevante oder ganz fehlende Informationen – und natürlich die Annahme, dass die Entscheidungsträger vorhandene Informationen auch nutzen. Gegen diese Annahme wird jedoch oft verstoßen. Hier die häufigsten Fehler:

1. Entscheidungsträger neigen dazu, sich auf vertraute Informationen zu stützen. Sie wissen, wie diese zu beurteilen und zu verwenden sind und welche Tücken sie bergen. Entscheidungsträger suchen eher nach Bestätigung als nach Widerlegung dessen, was sie schon wissen .
2. Wenn Entscheidungsträgern widersprüchliche Informationen vorliegen, halten sie sich meist an die erste, die ihnen auffällt – und lassen alle anderen außer Acht.
3. Entscheidungsträger bevorzugen bestimmte Arten von Informationen und bestimmte Darstellungsweisen. So sind ihnen beispielsweise anschauliche Informationen lieber als abstrakte; das heißt, sie mögen Anekdoten eher als systematisch aufbereitete Daten, Fallbeispiele eher als trockene Statistiken. Den meisten ist eine Grafik lieber als eine Tabelle, ein echtes Produkt lieber als eine Produktbeschreibung, und sie schauen sich lieber einen Menschen an, der eine bestimmte Gruppe repräsentiert – beispielsweise die Grippekranken – als Statistiken über die Grippe.

Psychologen haben festgestellt, dass sich Entscheidungsträger genauso verhalten wie alle anderen Menschen: Sie zeigen in der Regel sehr viel mehr Interesse an dramatischen Ereignissen (auch wenn diese eigentlich nicht sehr bedeutend sind) als an Routinevorgängen, auch wenn diese Konsequenzen für sie und ihr Unternehmen haben werden. Solche Informationen können noch so perfekt präsentiert sein, sie werden aber alles andere als perfekt aufgenommen!

Diese Elemente eines Unternehmens sind nicht sehr flexibel. Das heißt, sie werden meist für eine ganz bestimmte Wettbewerbsumgebung entwickelt und entsprechen einem ganz bestimmten Wettbewerbsmodell. Und sie beruhen auf der Annahme von Kontinuität. In Zeiten der Diskontinuität funktionieren sie nicht sonderlich gut. Wenn das Kontinuitätprinzip unterminiert wird, verhelfen diese Elemente nicht zu einer effektiven Reaktion. Sie verhindern sie eher.

Anforderungen an das innovative Unternehmen

Weitaus komplexer ist der zweite Grund, weshalb die Fragen der Manager nicht so leicht beantwortet und Probleme wie die von Storage Technology nicht so einfach gelöst werden können. Es dreht sich dabei um den grundlegenden Unterschied zwischen den Unternehmen, die von Kontinuität ausgehen, und denen, die von Diskontinuität ausgehen. Innovation bildet den Kern der Diskontinuität.

Branchen sind innovativer als die ihr angehörenden Unternehmen, da der Markt per Definition alles an Innovation umfasst und ein einzelnes Unternehmen nur Anspruch auf seine eigenen Neuerungen erheben kann. Nehmen wir zum Beispiel die Mobiltelefonie: Hier ist Motorola einer der führenden Anbieter. Das Unternehmen hat eine breite Palette von Produkten eingeführt, vom revolutionären Mobiltelefon MicroTAC® bis zum Vibrationsruf, einer evolutionären Verbesserung. Doch selbst ein so innovatives Unternehmen wie Motorola trägt nur einen Teil zur Innovation der Gesamtbranche bei. Es gibt dort viele andere Wettbewerber, so beispielsweise Nokia und Ericsson, die ebenfalls wichtige Neuerungen eingeführt haben. Nicht nur bei den Endgeräten, auch bei den mobilen Dienstleistungen gab es Innovationen. 1999 änderte sich die Preisgestaltung der gesamten Branche, als AT&T Endgeräte zusammen mit dem One Rate Plan auf den Markt brachte: Dabei zahlte der Kunde eine Pauschale von zehn Cents pro Minute – egal, ob er über das Festnetz, mit Mobiltelefon oder per Calling Card telefonierte.

So innovativ manche Anbieter in der Mobiltelefonie gewesen sein mögen, keiner von ihnen kann den Anspruch erheben, Innovationsführer gewesen zu sein. Die Branche führt ein Eigenleben. Langfristig setzt nicht ein Einzelunternehmen, sondern die *Branche* den Maßstab für Innovation. Der stetige Kreislauf aus Lernen, Erkenntnisgewinn, Ideenselektion und Konzeptentwicklung vollzieht sich im Markt schneller und umfassender als im einzelnen Unternehmen. Im Markt arbeiten viele – große Unternehmen, kleine Unternehmen, Neugründer – gleichzeitig an neuen Ideen, aus denen Wachstumsgeschäfte werden könnten. Dabei werden auch Ideen verfolgt, die miteinander kollidieren; häufig auch solche, die erfolglos bleiben. Den Wettbewerbsstandard bestimmt daher, mehr als jedes Einzelunternehmen, der Markt.

Innovationsebenen

Wie das Beispiel der Mobiltelefonie zeigt, gibt es viele Arten von Innovation.[12] Man kann sich das so vorstellen, dass Innovation auf drei Ebenen auftritt: Die höchste ist die der *transformatorischen* Innovation; sie entspricht Schumpeters Konzept von der „historischen und unwiderruflichen Veränderung in der Vorgehensweise". Auf der zweiten Ebene steht die *substanzielle* Innovation: Sie ist geringer im Umfang und sorgt für weniger Überraschung, wirft aber dennoch die bisherige Ordnung über den Haufen. Oft folgt auf transformatorische Innovation eine Reihe substanzieller Neuerungen, so wie einem Erdbeben die Nachbeben folgen. Auf der dritten Ebene findet sich die *inkrementelle* Innovation, der alltägliche Motor der Veränderung bei den meisten Unternehmen.

In den Unternehmen wird selten zwischen den verschiedenen Arten von Innovation unterschieden, und das führt unmittelbar zu Problemen. Bei Storage Technology beispielsweise beging der Gründer Aweida zwei Fehler, weil er nicht zu unterscheiden vermochte zwischen dem, was er nachweislich beherrschte (der inkrementellen Innovation), und dem, was er wollte (substanzielle und transformatorische Innovation). Sein erster Fehler war der Versuch, einen neuen Großrechner (eine substanzielle Innovation) zu entwickeln, der direkt mit IBM konkurrieren sollte. Was ein Kopf-an-Kopf-Rennen mit IBM erfordern würde, das beurteilte er auf Basis seiner Erfahrungen mit inkrementeller Innovation, und so unterschätzte er die gewaltige Herausforderung, welche die Entwicklung eines neuen Großrechners bedeutete. Storage Technology konnte die Anforderungen des Marktes bei weitem nicht erfüllen. Außerdem war sein Timing denkbar schlecht, denn gerade als er IBM im Großrechnerbereich herausfordern wollte, setzte in der Computerbranche mit dem Wechsel zu PCs ein tief greifender Wandel ein. Aweidas zweiter Fehler bestand darin, optische Speichersysteme entwickeln zu wollen, als die zugrunde liegende Technologie noch längst nicht ausgereift war. Auch diesmal waren Aweidas Erfahrungen mit inkrementeller Innovation nicht sonderlich hilfreich für den Umgang mit transformatorischer Innovation.

Einige Zeit später glaubte Poppa aufgrund seiner Erfolge mit inkrementeller Innovation, er könne mit der Entwicklung von Iceberg – einer substanziellen Innovation – den Wettbewerber EMC im Bereich RAID-Speichersysteme schlagen. Mit denselben Prozessen, mit denen er inkrementelle Innovationen erzielt hatte, versuchte Poppa, auch transformatorische Innovation auf den Weg zu bringen. Doch mit diesen Prozessen konnte man die höheren technischen Anforderungen an die Entwicklung von Iceberg nicht erfüllen.

Aweida und Poppa wussten nicht zu unterscheiden zwischen den unterschiedlichen Arten der Innovation und den entsprechenden Anforderungen an das Management, und deshalb verkannten sie die anstehenden Aufgaben und Herausforderungen. Ihr Instinkt, der aus ihrer Erfahrung mit inkrementeller Innovation herrührte, bereitete sie ungenügend vor auf die knallharten Anforderungen und das straffe Timing der substanziellen und transformatorischen Innovation. Folglich verpatzten sie drei große Projekte und warfen Storage Technology aus der Bahn. Diese Fehler führten direkt zu ihrer Abberufung.

Die Ebene der Innovation wird durch zwei Faktoren bestimmt: wie neuartig die Innovation ist und wie viel Wert sie generiert. Inkrementelle Innovationen bringen für Kunden wie Hersteller nicht viel Neues und zeigen in der Regel geringe wirtschaftliche Auswirkungen; substanzielle Innovationen sind für Hersteller und Kunden relativ neuartig und können sich stärker auswirken. Am stärksten schlagen die transformatorischen Innovationen ein, die völlig neue Designs, Fertigungsprozesse oder Anwendungen mit sich bringen können. Umgekehrt gesagt: Wenn eine Innovation sehr neuartig ist und sehr viel Wert schafft, dann sprechen wir von einer transformatorischen Innovation, da sie die Branche „transformiert". Ist eine Neuerung nicht sonderlich umwälzend und schafft nicht sehr viel Wert, bezeichnen wir sie als inkrementell. Substanzielle Innovationen liegen dazwischen. Eine transformatorische Innovation wird man nicht so schnell vergessen; inkrementelle Neuerungen dagegen werden ständig unbemerkt eingeführt.

Nach unserer Überzeugung ist die Innovationsskala nicht arithmetisch, sondern logarithmisch. Substanzielle Innovation wirkt sich oft zehnmal so stark aus wie inkrementelle Innovation: Ihre positiven Auswirkungen sind zehnmal so stark (und die damit verbundenen Risiken zehnmal so groß). Außerdem pflanzt sich substanzielle Innovation häufig fort; sobald sie greift, führt sie zu weiteren Neuerungen (was auch als positiver Rücklauf oder Verstärkungseffekt bezeichnet wird).

Transformatorische Innovation ist wiederum zehnmal größer als substanzielle Innovation: Sie greift viel stärker ins soziale Gefüge (und die Märkte) ein. Nach unserer Erfahrung, und gemäß einer Analyse der innovativen Entwicklungsportfolios bei mehreren großen Unternehmen, ist auch die Häufigkeit von Innovationen logarithmisch: Auf hundert inkrementelle kommen etwa zehn substanzielle Innovationen, und auf zehn substanzielle kommt etwa eine transformatorische Innovation.

Der Neuigkeitswert einer Innovation und die damit verbundene Wertgenerierung lassen sich in einer Grafik nach Art der Richterskala darstellen:

Innovationsebenen
Die „Richterskala" der Innovation

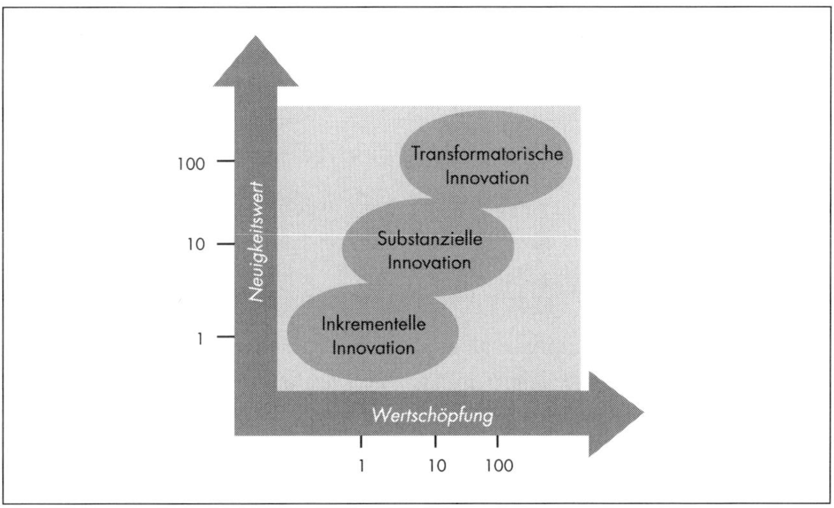

Natürlich gründen sich viele Unternehmen auf eine Idee, die nicht sonderlich neu ist – und dennoch entwickeln sie sich sehr gut. Bei Storage Technology gehörte dazu beispielsweise die Produktlinie der Magnetbandlaufwerke, die Poppa entwickelt hatte. Weitere Beispiele reichen von Palm-Pilot-Nachahmern wie Handspring über den Einsatz beliebter Eiscreme-Geschmacksrichtungen bei Frozen Yoghurt bis zu neuen Generationen von Microsoft Word. Das sind keine transformatorischen Innovationen, sondern Beispiele für operative Spitzenleistung – den fortgesetzten Betrieb des Alltagsgeschäfts. Neuerungen, die zwar sehr innovativ sind, aber keinen Wert schaffen (kennt heute noch jemand Apple Newton beziehungsweise „Snapple"?), sind nach unserer Auffassung nicht transformatorisch. Solche Produkte sollte man eher als „Erfindungen" bezeichnen.

Jede Innovationsebene – inkrementelle, substanzielle und transformatorische Innovation – erfordert einen anderen Führungsansatz und wird auf einer anderen Ebene des Unternehmens ausgeführt. Inkrementelle Innovationen können von Mitarbeitern an der Basis der Organisation bewerkstelligt werden, transformatorische Innovationen kann nur das obere Management einführen. Jede Stufe bedeutet auch eine andere Art der Herausforderung: Inkrementelle Innovation stellt die aktuelle Strategie infrage, nicht aber die etablierten Steuerungssysteme des Unternehmens; transformatorische Innovation fordert die Strategie *und* die Steuerungssysteme. Man kann Innovationen unmöglich managen, ohne zu wissen, mit welcher Innovationsebene man es zu tun hat. Bei Storage Technology waren sich weder Aweida noch Poppa der Unterschiede bewusst; das brachte sie um den Chefsessel – und die Aktionäre um ihre Rendite.

Inkrementelle Innovation

Inkrementelle Innovation zeichnet sich mehr durch das aus, was gleich bleibt, als durch das, was sich ändert. Sie bringt zwar nichts großartig Neues und schafft auch nicht viel Wert, aber sie ist unumgänglich, wenn man seine Wettbewerbsposition halten will.

Inkrementelle Innovationen sind attraktiv, weil man zu ihrer Umsetzung nicht sonderlich viel verändern muss. Der Kundennutzen bleibt mehr oder weniger der gleiche, die Fertigungsanlagen bleiben weitgehend dieselben, und auch die Vertriebskanäle und Konditionen bleiben dieselben. Die Innovationen bringen Verbesserungen gegenüber ihren Vorläufern – aber keine massiven Veränderungen.

Inkrementelle Innovationen sind die roten Blutkörperchen des Unternehmens. Ohne sie könnte kein Unternehmen überleben. Sie sind das Ergebnis zahlloser

Qualitätssicherungsprogramme und Konstruktionsverbesserungen. Sie können von der Basis umgesetzt werden und sind leicht nachzuvollziehen. Sie stellen weder das bestehende Geschäftsmodell noch die strategische Planung infrage. Die Mitwirkung des oberen Managements ist nicht erforderlich.

Verständlicher wird das Phänomen der inkrementellen Innovation vielleicht bei einem Rückblick in die Vergangenheit, extra zur Entwicklung der Segelschiffe. Um 1880 waren am Horizont oft Klipper wie die *Glenavlon* (siehe unten) zu sehen. Diese Schnellsegler beförderten Frachtgüter zwischen den großen Häfen Englands und der Vereinigten Staaten. Sie waren die FedEx-Kuriere ihrer Zeit, perfektioniert durch viele kleine Verbesserungen in Hunderten von Jahren. (Übrigens besitzt der CEO von FedEx, Fred Smith, eine umfangreiche Sammlung von Klippermodellen, die im Hauptgebäude des Unternehmens in Vitrinen ausgestellt sind.)

Die *Glenavlon*

Doch ab 1870 machten dampfgetriebene Schiffe, die es bereits seit siebzig Jahren gab, den Klippern ihre Spitzenposition streitig. Anfangs waren die Dampfschiffe alles andere als effektiv (da die Dampfmaschine selbst um 1820 noch nicht sonderlich leistungsfähig war); der größten Teil ihrer Ladekapazität wurde zur Lagerung der Brennstoffe benötigt. Ab 1890 waren die Dampfmaschinen jedoch so weit, dass sie den Kostenvorteil der Klipper überflügeln konnten. Fortan verloren die stattlichen Segler Marktanteile an die Dampfschiffe (beziehungsweise damals noch meist an Dampf-Segelschiffe).

Die Eigner der Segelschiffe und die Schiffbauingenieure, die sie belieferten, waren indes nicht bereit, die Herrschaft über die Meere aufzugeben. Sie wehrten sich mit inkrementellen Verbesserungen an ihren Schiffen. Die folgende Zeichnung zeigt eines davon, die *France II:*

Die *France II*

Dieses stark weiterentwickelte Schiff hatte einen Mast mehr als die *Glenavlon* und einen längeren Rumpf. Es war auch schneller. Vor allem aber beförderte es mehr Fracht und war daher im Betrieb pro Tonnenmeile billiger als die *Glenavlon.*

Der technologische Wettlauf zwischen Segel- und Dampfschiffen ging also weiter. Den nächsten Entwicklungsschritt bei Segelschiffen veranschaulicht die *Preußen* (siehe nächste Abbildung). Auch das war eine inkrementelle Verbesserung – mehr Segel, mehr Rumpflänge, geringere Betriebskosten.

Konnte die *Preußen* das Vorrücken der Dampfschiffe aufhalten? Natürlich nicht. Die Dampfschiffe gingen weiter in die Offensive. Doch die Segelschiffbauer arbeiteten unbeirrt an weiteren Verbesserungen, diesmal in Form einer

Die *Preußen*

Die *Thomas W. Lawson*

Gaffeltakelung. Das Ergebnis war die *Thomas W. Lawson* (Bild S. 143 unten): noch mehr Segel, noch mehr Rumpflänge, noch mehr Geschwindigkeit. Doch an diesem Punkt erreichte die schrittweise Weiterentwicklung der Technologie ihre natürlichen Grenzen. Am Freitag, dem 13. Dezember 1907 – die *Thomas W. Lawson* steuerte gerade auf die englischen Scilly Islands – stellte Kapitän Turner fest, dass er das Schiff nicht mehr unter Kontrolle hatte. Mit sechzig Knoten trieben stürmische Winde das Segelschiff gegen die Klippen. Kapitän Turner überlebte wie durch ein Wunder, aber die übrige Mannschaft fand den Tod. Damit war das Zeitalter des Segelschiffs vorbei. Die marginale Innovation war an ihrem Ende angelangt.

Kapitän Turner und die Chefs von Storage Technology, Aweida und Poppa, hatten eines gemeinsam: Sie fielen unfreiwillig dem Ende inkrementeller Erneuerung zum Opfer. Kapitän Turner verlor sein Schiff und seine Besatzung; Poppa und Aweida büßten ihren Chefsessel ein.

Inkrementelle Innovation trägt *nicht* den Stempel des Marktes. Sie ist vielmehr Ausdruck der Kontinuität und ein Merkmal von Unternehmen, die sich an angestammten Positionen festklammern. Inkrementelle Innovation steht mehr für operative Leistung als für schöpferische Zerstörung.

Transformatorische Innovation

Transformatorische Innovation kann neue Märkte schaffen, Geschäftsregeln auf den Kopf stellen, Menschen zu Milliardären machen, Konkurrenten bezwingen und die nächste Generation inspirieren. Während inkrementelle Innovation selten das Establishment infrage stellt, wirft transformatorische Innovation *häufig* die etablierten Konzepte und operativen Systeme eines Unternehmens über den Haufen. Solch umwälzende Innovationen ergeben sich nicht aus Qualitätssteigerungsprogrammen. Sie entspringen kreativen Köpfen, die es darauf anlegen, die etablierte Ordnung zu zerstören.

Transformatorische Innovationen machen häufig „Stärken zunichte“. [13] Mit anderen Worten, der Wettbewerb muss die etablierten Produkte aus dem Weg räumen, um selbst konkurrieren zu können. Transformatorische Innovationen gehen oft vom oberen Management aus und werden von ihm gelenkt. Oft sind sie sogar der Existenzgrund für ein neues Unternehmen. Häufig sehen wir dabei auch innovative Produkte, Werkzeuge, Vertriebsansätze, PR-Kampagnen und Kundennutzenkonzepte. Die Synthese dieser Elemente kann extrem gut, ja hervorragend funktionieren, sehr zur Überraschung der

Wall-Street-Analysten. Aktienkurse können in die Höhe schießen und Investoren, die Weitblick bewiesen oder einfach Glück hatten, einen Geldsegen bescheren.

Bestehende Unternehmen schaffen im Allgemeinen keine transformatorischen Innovationen. Die Märkte aber tun das, denn sie ermöglichen die Entstehung ganz neuer Unternehmen – mit Menschen, Kapital und Technologien.

Substanzielle Innovation

Substanzielle Innovationen sind oft die zweite Generation der transformatorischen Innovationen. Es sind die Produkte oder Systeme, die einer bahnbrechenden Neuerung folgen. Ein Beispiel ist das Betriebssystem Windows, welches das alte DOS-System verdrängte. Auf Huggies folgten Pampers, auf Sam's folgte Wal-Mart, nach der Boing 707 kam die 747. Auf den SameDay Service von FedEx (die Zustellung am selben Tag) folgte der Standard Overnight Service (die standardmäßige Zustellung über Nacht). Das waren verwegene Neuheiten, doch sie waren nicht annähernd so verwegen wie die ursprünglichen transformatorischen Innovationen. Von inkrementellen Innovationen unterscheiden sie sich durch Ausmaß und Auswirkung der Veränderung. So war Windows nicht bloß eine Erweiterung von DOS. Es war ein völlig überarbeitetes Produkt, am Ende mit völlig anderem „Look and Feel" als DOS, denn es arbeitete mit grafischen Benutzeroberflächen – eben den *windows* –, welche die Bedienung vereinfachten. (Wer die beiden Systeme kennt, wird die Unterschiede sofort vor Augen haben.) Windows war ursprünglich als Konkurrenz zum Betriebssystem von Macintosh gedacht: Man konnte sich nun durch vorgegebene Alternativen „klicken" und musste sich nicht mehr eine Unzahl von Tastenkombinationen merken.

Substanzielle Innovationen bieten für eine Weile einen sicheren Wettbewerbsvorteil. Sie nutzen und verstärken meist dieselben Kompetenzen, die auch für die transformatorische Innovation nötig gewesen waren – aber sie bilden auch neue Kernkompetenzen heraus, und dadurch unterscheiden sie sich grundlegend von inkrementellen Innovationen. Substanzielle Innovationen verlangen oft mehr Informationen und Kompetenzen, als ein Unternehmen alleine aufbringen kann, daher ist für ihre Einführung häufig externes Know-how erforderlich. Den Platzhaltern der alten Ordnung machen sie oft die besonderen Stärken zunichte. Nicht selten erfordern sie die Mitwirkung des oberen Managements, meist aber in beratender Funktion.

Substanzielle Innovationen entstehen in der Regel nicht durch Anhäufung inkrementeller Innovationen. Ihr Ziel ist es häufig, transformatorischen Innovationen auf den Fersen zu folgen, in der Offensive zu bleiben, Vorsprung zu gewinnen. Sie werden meist kühn geplant und akribisch umgesetzt. Wer glaubt, substanzielle Innovationen allein durch stärkere Bemühungen um inkrementelle Verbesserungen zu erreichen, wird bitter enttäuscht werden – ob es sich nun um einen Systementwickler handelt, der vom Einstieg ins Internet träumt, oder um einen Arzneimittelhersteller, der über seine Untersuchungen an Mikromolekülen in die Gentechnologie vorstoßen will. Diese Innovationen entstehen nicht aus der wahllosen Kombination kleiner Fortschritte. Sie entspringen einem hohen Ehrgeiz, die eigene Marktposition zu verbessern – gepaart mit einem innovativen Ansatz, der sich vom Bisherigen abhebt (zum Beispiel einem neuen Konzept für ein Internet-gestütztes ERP-Programm). Natürlich wird das Endprodukt aus vorhandenen Einzelkomponenten zusammengesetzt sein, doch durch anspruchsvolle Ziele und neuartige Ansätze unterscheiden sich solche Innovationen von der inkrementeller Veränderung.

Wenn Manager die Unterschiede zwischen diesen drei Arten von Innovation nicht zur Kenntnis nehmen – und viele werfen alle drei in einen Topf –, werden sie keiner von ihnen wirklich gerecht.

Die kreativen Grundlagen transformatorischer Innovation

Das grundlegende Element jeder Innovation ist Kreativität. Nur wenn man das Wesen der Kreativität versteht, kann man sich mit den Anforderungen an anhaltende Leistungsfähigkeit auseinandersetzen.

Kreativität

Die meisten Vokabeln, die heute im Management verwendet werden, haben ihren Ursprung im vierzehnten Jahrhundert. Das Wort „Kreativität" ist jedoch jüngeren Datums: Das englische *creativity* wurde erstmals 1875 im Webster Dictionary genannt. [14] In den achtziger Jahren des neunzehnten Jahrhunderts gründete William James seine Philosophie des Pragmatismus auf dieses Wort. James beschrieb das Wesen des kreativen Prozesses folgendermaßen:

Anstelle von Gedanken an konkrete Gegenstände, die einander geduldig in einem ausgetretenen Pfad gewohnheitsmäßiger Eingebung folgen, haben wir die abruptesten Querverbindungen und Übergänge von einer Idee zur anderen, die feinsten Abstraktionen und Differenzierungen, die einzigartigsten Kombinationen von Elementen, die sublimsten Assoziationen per Analogie; kurz, wir scheinen plötzlich in einen siedenden Kessel von Ideen geraten zu sein, wo alles in einem Zustand verwirrender Aktivität brodelt und sprudelt, wo Beziehungen unvermittelt eingegangen oder aufgelöst werden können, wo jede eintönige Routine unbekannt ist und die einzige Gesetzmäßigkeit im Unerwarteten zu liegen scheint. [15]

Das klingt kaum nach der Ordnung eines idealen Geschäftsbetriebs – eher nach einem Zustand der Konfusion und Unordnung, der vielleicht sogar auf das Eintreten einer Ordnung wartet.

James glaubte an die Kreativitätstheorie vom „großen Mann", nach der die Kreativität im Menschen selbst brodelt, wobei er allerdings das Umfeld ebenfalls für wichtig hielt. Die Denker der heutigen Zeit messen dem Umfeld noch mehr Bedeutung bei. So meint beispielsweise Mihalyi Csikszentmihalyi:

Die Behauptung, dass Thomas Edison die Elektrizität entdeckt habe oder Albert Einstein die Relativität, ist eine bequeme Vereinfachung. Sie befriedigt unser uraltes Bedürfnis nach eingängigen Geschichten mit übermenschlichen Helden. Aber die Entdeckungen von Edison oder Einstein wären undenkbar ohne das zuvor gesammelte Wissen, ohne das intellektuelle und soziale Netzwerk, das ihr Denken stimulierte, und ohne die gesellschaftlichen Mechanismen, die ihre Innovationen bewerteten und verbreiteten." [16]

Worin besteht nun dieser Prozess des Entdeckens, und was sind die „intellektuellen Netzwerke" und die „gesellschaftlichen Mechanismen", die jene Entdeckungen „bewerten und verbreiten"? Wie lassen sich diese Vorgänge mit den Prozessen vergleichen, die zur Führung eines Betriebs erforderlich sind?

Der Prozess des Entdeckens

Der Prozess des Entdeckens verläuft über zwei Wege, die in der Praxis ziemlich entgegengesetzt verlaufen: Der eine besteht in divergentem Denken, bei dem der Blick geweitet wird. Der andere beruht auf konvergentem Denken, bei dem der Blick fokussiert wird. Im Wirtschaftsunternehmen wird üblicherweise die zweite Art des Denkens praktiziert, ja sie ist sogar zur hohen Kunst erhoben worden. Divergentes Denken wird in Unternehmen nur selten angewandt und scheint sogar ihren Zielen und Absichten entgegen zu laufen.

Divergentes Denken

Divergentes Denken zielt darauf ab, bei der Suche nach Lösungen sowie nach den relevanten Fragen ein möglichst weites Netz auszuwerfen. Als Werkzeug des intuitiven Geistes kann divergentes Denken die Definition eines Problems oder den Kontext, in dem es gelöst werden soll, ohne weiteres verändern. Es versetzt in die Lage, mühelos zwischen unterschiedlichen Sichtweisen hin- und herzuwechseln und ungewöhnliche Assoziationen herzustellen oder aufzugreifen. Schachmeister vergleichen das mit einem fotografischen Weitwinkel (dem „Weg-Zoomen“): Sämtliche bekannten Information werden mit ins Bild geholt, sowohl der strategische Kontext der Schachpartie selbst als auch der Kontext all dessen, was der Spieler über seinen Gegner oder über die Spielzüge anderer großer Spieler in ähnlichen Situationen weiß.

„Weitwinkel-Denker“ legen breite Kategorien an. Sie zeigen starkes Interesse an Disziplinen jenseits ihres eigenen Spezialgebiets. Sie sind in verschiedenen Fachrichtungen ausgebildet und häufig mit Energie dabei, sich weitere Fähigkeiten anzueignen. Sie umgeben sich gerne mit vielfältigen Anreizen und ändern diese regelmäßig.[17] Der bekannte emeritierte Harvard-Professor E. O. Wilson beispielsweise arbeitet meist an mehreren Projekten gleichzeitig. So etwas kann man bei kreativen Menschen häufig beobachten; auf diese Weise vermeiden sie, sich zu langweilen oder zu ermüden, und es kommt zu einer überraschenden gegenseitigen Befruchtung von Ideen.

Dean Keith Simonton bemerkt dazu: „Es liegt auf der Hand, dass ein Mensch eher eine Übereinstimmung zwischen bislang isolierten Elementen erkennt, wenn er breite Interessen verfolgt, vielseitig begabt ist, über geistige Beweglichkeit und Flexibilität verfügt und wenn er verschiedenartige Elemente mittels ungewöhnlicher Assoziationen und breit angelegter Kategorien – die eine starke Überlappung von Ideen forcieren – in Beziehung setzen kann.“ [18]

Divergentes Denken besteht aus drei vielfach miteinander verknüpften, überlappenden und rekursiven Phasen – der Suche, der Inkubation und der Kollision. Gemeinsam bilden sie den einzigartigen Dreh- und Angelpunkt des Entdeckungsprozesses.

Suche

Während der Phase des Suchens versuchen Menschen, Unstimmigkeiten zwischen aktuellen Theorien und neuen Daten festzustellen. „Diese Anomalien liefern das Rohmaterial, welches das Unterbewusstsein bearbeiten kann", bemerkt Csikszentmihalyi dazu. Und:

> *Der kreative Prozess beginnt mit dem Eindruck, dass es irgendwo ein Rätsel gibt, das auf eine Lösung wartet, oder eine Aufgabe, die vollendet werden muss. Das kann das Gefühl sein, dass irgendetwas nicht stimmt, dass es irgendwo einen Konflikt, eine Spannung, einen unerfüllten Wunsch gibt. Die problematische Frage kann durch eine persönliche Erfahrung ausgelöst werden, durch eine fehlende Übereinstimmung im symbolischen System, durch die Anregung von Kollegen oder durch öffentlichen Druck. Jedenfalls gibt es ohne eine wahrgenommene Spannung, die die psychische Energie einer Person auf sich zieht, keine Notwendigkeit für eine neue Reaktion. Deshalb ist es unwahrscheinlich, dass ein kreativer Prozess ohne einen derartigen Stimulus in Gang kommt* [19]

Anomalien – Dinge, die nicht in die bestehende Ordnung passen – können Vorzeichen von Chancen oder Problemen sein. Eine Aktie kann unterbewertet, ein Kundenbedürfnis unerkannt, eine neue Technologie nicht vollständig genutzt sein.

Anomalien springen dem Management nicht unbedingt ins Auge. Wie Pasteur schon sagte, muss man innerlich bereit sein, um sie zu sehen. Simonton schreibt dazu:

> *Fleming war nicht der erste Bakteriologe, der eine von Schimmelpilz kontaminierte Petrischale sah, aber anscheinend der Erste, der erkannte, was der deutliche Ring um den kleinen verschwommenen Fleck auf dem Gel bedeutete. Ebenso wenig sah Archimedes als erster eine Badewanne überlaufen, Newton einen Apfel fallen oder Watt den Dampf aus einem Teekessel aufsteigen, doch diese drei erkannten die weiteren Implikationen dieser trivialen Alltagsereignisse.* [20]

Um die „weiteren Implikationen" zu erkennen, muss der Beobachter oft seine Zweifel zurückstellen – und einiges an Fleiß aufwenden, bis ein neues Muster sichtbar wird. Diese Fähigkeiten werden in Betrieben selten gefördert. Dennoch sind sie unentbehrlich für transformatorische Innovation. Thomas Kuhn bemerkte dazu 1962: „Die Anhäufung von Anomalien – Erkenntnissen, die in keinen Rahmen und keine Tradition passen – bereitet der Umwälzung den Weg.“ [21]

Das Ganze ist eine Gratwanderung: Sich zu lang mit einer Beobachtung zu beschäftigen, kann Zeitverschwendung sein – oder aber der Auftakt zu einer Entdeckung. Wer kann das schon entscheiden? Selbst wer in der Vergangenheit Recht hatte, muss beim nächsten Mal nicht unbedingt richtig liegen. Man könnte sogar sagen, dass der Mensch mit zunehmender Kenntnis weniger zugänglich für neue Daten wird. Im Grunde ist das ein klassisches Merkmal reifer Unternehmen, die kaum noch Innovationen hervorbringen: Sie erkennen nicht, dass sie immer wieder Informationen verwerfen, die ihr mentales Modell nicht unterstützen. Anomalien lassen sich nicht allein durch Lektüre und Studium auffinden, auch wenn Lektüre und Studium Kreativität inspirieren können. In der Wirtschaftswelt lernt man häufig auch durch Lehrjahre und von Ratgebern, durch Besprechungen mit Kunden oder Besuche bei „Weltklasse“-Unternehmen, Produktionsstätten, Vertriebszentralen oder Labors.

Inkubation

Die Inkubationsphase ist von den drei Stufen des divergenten Denkens diejenige, die sich am schwersten erklären lässt. Bisweilen hat es den Anschein, als sei der Prozess der Problemlösung gänzlich zum Stillstand gekommen.

Die Inkubation ist das absolute Gegenstück zu den normalen Geschäftsprozessen eines Betriebs; sie ist häufig vollkommen unvorhersehbar. Zugleich ist sie jedoch das Herzstück des schöpferischen Prozesses, und damit stürzt sie den Manager, der Innovation fördern will, aber keine Geduld für unfokussierte Aktivitäten aufbringt, in ein Dilemma. Während der Inkubationsphase köcheln Beobachtungen am Rande des Bewusstseins vor sich hin, bis sie Form annehmen. Newton beschrieb diesen Prozess so: „Ich behalte den Gegenstand unentwegt vor mir und warte, bis langsam und allmählich die ersten Strahlen dämmern und sich zu vollem, klarem Licht auftun.“ [22]

Eine „ausreichende“ Inkubationsphase lässt sich unmöglich planen. Was aber kann man dann tun, um die Produktivität dieser Phase zu steigern? Ein nützlicher Ansatz ist das „Zurückstellen des Zweifels“, wie Psychologen es nennen: Die Beurteilung von Daten oder Beobachtungen, die unsinnig erscheinen, wird vorerst vertagt. Dadurch gewinnt man Zeit, um Daten neu zu ordnen und neue Bilder zu finden, die erklären oder veranschaulichen, wie die Dinge funktionieren könnten. Das Aussetzen des Zweifels ist wichtig, um ein Thema nicht zu früh abzuhaken und sich nicht hinter bestehenden Ideen oder Methoden zu verschanzen. Stellt man seine Zweifel zurück, hat man bessere Chancen, zu einer neuen Sicht der Welt zu kommen. Das ist ein unnatürliches Vorgehen für ein operativ orientiertes Unternehmen, aber ein wesentliches Merkmal jeder innovativen Organisation.

Ein zweiter hilfreicher Ansatz besteht darin, das Problem auseinander zu nehmen, um dann die Bestandteile neu zusammenzusetzen und neue Erkenntnisse zu gewinnen. Sir James Black, Nobelpreisträger für die Entdeckung von Histaminblockern, rät dazu, „die Frage umzudrehen". Dr. Black zieht es vor, ein Problem nicht direkt, sondern von der Flanke anzugehen.

Der Kontext lässt sich laut Csikszentmihalyi unter anderem dadurch ändern, dass man sich am Schnittpunkt unterschiedlicher Kulturen oder Disziplinen positioniert, „wo Überzeugungen, Lebensweisen und Erkenntnisse aufeinander treffen und dem Einzelnen die Möglichkeit geben, neue Ideenkombinationen leichter wahrzunehmen. In uniformen, starren Kulturen muss man mehr Aufmerksamkeit investieren, um neue Denkweisen hervorzubringen. Mit anderen Worten, Kreativität entfaltet sich am ehesten an Orten, wo neue Ideen weniger Anstrengungen erfordern, um wahrgenommen zu werden. [23]

Kollision

Das Ende der Inkubationsphase ist erreicht, wenn eine gute Idee erkannt wird. Diesen Prozess bezeichnen wir als „Kollision", weil hier verschiedene Informationen miteinander kollidieren. Oft geschieht das ganz unvermittelt; der Prozess kann sich aber auch hinziehen, während das Problem eingekreist wird und sich Lösungen abzeichnen. Häufig besteht eine Dialektik zwischen den „irrationalen und rationalen Aspekten, zwischen Leidenschaft und Disziplin". [24] Die Auflösung lässt sich in der Regel nicht vorhersagen. Im folgenden Abschnitt erhellt Csikszentmihalyi diese Zusammenhänge, indem er den Prozess des kreativen Schreibens schildert:

> *Das Schwierige an diesem Prozess ist, dass man die Aufmerksamkeit auf zwei widersprüchliche Ziele lenken muss: die Flüsterbotschaften des Unbewussten nicht zu überhören und sie gleichzeitig in eine geeignete Form zu bringen. Ersteres erfordert Offenheit, letzteres kritisches Urteilsvermögen. Wenn es einem nicht gelingt, das empfindliche Gleichgewicht zwischen diesen beiden ständig wechselnden Prozessen zu bewahren, versiegt der Schreibfluss. Nach einigen Stunden wirkt die enorme Konzentration, die dieser Balanceakt erfordert, so ermüdend, dass der Schreiber umschalten und seine Aufmerk-*

samkeit etwas anderem, Bodenständigerem zuwenden muss. Aber solange es andauert, ist das kreative Schreiben die nächstbeste Möglichkeit, sich eine eigene Welt zu erschaffen, in der man alles, was in der ‚wirklichen' Welt in Unordnung ist, zurechtrücken kann.[25]

Diese drei Phasen – Suche, Inkubation und Kollision – bilden den Prozess des divergenten Denkens. Diese Form des Denkens ist die Quelle der Kreativität. Leider sind diese Fähigkeiten nur selten genügend entwickelt, selbst in guten, vorbildlich geführten Unternehmen. Als Folge fehlt es dann oft an Gelegenheiten zur substanziellen und transformatorischen Innovation, zumindest im Vergleich zum Markt.

Konvergentes Denken

Der zweite Bestandteil des kreativen Prozesses ist das konvergente Denken. Das ist die Form des Denkens, die jeder analytischen Begabung zugrunde liegt und die typischerweise in Intelligenztests gemessen wird. Hier geht es darum, klar definierte, rationale Probleme zu lösen, auf die es eine einzige richtige Antwort gibt. Schachmeister bezeichnen diesen Ansatz als „Zoom-Denken", [26] denn hier werden die winzigen Details einer konkreten Situation nah herangeholt – etwa, wo alle Figuren platziert sind und welche Züge zuletzt gemacht wurden. „Zoom-Denken" ist dem deduktiven Denken ähnlich.

Wer konvergent denkt, kreist die wesentlichen Details ein, prüft Ideen auf ihre Relevanz und nutzt seine Gabe zur Vereinfachung von Problemen nur so weit, dass er ihren Kern erkennt – ohne aber die wichtigen Details auszuklammern. Wichtig ist das Screening: Laut Teresa M. Amabile, Professorin für Business Administration an der Harvard Business School, gehören dazu drei Dinge: „ein einkreisendes Abtasten, bei dem alles bis auf die wesentlichen Informationen ausgeblendet wird, eine enge Fokussierung auf kleinste Informationsteilchen und eine Beharrlichkeit, die das langsame Verarbeiten, Verdauen und Speichern von großen Informationsmengen ermöglicht." [27]

Während bei divergentem Denken ein Problem in kleinere Teile zerlegt wird, geht es beim konvergenten Denken um den „Wiederzusammenbau" und die Reduktion. Der Prozess umfasst zwei Schritte, Entscheidung und Versuch. Die meisten Unternehmen beherrschen das konvergente Denken. Die *divergenten* Prozesse sind dem fokussierten Unternehmen dagegen fremd.

Beobachtet man den kreativen Prozess bei Unternehmen insgesamt, fällt auf, dass er ein äußerst komplexes Geflecht aus Problemdefinition und Problemlösung beinhaltet, wobei ständig neue Informationen erzeugt, analysiert und interpretiert werden. Diese Vorgänge sind so komplex und laufen in so unterschiedlichem Tempo ab – manchmal ganz plötzlich (wie bei Erkenntnissen), manchmal regelrecht schwerfällig (wenn Ideen „ausgebrütet" werden) –, dass sich oft nur schwer feststellen lässt, an welcher Stelle des Prozesses man sich gerade befindet und ob der Prozess ein Ergebnis zeitigen wird. Genau darin bestehen das Risiko, die Spannung und die Energie des schöpferischen Prozesses. Er ist nicht mit einem normalen Betriebsprozess vergleichbar, weil er viel chaotischer abläuft. Vereinfacht lässt er sich als unterbrochener Kreislauf darstellen, wie die folgende Grafik zeigt:

Der schöpferische Akt

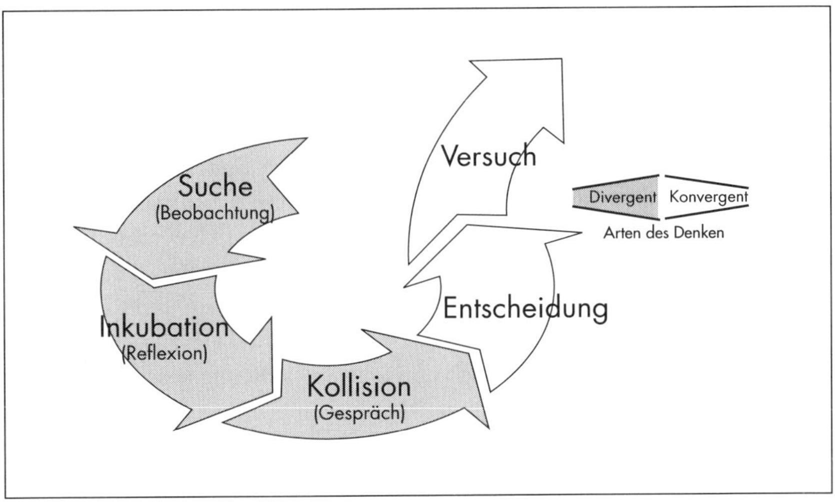

Tatsächlich verläuft der Weg zur Erkenntnis selten gerade. David Perkins, Professor und einer der Leiter des Projektes Zero an der Harvard Graduate School of Education, erklärt dazu: „Bei vielen kreativen Vorhaben entwickeln sich die Ziele, und damit auch die Endstadien, zusammen mit dem Problem weiter. Die Ziele können sich im Lauf der Suchen verändern."

Sind zur Steuerung der Betriebsprozesse „feinmotorische Fähigkeiten" erforderlich, so setzt die Steuerung von Kreativität und Entdeckung „grobmotorische

Fähigkeiten“ voraus (siehe auch Kapitel 9) – nämlich die, Menschen zu verändern, den Kontext zu verändern und das Tempo zu ändern. Kreative Prozesse können auch unvorhersehbare Zeiträume in Anspruch nehmen. Man kann keine sofortigen Ergebnisse erwarten, sollte aber auch nicht allzu überrascht sein, falls sie eintreten. Alles ist völlig anders als bei der Steuerung betrieblicher Prozesse. Der schöpferische Prozess ist auch zutiefst menschlich geprägt. Eine kreative Idee zu verfolgen erfordert mitunter ein enormes Maß an persönlichem Mut.

Der schöpferische Prozess ist für das Management deswegen so schwierig zu handhaben, weil er keine erkennbaren Parallelen in der Entscheidungsfindung, der Messung oder der Steuerung hat – in den operativen Prozessen, die in den Unternehmen von heute eine Schlüsselrolle spielen. Wir haben es hier mit ganz anderen Prozessen zu tun. Hier haben Information und Entscheidung, Messung und Steuerung eine völlig andere Rolle und Bedeutung.

Kreative Menschen

Arthur Rock, einer der erfolgreichsten Venture Capitalists des zwanzigsten Jahrhunderts und Gründer von Arthur Rock & Co., meinte einmal: „Eine Idee ist lediglich ein Vorwand, um ein Team zusammenzuholen und etwas zu bewegen.“ Doch wie wir gesehen haben, sind für kreative Spitzenleistungen ganz andere Fähigkeiten erforderlich als für operative Spitzenleistung.

Was kennzeichnet kreative Menschen – Menschen, die sich in schöpferischen Prozessen besonders hervortun? Sie haben in der Regel hohe Ziele. Sie sind ungeduldig. Sie sind offen für neue Erfahrungen, Emotionen und Risiken – so sehr, dass sie das Risiko sogar suchen. Sie sind bereit, sehr viel zu riskieren, weil ihnen die kreative Erfahrung Glück und tiefe Befriedigung beschert. Kreative Menschen sind mit einem „sonnigen Pessimismus“ ausgestattet, wie Csikszentmihalyi es nennt, das heißt, sie können bei negativen Perspektiven optimistisch bleiben.

Kreative Menschen sind bereit, für langfristige Resultate kurzfristige Risiken auf sich zu nehmen. Teresa Amabile erklärt es so: „Während sich viele Menschen vom Risiko des Scheiterns abhalten lassen, sieht der kreative Mensch nicht so sehr die Möglichkeit des Fehlschlags als vielmehr die Möglichkeit des Erfolgs.“ [28] Ja, die Gefahr zu scheitern kann den kreativen Menschen geradezu anspornen. Der Ökonom George Steiner sagt dazu: „Bei der Innovation darf man weniger auf Nummer sicher gehen, wenn etwas Interessantes dabei herauskommen soll. Es lässt sich nicht vorhersehen, ob es gut gehen wird.“ [29]

Es gibt in der Tat Menschen, die das Risiko suchen. In einer Befragung von Laborleitern, die der Psychologieprofessor Dr. Kevin Dunbar von der McGill University durchführte, gaben diese an, hoch riskante Projekte zu bevorzugen: Der längere Zeitrahmen gebe ihnen den notwendigen Spielraum, um substanzielle oder transformatorische Fortschritte zu erzielen.

Kurzum, kreative Menschen unterscheiden sich von operativ orientierten. Sie haben keine Probleme mit Ambiguität und sind offen für neue Erfahrungen und Ideen.

Die Kernfähigkeiten der Kreativität

Der kreative Prozess, insbesondere das divergente Denken, ist von drei grundlegenden Fähigkeiten abhängig, die im traditionellen Wirtschaftsunternehmen nicht oft verlangt werden:

Gespräch: Hier geht es um die verbale, eher informelle Kommunikation – sie ist nötig, um die eigenen Ideen anderen Menschen zu vermitteln.

Beobachtung: Man muss Branchen und Kulturen weiträumig überschauen und beobachten können, um relevante Informationen aufzunehmen – auch wenn andere deren Relevanz vielleicht nicht erkennen.

Reflexion: In der Phase der Inkubation muss man die verschiedenen Daten und Informationen, die man aufgenommen hat, überdenken können und zulassen, dass sich die losen Teile zu einem sinnvollen Muster oder Konzept zusammenfügen.

Wir bezeichnen diese drei Fähigkeiten als Kernfähigkeiten des kreativen Prozesses. Im neunten Kapitel gehen wir noch detaillierter auf sie ein.

Selbst noch so umfassende Erfahrung im operativen Bereich befähigt nicht zu Spitzenleistungen im kreativen Bereich, und umgekehrt. Die jeweiligen Fähigkeiten stehen weitgehend in Gegensatz zueinander. Um sie zu verbinden, ist ungewöhnliches Geschick erforderlich.

Eben diese Kompetenz wird von den Führern der heutigen Unternehmen verlangt, wenn sie den operativen wie auch den innovativen Anforderungen gerecht werden wollen. Leider werden diese schöpferischen Fähigkeiten von der Unternehmensarchitektur (den Informationssystemen, den Entscheidungsprozessen, der Orientierung an Umsetzung und Umsetzbarkeit, den Leistungsanreizen und Steuerungssystemen) meist unterdrückt. Als Folge ist es nahezu unmöglich für Unternehmen, von der Grundannahme der Kontinuität zum Grundkonzept der Diskontinuität überzugehen. Kreativität und die damit einhergehende transformatorische und substanzielle Innovation stellen die Grundregeln des Unternehmens, das ausschließlich auf operative Spitzenleistung ausgerichtet ist, massiv infrage. Deswegen haben Unternehmen schwer zu kämpfen, wenn sie gleichzeitig den Anforderungen schöpferischer Zerstörung und operativer Spitzenleistung gerecht werden wollen.

DEFINITION DES BEGRIFFS „INNOVATION"

Dem Online-Wörterbuch von Webster zufolge ist das Wort „innovation" erstmals im fünfzehnten Jahrhundert in der englischen Sprache aufgetaucht. Abgeleitet ist es vom lateinischen *novus* für „neu". In der modernen Wirtschaftssprache kann sich die „Neuheit" auf alles beziehen, was Fertigung, Vertrieb, Kunden oder Kundendienst betrifft. Das Ausmaß des Neuen kann natürlich von marginalen Verbesserungen bis zu einschneidenden Umwälzungen reichen. Innovation ist beispielsweise:

- ein neues Produkt, das eine bahnbrechende Operationsmethode ermöglicht, wie Johnson & Johnson es in den achtziger Jahren mit der „Schlüsselloch-Technik" (der Laparoskopie) schuf.
- ein neues Verfahren für die Stahlherstellung, wie Nucor es in den siebziger Jahren einführte.
- ein neues Dienstleistungsangebot für den Kunden, wie es MCI mit dem Service „Friends and Family" gestaltete.
- eine neue Geschäftspraxis, wie sie Enron seinerzeit mit der Schaffung des Erdgasmarktes einführte.

Innovation basiert also eindeutig auf mehr als nur dem technologischen Wandel.

Innovation gründet sich zwar auf Kreativität und Erfindungsgeist, geht jedoch weit darüber hinaus. Eine Erfindung impliziert „die Umwandlung einer kreativen Idee in eine mitteilbare und nachprüfbare Form, meist um ein Bedürfnis zu befriedigen oder eine Aufgabe zu erfüllen". [30] Innovation ist Erfindung, die wirtschaftlichen Wert erzeugt hat. Ohne wirtschaftlichen Wert kann es keine Innovation geben. Die Erfindung *geht* der Innovation *voraus.* Sie geht nicht von wirtschaftlichem Wert aus. Die Innovation hingegen impliziert, dass Wertschöpfung zumindest erwartet wird. Nach dieser Definition ist eine Innovation, die keinen Wert schöpft, eigentlich gar keine Innovation. Nicht jede Erfindung ist eine Innovation, weil nicht jede Erfindung wirtschaftlich verwertet, geschweige denn erfolgreich auf den Markt gebracht werden kann.

KAPITEL 5

Die Stürme der Zerstörung

Cheyenne Software hätte keinen besseren Start ins Leben haben können. Das Unternehmen wurde 1983 von Barry Rubenstein gegründet, der zuvor Safeguard Scientifics aufgebaut und dort die Erstfinanzierung des PC-Netzwerk-Pioniers Novell organisiert hatte. Nach seinen Erfahrungen bei Safeguard erkannte Rubenstein, dass die überall wachsenden PC-Netzwerke Antiviren- und Sicherungsprogramme zum Schutz ihrer Daten brauchten. In der klassischen Manier eines Startups beschloss Rubenstein, seiner Idee Leben einzuhauchen.

Als Erstes musste für die Finanzierung gesorgt werden. Rubenstein nahm Kontakt zu drei Dutzend Privatanlegern auf und brachte rasch 2,7 Millionen Dollar zusammen. Als Nächstes gewann er den Mainframe-Veteran Eli Oxenhorn, der den Computerbereich bei Warner Communications leitete, als CEO und ReiJane Huai, zuvor IT-Spezialist bei Bell Laboratories, als Leiter des Softwarebereichs. Rubenstein war zwar offiziell Chairman, doch de facto leitete Oxenhorn das Unternehmen.

In den Markt ging Cheyenne anfangs als Anbieter maßgeschneiderter Software für LANs (*Local Area Networks*) zur Vernetzung von PCs. Für die Entwicklung und Wartung der spezifischen Integrationssoftware erhielt man Servicehonorare und langfristige Lizenzgebühren. Als sich das Unternehmen Kunden wie Chemical Bank und Fisher Business Systems gesichert hatte, konnte es 1985 an die Börse gehen.

Bald erkannte Rubenstein, dass es für kundenspezifische Anwendungen von Cheyenne einen noch größeren Markt gab. In den meisten LANs schwirrten Tausende von Gigabytes an kritischen Unternehmensdaten herum, deren Sicherung zunehmend komplexer wurde. Cheyenne reagierte prompt auf diese Geschäftschance und führte ARCserve ein – eine Datenspeichermanagement-Software für Novell-Netzwerke, die eine wesentlich umfassendere Datenverwaltung und –sicherung bot als alle anderen Produkte.

Mit Novell florierte auch ARCserve – die einzige Server-gestützte Backup-Software, die auf allen Novell-Plattformen funktionierte. 1991 lief ARCserve auf über neunzig Prozent der gesamten installierten Backup-Hardware.

Im Jahre 1993 beschloss Cheyenne, sich diesen Umstand zunutze zu machen, und verknüpfte ARCserve mit InocuLAN, der hauseigenen Antivirensoftware; außerdem mit FAXserve, einer Server-gestützten Faxsoftware, mit der der Benutzer wichtige, mit ARCserve erzeugte Dokumente an beliebige Ziele senden konnte.

Trotz dieser Erweiterung der Produktlinie konnte Cheyenne nicht weit genug expandieren, um von den Serviceumsätzen mit ARCserve unabhängig zu sein. Anfang 1994 geriet die Firma in Schwierigkeiten: Die neueste Version von ARCserve wurde verspätet ausgeliefert, damit konnten die Ergebniserwartungen nicht erfüllt werden, und der Aktienkurs sank. Zum Glück kam im April die neue Version von ARCserve heraus; die aufgestaute Nachfrage konnte gedeckt und die Prognosen sogar übertroffen werden. Das Unternehmen gab ferner bekannt, dass Eli Oxenhorn von ReiJane Huai als CEO abgelöst werde. Diese Nachricht beruhigte argwöhnische Investoren und ließ den Aktienkurs innerhalb eines einzigen Tages um dreizehn Prozent hochschnellen.

Die Freude währte nur kurz. Im Juni kündigte die Börsenaufsicht eine Untersuchung an, weil leitende Führungskräfte angeblich schon vor dem Geschäftsbericht über die verfehlten Ergebnisziele Aktien verkauft hatten. Es folgte eine Sammelklage durch Aktionäre. Der Kurs von Cheyenne sank um mehr als siebzig Prozent. In der Zwischenzeit wurden in der neuen Version von ARCserve Fehler entdeckt, und einige Systemadministratoren beschuldigten Cheyenne, sechs Monate zu früh damit auf den Markt gekommen zu sein. Cheyenne kam trotzdem wieder hoch. Die Fehler wurden behoben, die Rechtsstreitigkeiten beigelegt, und 1995 schnellten die Gewinne wieder in die Höhe.

Dennoch stand Cheyenne immer noch unter Wachstumsdruck. Die Innovationen mit ARCserve genügten einfach nicht. Man hatte ein sehr erfolgreiches LAN-Produkt, aber nur wenig Entwicklungsvorhaben in der Pipeline, die zum weiteren Ausbau des Geschäftes taugten. Cheyenne drohte geschluckt zu werden, weil es nicht beides gleichzeitig schaffte: effizient zu wirtschaften und so rasch und so große Innovationen zu liefern, wie sie der Markt zur Erhaltung der Wettbewerbsfähigkeit fordert. Im April 1996 bot die Firma McAfee Associates, die sich auf Antivirensoftware spezialisierte, eine Milliarde Dollar in Aktien für Cheyenne. CEO Bill Larson war überzeugt, dass Cheyenne das Angebot annehmen werde. „Dieser Deal wird über die Bühne gehen", erklärte er.

Er müsse nur „die Alternativen aufzeigen und die Aktionäre dazu bringen, [dem Management von Cheyenne] klarzumachen, dass das eine ideale Verbindung ist“. Huai war jedoch strikt dagegen und bezeichnete das Angebot als „absolut unzureichend vom Standpunkt des Unternehmenswerts, der strategischen Perspektive“. Er ging sogar in die Offensive und zog McAfees Überlebensfähigkeit als Antiviren-Anbieter in Zweifel. „Die langfristigen Aussichten [für Antivirenprogramme] sind wirklich fraglich“, erklärte er. [1]

Cheyenne wehrte sich gegen das Angebot von McAfee mit einem Tiefschlag und verklagte McAfee und Larson „wegen falscher und irreführender öffentlicher Äußerungen über Cheyenne“. [2] Larson wiederum forderte, Cheyenne solle Huai entlassen. Der Quartalsgewinn von Cheyenne ging zwar um 33 Prozent zurück, dennoch konnte Larson nicht genügend Druck ausüben. Am 1. Mai zog McAfee das Angebot zurück. Allerdings war das Übernahmeangebot von McAfee das Startsignal für einen regelrechten Ausverkauf – es dauerte nicht lange, und ein Bewerber trat auf, der Huai und Cheyenne eher zusagte: Computer Associates International.

Gerüchten zufolge war CAI schon vor McAfees Übernahmeangebot an Cheyenne interessiert gewesen, und nun bot man 1,2 Milliarden in bar. „Sanjay [Kumar, der President von CAI] rief an und sagte, ‚Ich glaube, wir sollten uns zusammentun‘“, erzählte Huai später. [3] Er nahm das Angebot an. Die Summe lag zwar zwanzig Prozent über dem Angebot von McAfee, doch deren Aktien waren seit Bekanntgabe der gescheiterten Übernahme derart gestiegen, dass der Angebotswert mittlerweile 1,8 Milliarden Dollar entsprach – damit hatte Cheyenne also einen hohen Preis für seinen „edlen Retter“ bezahlt.

CAI übernahm also Cheyenne und führte zur Verbesserung der Ergebnisse eine Rationalisierung durch. 1996 war der Stern, der 1983 so hell geleuchtet hatte, erloschen. Cheyenne hatte seine wirtschaftliche Bedeutung verloren, und der Markt reagierte ganz im Sinne Schumpeters. So geht schöpferische Zerstörung vonstatten.

Manchmal kann der Zerstörungsprozess Jahrzehnte dauern. Ein Beispiel: Der Studebaker war eines der klassischen Kraftfahrzeuge der fünfziger Jahre – aber wo ist die Herstellerfirma heute? Der Niedergang von Studebaker setzte bereits während der Weltwirtschaftskrise ein, nachdem das Unternehmen mehr als siebzig Jahre nahezu ununterbrochenen floriert hatte. Obwohl der Absatz 1933 auf ungefähr 36.000 Stück zurückgegangen war (von über 84.000 im Jahre 1928), weigerte sich die Geschäftsleitung beharrlich, die Stammdividende zu kürzen und andere Kosten zu senken. Als Folge erholte sich Studebaker nur langsam von der Wirtschaftskrise. Im Zweiten Weltkrieg bekam Studebaker eine kräftige Finanzspritze vom Staat. 1954 kaufte man die Packard Motor Car Company auf. Packard stand jedoch selbst auf schwachen Beinen, und nur vier Jahre später machte Studebaker den Bereich dicht. Ende der sechziger Jahre stellte Studebaker die Automobilfertigung ganz ein. Das Unternehmen definierte sich neu als Hersteller von Bauteilen, hatte aber nie wieder den Stellenwert wie früher. 1979 „fusionierte" es mit der kanadischen Firma Worthington zu Studebaker-Worthington, das dann von einem Unternehmen namens McGraw-Edison übernommen wurde.

Ein weiterer verglühter Stern ist Anaconda Copper. Bis 1929 hatte das Unternehmen ein weltweites Imperium an Bodenschätzen aufgebaut – darunter Kupferminen in Chile, Mexiko und den Vereinigten Staaten, Eisenerz in Ontario sowie riesige Nickelvorkommen in Australien. Wie schon zu Beginn des ersten Kapitels zitiert, prophezeite der Anaconda-Chef C. Jay Parkinson noch 1968 voller Zuversicht: „Dieses Unternehmen wird in hundert, selbst fünfhundert Jahren noch blendend dastehen." Schon bald darauf, 1971, wurden die chilenischen Minen unter dem kurzlebigen Regime Salvador Allendes verstaatlicht. Anaconda wurde dadurch so geschwächt, dass der Zusammenbruch drohte, und veräußerte die übrig gebliebenen Unternehmensteile an Atlantic Richfield, die sie 1985 auf dem freien Markt verkauften. Und so verschwand Anaconda von der Bildfläche.

Das Schicksal der American Locomotive ist ein weiteres Beispiel – diesmal aus der Eisenbahnindustrie, die zu ihren besten Zeiten am ehesten mit der boomenden Telekommunikationsbranche von heute vergleichbar war. American Locomotive wurde 1901 gegründet und tätigte bald eine Übernahme nach der anderen, um vom explosiven Wachstum im Eisenbahngeschäft zu profitieren. Zu Beginn des Jahrhunderts war AL zum größten US-Hersteller von Eisenbahnanlagen geworden. Jedoch: Mit dem Aufbau des landesweiten Highway-Netzes in den Fünfzigern, begleitet vom stetigen Vorrücken des Dieselmotors, ging ein großer Teil des Güterverkehrs von der Eisenbahn auf den LKW-Transport über. AL bemühte sich erfolglos um Diversifikation außerhalb der eigenen Kernkompetenzen – nämlich in die Bereiche Wärmeaustausch und Automobile –, wurde aber nach und nach immer schwächer. Anfang der achtziger Jahre wurden die verbliebenen Fragmente des Unternehmens ohne Aufhebens in Cooper Industries eingegliedert.

Im weiteren Verlauf der Umwälzungen, die vom Internet ausgelöst wurden, werden wir wahrscheinlich noch mehr Geschichten wie diese erleben.

Die emotionale Schwierigkeit der Zerstörung: Der Fall Intel

Für viele Menschen gibt es kaum etwas Erschütternderes, als wenn ein Unternehmen oder Bereich geschlossen wird oder wenn es zu Massenentlassungen kommt. Daher verwundert es kaum, dass man in Unternehmen immer wieder nutzlose Geschäftseinheiten vorfindet, geschützt von komplexen Buchführungssystemen, die den einen Bereich vom anderen „quersubventionieren“ lassen. Sehr häufig werden Bereiche auch dann weiter betrieben, wenn sie längst keine wirtschaftliche Berechtigung mehr haben, zumindest gemessen an den Anlageerträgen.

Die nervöse Spannung, die das Todesurteil für einen unrentablen Bereich erzeugt, ist selbst in den besten Unternehmen deutlich spürbar. Wenige Unternehmen haben den heftigen Wellengang, den „die Stürme der schöpferischen Zerstörung“ auslösen, besser überstanden als die Firma Intel. Doch selbst Intel hat den „Sturm und Drang“ der schöpferischen Zerstörung intensiv zu spüren bekommen.

Mitte 1985 besuchte der damalige Intel-President Andrew Grove die letzte übrig gebliebene DRAM (*Dynamic Random Access Memory*)-Fertigung des Unternehmens in Hillsboro, Oregon. Seine Botschaft an die Mitarbeiter: Intel werde die DRAM-Produktion einstellen. Das war eine einschneidende Entscheidung für Intel, das einmal weltweit die Nummer eins im DRAM-Geschäft gewesen war. DRAMs waren quasi sein ureigenstes Produkt – das, mit dem das Unternehmen 1968 gegründet worden war. 1983 war der Markt jedoch übersättigt. Japanische Hersteller hatten in ihrem Drang, den Welthandel in diesem wichtigen Bereich der Informationsrevolution zu beherrschen, die Branche regelrecht kaputtgemacht. Hätte Intel an DRAMs festgehalten, wäre der Konkurs unabwendbar gewesen. Die Sachlage war klar, aber die entsprechende Entscheidung zu fällen, das tat doch weh.

Als Intel 1968 gegründet wurde, wurden die Speicherprodukte anderer Unternehmen gerade von den Halbleiterspeichern überholt: Sie waren der „Sturm“, der die Branche durchrüttelte. 1972 war der 1-Kilobit-DRAM-Chip 1103 von Intel der meistverkaufte integrierte Schaltkreis der Welt; auf ihn entfielen mehr als neunzig Prozent der Intel-Umsätze in Höhe von 23,4 Millionen Dollar. [4] Als ‚First Mover‘ beherrschte Intel den Speicherchip-Markt fast zu hundert Prozent. Ende der siebziger Jahre konnte Andy Grove mit Fug und Recht sagen: „Intel stand immer noch für Speicherchips und umgekehrt: Speicherchips, das hieß Intel.“

Zu Beginn der achtziger Jahren drängten jedoch die großen japanischen DRAM-Hersteller (darunter Fujitsu, Toshiba, NEC und Hitachi) mit leistungsfähigen, preisgünstigen, qualitativ hochwertigen Produkten auf den amerikanischen Markt. Gleichzeitig aber war die Technologie noch immer nicht ganz ausgereift, sodass Intel noch massiver in Forschung und Entwicklung investieren musste, um den Vorsprung vor dem Wettbewerb zu halten. Als DRAMs zur Commodity wurden, verfielen die Preise, und damit brach auch die Aktionärsrendite ein. Es war ein klarer Fall von Überangebot. Im Sommer 1984 ging der Preis für DRAMs innerhalb von nur drei Monaten um vierzig Prozent zurück und zog damit die Branchenergebnisse nach unten. Intel rutschte wegen seiner Abhängigkeit von DRAMs noch tiefer ab als die Branche insgesamt. Das zeigte sich auch in der Gesamt-Aktionärsrendite (siehe Grafik auf Seite 164).

Halbleiter
Kapitalrendite im Vergleich zur Gesamtwirtschaft

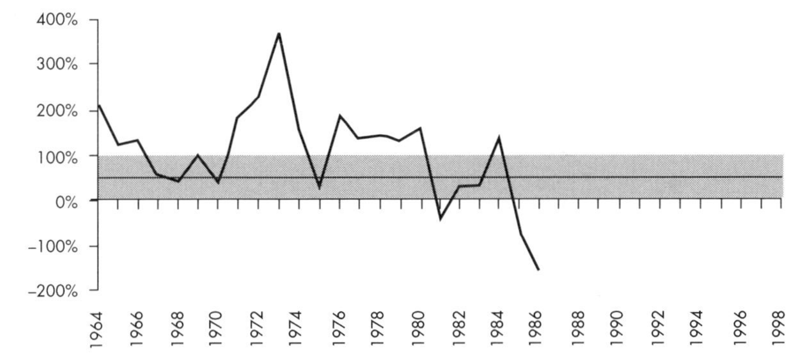

Quelle: Corporate-Performance-Datenbank, Dezember 1999

An einem Montag im Januar 1983 (der bei Intel später nur noch als „Schwarzer Montag“ bezeichnet wurde) reichten Karl „Casey“ Powell, Scott Gibson und fünfzehn andere, die als Team gemeinsam nach neuen Anwendungen für den neuentwickelten Mikroprozessor gesucht hatten, ihre Kündigung ein. Sie stiegen aus, weil Intel immer noch wie besessen DRAMs entwickelte und produzierte und nicht die Ressourcen bereit stellen wollte, die Powell und Gibson für erforderlich hielten, um ein völlig neues Konzept im Bereich der Computeranwendungen – das „Parallel Processing“ (wörtlich: „Parallelverarbeitung“) – zu entwickeln. Die abtrünnigen Intel-Mitarbeiter gründeten eine neue Firma namens Sequent Computer Systems.

Gesamt-Aktionärsrendite Intel, 1972–1984

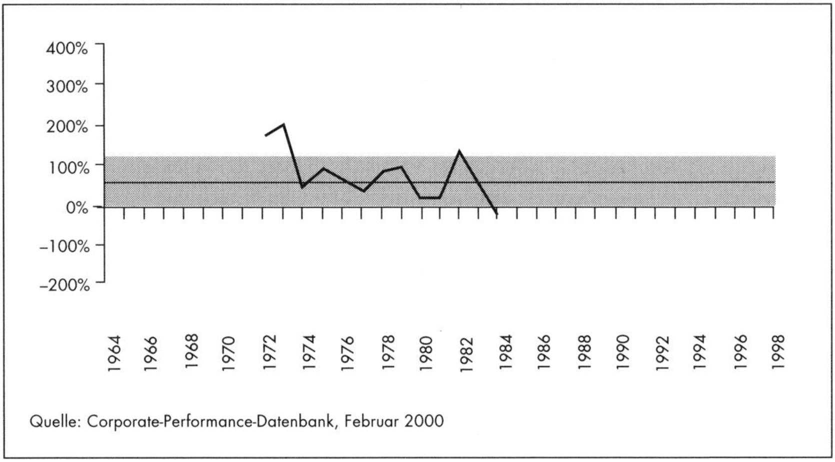

Im Herbst 1984 machte Intel Verluste mit dem schrumpfenden DRAM-Geschäft. CEO Gordon Moore und President Andrew Grove leiteten eine Reihe von „Meetings und noch mehr Meetings, Streitereien und Auseinandersetzungen, die zu nichts führten als zu unvereinbaren Vorschlägen“ für die Zukunft des DRAM-Geschäfts. Wie sich Grove später erinnerte, wurde die eigentlich simple strategische Entscheidung – aus dem RAM-Geschäft auszusteigen – massiv blockiert durch die emotionale Bindung der Gründer und leitenden Führungskräfte zu den Speicherchips – den Silikonplättchen, die „Intel zu Intel gemacht“ hatten.

Grove sagte dazu:

> *Während die Debatten tobten, verloren wir immer noch mehr Geld. Es war ein schreckliches und frustrierendes Jahr. Wir arbeiteten schwer, aber ohne klare Vorstellung davon, wie die Lage je besser werden sollte. Wir hatten die Orientierung verloren. Wir wanderten im Tal des Todes.* [5]

In jenem „schrecklichen und frustrierenden Jahr“ standen CEO Moore und President Grove in Groves Büro im kalifornischen Santa Clara und starrten trübselig auf das Riesenrad, das sich im ‚Great American'-Vergnügungspark drehte. Grove wandte sich an Moore und fragte ihn rundheraus: „Wenn man uns feuert und der Aufsichtsrat einen neuen CEO anheuert, was würde der deiner Meinung nach tun?" Worauf Moore ohne zu zögern erwiderte: „Er würde aus dem Speichergeschäft aussteigen." Nach kurzem Schweigen fragte Grove Moore: „Und was hält uns beide davon ab, das selbst zu tun?" [6]

Mit dieser rhetorischen Frage begaben sich die beiden Intel-Chefs auf einen langen, schmerzlichen Weg, der schließlich zur Einstellung des Kerngeschäfts von Intel führte. Aber selbst als der richtige strategische Kurs festgelegt war, so erinnerte sich Grove später, erwies sich die Umsetzung als fast unmöglich – so tief verankert war die Rolle der DRAMs in den mentalen Modellen der leitenden Mitarbeiter. Später erklärte Grove:

> *Für uns alle war Intel gleichbedeutend mit Speichern. Wie konnten wir unsere Identität aufgeben? Wie konnten wir weiter existieren als ein Unternehmen, das nicht im Speichergeschäft tätig war? Gordon darauf anzusprechen war eine Sache; es anderen Leuten zu erklären und es umzusetzen, war eine ganz andere.* [7]

Es war ein klassischer Fall von Erstarrung in der Unternehmenskultur (und ein Beispiel für das, was Andrew Grove später als „strategischen Wendepunkt" bezeichnete). Die „Abwehrmechanismen" – Ignorieren unerwarteter Daten, emotionale Widerstände, ausgeklügelte rationale Begründungen – forderten ihren unsichtbaren Tribut. Grove war nicht nur nach eigener Aussage „viel zu zaghaft" bei dem Versuch, die Mitarbeiterschaft vom raschen Ausstieg aus dem Speichergeschäft zu überzeugen, sondern er hatte es auch „mit Leuten zu tun, die gar nicht hören wollten, was [ich] zu sagen hatte". Und weiter:

> *Das Unternehmen beruhte auf zwei Glaubenssätzen, die so stark waren wie religiöse Dogmen. Beide bezogen sich auf die Bedeutung der Speicher als Grundlage unserer Produktions- und Vertriebstätigkeiten. Dem einen Grundsatz zufolge waren Speicher unsere „Technologie-Treiber", das heißt, wir entwickelten und verfeinerten unsere Technologien immer zuerst für die Speicherprodukte, weil die leichter zu testen waren. Der andere Glaubenssatz war das Dogma von der „vollständigen Produktpalette". Danach brauchten unsere Verkäufer eine komplette Produktlinie, um bei unseren Kunden erfolgreich zu sein; andernfalls würden die Kunden lieber mit unseren Konkurrenten Geschäfte machen, die die volle Palette zu bieten hatten.* [8]

Grove und Moore mussten also nicht bloß das Speichergeschäft selbst eliminieren, sondern auch das „doppelte Dogma", das Intel so lange von der Realität isoliert hatte. In der Praxis erwies es sich als mindestens ebenso schwierig, das etablierte mentale Modell und seinen emotionalen Überbau aufzulösen wie das DRAM-Geschäft selbst.

Um das DRAM-Geschäft zu schließen, führte der für Finanzen zuständige Geschäftsleiter ein System für Investitions-Controlling ein. Es bewirkte, dass die Investitionen in das Intel-Speichergeschäft „langsam und schrittweise zurückgingen". Ende 1984 war die DRAM-Fertigung auf den einen Standort in Oregon zusammengeschrumpft. (Der F&E-Aufwand für DRAMs schluckte immer noch ungefähr ein Drittel des Gesamtaufwands für Forschung und Entwicklung, obwohl das obere Management bereits den Entschluss gefasst hatte, die Produktion von DRAM-Chips einzustellen.)

Leider dauerte es eine Weile, bis dies zu den mittleren Führungsebenen durchsickerte. Grove rechnete es später einigen energischen mittleren Managern als Verdienst an, dass sie das DRAM-Geschäft langsam, aber sicher aushungerten – selbst als mehrere leitende Führungskräfte noch schwankten und öffentlich wie privat darüber klagten, wie schwer der Ausstieg zu bewerkstelligen sei. Er rechnete es diesen mittleren Managern später hoch an, dass sie den oberen Ebenen den Weg gezeigt hatten, und führte ihre Handlungsfähigkeit darauf zurück, dass sie „näher am Markt" waren und weniger zur Sentimentalität neigten als das obere Leitungsteam.

Andere Manager auf der mittleren Ebene, die ein persönlicheres Interesse an der Erhaltung des DRAM-Geschäftes hatten, wollten nicht kampflos aufgeben. Die Führungskräfte des DRAM-Bereichs schlugen unter anderem vor, das Unternehmen in zwei getrennte Teile aufzuspalten, wovon eines Commodities (die DRAMs) und das andere „Spezialprodukte" (Mikroprozessoren) herstellen sollte. Dieser Vorschlag wurde zwar nie angenommen, dennoch investierte das Unternehmen Zeit und Geld in seine Bewertung.

Der Konflikt dauerte an. Eines Tages ersetzte Grove den Leiter des untergehenden DRAM-Bereichs durch einen anderen, dem er sein strategisches Ziel sehr klar machte: „Schaffen Sie uns raus aus dem Speichergeschäft!" Der neue Manager hatte jedoch nichts Besseres als eine Kompromisslösung zu bieten – er wollte die Forschung und Entwicklung für *neue* Speicherprodukte einstellen, aber für Produkte, die „bereits in Arbeit" waren, weiterlaufen lassen.

Wie Grove sich später erinnerte, gab er diesem Ansinnen widerwillig nach und begründete das damit, dass der Ausstieg aus dem DRAM-Geschäft nach und nach erfolgen müsse. „Ich redete mir selbst ein, dass solch eine große Veränderung in einer Reihe kleiner Schritte vollzogen werden musste." Noch Mitte 1985 prüfte Intel einen Antrag vom Bereichsleiter Komponenten (dem der Bereich Speicherkomponenten unterstand), moderne DRAM-„Fertigungsstätten in Japan [zu erwerben], um mit den jüngsten japanischen Fortschritten in der DRAM-Herstellung mithalten zu können".[9] Man braucht wohl kaum zu betonen, dass sich der Markt selbst nie auf derartige Ausflüchte und Aufschübe einlassen würde – und es gäbe niemanden, der sie vorbringen würde.

Schließlich nahm Grove es in die Hand, die Exit-Entscheidung umzusetzen. Zunächst besuchte er das DRAM-Werk in Oregon und teilte dem Personal mit, man werde dort keine DRAMs mehr bauen. Als diese schwierige und bedeutsame Entscheidung endlich – öffentlich – gefällt war, gab es kein Zurück. Dem Vertrieb wurde aufgetragen, den Speicherkunden Bescheid zu geben. Offene Fragen in diesem Zusammenhang waren vor allem: „Was werden unsere Kunden sagen? Werden sie uns fallen lassen? Werden sie unserer Marke untreu werden?" Wie sich Grove später erinnerte, waren er und sein Team angenehm überrascht von der Reaktion – oder besser: Nicht-Reaktion – ihrer Kunden. „Sie nahmen es alles in allem sehr wohlwollend auf", erklärte er.

Die Geschäftsleitung hatte ein stark verzerrtes Bild vom Markt gehabt, und Grund war die kulturelle Erstarrung. Man scheute sich, Maßnahmen zu ergreifen. Ironischerweise hatten sich wichtige Kunden längst damit abgefunden, dass Intel kein bedeutender Faktor im DRAM-Markt mehr war. Sie hatten längst andere Lieferanten gefunden. „Ihr habt ja ganz schön lange gebraucht", war der Kommentar eines Kunden.

Groves Fazit dazu war: „Wer bei einer Entscheidung keine Emotionen mit ins Spiel bringt, kann viel früher erkennen, was getan werden muss." Und genau das ist der wesentliche Vorteil, den Märkte gegenüber Unternehmen haben.

Die Entscheidung, aus dem angestammten Geschäft auszusteigen, kostete die Intel-Manager zwar einiges an Energie; dennoch ging man zur selben Zeit energisch daran, eine transformatorische Innovation durchzusetzen – den Mikroprozessor, entwickelt speziell für den IBM-PC. Bald schon lagen die Mikroprozessor-Umsätze weit höher als die, welche man je mit DRAMs erzielt hatte.

Grove konnte später erfreut resümieren: „1992 waren wir, weitgehend aufgrund unserer Erfolge mit Mikroprozessoren, zum größten Halbleiterunternehmen der Welt geworden, größer noch als die japanischen Firmen, die uns im Speicherbereich geschlagen hatten. Inzwischen stehen wir so sehr für Mikroprozessoren, dass es uns schwer fällt, auch mit anderen Produkten Beachtung zu finden."

Der Einfluss des Mikroprozessors war so stark, dass die gesamte Halbleiterindustrie daran gesundete (Siehe folgende Grafik). Finanzieller Erfolg stellte sich ein, die Geduld der Aktionäre wurde belohnt. Intels Gesamt-Aktionärsrendite überstieg bald deutlich den Branchendurchschnitt, wie aus der Grafik auf Seite 169 hervorgeht.

Halbleiter
Kapitalrendite im Vergleich zur Gesamtwirtschaft

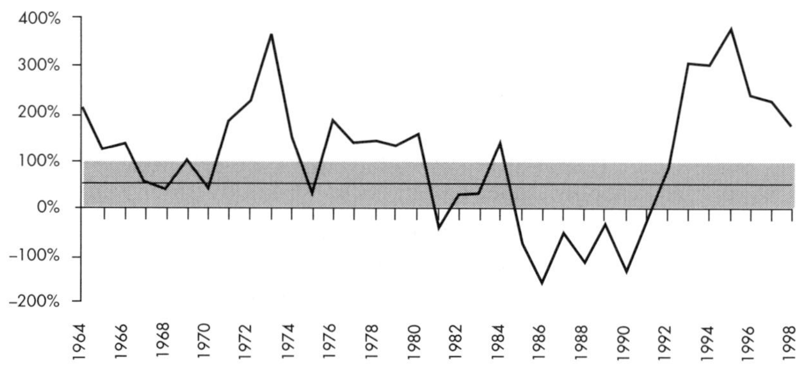

Quelle: Corporate-Performance-Datenbank, Dezember 1999

Weniger als ein halbes Jahrzehnt nach dem Siegeszug des Mikroprozessors drohte Intel erneut eine potenzielle kulturelle Erstarrung, diesmal in Gestalt der Internet-Revolution. Als Reaktion auf diese Herausforderung nahm Intel 1996 ein viertes strategisches Ziel in das bislang dreiteilige Programm auf, nämlich „all das organisatorisch zusammenzufassen, was nötig ist, um unsere Aktivitäten im Zusammenhang mit dem Internet voranzubringen". Intel strukturierte dieses Vorhaben nach Art einer Risikokapitalgesellschaft: Man richtete mehrere Fonds ein, die etwa eine Milliarde Dollar in neue Startups außerhalb von Intel investierten. Im ersten Quartal 2000 lieferten die Verkäufe dieser Beteiligungen einen wesentlichen Beitrag zu Intels Ergebnis. Die Zukunft wird zeigen, ob die Jungmanager, die das DRAM-Debakel so energisch in den Griff bekommen haben, auch die drohende kulturelle Erstarrung bezüglich der PC-Branche überwinden können.

Gesamt-Aktionärsrendite Intel, 1972–1998

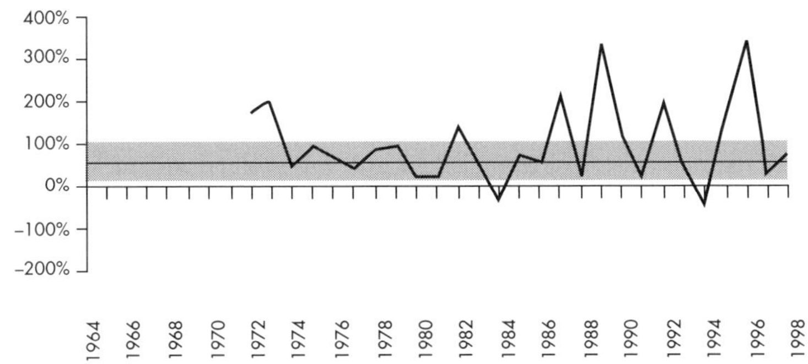

Quelle: Corporate-Performance-Datenbank, Dezember 1999

Wie die Geschichte von Intel zeigt, kann es schmerzhaft lange dauern, bis die Erstarrung in der Unternehmenskultur überwunden und die Entscheidung für die schöpferische Zerstörung getroffen wird. Die Intel-Story ist aber typisch. Es gibt hunderte ähnlicher Beispiele.

Wie groß ist doch der Unterschied zwischen Intel & Co. und dem Gesamtmarkt, der nur aus Käufern und Verkäufern besteht, keine Emotionen hat und daher viel härter, unbarmherziger und gewissenloser ist als Unternehmen. Die Märkte empfinden keine Trauer angesichts der schöpferischen Zerstörung. Sie lassen sie einfach zu. Für Unternehmen ist so ein Zustand nur schwer zu erreichen.

Aus alten Ideen ausbrechen

John Maynard Keynes brachte das wahre Problem mit Unternehmen vor mehr als einem halben Jahrhundert auf den Punkt: „Die Schwierigkeit liegt nicht in den neuen Ideen, sondern im Ausbrechen aus den alten, denn diese verzweigen sich bei dem, der so erzogen ist wie die meisten von uns, in jeden Winkel des Bewusstseins.“ [10] Der Romanautor und politische Essayist Arthur Koestler, der sich so prononciert wie kaum jemand sonst über die Kreativität äußerte, führte Keynes' Gedankengang weiter: „Der Akt des Entdeckens hat einen destruktiven und einen konstruktiven Aspekt. Er muss starre Muster im mentalen System aufbrechen, um eine neue Synthese zu erreichen.“ So wie sich Märkte, Wettbewerbsstrategien und Richtlinien ändern, so ändern sich auch bislang korrekte mentale Modelle von den Kunden und deren Bedürfnissen, den Wettbewerbern und ihren Strategien, von den Spielregeln und vom Spiel selbst. Sie ändern sich allmählich, meist auch unbemerkt und unausgesprochen. Unser holländischer McKinsey-Kollege Peter Winsemius fasst das so zusammen: „Unsere Unternehmen beherrschen meist das gut, was gestern wichtig war.“ [11]

Warum das so ist, dazu gibt es unterschiedliche Theorien. Arthur Koestler sieht den Grund darin, dass „wir lernen, indem wir Erfahrungen aufnehmen und sie in geregelte Schemata einordnen, in feste Muster der Einheitlichkeit innerhalb der Verschiedenartigkeit. Die Raster, in die sich unsere Wahrnehmung, unser Denken und unser Tun einordnen, sind Verdichtungen des Gelernten zur Gewohnheit.“ Eben diese Umwandlung des Gelernten in Gewohntes und das gedankenlose Anwenden des Gewohnten untergraben die Effektivität unserer bisherigen Handlungsweisen. Die Situation verändert sich, und wir merken es nicht.

Die zweite Theorie wurde erstmals von Elisabeth Kübler-Ross erläutert, als sie die menschliche Reaktion auf Lebenskrisen (in diesem Fall auf die Mitteilung einer unheilbaren Krankheit) untersuchte. Die von Frau Kübler-Ross geschilderte Abfolge von Verdrängung, Wut, Feilschen, Depression und Akzeptanz haben wir bereits im dritten Kapitel angesprochen. Wir sind der Meinung, dass diese Analyse ein gutes Bild liefert für die Reaktion von Unternehmen auf Krisen, und dass sie die Erstarrung in der Unternehmenskultur genau auf den Punkt bringt. Bei Patienten mit unheilbaren Krankheiten kommt es, wie Frau Kübler-Ross beobachtete, mitunter zu extremen Stimmungsschwankungen; das Ringen mit dem Schicksal zieht sich lange hin und ist manchmal noch nicht abgeschlossen, wenn der Tod eintritt. Dasselbe geschieht bei Unternehmen, wenn die Führungskräfte vor dem möglichen Trauma stehen, einen Geschäftszweig abzustoßen oder zu schließen, der lange Zeit zum Wohlergehen des Unternehmens beigetragen hat. Im menschlichen Leben sind die Reaktionen, die Frau Kübler-Ross beschrieb, „normal und gesund“. [12] Im Geschäftsleben aber verzögern sie jedes Gefühl für die Dringlichkeit der Krisenbewältigung, verfestigen den Status quo und machen das betroffene Unternehmen zur leichten Beute für Angreifer. Das Problem liegt also nicht in der objektiven Realität, sondern in der verzerrten Wahrnehmung der Realität.

Der Begriff der Zerstörung

Joseph Schumpeter beobachtete bei seiner Untersuchung der Entwicklungsmuster von Märkten und Wirtschaftssystemen, dass Zerstörung und Schöpfung oft Hand in Hand gehen. Das ist ein altbekanntes Phänomen. In der ägyptischen und griechischen Mythologie gibt es zahllose Geschichten vom sagenumwobenen Vogel Phönix, dem Ziehvater des Achilles, der sich selbst verbrannte, um alle dreihundert Jahre aus der Asche aufzuerstehen und damit die Wendepunkte in der ägyptischen Geschichte anzuzeigen.[13] Der Phönix war eines der ersten Symbole für den Kreislauf von Geburt, Leben, Tod und Wiedergeburt, der in die Unsterblichkeit führt. In der Wirtschaft wird diese Unsterblichkeit als Kontinuität bezeichnet. Mit anderen Worten, der Phönix vereint Schöpfung und Zerstörung in sich.

Im Buddhismus entspricht dem Phönix der Vogel Garuda, der den Sagen zufolge jeden Tag eine Schlange tötete und verschlang, bis ein buddhistischer Prinz ihn die Tugend der Abstinenz lehrte. Der reumütige Garuda brachte daraufhin die unzähligen Generationen von Schlangen, die er verschlungen hatte, wieder zum Leben.

Eine ähnliche Rolle spielt in der chinesischen Kultur der Feng, ein Vogel mit dem Kopf eines Fasans und dem Schwanz eines Pfaus – einer Gestalt, die dem Phönix und dem Garuda durchaus vergleichbar ist. Die vielleicht komplexeste Theorie von Schöpfung und Zerstörung haben die Hindus: Sie spiegelt sich in der hinduistischen Göttertriade mit Brahma (dem Schöpfer), Shiva (der zuweilen auch zerstört) und Vishnu (dem Vermittler, der unmittelbar für das Gleichgewicht zwischen Schöpfung und Zerstörung zuständig ist).

Die genauen Ursprünge der schöpferischen Zerstörung verlieren sich zwar in der Religions- und Kulturgeschichte, doch war Schumpeter eindeutig nicht der Erste, der sich mit der engen Verbindung zwischen Schöpfung und Zerstörung, Geburt und Tod, Beständigkeit und Wandel auseinander setzte. Vielmehr war er nur einer aus einer langen Reihe von Denkern, die bis zum heutigen Tag unsere Anschauungen prägen. Allerdings wandte Schumpeter die Lektionen der Schöpfung und Zerstörung äußerst überzeugend auf die Wirtschaft an. Zerstörung ist ein Mechanismus, in dem sich der Markt durch Abstoßung nicht mehr benötigter Elemente Unverbrauchtheit bewahrt. Insofern ist schöpferische Zerstörung ein wesentliches Merkmal des Kapitalismus.

Zerstörung klingt natürlich negativ und erschreckend und beschwört Bilder von Chaos und Unordnung herauf. Ohne Schumpeters Prägung hätten wir vielleicht ein anderes Wort gesucht, um den Prozess zu beschreiben. Wir hätten aber auf jeden Fall ein ähnliches Wort finden müssen, denn *genau das* geschieht im Markt. Unternehmen entstehen, und sie sterben oder werden in andere eingegliedert. Während das Wort *Schöpfung* Bilder von einer strahlenden Zukunft, von grenzenlosen Möglichkeiten und vielleicht von persönlichem Wachstum weckt, löst *Zerstörung* Ängste und böse Vorahnungen aus. Man denkt an Al Dunlop, den ehemaligen CEO von Scott Paper, der allgemein nur „*Chainsaw*" („Kettensäge") genannt wurde und dessen Abgebrühtheit mit Zerstörung gleichgesetzt wurde.

Als Schumpeter den Ausdruck „Stürme der schöpferischen Zerstörung" prägte, dachte er an das Schicksal zahlloser Unternehmen – alter Unternehmen, die durch neue abgelöst wurden. Der russische Revolutionär Michael Bakunin, den viele für den radikalsten aller Anarchisten halten, sagte einmal: „Der Drang zu zerstören ist auch ein schöpferischer Drang."

Schumpeter ging es jedoch um etwas anderes: Nach seiner Auffassung übt die Effizienz des neuen Unternehmens so großen wirtschaftlichen Druck auf das alte, nicht mehr hinreichend veränderungsfähige Unternehmen aus, dass dieses schließlich nicht mehr konkurrieren kann und über kurz oder lang seinen wirtschaftlichen Nutzen verliert. Schumpeter ging zweifellos davon aus, dass auch Unternehmen in neuen Branchen im Laufe der Zeit eliminiert würden, wenn sie ihren Wettbewerbsvorsprung einbüßten. Das Schicksal von Cheyenne Software hätte ihn wohl kaum überrascht.

Schumpeter befasste sich nicht mit den Prozessen, die innerhalb des Unternehmens selbst ablaufen, obwohl er jederzeit auch auf diesen Aspekt hätte eingehen können. Er überließ es uns, das, was wir unter „Zerstörung" verstehen, auf einzelne Unternehmen anzuwenden. Für Schumpeter bedeutete Zerstörung „das Ende der wirtschaftlich nützlichen Lebenszeit", egal ob auf einen Konzernteil oder einen Unternehmensbereich bezogen. Das heißt allerdings nicht unbedingt, dass der betreffende Bereich geschlossen wird oder sonstwie aufhört zu existieren. Es bedeutet lediglich, dass seine wirtschaftliche Existenzberechtigung als Teil des Unternehmens endet oder in Bälde enden wird. Der Grund mag sein, dass in dem Geschäft kein Potenzial mehr steckt oder dass sich die grundlegende wirtschaftliche Ausrichtung des Unternehmens geändert hat. Insofern kann ein und dieselbe Sparte beispielsweise bei Intel ein Zerstörungskandidat sein, bei Fujitsu aber nicht, da dort ganz andere Ziele und Ressourcen gegeben sind.

Mit anderen Worten, *Zerstörung* bedeutet nicht „Tod" im Sinne der jüdisch-christlichen Auffassung, sondern vielmehr „Transformation" nach dem Verständnis der hinduistischen Glaubenstradition. In diesem Sinne bedeutet *zerstören* viel eher so etwas wie „austauschen" als „auslöschen". In einigen Fällen kann *Zerstörung* natürlich das Ende der wirtschaftlichen Existenz insgesamt bedeuten, doch das sind dann spezielle Fälle innerhalb des übergreifenden Prinzips. In jedem Fall aber gilt, dass – ob im Unternehmen oder in der Wirtschaft insgesamt – das Neue das Alte verdrängt.

Es gibt verschiedene „Akte der Zerstörung" beziehungsweise des „Austauschs". Im Unternehmenskontext sind die dramatischsten Akte – wir haben es bereits erwähnt – die Entscheidungen, einen Bereich zu verkaufen oder zu schließen. Eine gemäßigtere Form ist vielleicht die Ausgliederung von Bereichen, die Fremdkapital besser nutzen können, wenn die Muttergesellschaft nur eine (nicht konsolidierte) Minderheitsbeteiligung hält. Wie Schumpeter meinte, zielt die Zerstörung in diesen Fällen darauf ab, den Weg für schöpferische Veränderung freizumachen und das Unternehmen wieder „frischer" werden zu lassen.

Normalerweise betrachten wir Umorganisation nicht als einen Akt der Zerstörung, vielmehr ist sie ein normaler Bestandteil der operativen Aufgaben eines Unternehmens. Ob man nun aus Wachstums- oder Rentabilitätsgründen umstrukturiert – stets steht dahinter die Absicht, das Geschäft aktiv weiterzubetreiben, und nicht, es abzustoßen, um das Potenzial für Neuschöpfung zu erhöhen.

Der Begriff der „Zerstörung" wirft für die Unternehmensführung einige schwierige Fragen auf. Darunter vor allem die wie ein Unternehmen als „Zerstörer" geführt werden kann. Wir kennen kein einziges Unternehmen, das in dieser speziellen Weise geführt wird – ausgenommen vielleicht einige Ausschlachter („Asset-Stripper"), von denen es wenige gibt und noch weniger überleben. Ziemlich viele Unternehmen aber sind „Austauscher"; der Großteil davon sind Kapitalbeteiligungsgesellschaften, wie wir im siebten Kapitel erörtern werden.

Natürlich gibt es alternde Unternehmen, die beträchtlichen Cashflow erzeugen und dennoch nicht wachsen. Einige davon haben im Laufe der Reifung ihre Fähigkeit zum Austausch verloren. Mit ihnen sind auch ihre Mitarbeiter gealtert. Solche Firmen sind ein absolut bequemes Nest, aber für jemanden, der eine Karriere starten und vorankommen will, sind sie nichts. Für solche Unternehmen ist es sogar recht schwer, neue Leute anzuheuern. Trotz hoher Renditen und guter Dividenden schrumpft mit der Zeit ihre Marktkapitalisierung im Verhältnis zum Wirtschaftswachstum, weil sie selbst nicht mehr wachsen. Diese Unternehmen verlieren allmählich an relativer Wirtschaftskraft und schwinden dahin, so wie Cheyenne, Studebaker und Anaconda. Lässt an irgendeinem Punkt auch ihre Leistungsfähigkeit nach, werden sie vielleicht aufgekauft und gehen damit noch schneller unter. Doch im Allgemeinen können solche Unternehmen, wie bereits erwähnt, recht lange im Zustand der „Lebenserhaltung“ bestehen bleiben. Es wäre nicht richtig, sie als „Zerstörer“ zu bezeichnen. Sie sind in keinster Weise bestrebt, irgendetwas zu zerstören; sie sind lediglich darauf bedacht, am Leben zu bleiben. Trotzdem gehen sie irgendwann unter.

Wie können Manager und Führungskräfte mit Zerstörung und Austausch umgehen, die im Tempo und Ausmaß der Märkte ablaufen? Sind Menschen emotional in der Lage, diese Art von Stress zu bewältigen? Im Bezug auf Zerstörung heißt die Antwort ganz klar „nein“. Menschen sind emotional nicht gerüstet, ein Leben der Zerstörung zu führen. Allerdings kommen auch nicht viele in die Verlegenheit. In den meisten alternden Unternehmen vollzieht sich der Niedergang schrittweise und relativ zum Gesamtmarkt. Man entfernt sich allmählich vom Zentrum der volkswirtschaftlichen Aktivität. Der Einzelne bezahlt dafür eher in Form verpasster Chancen als in Form realer Verluste. Was aber den Austausch betrifft, so haben einige Firmen gelernt, ihn im Tempo und Ausmaß der Märkte zu betreiben, wie wir im siebten Kapitel darlegen werden.

Menschen, die von offenkundiger Zerstörung betroffen sind – beispielsweise von einem Konkurs oder einem vorschnellen Ende wie bei Cheyenne –, müssen natürlich neue Beschäftigungen finden. Das werden wir auch in Zukunft immer wieder erleben, wenn unsere Prognosen zutreffen. Es gibt mindestens drei allgemeine Strategien, die solche Menschen verfolgen können. Erstens, man kann die Risiken im Voraus bedenken, die Folgen abschätzen und einen „Evakuierungsplan“ aufstellen, so wie sich Küstenbewohner auf einen nahenden Wirbelsturm einstellen. Zweitens, man kann seine Fähigkeiten erweitern, sodass man mehr Alternativen hat, falls sich die Befürchtungen hinsichtlich des Unternehmens oder Bereichs bewahrheiten. Auf einen einzigen Kompetenzbereich beschränkt zu sein war schon immer riskant, es wird in Zukunft aber noch riskanter werden. Drittens, man kann an einem Ort leben, wo es genügend andere Möglichkeiten gibt, wenn der eigene Arbeitsplatz gestrichen wird. Im Silicon Valley, in der Silicon Alley, in Austin, Boston oder Raleigh-Durham wechseln die Menschen ständig den Arbeitsplatz. Wenn eine Anstellung endet, gibt es anderswo eine andere. Man bleibt nicht einem Unternehmen, sondern einem Standort treu. In der Zukunft wird so etwas wahrscheinlich noch häufiger anzutreffen sein. Die aufgezeigten Lösungen sind weder narrensicher, noch sind sie besonders angenehm. Doch das Phänomen der Zerstörung ist nun einmal ein unumstößliches Faktum des Wirtschaftslebens.

Interessanterweise ist es nach amerikanischem Recht viel schwerer, Konkurs anzumelden, als in Großbritannien und vielen anderen Ländern. Das mag zwar für Gläubiger und Mitarbeiter von Vorteil sein, fordert aber seinen Preis von der Volkswirtschaft, denn es bremst das Tempo, in dem wir unsere Ressourcen neu einsetzen können, und damit auch unser Fortschrittstempo. Dennoch hat bislang noch niemand dafür plädiert, das Konkursverfahren zu vereinfachen, um unser Fortschrittstempo zu beschleunigen. Wenn sich jemand für Veränderungen im Konkursrecht ausspricht, dann für eine Verschärfung und nicht für eine Lockerung.

Nichtsdestotrotz ist die Zerstörung eine Realität des Marktes. Sie signalisiert das Ende des wirtschaftlichen Nutzens eines Bereichs, eines Unternehmens oder einer Branche. Dieses Ende lässt sich aufschieben, aber nicht umgehen. Es ist ein fester Bestandteil des Kapitalismus. Wird es nicht als normaler Aspekt der Unternehmensführung erkannt, besteht die Gefahr, dass Fortschritt und Leistung gebremst werden und der Wandel das Unternehmen unvorbereitet trifft. Cheyenne, Studebaker und Anaconda sind nur einige Beispiele dafür, es gibt zahlreiche andere. Wer die Zerstörung ignoriert, beschwört das Verderben herauf. Die Frage ist folglich, wie man mit der Zerstörung umgeht. Hier gilt es vor allem, die Zerstörung als solche zu erkennen; dann muss man sich klar dafür entscheiden, sich mit ihr auseinander zu setzen und absterbende Unternehmensteile auszutauschen, bevor sie vernichtet werden müssen.

Grade der Zerstörung

So wie Innovation kann auch Zerstörung marginal, substanziell oder transformatorisch sein. Bei der Innovation beschreiben wir den Prozess anhand der „Neuheit“ und anhand des wirtschaftlichen Wertes, den sie schafft. Bei der Zerstörung hängt der Veränderungsgrad davon ab, wie viel zerstört wird und wie viel Vermögen auf dem Spiel steht, wenn die Zerstörung unterbleibt.

Praktisch jedes Unternehmen erlebt jedes Jahr eine gewisse Form inkrementeller interner Zerstörung. Verfahren werden geändert, einzelne Stellen oder Filialen abgebaut und so weiter. Diese Form der Zerstörung stellt das grundlegende mentale Modell des Unternehmens aber nicht infrage; sie ist vielmehr notwendig, um den routinemäßigen Betrieb zu verbessern. Veränderungen dieser Art gehören zum Konzept der Kontinuität. Inkrementelle Zerstörung kann, genau wie inkrementelle Innovation, von den ausführenden Ebenen des Unternehmens bewerkstelligt werden; sie vollzieht sich tagein, tagaus, auf tausenderlei Art und oft ganz unbemerkt.

Substanzielle Zerstörung – etwa die Entscheidung, zehn Prozent oder mehr der Belegschaft zu entlassen, ein Joint Venture aufzulösen, einen Forschungsbereich oder die Entwicklung einer neuen Produktlinie einzustellen – kann von den Mitarbeitern an der Basis nicht entschieden und ausgeführt werden. Hier muss das obere Management mitwirken. In der Regel ist es unangenehm, diese Art von Entscheidung in Betracht zu ziehen, zu planen und durchzusetzen. Dessen ungeachtet sind solche Entscheidungen absolut notwendig für die langfristige Wettbewerbsfähigkeit der meisten Unternehmen. Substanzielle Zerstörung ist angebracht, wenn größere Systeme (z.B. die Unternehmensplanung) alt und verkrustet sind und durch moderne Äquivalente ersetzt werden müssen. Ein solcher Austausch kann mitunter eine grundlegende Veränderung im mentalen Modell des Unternehmens auslösen. Damit unterscheidet sich substanzielle Zerstörung grundlegend von der inkrementellen Zerstörung.

Transformatorische Zerstörung verändert den Kurs eines Unternehmens unumkehrbar. Eine angestammte Produktlinie einzustellen (wie es Intel mit der DRAM-Sparte tat), oder Konkurs anzumelden – das sind Beispiele für transformatorische Zerstörung.[14] Diese Form der Veränderung kommt dem am nächsten, was Schumpeter meinte, als er die „Stürme der schöpferischen Zerstörung" beschrieb; er hatte die Ablösung von Unternehmen und sogar ganzer Branchen vor Augen. Oft wird transformatorische Zerstörung durch Marktgeschehnisse ausgelöst, etwa durch das Vordringen ausländischer Wettbewerber (wie beim DRAM-Geschäft von Intel der Fall) oder durch Entstehen eines Überangebots. Transformatorische Zerstörung hat ganz andere und viel langfristigere Auswirkungen als substanzielle Zerstörung, denn diese Umwälzungen sind irreversibel.

Alle drei Arten der Zerstörung sind entscheidend für das Wohlergehen eines Unternehmens. Mit zunehmender Größe und Reife werden Unternehmen auch komplexer. Die Komplexitäten äußern sich in Regeln, Konstruktionsrichtlinien und Bürokratie. Das Unternehmen wird von einer Kruste von Regeln und Verfahren überzogen.

Zerstörung ist die einzige sichere Methode, um dieses Verkrusten zu verhindern. Sie putzt die Systeme durch und hält sie frisch. Und je länger man wartet, um die Kruste zu entfernen, um so schmerzlicher muss der Zerstörungsakt schließlich sein, wie Cheyenne Software leider zu spät erkennen musste.

KAPITEL 6

Zerstörung und Schöpfung im Gleichgewicht

Ich habe das Gefühl, ich sitze an einem Lagerfeuer, spät nachts, und die Scheite verglühen langsam. Ich kann Geräusche außerhalb des Lichtscheins hören, aber ich weiß nicht, was es für Geräusche sind und was sie bedeuten.

CEO EINES FORTUNE-100-WELTUNTERNEHMENS
Januar 2000

In Kapitel 3 beschrieben wir, wie die natürliche Entwicklung der unsichtbaren Unternehmensarchitektur – mentale Modelle, Informationssysteme, Entscheidungen, Aktionen und Steuerungssysteme – zu einer Erstarrung in der Unternehmenskultur führen können. Wie wir dargelegt haben, durchlaufen Unternehmen nacheinander drei Stadien, vom anfänglichen kreativen Eifer über die rationale Analyse bis hin zur Verdrängung. Dieser Weg ist für die Lebensspanne der allermeisten US-Unternehmen charakteristisch. Ein paar haben jedoch versucht, aus diesem Muster auszubrechen, und einigen ist es auch gelungen – zumindest mehr als den anderen.

Ausschlaggebend für ihren Erfolg war das Gleichgewicht, das sie zwischen Schöpfung und Zerstörung, zwischen Kontinuität und Wandel hergestellt haben.

Oft erleben wir, wie ein Unternehmen als Ergebnis transformatorischer Innovation entsteht. Mit zunehmender Reife beginnt es dann, sich verstärkt auf die betrieblichen Prozesse zu konzentrieren. Das Schwergewicht der Innovation verschiebt sich, wie erläutert, von transformatorischer zu substanzieller Innovation. In diesem Stadium richten die meisten Unternehmen ihr Augenmerk noch nicht auf die Notwendigkeit der Zerstörung. Einige wenige aber tun es. Diese Unternehmen beginnen schon in den frühen Entwicklungsstadien, die gerade erst errichteten Strukturen systematisch aufzulösen. Tun sie das zu schnell, zerstören sie natürlich ihre Existenzgrundlage – ihren laufenden Cashflow. Tun sie es aber zu langsam, werden sie kurzfristig zwar gut abschneiden, aber im Laufe der Zeit in der Mittelmäßigkeit stecken bleiben. Ein Unternehmen mag weiterhin beachtliche Erfolge aufweisen, wenn es sich laufend mit inkrementeller Innovation verbessert, doch langfristig genügt das nicht, um Spitzenleistungen zu erzielen.

Schließlich bleiben nur zwei Möglichkeiten: Entweder lässt die Leistungskraft des Unternehmens nach, oder es versucht, zu neuer Stärke zu kommen. Möglichkeiten dazu sind ein Neustart, die gleichzeitige substanzielle Schöpfung und Zerstörung oder die gleichzeitige transformatorische Schöpfung und Zerstörung. Wir werden jede Vorgehensweise im Einzelnen beschreiben.

Zuweilen versuchen Unternehmen eine Neubelebung durch transformatorische Innovation, ohne sich wirklich zu verändern. Dieser Kurs ist schwierig und in der Regel erfolglos. Als Alternative gibt es das, was wir „Cash-out" nennen, das heißt die Liquidierung des Unternehmens durch schrittweisen Verkauf der Vermögenswerte an ein anderes Unternehmen, wie beispielsweise Cheyenne es tun musste. Diese Methode kommt zwar den Aktionären zugute, bedeutet aber längerfristig das klare Todesurteil für das Unternehmen. Außerdem macht sie es anfällig für eine Übernahme.

Gleichzeitige substanzielle Schöpfung und Zerstörung

Als dritte Alternative können Unternehmen versuchen, gleichzeitig substanzielle Schöpfung und Zerstörung zu betreiben. Die Firma Corning, die sich von Geschirr und unterschiedlichen Glas-Spezialprodukten auf Lichtwellenleiter verlegte, und der Enron-Konzern, der vom Erdgaslieferanten zum Händler mit Erdgas und anderen Commodities wurde, haben diesen Kurs verfolgt. Beide Unternehmen entschieden sich nicht nur für eine „Zerstörung" ihres bisherigen Geschäftes, sondern auch für den Aufbau der Kompetenzen, die zur Erzeugung neuer Ertragsströme notwendig waren. Beide zerstörten ihr derzeitiges Geschäft im Vertrauen darauf, dass das neue Geschäft greifbar genug war und das Unternehmen den Wechsel überleben konnte. Die Aktienkurse der beiden Unternehmen sanken, bis sie die Märkte überzeugt hatten, dass sie auf der richtigen Spur waren.

Corning

Im Jahre 1864 kaufte Amory Houghton, der schon seit langem in Glasfirmen investiert hatte, die Brooklyn Flint Glass Company. Vier Jahre später verlegte das Unternehmen den Betrieb nach Corning im Staate New York, wo genügend Brennkohle und günstige Transportmittel verfügbar waren. Zu Ehren des neuen Standorts benannte Houghton das Unternehmen in The Corning Flint Glass Company um. Die Firma, die anfangs Konsumgüter wie Thermometerröhrchen, Reagenzgläser für die Pharmaindustrie, Glas für Eisenbahnsignale und Rohlinge für Geschirr herstellte, wurde 1875 unter dem Namen Corning Glass Works als Aktiengesellschaft eingetragen. Als Thomas Edison 1879 eine Birne für seine neue Elektrolampe brauchte, wandte er sich an Corning.

Anfangs wurden die Glühbirnen bei Corning von Vorarbeitern hergestellt, die geschmolzenes Glas mit dem Blasrohr verarbeiten, und das Produktionsvolumen war sehr gering. Doch schließlich konnte ein Team von vier Glasarbeitern mit Hilfe von Gussformen mehr als 1200 Glühbirnen pro Tag fertigen. Als Dr. Eugene Sullivan 1908 bei Corning eines der ersten Industrieforschungslabors des Landes einrichtete, machten Glühbirnen über fünfzig Prozent des Geschäfts aus. Die Glühbirne von Corning war der Anfang einer Verbindung zwischen Glas und Elektrizität, die sich im Laufe der Jahre ausweitete und im Zeitalter der Elektronik noch zusätzlich an Bedeutung gewinnen sollte.

Der Erfolg von Corning beruhte neben der technologischen Stärke auch auf seinen Joint Ventures. Corning gründete 1937 mit Pittsburgh Plate Glass das Glasbauunternehmen Pittsburgh Corning, 1938 mit Owens-Illinois das Glasfaserunternehmen Owens-Corning und 1943 mit Dow Chemical den Silikonhersteller Dow Corning. Corning war sich stets darüber im Klaren, dass es auf Leistungsfähigkeit ankam – nicht auf Steuerung und Kontrolle, sondern auf Performance für den Aktionär. Die hat das Unternehmen stets sichergestellt, auch wenn das bisweilen zu Lasten des Wachstums ging.

Nach dem Zweiten Weltkrieg expandierte Corning weltweit. Die Laboratorien machten das Unternehmen zum unangefochtenen Marktführer in der Herstellung von Spezialglas, aus dem damals diverse Konsumgüter entwickelt wurden. Beispielsweise entwickelte Corning das erste chemisch beständige Glas, das Borsilikatglas, das abrupten Temperaturschwankungen standhielt und für Keramikgeschirr der Marke Pyroceram („vom Kühlschrank in den Ofen") verwendet wurde. Dieses Glas machte das Unternehmen zum Marktführer für Kochgeschirr und den Namen Corning zu einem festen Begriff.

Im Jahre 1947 revolutionierte die Corning-Forschung die Glasformung. Die Massenproduktion von Röhren wurde möglich, das Fernsehen bald für Millionen Menschen erschwinglich. 1949 fruchteten die Bemühungen von James W. Giffen, dem Leiter der neu gegründeten Laborabteilung für Produktanlagenforschung, in der Entwicklung einer neuen Schleudergussmethode zur Herstellung von Fernsehröhren. Gleichzeitig entwickelte Dr. William H. Armistead, ein Chemiker im Corning-Labor, eine neue bleifreie Glasverbindung speziell für Fernsehröhren, die leichter und auch billiger in der Herstellung war. Diese Fernsehkomponenten beschleunigten den Umsatz- und Ertragszuwachs bei Corning enorm. Die Anleger reagierten entsprechend, die Aktienkurse erklommen neue Höhen.

Ab 1983 aber begann CEO James Houghton zu ahnen, dass es nach hundert Jahren Spitzenleistung im Produzieren und Verkaufen von Konsumgütern immer schwieriger wurde, auf diesem Gebiet zu wachsen. Er fing an, Experimente mit vielen verschiedenen Geschäftseinheiten zu machen. Schließlich verengte er den Fokus auf wachstumsstarke Branchen und begann, Anbieter von Labordienstleistungen aufzukaufen, darunter 1982 MetPath, 1987 Hazleton und 1989 Enseco sowie G. H. Besselaar. Man ging auch internationale Joint Ventures mit Siemens, Mitsubishi und Samsung ein und strich „Glass Works" aus dem Firmennamen, um der Verlagerung von Konsumgütern zur Technologie Rechnung zu tragen.

Neben diesen Anstrengungen, die nur wenig mit der Kernkompetenz des Unternehmens – der Glastechnik – zu tun hatten, begann Corning mit der Entwicklung der Lichtwellenleitertechnologie und wagte sich damit in eine ganz neue Arena. Jahrelang war die kommerzielle Nutzung von optischen Fasern in der Datenübertragung unmöglich gewesen, weil die Lichtstärke über die Distanz abnahm. Im Jahre 1970 lösten drei Forscher bei Corning das Problem, durch Entwicklung der ersten Lichtwellenleiter – Glasfasern aus geschmolzenem Quarzglas, die gewährleisteten, dass Laserlichtsignale auch über große Distanzen nicht an Intensität einbüßten. Diese Erfindung ebnete den Weg für die kommerzielle Nutzung der Faseroptik in der Telekommunikation und anderen Bereichen. 1993 entschied sich AT&T, die Optokoppler für seine Unterseekabel von Corning zu beziehen.

Um die Entwicklung der Lichtwellenleiter zu fördern, bildete Corning 1994 ein Joint Venture mit der Siemens AG und gründete Siecor Corporation und Siecor GmbH. Die Siecor GmbH übernahm dann verschiedene Faser- und Kabelgeschäfte von Nortel Networks und weitete damit ihre Präsenz in Kanada aus. Außerdem gründete Corning auch Biccor, um in Faseroptikunternehmen in Asien zu investieren.

Als Houghton ausschied, wurde President und COO Roger Ackerman sein Nachfolger. Als CEO beschloss Ackerman, „die Aufwendungen für Forschung und Entwicklung zu verdoppeln ... und in die optische Nachrichtenübertragung zu investieren".[1] Im Jahr darauf bewies er, wie ernst es Corning mit der schöpferischen Zerstörung war: Er versuchte, den langsam wachsenden Haushaltsproduktebereich Corning Consumer Products (CCP) abzustoßen, der immerhin fünfzig Prozent der Umsätze beisteuerte und fünfzig Prozent der Mitarbeiter beschäftigte. Zunächst versuchte er, die Einheit an AEA Investors zu verkaufen, aber der Deal kam nicht zustande. Im folgenden Jahr konnte Corning die CCP jedoch an Kohlberg, Kravis und Roberts veräußern. Damit war das Ende der Konsumgüterära bei Corning besiegelt. Durch Verstärkung seiner Präsenz in der Telekommunikation und anderen Technologien sowie Veräußerung der Konsumgütersparte unterschied sich Corning von der großen Mehrheit der traditionellen Unternehmen und demonstrierte die Bereitschaft, wirklich wie der Markt zu agieren. Corning ist in seiner 125jährigen Geschichte mehrfach geschrumpft, um zu wachsen.

Das war aber längst nicht alles. 1999 erwarb Corning von der britischen BICC Group den Bereich Telekommunikationskabel, im Jahre 2000 von Siemens den Lichtleiterkabelbereich sowie die restlichen fünfzig Prozent der Joint Ventures Siecor Corporation und Siecor GmbH. Im selben Jahr übernahm Corning außerdem Oak Industries, die Übertragungskomponenten und mechanische Regler herstellte, und kündigte an, man werde rund 750 Millionen Dollar investieren, um die Fertigungskapazität für Lichtwellenleiter zu verdoppeln. Dann übernahm Corning noch Optikfilterhersteller NetOptix für geschätzte zwei Milliarden Dollar.

Diese Übernahmen zeigen sich inzwischen als Erfolge. Anfang 1999 brachte Corning beispielsweise die LEAF® Fiber auf den Markt, die erste Faser und optische Komponente, die in der Lage ist, die Geschwindigkeit und Übertragungskapazität von Telekommunikationsnetzen drastisch zu erhöhen. Ferner entwickelte das Unternehmen den ersten optischen Verstärker für Telekommunikationsnetze; dieses Gerät kann nicht weniger als achtzig verschiedene Lichtwellenlängen durch eine einzige Glasfaser schicken. Diese Erfindungen haben das Unternehmen zum Marktführer gemacht und seinen Umsatz rapide wachsen lassen.

Corning ist inzwischen der führende Lieferant für hohe Übertragungskapazitäten – einen Markt, der um dreißig Prozent im Jahr wächst. 1999 erklärte Ackerman, Corning besitze „in dieser speziellen Technologie [ultrahohe Bandbreiten] die weltweit führende Position, und wir investieren weiterhin aggressiv in neue Fertigungsanlagen und – was noch wichtiger sein dürfte – in Innovation". [2] Cornings konsequentes Bekenntnis zur schöpferischen Zerstörung, ohne dabei die operative Spitzenleistung zu vernachlässigen, hat das Unternehmen zum Branchenführer bei Glühbirnen, Fernsehtechnik und Lichtwellenleitern gemacht und seinen Anlegern Spitzenrenditen gesichert.

Getreu seiner langen Tradition begnügt sich Corning auch heute keineswegs damit, in der Faseroptik aktiv zu sein. Nach Ackermans Worten will das Unternehmen „weit über Lichtwellenleiter hinausgehen. Wir geben eine Menge für Forschung und Entwicklung aus und sind sehr erfolgreich auf einem Gebiet, welches ich als Bearbeiten von Lichtinformation bezeichnen würde".[3] Ackerman weiter: „Corning führt primär durch technische Innovation, uns verbindet eine tiefe Überzeugung von der Macht der Technologie. Wir haben schon immer bedeutende Beiträge zur Wissenschaft und Technik geleistet, und eben dieser Innovationsgeist hat es uns ermöglicht, neue Produkte und neue Märkte zu schaffen."[4]

Heute entfallen über fünfzig Prozent der Umsätze auf den Lichtwellenleiterbereich und dreißig Prozent auf den Bereich für hoch entwickelte Werkstoffe, der eine ganze Reihe Produkte für Wissenschaft und Industrie herstellt. Corning blickt einer strahlenden Zukunft entgegen, und all das ist nicht etwa dem Festhalten an Kontinuität, sondern der Bejahung der Diskontinuität zu verdanken. Bisher hat sich Corning als Meister in diesem Spiel gezeigt.

Enron

Als sich die beiden Industriegiganten Houston Natural Gas und InterNorth 1985 zu Enron zusammenschlossen, wählte man als neuen CEO Kenneth Lay, der früher bei der US-Energieregulierungsbehörde gewesen war. Lay wurde von einem Wettbewerber abgeworben, um feindliche Übernahmeversuche abzuwehren – und mit denen rechnete man, weil Enron bei der Gründung beträchtliche Schulden hatte. Lays erste Aufgabe als CEO war es, die Bürokratie im Unternehmen Schicht für Schicht abzubauen und gleichzeitig das Netz von

Pipelines auszuweiten. Aber während er noch dabei war, erkannte Lay, dass auf dem inzwischen deregulierten Erdgasmarkt die höchsten Langfristrenditen wahrscheinlich nicht mit dem Fördern oder Transportieren von Erdgas, sondern mit dem Handel zu erzielen waren.

Als die amerikanische Regierung die Erdgasbranche in den achtziger Jahren deregulierte, wurde aus einer schwerfälligen regulierten Industrie – einer Branche, die nach dem Prinzip „Kosten plus feste Marge“ arbeitete – ein wettbewerbsorientierter Markt. Zur Versorgung dieses Marktes mussten neue Unternehmen, neue Netzwerke, neue Finanzierungskanäle und neue Produkte geschaffen werden. Die Innovationsmöglichkeiten waren schier unbegrenzt – die Risiken auch. Enron witterte in dieser Unbeständigkeit eine Marktchance und baute Ende der achtziger Jahre ein spezielles Bankgeschäft für den Erdgasmarkt auf, das als Vermittler zwischen Erzeugern und Verbrauchern fungieren sollte. Diese „Gasbank“ sicherte den Konsumenten eine neue Form von Stabilität – mit Lieferverträgen, die bezüglich Menge, Zeitraum, Preisindex und Abrechnungskonditionen maßgeschneidert waren.

Die Idee, einen speziellen Ansatz für den Erdgashandel zu entwickeln, stammte von Jeff Skilling, zu der Zeit Seniorpartner bei McKinsey. Er präsentiert sein Konzept der Geschäftsleitung der Enron Corporation, die das Ganze zu Anfang eher kühl aufnahm. Doch nach weiteren Überlegungen und Einzelgesprächen unterstützten CEO Lay und President/COO Richard Kinder Skillings Idee. Am Ende schied Skilling bei McKinsey aus und übernahm bei Enron die Aufgabe, Enron Capital and Trade (ECT) zu gründen. Inzwischen ist daraus Enron North America geworden.

ECT war einer der ersten Wettbewerber auf dem freien Erdgasmarkt, der als Zwischenhändler auftrat – also Erdgas von den Produzenten kaufte und an Kunden wie Kraftwerke und Industriekomplexe verkaufte. Zuvor hatten nur regulierte Pipelinebetreiber Erdgas kaufen und verkaufen können, und die Erdgaskunden hatten nur eine Bezugsquelle gehabt: ihren örtlichen Gasversorger.

Als Skilling zu Enron kam, erbte er den alten Erdgaseinkaufs- und Verkaufsbereich des regulierten Pipelinegeschäfts. Bis zur Deregulierung waren die Pipelinegeschäfte technisch orientierte Versorgungsbetriebe mit fester Rendite auf das investierte Kapital. Weil die Rendite festgelegt war, hatte geschicktes Einkaufen oder Verkaufen keinen Einfluss auf das, was unterm Strich herauskam. Innovation war kaum relevant. Skillings erste Aufgabe bestand darin, das zu ändern.

Skilling verwarf die herkömmliche Strategie, kostengünstigster Anbieter eines Massenguts zu sein; stattdessen zielte er darauf ab, Erdgas zum richtigen Zeitpunkt, zum richtigen Preis und für einen bestimmten Zweck bereitzustellen. Es hätte kaum einen größeren Unterschied geben können zwischen diesem Konzept und dem des traditionellen Versorgungsbetriebs. Denn im Grunde wollte Skilling das bisherige Denkmodell radikal verändern und das Unternehmens dazu bringen, sich künftig nicht mehr als Pipelinebetreiber, sondern als Energieladen zu sehen. Damit folgte er dem Ansatz von MCI auf dem Telekommunikationsmarkt (der ja auf ganz ähnlicher Weise dereguliert wurde wie der Energiemarkt). Später kommentierte Lay: „[Der Energiemarkt] wird bald den konkurrierenden Telefongesellschaften ähneln, die heute eine ganze Palette von Telekommunikationsdienstleistungen anbieten. Wenn es so weit ist, kann man bei Enron anrufen und seinen ganzen Strom bei uns bestellen."

Ab 1992 wurden Terminkontrakte für Erdgas an der New Yorker Produktenbörse frei gehandelt – eine umwälzende Neuerung, die von Enron angeführt wurde. Praktisch von Anfang an brachte der neue Bereich der Muttergesellschaft 22 Prozent ihres Betriebsgewinns ein. Skilling sagte dazu: „Der Verkauf von Erdgas wird bald ein richtiges Geschäft sein, so wie der Verkauf von Waschmaschinen. Wir nehmen das einfachste Massengut, das es gibt – ein Methanmolekül – und bieten es unter einem Markennamen an, so wie General Electric das macht."

Um seine Zielsetzungen zu erreichen, schaffte Skilling die traditionelle Hierarchie ab, die in bürokratischen Apparaten üblich ist, und schuf stattdessen eine relativ flache Pyramide mit nur drei Ebenen zwischen dem CEO und dem einfachsten Arbeiter. Auch ersetzte er die deskriptiven Stellenbezeichnungen durch solche, wie man sie bei professionellen Dienstleistern findet – Titel, welche den Grad an Kompetenz und nicht den Verantwortungsbereich umschreiben. Und schließlich führten Skilling und sein Team ein Vergütungssystem mit hohen Leistungsanreizen und –risiken ein, bei dem das Grundgehalt eines Spitzenleisters gerade mal ein Drittel der Gesamtvergütung ausmachen konnte.

Einer der Manager drückt es so aus: „Wir heuern sehr gute Leute und zahlen ihnen mehr, als sie selber glauben, wert zu sein." Dank diesem „Enron-Bonus" – die Kombination aus unerwartet hoher Vergütung und der Gewissheit, ständig Neues zu lernen und damit die eigenen Fähigkeiten zu erweitern – konnte das Unternehmen ungewöhnlich gute Mitarbeiter halten, trotz lukrativer Wettbewerbsangebote.

Skilling gab jungen Händlern grünes Licht, Geschäfte bis zu fünf Millionen Dollar ohne formale Genehmigung des oberen Managements abzuschließen. Die Leistungskriterien wurden erweitert: Die reinen Ertragszahlen wurden ergänzt durch ein kollektives Beurteilungssystem, bei dem Teams von bis zu zwei Dutzend Mitarbeitern ihre Kollegen nach verschiedenen Attributen frei bewerten konnten, darunter „Lernfähigkeit", „Führung von sich und anderen", „Aufbau und Nutzung von Kontakten" und natürlich „Innovationsfreude". Diese Beurteilungs- und Vergütungssysteme ermöglichten es ECT, den größten Teil der Belegschaft in den ersten paar Jahren auszutauschen – man konnte neue, fähige Leute einstellen, um die komplexen Kontrakte zu entwerfen und auszuhandeln; diejenigen Mitarbeiter aber, die zur Änderung ihrer mentalen Modelle nicht in der Lage waren, gingen.

Das bei ECT geschaffene Umfeld war kaum noch vergleichbar mit dem, was man in der Erdgasbranche vor der Deregulierung vorfand. Die Führungsspitze unterstützte aktiv neue Geschäfte, selbst wenn bestehende dadurch möglicherweise kannibalisiert wurden. „Wenn keiner Flagge zeigt, passiert auch nichts", sagte ein Manager. Für jede neue Unternehmung übernahm einer der Führungskräfte die Verantwortung, gab dafür lukrative Aufgaben ab und setzte seinen Ruf aufs Spiel, um der Initiative zum Erfolg zu verhelfen. Sie taten das nicht nur aus Überzeugung von der Idee, sondern auch, weil sie wußten, dass ihnen im Falle des Erfolgs eine größere finanzielle Entlohnung *und* die Chance winkte, das neue Geschäft zu leiten.

Man veränderte bei ECT sogar das physische Arbeitsumfeld und schuf große, offene Arbeitsbereiche, sodass sich die Mitarbeiter leichter verständigen und miteinander austauschen konnten. Da Informationen entscheidend zum Erfolg des Geschäfts beitragen, erhielten sämtliche Mitarbeiter Zugang zu allen Informationen. Das Unternehmen entwickelte proprietäre Analysetools, die über ein und dasselbe IT-System jedem zur Verfügung stehen.

Das vielleicht interessanteste Anzeichen für schöpferische Zerstörung war wohl die Fertigkeit, mit der Enron Ausstiege bewältigte – einschließlich ihrer unzähligen Konsequenzen. Um sich auf die nächste Deregulierungswelle im Elektrizitätsmarkt (im Endverbrauchermarkt) einzustellen, ja sie selber mitzugestalten, investierte das Unternehmen rasch mehr als 30 Millionen Dollar, um sich in Kalifornien und New Hampshire – zwei Staaten, die sich für die Energie-Deregulierung stark gemacht hatten – aktiv die Vorteile des Marktpioniers zu sichern. Doch so wie MCI gelernt hatte, vielfältige neue Geschäftsmodelle unter Anlegung strenger Erfolgskriterien auf dem Markt zu lancieren, so zog sich auch Enron abrupt aus dem Endverbrauchermarkt zurück, als die Kunden unerwartet lau reagierten. Der Leiter des gescheiterten Vorhabens, Lou L. Pai, wurde aber nicht etwa bestraft, sondern für das erfolgreiche Managen des Ausstiegs mit einer Beförderung belohnt. Rechtzeitiger Ausstieg ist schließlich ein wesentliches Element des mentalen Modells von Enron.

Weitere Beispiele für das gleichzeitige Streben nach substanzieller Schöpfung und Zerstörung sind die Bemühungen von General Electric, Hewlett-Packard und Johnson & Johnson. Bei GE beispielsweise trennte sich Jack Welch innerhalb von vier Jahren nach seinem Amtsantritt als CEO von 117 Geschäftsbereichen – von der Zeche bis zum „Light N' Easy"-Bügeleisen – die 1981 insgesamt ein Fünftel des GE-Buchwerts in Höhe von 21 Milliarden Dollar ausmachten. Welch war entschlossen zum Angriff auf das überholte Selbstbild von GE. Das „neue" General Electric, das ihm vorschwebte, war ein Hightech-Anbieter für hochwertige Produkte und Dienstleistungen, von offenen Investmentfonds über Düsenjet-Triebwerke, Kreditkartenabwicklung und bildgebende Verfahren in der Medizin bis hin zu Fernsehprogrammen. Durch aktives Abstoßen der Hauptsymbole für das „alte" General Electric brache Welch sein Anliegen mehrere Jahre, wenn nicht Jahrzehnte voran. Er hatte allen Beteiligten ein paar wesentliche Grundsätze vor Augen geführt, nämlich „Nichts ist heilig", „Veränderung ist für uns die Regel, nicht die Ausnahme" und „das Paradoxe ist eine Lebensphilosophie". [5]

Der wesentliche Unterschied zwischen diesem dritten Ansatz, der gleichzeitigen substanziellen Schöpfung und Zerstörung, und den zuvor erwähnten Strategien des Neustarts oder Ausverkaufs besteht darin, dass sich die genannten Unternehmen von der Annahme der Kontinuität verabschiedet und das Diskontinuitätsprinzip zur primären Antriebskraft für ihren Unternehmenserfolg gemacht haben. Sie versuchen nicht, zuerst Spitzenleistungen im operativen Geschäft zu vollbringen und sich erst dann mit schöpferischer Zerstörung zu befassen, wenn sie Zeit haben. Sie konzentrieren sich zuallererst darauf, schöpferische Zerstörung so zu betreiben, wie es der Markt tut; erst dann gestalten sie ihre Betriebsabläufe entsprechend..

Angesichts dieses „umgekehrten" Vorgehens ist es nicht einfach, die richtige Balance zu treffen. Bei jedem der genannten Unternehmen erforderte das die Lösung praktischer Fragen (so beispielsweise, wie man einst produktive Mitarbeiter versetzen kann, ohne so viel Widerstand zu provozieren, dass alle Anstrengungen von vornherein sabotiert werden; oder wie man Sparten ausgliedert, die einzelne Vorstände als Herzstück des Unternehmens betrachten). Diese Fragen wurden gründlich überdacht und angegangen. Und mit der nötigen Führungskompetenz konnten die Unternehmen sie schließlich lösen. Sie fanden die richtige Balance, und als Folge konnten diese Unternehmen ihren Aktionären Renditen bescheren, die es mit dem S&P 500 aufnehmen konnten – und bisweilen sogar darüber lagen.

Gleichzeitige transformatorische Schöpfung und Zerstörung

Eine vierte Option besteht darin, nach *gleichzeitiger* transformatorischer Schöpfung und Zerstörung zu streben. Ein Beispiel dafür ist Monsanto. CEO Dick Mahoney startete die Verwandlung des Unternehmens Mitte der achtziger Jahre, als er Bereiche für Chemie-Massenerzeugnisse veräußerte, pharmazeutische Betriebe übernahm und in die biotechnologische Forschung und Entwicklung investierte. Robert Shapiro folgte 1995 als CEO nach und trieb die Transformation weiter voran. Shapiro war klar, dass die Märkte Wachstum forderten. Als ehemaliger Patentanwalt glaubte er zudem an die Macht des technologischen Wandels. Shapiro startete eine größere Wachstumsinitiative, die zu Investitionen in Biotechnologie und Genomik, der Übernahme von Saatgutherstellern zur Vermarktung der Biotech-Produkte und zum Aufbau eines Lebensmittelbereichs führte. Hier nur ein Beispiel für den technischen Erfolg von Monsanto: Die Einführung transgener Sojabohnensaat machte die chemische Unkrautbekämpfung auf den Feldern so leicht, dass die amerikanischen Sojabohnenfarmer im ersten Jahr nach der Einführung (1996) genügend mutierte Sojabohnensaat kauften, um damit 45,5 Millionen Morgen Land zu bebauen – das entspricht etwa der Hälfte der Gesamt-Anbaufläche für Sojabohnen in den USA.

Shapiro ahnte das Potential dieser Erfindung und ging daran, das fast einhundert Jahre alte Unternehmen komplett umzukrempeln – vom traditionellen Chemie- und Pharmariesen zum Biotech-Anbieter. Er verfolgte sein Ziel mit einem aggressiven Übernahmeprogramm für Saatguthersteller und kleinere landwirtschaftliche Biotech-Firmen („ein Deal am Tag"), verbunden mit dem Ausstieg aus dem traditionellen Kerngeschäft von Monsanto, der Chemie. Im Dezember 1995 verkaufte er das Plastikgeschäft für 580 Millionen Dollar an die Bayer AG, und 1997 gliederte er das Chemiegeschäft im Wert von drei Milliarden Dollar unter dem neuen Namen Solutia aus.

Shapiro hatte zum Ziel, das verbleibende 7,5-Milliarden-Geschäft ganz auf die Wachstumspfeiler in den Biowissenschaften zu fokussieren: landwirtschaftliche Chemikalien, Saatgut, Pharmazeutika und Nahrungsmittel-Inhaltsstoffe. Auf dieser Grundlage veränderte er auch radikal die Managementstruktur aus der Zeit, als Monsanto noch ein „Chemieunternehmen" gewesen war. Mit der Begründung, „die Dinge verändern sich viel zu schnell für traditionelles Management" führte Shapiro im Management Zweierteams ein, in denen jeweils einer für Technologie und einer für Marketing zuständig war und die Entscheidungen gemeinsam fällten.

Um die erheblichen Schulden zu tilgen, die das Unternehmen mit einer beispiellosen Zahl von Übernahmen auf sich geladen hatte, bot man 1999 eines der profitabelsten Produkte – den Süßstoff NutraSweet – sowie den Rest des Bereichs Nahrungsmittel-Additive (mit einem Jahresumsatz von einer Milliarde Dollar) zum Verkauf an. Damit wollte man Finanzmittel beschaffen und zugleich den Aktionären und anderen Beteiligten die Tragweite dieser massiven strategischen Veränderung sowie die Überzeugungen dahinter vermitteln. Während man noch mit dem Exit aus unterschiedlichsten Geschäftsbereichen beschäftigt war, wurde auch ein Kostensenkungsprogramm durchgeführt, bei dem von weltweit 30.000 Mitarbeitern schätzungsweise 4.000 entlassen wurden. Shapiro erklärte dazu:

> *Wir nähern uns einer Zeit der Diskontinuität, wie es sie wohl noch nie gegeben hat. Unternehmen, die auf dem alten Modell gründen, werden obsolet und gehen ein. Vor Jahren haben wir bei der strategischen Planung immer „das Umfeld" – also den wirtschaftlichen, technologischen und wettbewerbsmäßigen Kontext des Unternehmens – berücksichtigt und prognostiziert, wie es sich im Lauf der Planungsperiode verändern würde. Diese Prognosen bestanden gewöhnlich darin, die jüngsten Trends zu extrapolieren. Deswegen haben wir fast nie die kritischen Diskontinuitäten vorausgesehen, bei denen die wirklich großen Gewinne und Verluste gemacht wurden – die Veränderungen, die die Zukunft des Unternehmens tatsächlich bestimmten.*

Die Umwandlung bei Monsanto gründete stattdessen auf der Überzeugung, man könne eine Umwälzung im Markt selber antreiben. Das konnte man aber nur schaffen, wenn man das zerstörte, was man einmal gewesen war.

Anfangs wußte der Markt Shapiros Bemühungen zu würdigen; das Kurs-Gewinn-Verhältnis von Monsanto stieg um mehr als das Doppelte. Doch ab 1998 formierte sich unter den Verbrauchern, besonders in Europa, eine breite

Front des Widerstands gegen gentechnisch manipulierte Lebensmittel. Der erwartete längerfristige Ertragszuwachs schien sehr auf sich warten zu lassen. Der Markt verlor das Vertrauen in die Vision von Monsanto. Im Sommer 1999 suchte Monsanto Zuflucht in einer Fusion mit American Home Products, dessen Chairman Jack Stafford wie Shapiro ebenfalls Jurist war. Im Laufe des Sommers wurde jedoch klar, dass die beiden Seiten nicht miteinander klarkamen, und die Fusion musste rückgängig gemacht werden.

In jener Zeit nahm Monsanto mit mehreren Unternehmen Verhandlungen auf. Schließlich tat man sich in einer Fusion gleichrangiger Partner mit Pharmacia & Upjohn zu Pharmacia zusammen. Die Aktionäre beider Unternehmen waren wenig begeistert, zumindest anfangs. Beide Aktionärsgruppen hatten mit einem Kursaufschlag gerechnet, falls ihre Unternehmen von einem größeren Pharmakonzern geschluckt würden. Als der Deal bekannt gegeben wurde, lag die Marktkapitalisierung der beiden Unternehmen bei insgesamt 54 Milliarden Dollar. Nach der Bekanntgabe sackten die Aktienkurse beider Unternehmen jäh ab, doch als die Fusion unter Dach und Fach war, hatte der Markt die möglichen Synergien erkannt und ließ die gemeinsame Marktkapitalisierung auf über 60 Milliarden Dollar steigen.

Die Fusion wurde allen Beteiligten schmackhaft gemacht mit der Aussicht, zusammen ein größeres Pharmaunternehmen zu bilden – nicht das Biotech-Unternehmen, das Shapiro hatte aufbauen wollen. Pharmacia hat bereits mehrere Teile abgestoßen, die früher einmal das Unternehmen definiert hatten, darunter die Süßstoffmarke Equal, die für 570 Millionen Dollar an Pegasus Partners ging; der riesige NutraSweet-Bereich war bereits vor der Fusion für 440 Millionen Dollar an J. W. Childs Equity Partners verkauft worden. Ferner wurde die Agrochemie-Sparte von Monsanto im Rahmen eines Börsengangs verselbstständigt. Der Name des kleinen Spin-offs verrät, wer der größere der beiden „gleichberechtigten" Fusionspartner war – nämlich „Monsanto". Shapiro bleibt bis Ende 2001 nicht-geschäftsführender Chairman.

Eine Zeit lang sah es so aus, als sei die große Verwandlung von Monsanto ein Geniestreich. Doch schließlich mussten zu viele Dinge zu lange perfekt funktionieren. Vielleicht strauchelte Monsanto, weil das Geschäft, auf das man hinsteuerte, noch keinen gesicherten Markt hatte. Das lässt sich jedoch nur im Rückblick sagen. Damals hatten fast alle den Eindruck, es sei eine vernünftige Strategie.

Gestörtes Gleichgewicht zwischen Schöpfung und Zerstörung: Der Fall Sequent Computer

Schöpfung und Zerstörung im Gleichgewicht zu halten ist ausgesprochen schwierig – selbst für Anwärter mit den besten Referenzen. Die Geschichte von Sequent Computer illustriert den gesamten Kreislauf von Entstehung, Wachstum und Untergang eines Unternehmens innerhalb kürzester Zeit. Wie in einem Kurzfilm sehen wir, was mit Unternehmen beim Aufstieg, auf dem Gipfel des Erfolgs und beim Abstieg passiert.

Wie bereits erwähnt, war Sequent Computer ein Spin-off von Intel, 1983 ohne größere Vorausplanung ins Leben gerufen. „Wir wussten, dass wir einen Computer bauen würden; wir wussten bloß nicht, was für einen", erklärte Casey Powell, der erste und einzige CEO von Sequent. [6]

Ein paar Wochen nach Intels „Schwarzem Montag" 1983 beschloss man bei Sequent, einen Computer für „Parallelverarbeitung" zu bauen, eine neue Art von Hochleistungscomputer mit mehreren Prozessoren von Intel oder Wettbewerbern. Trotz des technologischen Risikos und der Ungewißheit, die mit einem unerfahrenen Führungsteam einhergeht, beschaffte Sequent innerhalb weniger Monate nach dem „Schwarzen Montag" 5,2 Millionen Dollar von mehreren Risikokapitalgebern. Nicht ganz zwei Jahre später war der erste Sequent-Computer mit Namen ‚Balance 8000' fertiggestellt.

Der Balance 8000 stellte die erste kommerzielle Nutzung einer Technologie dar, die als SMP (*symmetric multiprocessing*, symmetrischer Mehrprozessorbetrieb) oder *parallel processing* (Parallelverarbeitung) bezeichnet wurde. Bislang hatten Großrechner und Minicomputer auf so genannte CPUs (*central processing units)* zugegriffen, die zentral die Rechenvorgänge für sämtliche angeschlossene Nutzer ausführten. Um mehr Datenverarbeitungskapazität bereitzustellen, entwarfen und entwickelten Unternehmen wie IBM und Digital Equipment Corporation (DEC) ihre eigenen komplexen CPUs. Bei Sequent war man der Überzeugung, man könne die nötige Software und Hardware entwickeln, um mehrere preisgünstige CPUs aus Massenproduktion zu einer Einheit zusammenfassen und dadurch die Herstellungskosten enorm zu senken. Mit dem Balance 8000 schuf Sequent einen Computer, der problemlos bis zu zwölf CPUs miteinander verbinden konnte. Das war in der Branche eine substanzielle Innovation.

Als Sequent jedoch seinen SMP-Computer erstmals der Öffentlichkeit vorstellte, nahm die Branche kaum Notiz davon. „Von den sechs Leuten, die bei unserer ersten Präsentation auftauchten, gehörten vier zu den [Organisatoren der Veranstaltung]. Wir taten ihnen richtig leid", erklärte Robert Gregg, ehemals bei Sequent für Finanzen zuständig. [7]

Anfangs reagierten die Kunden ähnlich desinteressiert. Sequent hatte den Balance 8000 kreiert, um wissenschaftliche und technische Probleme zu lösen, die für sich alleine eine beträchtliche Rechenleistung erforderten. Doch nun erwies sich der Markt als klein und schwer zu erobern; Sequent verkaufte weniger als fünfzig Rechner und setzte damit 1985 ganze fünf Millionen Dollar um.

Doch bald darauf begann der Markt auf Sequent aufmerksam zu werden. Der Balance 8000 war bei der Lösung technischer Probleme leistungsfähiger als selbst weitaus teurere Computer; zudem erwies er sich auch als effektiver für unternehmensinterne Anwendungen, bei denen zahlreiche Nutzer auf eine große Datenbank zugreifen und Änderungen eingeben mussten. In der ersten Hälfte des Jahres 1986 unterzeichnete Sequent Vierjahresverträge mit Siemens und Amperif über die Lieferung von Computern im Wert von siebzig Millionen Dollar, die unter neuer Markenbezeichnung mit anderen Produkten für Büro-EDV gebündelt werden sollten. Und die Boeing Corporation, die man als Kunden für technische Berechnungen hatte gewinnen wollen, kaufte stattdessen eine Sequent-Rechneranlage für die Verwaltung einer Forschungsdatenbank.

Als die Umsätze stiegen, entschloss sich Sequent zum Börsengang; das brachte im April 1987 mehr als 25 Millionen Dollar ein. Auch die Produktpalette wurde größer: Man brachte die Symmetry-Modelle auf den Markt, die bis zu dreißig der neuen 80386er Intel-Mikroprozessoren enthielten und zwischen 85.000 und 800.000 Dollar kosteten. Gemessen in MIPS (einer Messgröße für Rechnerleistung) konnte das Spitzenmodell von Sequent mit dem IBM-Großrechner 3090 mithalten, der 11,5 Millionen Dollar kostete. Die Symmetry-Serie brachte 1987 einen Betriebsgewinn von vier Millionen Dollar ein, bei einem Umsatz von 38 Millionen – fast doppelt so viel wie 1986. Dieses rapide Wachstum hielt bis 1990 an, 1989 mit einem Gewinn von 16 Millionen und einem Umsatz von 146 Millionen Dollar.

Die Umsätze von Sequent waren größtenteils abhängig von den Erfordernissen der Datenbankverwaltung. Anfang 1987 wurden Verträge mit mehreren unabhängigen Datenbankfirmen, darunter Oracle und Informix, geschlossen: Sequent erklärte sich darin bereit, Softwarelizenzen vorab zu kaufen und den Kunden dann Computer mit der Datenbank nach Wahl auszuliefern. Durch die direkte Zusammenarbeit mit Softwareunternehmen, insbesondere mit

Oracle, konnte Sequent verstärkt Aufmerksamkeit auf sich ziehen. Im Jahre 1989 verkündete Oracle, die Sequent-Computer seien die kosteneffizientesten Rechner für den Einsatz von Oracle-Datenbanken. Für eine ähnliche Leistung müssten die Kunden bei einem VAX-System von Digital Equipment doppelt so viel, bei einem IBM-Produkt sechsmal so viel bezahlen.

Sequent-Computer waren eine hervorragende Wahl für Datenbankanwendungen, und das Unternehmen verkaufte sie weiterhin stückweise, selbst an Großkunden. Zu den Abnehmern zählten unter anderem Coca-Cola, Radisson und Boeing; allerdings wurde die Sequent-Computer dort für spezifische Datenbankzwecke und nicht für den konzernweiten Einsatz angeschafft.

Um Kunden zu erreichen, die Dutzende oder sogar Hunderte von Computern kaufen wollten, schloss Sequent 1989 einen Fünfjahresvertrag mit Unisys. Darin verpflichtete man sich zur Lieferung von Computern, die Unisys mit zusätzlicher Software und Peripheriegeräten kombinieren und unter seinem Namen verkaufen würde. Ähnliche Vereinbarungen in kleinerem Maßstab wurden auch mit Siemens und Prime Computer geschlossen.

Auf kurze Sicht zahlte sich diese Vorgehensweise aus – der Umsatz mit den OEMs (*original equipment manufacturers*) machte 1989 immerhin 34 Prozent des Gesamtumsatzes aus – gleichzeitig aber wurde dadurch der Kundenstamm von Sequent konsolidiert, während er doch eigentlich hätte ausgeweitet werden sollen. Ein Jahr später wurden die Verträge aufgelöst. Prime Computer brach die Abmachungen, um ein eigenes Parallelsystem in Angriff zu nehmen; die Firma Unisys, die in der ersten Hälfte des Jahres 1990 mehr als 25 Prozent der Sequent-Computer gekauft hatte, stand vor operativen Problemen und kündigte an, sämtliche OEM-Verträge auslaufen zu lassen. Das unvermeidliche Verblassen des Eigenprofils im Markt, im Grunde von Sequent selbst ausgelöst, wurde durch die Nachahmerprodukte des Wettbewerbs noch beschleunigt.

Diese Nachahmerprodukte wurden nun in immer größerem Tempo auf den Markt geworfen, und bald erkannten die Endkunden von Sequent ihre wachsende Verhandlungsmacht, da mehrere kleine Computerfirmen wie Pyramid Technology und Teradata ebenfalls in den Markt für hochleistungsfähige Mehrprozessorsysteme drängten. Auch IBM und DEC boten inzwischen Konkurrenzsysteme an. Hinzu kam eine allgemeine Konjunkturschwäche – sie hatte zur Folge, dass Sequent einen größeren Teil seiner Umsätze mit eher niedrigpreisigen und weniger profitablen Produkten erzielte. Umsatzrückgang und Verluste im operativen Geschäft waren 1991 die Folge. Die fetten Jahre waren vorbei.

Scott Gibson, einer der Unternehmensgründer, der als President, Director und gemeinsam mit Powell als CEO fungierte, führte die Probleme von Sequent damals auf externe Ursachen zurück: „Es ist ziemlich klar, dass die gesamte Branche eine sehr schwere Zeit durchmacht. Geradezu schmerzhaft klar geworden ist auch, dass Sequent nicht immun ist gegen die branchenweiten Effekte des drastischen Ausgabenrückgangs beim Endverbraucher."[8] Betrachtet man jedoch die Gesamt-Aktionärsrendite im Verhältnis zum Branchenergebnis, so zeigt sich, dass der Abschwung bei Sequent in erster Linie ein internes Problem war. Vielleicht wurden die Ansichten, die Gibson öffentlich geäußert hatte, von einigen anderen bei Sequent nicht geteilt, jedenfalls wurde im Februar 1992 sein Rücktritt und die Ablösung durch Powell bekannt gegeben.

Sequent hatte erkannt, dass nach seiner ursprünglichen Innovation – der Entwicklung eines erfolgreichen SMP-Computers – das Geschäft auf der Zusammenarbeit mit Softwareherstellern basierte; gemeinsam belieferte man Kunden mit Systemen, die auf eine spezifische Problemlösung zugeschnitten waren. Diese Strategie weitete man Ende 1991 von der Datenbankverwaltung auf die Netzwerkverwaltung aus. Als Ende der achtziger Jahre die an Großrechner angeschlossenen Terminals von PC verdrängt wurden, gingen die Unternehmen auf Client-Server-Strukturen über, bei denen das ganze Unternehmen Zugriff auf zentral abgelegte Dateien hatte. Die Firma Novell hatte mit ihrer NetWare-Software einen beträchtlichen Teil des Netzwerk-Softwaremarktes erobert. Sequent arbeitete gemeinsam mit Novell an der Entwicklung einer NetWare-Version, welche die Möglichkeiten der Mehrprozessorumgebung nutzte.

Die File-Server von Sequent verkauften sich auf Anhieb und brachten das Unternehmen 1992 wieder in die Gewinnzone. Doch die Konkurrenz hatte bereits aufgeholt und bot Mehrprozessorcomputer an, auf denen auch die Datenbanksoftware von Oracle laufen konnte. Mit geringfügigen Änderungen konnte die Software, die Novell zusammen mit Sequent entwickelt hatte, auch auf anderen Mehrprozessorcomputern eingesetzt werden, und Novell zeigte großes Interesse an Lizenzabkommen mit Sequent-Wettbewerbern. Immer wenn der Wettbewerb aufholte, drang Sequent auf neues Gebiet vor, anstatt sein Revier zu verteidigen. „Wenn andere dieselben Funktionalitäten anbieten, müssen wir uns eben auf etwas Neues verlegen", erklärte Powell. [9] Der Geist der substanziellen und transformatorischen Innovation war im Unternehmen lebendig, aber man machte sich zu wenig Gedanken darüber, wie man das operative Geschäft richtig in den Griff bekommen beziehungsweise sein Nachlassen unter Kontrolle halten konnte.

Der Vorsprung des Unternehmens auf dem File-Server-Markt war bald dahin, und da Sequent den Kunden wenig Neues zu bieten hatte, ging das Wachstum 1993 wieder zurück, während die Vertriebskosten stiegen. Als Folge schloss Sequent das Jahr mit einem Verlust ab. Dass man nicht so recht vorankommen konnte, lag teilweise auch an einer Verzögerung bei der Einführung des Pentium-Prozessors von Intel, der die Symmetry-Modelle von Sequent doppelt so schnell machen sollte.

Unter dem Eindruck der Geschehnisse von 1993 begann Sequent, seine Strategie neu zu überdenken. Man konzentrierte sich jetzt auf größere Kunden und verzichtete auf die kleineren Verträge, denen man in früheren Jahren nachgejagt war. Die Umsätze entwickelten sich 1994 gut, doch das war zum größeren Teil einem schwachen Dollarkurs zuzuschreiben, der den Absatz im Ausland steigen ließ und Sequent stärker zugute kam als den Wettbewerbern, die mehr auf die heimischen Märkte angewiesen waren. In den folgenden beiden Jahren expandierte Sequent weiterhin und entwickelte sich parallel zur Branche, doch dann stand das Unternehmen plötzlich vor einem Innovatiosproblem.

Bis 1996 war die gesteigerte Rechnerleistung der Sequent-Produkte in erster Linie den Verbesserungen an den Intel-Prozessoren zuzuschreiben gewesen: Diese entwickelten sich gemäß dem Mooreschen Gesetz, dem zufolge sich die Prozessorleistung alle achtzehn Monate verdoppelt. Die Anzahl der Prozessoren, die Sequent effektiv miteinander verbinden konnte, beschränkte sich weiterhin auf 32. Oberhalb dieser Grenze kamen sich die Prozessoren einfach in die Quere, wenn sie gleichzeitig auf andere Komponenten wie den RAM oder das Hauptplattenlaufwerk zugreifen wollten. Da konzipierten Informatiker der Stanford University eine neue Rechnerarchitektur mit „uneinheitlichem Speicherzugriff" (non-uniform memory access, NUMA), durch den Mehrprozessorcomputer die Arbeitsspeicher- und Festplattenkapazität effizienter gemeinsam nutzen konnten. Mehrere SMP-Computerhersteller arbeiteten fieberhaft daran, den ersten marktfähigen NUMA-Computer fertigzustellen, doch Sequent war wieder einmal der Erste mit seinem NUMA-Q-System, das 64 Pentium-Prozessoren koppeln konnte. Das System wurde im Februar 1997 ausgeliefert. Anders als viele andere Unternehmen hatte Sequent eine zweite transformatorische Innovation zustande gebracht. Doch der Preis dafür war hoch.

Während Großkunden positiv auf den NUMA-Q ansprachen – so ging beispielsweise von Boeing ein Auftrag über 59 Millionen Dollar ein –, reagierte der Aktienmarkt auf den neuerlichen Durchbruch von Sequent viel weniger stark als auf frühere Neuerungen. Die Kapitalmärkte waren im Grunde nicht davon überzeugt, dass die jüngste Novität von Sequent dem Unternehmen länger als ein paar Jahre mehr Cashflow einbringen werde. Außerdem war der NUMA-Q ein deutliches Signal dafür, dass sich Sequent auf das obere Segment des Computermarktes ausrichtete und weniger auf die kleineren zuverlässigen Rechner, die den ursprünglichen Erfolg des Unternehmens begründet hatten. Powell war euphorisch: „Ich denke groß, groß, groß – ich bin auf den 5-bis-40-Millionen-Bereich aus. Sollte ein Verkäufer [von Sequent] es wagen, ein Vierfachsystem [Vorläuferprodukt] zu verkaufen, anstatt ein Achtfach-System [den NUMA-Q 2000], kann er gleich seine Sachen packen.“[10]

Von Anfang an behauptete Sequent, die Leistung seiner Spitzenmodelle könne mit der von Großrechnern mithalten. Als geplant wurde, Mitte 2000 einen NUMA-Q auf der Grundlage des nächst größeren Chips von Intel, des Merced, auf den Markt zu bringen, erwachte IBMs Interesse an einer möglichen Übernahme. Im Juli 1999 bot IBM 810 Millionen Dollar für Sequent, und der Sequent-Vorstand nahm an. Sequent war kein selbstständiges Unternehmen mehr, obgleich die Marke NUMA-Q vielleicht mit einem IBM-Logo darauf bestehen bleiben wird.

In den sechzehn Jahren unabhängiger Existenz hatte Sequent immer wieder einen technologischen Vorsprung geltend machen können, indem man Jahre früher als andere Wettbewerber neue Konzepte auf den Markt brachte. Sequent hatte es jedoch nie verstanden, bei allen Fortschritten den Vorsprung zu behaupten, wie Corning und Enron es getan hatten. Neu eroberte Felder wurden nicht konsequent genug ausgebaut und verteidigt, sondern allzu schnell wieder aufgegeben, wenn Nachahmer auf den Plan traten. Das richtige Gleichgewicht zwischen Schöpfung und Zerstörung wurde nicht hergestellt. Letztendlich vollzog der Markt die nötige Säuberung.

Was können wir aus all dem schließen? Erstens: Um im Tempo und Maßstab des Marktes Neues zu schaffen, muss man auch im Tempo und Maßstab des Marktes zerstören. Die Zerstörung, die erforderlich ist, um in einer kapitalistischen Marktwirtschaft Frische zu bewahren, ist auch innerhalb des Unternehmens für das weitere Gedeihen unentbehrlich. Allerdings ist Zerstörung ebenso schwer zu bewerkstelligen wie Innovation, weil dabei die emotionalen Hürden der Verdrängung überwunden werden müssen, die im Zuge der natürlichen Entwicklung des Unternehmens entstehen. Deswegen wird der Aufgabe der Zerstörung in den Unternehmen oft zu wenig oder zu spät Aufmerksamkeit geschenkt.

Zweitens: Das richtige Gleichgewicht zwischen Schöpfung und Zerstörung herzustellen ist außerordentlich schwer. In dem populären Film *Other People's Money* von 1991 (zu deutsch: „Das Geld andrer Leute") spielte Danny De Vito den Börsianer Larry Garfield, der marode Girmen aufkauft und ausschlachtet. Larry hat erkannt, dass sein jüngstes Beutestück, New England Wire and Cable, die Konkurrenz aus dem Ausland nicht überleben wird. Am Ende des Films kommt Larry in die Stadt, um den Aktionären (viele davon Mitarbeiter des Unternehmens und Bürger der Stadt) mitzuteilen, dass das Ende bevorsteht. „Letzten Endes", erklärt er, „werden die Marktkräfte Ihr Schicksal besiegeln, nicht ich!" Larry bekommt zwar nicht das Mädchen seiner Träume (die brillante Anwältin, die das Unternehmen verteidigt hat), aber die Stadt auch nicht die erhoffte Gnadenfrist, und das Unternehmen geht ihr verloren. Die Botschaft des Films gleicht den Lektionen, die das Leben lehrt: Die Märkte setzen sich immer durch.

Kehren wir zu dem nicht namentlich genannten CEO zurück, den wir zu Beginn des Kapitels zitiert haben und der vorm Lagerfeuer in die Dunkelheit starrt und über sein künftiges Schicksal nachsinnt. Seine Sorge ist begründet, seine Ängste real. Irgendwann wird es tiefe Nacht werden, und die letzten Funken werden verglühen. Und im Dunkel lauern tatsächlich alle möglichen Raubtiere. Die einzige Verteidigung besteht darin, gewappnet zu sein.

KAPITEL 7

Auf Wandel angelegt

Erzählt mir nichts von der Flut. Baut mir eine Arche.

IBM-CHAIRMAN LOU GERSTNER *(laut Überlieferung)*

Wie wir bereits in Kapitel 1 dargelegt haben, wird im Jahr 2025 die durchschnittliche Verweildauer eines Unternehmens im S&P 500 nicht mehr als zehn Jahre betragen, gegenüber derzeit zwanzig Jahren. Das Tempo des Wandels nimmt zu; Überleben ist, wie wir gesehen haben, an sich noch keine Garantie für Erfolg. Aus den historischen Daten folgt, dass selbst die Unternehmen, die das Jahr 2025 überleben werden, höchstwahrscheinlich schlechter abschneiden werden als der Markt.

Lässt sich das eherne Band zwischen Langlebigkeit und unterdurchschnittlicher Performance kappen? Können die Unternehmen von heute dem Schicksal der East River Savings Bank und anderer, längst vergessener Leidensgenossen entgehen? Unseres Erachtens können sie das. Im Grunde müssen sie dazu nur eine einfache Maxime befolgen: Sie müssen sich „so verhalten wie der Markt" – das heißt, sich ebenso schnell und umfassend verändern.

Was aber muss ein Unternehmen dazu tun? Wie kann es, um mit Lou Gerstner zu sprechen, „die Arche bauen"?

Dazu muss das Unternehmenskonzept von Grund auf geändert werden. Das Management muss Abschied nehmen von der Vorstellung des 19. Jahrhunderts, dass es in erster Linie reibungslose operative Abläufe sicherstellen und sich nur in zweiter Linie um schöpferische Zerstörung kümmern müsse. Es muss sich eine dynamischere Sichtweise zu eigen machen, wonach es in erster Linie für das Managen der schöpferischen Zerstörung und erst in zweiter Linie für die operative Effizienz verantwortlich ist. Es muss dabei allerdings weitgehend dezentral agieren, freilich ohne die Zügel aus der Hand zu geben. Die Zentrale muss das Erschaffen, Betreiben und Austauschen von Geschäften beherrschen – anstatt, wie bislang, nur den effizienten Betrieb.

Unternehmen müssen insbesondere:

1. das Tempo interner Veränderungen dem Marktniveau angleichen.
2. ihre Entscheidungsprozesse öffnen, um die Gesamtheit der Fähigkeiten im Unternehmen wie auch bei seinen Partnern zu nutzen (und der kulturellen Erstarrung vorzubeugen).
3. sich von den gängigen Vorstellungen von Steuerung verabschieden, aber nicht zu Lasten der operativen Leistungsfähigkeit.

Dies sind die Kernelemente des neuen Unternehmens – des Unternehmens, das die Wogen des Schumpeter'schen „Sturms der schöpferischen Zerstörung" erfolgreich reiten kann.

Erschaffen, Betreiben, Austauschen

In Kapitel 3 erörterten wir die fünf tragenden Säulen der „Architektur" des Unternehmens: mentale Modelle, Informationssysteme, Entscheidungssysteme (Direktiven), Aktionen und Steuerungssysteme (oder kurz: MIDAS). Die Koordinierung dieser Elemente ist bei einem operativ orientierten Unernehmen mit halbwegs stabilem mentalem Modell relativ einfach: Das Modell determiniert die Struktur der Informationssysteme, die vollkommen in die Textur der Entscheidungs- und Steuerungssysteme des Unternehmens eingewoben sind; die Aktion folgt unmittelbar aus den Entscheidungssystemen und wird durch die Steuerungsprozesse überwacht. Alles ist sehr klar und einfach. Da sich jedoch die wirtschaftlichen Rahmenbedingungen ständig wandeln, wird das Unternehmen anfällig für kulturelle Erstarrung und verliert schließlich seine Leistungsfähigkeit.

Das zunehmende Tempo des Wandels in den Märkten erfordert ein neues Modell. Dieses muss wahrscheinlich komplexer sein, um dem künftig höheren Veränderungstempo gerecht zu werden. Es wird zwar nach wie vor ein operatives Modell geben, aber dieses muss um die zentralen Funktionen der schöpferischen Zerstörung – Schöpfung und Austausch – erweitert werden. Anders gesagt, die fünf Säulen von MIDAS werden für Unternehmen, die nach effektiver schöpferischer Zerstörung und nach einem erfolgreichen Geschäftsbetrieb streben, völlig anders aussehen.

Erschaffen versus Betreiben

Unternehmen, die ein kreatives Umfeld schaffen wollen, müssen immer auf mehrere mentale Modelle zurückgreifen – die für grundverschiedene Geschäftskonzepte stehen –, weil diese stets im Markt präsent sind. Dort herrscht nur selten eine solche Einheitlichkeit des Denkens, dass es keine abweichenden Meinungen gäbe. Dann würde ein Monopol vorliegen, und davon gibt es herzlich wenige. (Außerdem: selbst Monopole haben ihre Interessengegensätze, wie man an der OPEC und DeBeers sehen kann). Wie verträgt sich diese Diversität des Denkens mit den mentalen Modellen typischer Unternehmen, die sich auf operative Leistungsfähigkeit konzentrieren? Schauen wir uns das einmal an.

In operativen Unternehmen sind die wichtigsten Informationen bekannt, und sie werden zum definierten Zeitpunkt in der benötigten Form dargeboten. In Unternehmen, deren Schwerpunkt auf Kreativität liegt, steht oft gar nicht eindeutig fest, welche Informationen notwendig oder relevant sind. Die für die Entscheidungsfindung nötigen Informationen können mehrdeutig, schwer zugänglich oder schlichtweg nicht vorhanden sein.

Ebenso unklar sind bei diesen Unternehmen die Entscheidungsprozesse. Häufig entstehen sie zusammen mit der Entscheidung, die getroffen werden muss. Probleme werden mitunter erst dann entdeckt, wenn sich Lösungen abzeichnen; Methoden liegen vielleicht erst im Nachhinein klar auf der Hand. Folglich ist es äußerst schwierig, wenn nicht gar sinnlos, die Effizienz der Entscheidungsfindung für den schöpferischen Prozess in Echtzeit zu messen.

Der Begriff Steuerung nimmt in einem Unternehmen mit Fokus auf Kreativität ebenfalls eine andere Bedeutung an. Dieselben Steuerungssysteme, die operative Effizienz gewährleisten, sind im schöpferischen Prozess nutzlos: Hier hat Steuerung mehr damit zu tun, fähige Mitarbeiter auszuwählen, ein lohnenswertes Ziel zu verfolgen und eine Art Frühwarnsystem zu entwickeln, welches das System bei drohenden Schäden rechtzeitig abschaltet. Aber das sind grobe Steuerungsmaßnahmen. Verfeinerte Kontrollmechanismen sind immer mit dem Risiko verbunden, den schöpferischen Prozess völlig zum Erliegen zu bringen. Für den kreativen Output ist es wichtiger zu ermöglichen als zu steuern.

Auch der Begriff Ausführung erhält eine andere Bedeutung. In operativ fokussierten Unternehmen ist die Ausführung praktisch Routine. Sie besteht aus tausend kleinen Tätigkeiten, die nacheinander erledigt werden, bis eine Aufgabe ausgeführt ist. Lässt man nur einige dieser trivialen Teilaufgaben aus, kann die operative Effizienz insgesamt gefährdet sein. In einem kreativ fokussierten Unternehmen kann effiziente Ausführung auch bedeuten, „den richtigen Gedanken zu denken" – ebenso wie „das Richtige zu tun". Sicherlich ist bei der Erschaffung von Neuem auf die Ausführung sehr wichtig, doch handelt es sich hier um einen völlig anderen Prozess.

Austauschen versus Betreiben

Austauschen – der „zerstörerische" Teil der schöpferischen Zerstörung – ähnelt mehr dem Betreiben als dem Erschaffen. Dennoch unterscheiden sich die Voraussetzungen für effizientes Austauschen und effizientes Betreiben. So werden beispielsweise beim Austausch Informationen gebraucht, die nicht routinemäßig zur Verfügung stehen. Ein Austausch ist, zumindest auf Unternehmensebene, in der Regel eine einmalige Transaktion, die jeweils von Grund auf neu geplant werden muss. Das Austauschen ist dann der letzte Akt. Man geht nicht von einer fortgesetzten Aktivität aus. Beim Austauschen erhält auch Steuerung eine andere Bedeutung: nämlich, dass man das gewünschte Ergebnis erzielt und sodann den Prozess abschließt, ohne dass etwas zu klären bleibt. Beim Austauschen muss das Steuerungssystem auf die einzelne Transaktion zugeschnitten werden, es sei denn, ein routinemäßiges Massengeschäft wird abgestoßen. Doch das wird nur selten vorkommen. Als 3M Imation ausgliederte, als Hewlett-Packard Agilent abspaltete, als Siemens Infineon ausgliederte und als General Motors Delphi Systems verselbstständigte, waren das alles andere als Routinegeschäfte.

Da überrascht es wenig, dass die unsichtbare Architektur von Unternehmen, die das Erschaffen, Betreiben und Austauschen fördern, völlig anders und viel komplexer aussieht als die von Unternehmen, die sich allein auf ihr operatives Geschäft konzentrieren. (Siehe auch die Zusammenfassung der verschiedenen Anforderungen in Anhang B.)

Kann ein Unternehmen Kontinuität und Diskontinuität genauso gut ausbalancieren, wie Märkte es können? Grundsätzlich ja – allerdings wird der Versuch, die Systeme eines operativ ausgerichteten Unternehmens einfach zu modifizieren, nur selten funktionieren. Vielmehr muss man von Grund auf neu beginnen und Systeme konzipieren, die auf Diskontinuität angelegt sind. Wir wenden uns nunmehr zwei Unternehmen zu, die die Stürme der schöpferischen Zerstörung erfolgreich überstanden haben: Kleiner, Perkins, Caulfield and Byers sowie Kohlberg, Kravis and Roberts. Diese Unternehmen können nicht nur für sich in Anspruch nehmen, erfolgreich auf des Sturmes Wellen geritten zu sein – sie können sogar mit Fug und Recht von sich behaupten, den Sturm mit entfesselt zu haben.

Fortwährende Schöpfung: Kleiner, Perkins, Caulfield and Byers

Kleiner, Perkins, Caulfield and Byers ist eine führende amerikanische Venture-Capital-Gesellschaft. VC-Gesellschaften verfolgen ausschließlich das Ziel, neu gegründeten Unternehmen mit neuen, viel versprechenden Geschäftsideen auf die Beine zu helfen.

Kleiner Perkins, wie die Firma gewöhnlich genannt wird, wurde 1972 gegründet von Thomas Perkins, dem ersten Bereichsleiter der Computersparte von Hewlett-Packard, und Eugene Kleiner, der lange Jahre bei Bell Laboratories war und Fairchild Semiconductor mitgegründet hat. Die beiden hätten sich keinen ungünstigeren Zeitpunkt aussuchen können: Die US-Wirtschaft schlitterte gerade in die längste Rezession seit der Weltwirtschaftskrise der dreißiger Jahre. Es war ein denkbar schlechter Moment, um ein Unternehmen zu gründen, das Start-up-Firmen im Technologiesektor mit Kapital ausstatten sollte. Dennoch gelang es der Firma, 7 Millionen Dollar Gründungskapital aufzutreiben. Bald danach traten Brook Byers, ein Spezialist für Life-Science-Unternehmen, und Frank Caulfield, ein langjähriger Venture-Capitalist, als Gesellschafter ein; der Firmenname wurde entsprechend erweitert.

Das Spezialwissen der Firma über Computer und Biotechnologie erwies sich als entscheidender Wettbewerbsvorteil und lockte Investoren wie auch Existenzgründer an. Der erste große Erfolg stellte sich 1976 ein: Die Geschäftsführung beschloss damals, in Genentech zu investieren – die erste Biotech-Firma, die mit rekombinanter DNA-Technologie arbeitete. Kleiner Perkins stellte das Kapital zur Verfügung und machte Robert Swanson, einen Mitarbeiter aus den eigenen Reihen, zum CEO. Nachdem es Genentech gelungen war, das erste menschliche Protein herzustellen und humanes Insulin zu klonen, ging das Unternehmen 1980 an die Börse. Sein Aktienkurs verdoppelte sich am ersten Handelstag. Im Jahr 1992 waren die 1 Million Dollar, die Kleiner Perkins 1976 in Genentech investiert hatte, 372 Millionen Dollar wert. Bis auf den heutigen Tag ist Genentech eine der profitabelsten Beteiligungen von Kleiner Perkins.

Kleiner Perkins konzentrierte sich auch auf Computerhersteller. In den siebziger Jahren finanzierte die Gesellschaft viele Firmen, unter anderem Tandem Computers und Lotus Development und später Sun Microsystems und Compaq. In den achtziger Jahren gehörten Intuit und Symantec zu ihrem Portfolio. Im Jahr 1982 war Kleiner Perkins mit Beteiligungen im Wert von insgesamt 150 Millionen Dollar eine der größten VC-Gesellschaften der Welt geworden. Bis 1998 hatte die Firma dank ihres großen Erfolgs Kapital im Umfang von 1,2 Milliarden Dollar aufgebracht und in über einhundert Unternehmungen investiert, die anschließend an die Börse gingen. Der Marktwert dieser Firmen belief sich 1998 auf über 80 Milliarden Dollar.

Das Anlagekapital von Kleiner Perkins stammte von Großinvestoren, darunter die Stiftungsfonds der University of California, der Universitäten Stanford, Harvard, MIT, Georgia Tech, Yale, Vanderbilt und Michigan. In jüngerer Vergangenheit hat Kleiner Perkins auch Gelder vom Pensionsfonds von General Motors, von der Rockefeller-Stiftung und den Stiftungen von Ford und Hewlett-Packard erhalten.

Kleiner Perkins bezieht das Kapital vorzugsweise von Institutionen und sehr vermögenden Privatpersonen, weil diese helfen können, Gelder für spätere Finanzierungsrunden der Portfoliogesellschaften bereitzustellen. Vom investierten Kapital erhält Kleiner Perkins ein jährliches Management-Honorar von 2 Prozent und eine Gewinnbeteiligung von 30 Prozent. Die Beteiligungen werden nach der Börseneinführung unter den Investoren verteilt.

Heute strukturiert Kleiner Perkins seine Anlagestrategie nach acht Kategorien, die sich wiederum zwei Gruppen zuordnen lassen: ‚Life Sciences' (medizinische Geräte und Diagnostik; Wirkstoffentdeckung und Therapeutik; medizinische Dienstleistungen) und Informationswissenschaften (Internet; betriebliche Software; Verbrauchermedien; Kommunikationstechnik und Halbleiter).

Bei der Auswahl von Finanzierungskandidaten legt Kleiner Perkins strenge Maßstäbe an und prüft das Management auf Herz und Nieren. „Wir suchen nach Märkten, die sich spürbar verändern werden, nach Technologien, die dies ermöglichen können und nach hervorragenden Teams – denn es ist leicht, brillante Strategien zu formulieren, aber viel schwerer, sie auch brillant umzusetzen", sagte L. John Doerr, seit den achtziger Jahren einer der maßgeblichen Partner von Kleiner Perkins.[1] Wenn ein Unternehmen für eine potenzielle Beteiligung in Betracht gezogen wird, dann reicht das Veto eines Einzigen der neunzehn Partner aus, um die Sache abzublasen. Zudem müssen zwei Partner bereit sein, in den Aufsichtsrat des Unternehmens zu gehen. „Der Bewertungsprozess ist kein Jonglieren mit Zahlen. Er basiert eher auf Erfahrung", so Michael Curry, der Finanzvorstand von Kleiner Perkins. „Kopfrechnen muss reichen, sonst ist es kein Venture-Deal."[2]

Nach Ansicht von Doerr sollten Anlagestrategien spezifischen Marktstrategien folgen. „Momentan gibt es vielleicht vierhundert VC-Gesellschaften. Wie kann sich also eine davon einen nennenswerten Marktanteil sichern? Nur durch Konzentration auf größere Initiativen, bei denen mehrere Partner gemeinsam Unternehmen und vielversprechende Geschäftskonzepte für bestimmte Bereiche entwickeln."[3]

Nicht alle Initiativen von Doerr waren erfolgreich. Ende der achtziger Jahre beispielsweise investierte das Unternehmen in mehrere Firmen, die in den Markt für mobile Datenverarbeitung einsteigen wollten, unter anderem Dynabook Technologies. Inzwischen hat sich der Markt zwar fest etabliert, aber damals waren Kleiner Perkins und Dynabook der Technologie und dem Markt zu weit voraus. Doerr gibt zu, dass er die Notbremse zu spät gezogen hat. „Wir sind nicht vorangekommen, wir sind aber auch nicht ausgestiegen", erinnerte er sich.[4] „Wir glaubten, der Markt für tragbare Computer würde explodieren." 1990 konnte Kleiner Perkins Dynabook dann endlich an Unisys verkaufen, mit einem Verlust von 8 Millionen Dollar.

In den neunziger Jahren stand Doerr dem Internet skeptisch gegenüber. „Zunächst dachte ich, Al Gore sei nicht mehr ganz bei Trost, als er von Datenautobahnen mit Auffahrten, Abfahrten und Verkehrsopfern redete. Doch ich lag falsch. Wir können Netzwerke nicht nur zur Senkung der Kosten verwenden, sondern auch zur Verbesserung der Kommunikation und zum Aufbau von Communities."[5] Mittlerweile *definieren* die Unternehmen, denen Kleiner Perkins die Finanzierung vermittelt hat, große Teile des Internet. Dazu gehören America Online (die Netscape übernommen haben), Amazon.com und Excite (die mit @Home fusionierten).

Die Beteiligung von Kleiner Perkins an Netscape im Jahr 1995 markierte den Wandel in der Anlagestrategie – weg von der Computer-Hardware, hin zu Internet-Beteiligungen. „In den achtziger Jahren hat sich das PC-Hardware- und Softwaregeschäft zu einem 100-Milliarden-Dollar-Markt entwickelt", sagte Doerr 1996.[6] „Das Internet könnte dreimal so groß werden."

Die Börsengänge, die Kleiner Perkins begleitete, waren so erfolgreich, dass interessierte Anleger mittlerweile Schlange stehen. Der Erfolg von Kleiner Perkins führte unter anderem zu zahlreichen Fusionen und Akquisitionen zwischen Unternehmen, die Kleiner Perkins in Gang gebracht hatte. Im Jahr 1998 kaufte Compaq Tandem Computers für 3 Milliarden Dollar in Aktien, und AOL übernahm Netscape für 4,3 Milliarden Dollar (nachdem es zuerst geheißen hatte, Sun und Netscape stünden in Verhandlungen).

In jüngster Zeit hat Kleiner Perkins seinerseits Partnerschaften geschlossen; so gab das Unternehmen 1999 Pläne bekannt, gemeinsam mit Charles Schwab, TD Waterhouse, Ameritrade, Benchmark Capital und Trident Capital eine Investmentbank zu gründen, die Aktienemissionen von Internetfirmen übernehmen sollte. Im Jahr 2000 setzte Kleiner Perkins diesen Trend fort: Gemeinsam mit Bain & Company und Partnern der Texas Pacific Group wurde eVolution Partners gegründet.

Risikokapitalgesellschaften wie Kleiner Perkins zeigen, dass es möglich ist, das Modell ‚Erschaffen – Betreiben – Austauschen" äußerst erfolgreich über längere Zeiträume umzusetzen. Sie verdeutlichen auch, dass das System nur funktioniert, wenn sich die „unsichtbare Architektur" des Unternehmens – die mentalen Modelle, die Informations- und Entscheidungssysteme, die Ausführungsfähigkeiten und der Steuerungsprozess – grundlegend von der entsprechenden Architektur operativ orientierter Unternehmen unterscheidet. Sie sind jedoch nicht die einzigen Beispiele für Firmen, die das Modell Erschaffen – Betreiben – Austauschen langfristig erfolgreich umsetzen. Kapitalbeteiligungsgesellschaften sind ein zweites Beispiel.

Fortwährender Austausch: Kohlberg, Kravis & Roberts

Im Jahr 1988 war Duracell, damals eine Sparte von Kraft Foods, schwer angeschlagen. Das Unternehmen hatte sich in seinen operativen Abläufen verheddert und konnte sich nicht mehr aus dem Zyklus der kulturellen Erstarrung befreien. An diesem Tiefpunkt trat die Leverage-Buyout-Gesellschaft[7] Kohlberg, Kravis & Roberts auf den Plan und kaufte Duracell von Kraft Foods. LBO-Gesellschaften wie Kohlberg, Kravis und Roberts kaufen Unternehmen in Schwierigkeiten und versuchen dann, deren operative Leistungsfähigkeit dramatisch zu verbessern: Um die kulturelle Erstarrung zu lösen, veräußern sie Geschäftsfelder ohne Ertragspotenzial, setzen Anreize für Spitzenleistungen und verhängen Sanktionen für Minderleistungen.

KKR bezahlte für Duracell 1,8 Milliarden Dollar (1,45 Milliarden Dollar fremdfinanziert und 350 Millionen Dollar Eigenkapital), da man fest überzeugt war, dass das Unternehmen über erhebliches unerschlossenes Wachstumspotenzial verfüge – insbesondere in internationalen Märkten (die bislang nur 12 Prozent zum Firmenumsatz beisteuerten).

Mit Unterstützung von KKR begann sich Duracell zu transformieren, indem es seine ertragsschwachen Geschäftsbereiche veräußerte und die Fertigung zusammenlegte (zum Teil, um die Verbindlichkeiten zurückzuzahlen, die KKR zur Finanzierung des Kaufs eingegangen war). Anschließend diversifizierte Duracell seine Produktpalette, senkte die Produktionskosten weiter und verstärkte seine Werbe- und Marketinganstrengungen. Entgegen seines Ausschlachter-Images bei einigen Kritikern war KKR bestrebt, Duracell ertragsstärker zu machen denn je zuvor. Und es gelang: Zwischen 1989 und 1995 wuchs der Cashflow von Duracell um eine kumulierte jährliche Rate von 17 Prozent. (Unter dem Konzerndach von Kraft war die Cashflow-Kurve flach geblieben.)

Wie der Duracell-CEO Bob Kidder feststellte, trieb KKR die Entwicklung neuer Technologien energisch voran. „Henry [Kravis] oder George [Roberts] haben mich kein einziges Mal gefragt, wie wir den F&-E-Aufwand verringern könnten“, erinnert sich Kidder. „Ja, sie fragten genau das Gegenteil: ‚Sollten wir vielleicht mehr in F&E investieren, um uns langfristig einen technologischen Vorsprung zu verschaffen?‘“[8] Duracells intensive F&E-Anstrengungen führten zur Entwicklung einer quecksilberfreien alkalischen Batterie, einer wiederaufladbaren Batterie und einem „intelligenten“ Akku für Laptops. Duracell musste zerstören, um Neues zu erschaffen; solange es aber zu Kraft gehörte, wurde das durch die kulturelle Erstarrung verhindert.

Weitere Innovationen folgten: Duracell führte das Haltbarkeitsdatum, die Batterie-Mehrfachpackung und den beigepackten Batterieteststreifen ein. Aufgrund dieser Stärkung des Markenprofils stieg das Unternehmen zum Marktführer auf. Zudem startete man eine neue, massive Werbe- und Vertriebskampagne, dank derer das weltweite Vertriebsnetz bis 1996 um 500.000 Verkaufsstellen erweitert werden konnte. Unterdessen wurde Duracell auch in Europa zum Marktführer und konnte seine Umsätze in Südamerika, Afrika, der Pazifik-Region und dem Mittleren Osten steigern. Der ursprüngliche Fünfjahresplan sah ein jährliches Wachstum von 15 Prozent vor, doch Duracell schoss weit darüber hinaus. Das Unternehmen wuchs so rasch, dass KKR schon 1991 – nur drei Jahre nach der Übernahme – beschloss, Duracell an die Börse zu bringen.

Fünf Jahre später, 1996, kaufte Gillette Duracell für 2,8 Milliarden Dollar in Aktien. (KKR hatte in den vorangehenden acht Jahren aus der laufenden Geschäftstätigkeit von Duracell bereits 1,3 Milliarden Dollar vereinnahmt – was einer kumulierten jährlichen Kapitalrendite von 39 Prozent entsprach.) Die 350 Millionen US-Dollar, die KKR ursprünglich in Duracell investiert hatte, hatten 4,22 Milliarden Dollar abgeworfen. Diese Summe war Kraft durch schlechtes Management entgangen.

Schöpferische Zerstörung und Kapitalbeteiligungsgesellschaften

Kleiner Perkins und KKR sind Beispiele für amerikanische ‚Private Equity Companies': Diese bestehen aus mehreren Investmentfonds, die als Kommanditgesellschaften organisiert sind. Ihre Geschäftstätigkeit unterliegt speziellen Rechtsvorschriften, welche die US-Regierung in den dreißiger und vierziger Jahren erließ, um die Tätigkeit von nicht-öffentlich gehandelten Unternehmen zu regeln. Besonders interessant ist für uns die Tatsache, dass Private-Equity-Gesellschaften, zumindest in der Vergangenheit, den Geist der Diskontinuität sehr viel stärker verinnerlichten als die traditionellen, operativ orientierten Unternehmen, die das Rückgrat der volkswirtschaftlichen Produktionsleistung in den Vereinigten Staaten bilden.

Privates Beteiligungskapital hat seine Ursprünge in der Weltwirtschaftskrise der dreißiger Jahre und muss vor dem Hintergrund der *Trusts* des ausgehenden 19. Jahrhunderts gesehen werden. Die Private-Equity-Gesellschaften wurden erstmals durch den Securities Act (US-Gesetz zur Regelung der Wertpapieremission) aus dem Jahr 1933 geregelt, um die Öffentlichkeit vor unverhältnismäßigen Risiken – oder auch skrupellosen Bankenpraktiken – im Zusammenhang mit bestimmten risikobehafteten Kapitalanlagen, wie etwa der Finanzierung von Existenzgründungen, zu schützen.[9] Der US-Kongress erkannte, dass „aufgeklärte" Investoren die hohen Risiken dieser Anlagen besser abschätzen konnten als die allgemeine Öffentlichkeit. Daher ermöglichte es der Securities Act wohlhabenden Privatpersonen, sich in kleinen Gruppen (von weniger als hundert Investoren) zusammenzutun und Kapital in riskantere und weniger reglementierte Anlageformen zu investieren, die jedoch ebenso von der US-Börsenaufsicht kontrolliert wurden.

Schon vor Inkrafttreten des Securities Act waren zwei reiche Familien in das Risikokapitalgeschäft eingestiegen: die Rockefellers mit dem VC-Fonds Venrock, die Mellons mit dem Bessemer-Fonds. Anfang der fünfziger Jahre entstanden weitere VC-Gesellschaften, darunter die American Research and Development unter Leitung des visionären Investors Georges Doriot, eines Professors an der Harvard Business School. Diese Gesellschaft unterstützte die Gründung der Digital Equipment Corporation (die 1998 von Compaq Computer übernommen wurde) sowie vieler anderer erfolgreicher Startups. Eine weitere Risikokapitalgesellschaft, J. H. Whitney (geleitet von Benno Schmidt Sen.), investierte kräftig in die ersten Ventures auf dem Gebiet der Medizin.

Auf den Securities Act von 1933 folgte der Investment Company Act (Gesetz über Kapitalanlagegesellschaften) von 1940, der so genannte ‚Investment Companies' für kleine Gruppen „besonders aufgeklärter" Anleger definierte und ihre Gründung regelte. Auch dieses Gesetz diente dem Schutz der weniger sachkundigen Anleger. Nach dem Investment Company Act ist jedes Unternehmen, das über 40 Prozent seiner Finanzanlagen in Firmen investiert hat, die es nicht kontrolliert (an denen es also nicht die Aktienmehrheit besitzt), als ‚Investment Company' zu definieren.

In den folgenden vierzig Jahren blieb das Potenzial der außerbörslichen Kapitalbeteiligung weitgehend unerkannt. Einige Anleger platzierten zwar ihre Gelder bei den ‚Investment Companies', die Anlagebeträge hielten sich jedoch in Grenzen, verglichen mit dem, was über die Börse investiert wurde. Dafür gab es vermutlich zwei Gründe: Zum einen glaubte man, dass das Potenzial für Investitionen in börsennotierte Unternehmen noch lange nicht ausgeschöpft sei; dies galt insbesondere während des „Booms der Konglomerate" in den sechziger Jahren. Finanzinvestoren wie Jimmy Ling (der LTV aufbaute) und Harold Geneen (Gründer von ITT) waren überzeugt davon, dass jedes Unternehmen bei straffer Führung auf Erfolgskurs gebracht werden könne und dass ein solide abgesichertes Portfolio aus straff geführten börsennotierten Unternehmen der Schlüssel zum finanziellen Erfolg sei. Die Idee war, durch eine Kombination aus Fremd- und Eigenkapital (mit den entsprechenden Stimmrechten) den Gewinn pro Aktie bei ursprünglich ertragsschwachen Unternehmen in die Höhe zu treiben. Und würde sich diese Strategie als erfolgreich zeigen, dann bräuchte man nicht in größerem Umfang auf privates Beteiligungskapital zurückgreifen.

Der zweite Grund für das langjährige Schattendasein außerbörslicher Kapitalbeteiligungen war der erhebliche Druck auf die Wirtschaft in den siebziger Jahren, als die Inflation – angefacht durch explodierende Rohölpreise – die Wirtschaft in eine zehnjährige Phase der „Stagflation" trieb. Zusammen mit den hohen Fremdkapitalkosten führte sie zum Untergang des Konglomerat-Modells. Auch im Risikokapitalgeschäft war ein erheblicher Rückgang zu verzeichnen, da der Markt für Neuemissionen praktisch zum Erliegen kam. 1974 gab es in den Vereinigten Staaten nur sieben Börsengänge, bei denen ganze 96 Millionen Dollar zusammenkamen. 1975 waren es sogar nur sechs. Zum Vergleich: Im Jahr 1999 gab es 527 Neuemissionen, bei denen insgesamt 69 Milliarden Dollar aufgebracht wurden.

Ende der Siebziger aber war die Zeit reif für eine deutliche Stärkung der außerbörslichen Kapitalbeteiligungen. Als die USA Anfang der achtziger Jahre endlich die Phase hoher Inflation und niedrigen Wachstums hinter sich ließen, entstand eine neue Unternehmensform: die „Leveraged-Buyout-Organisation", wie sie von Harvard-Professor George Baker genannt wurde.[10] Eingedenk des Schicksals der Konglomerate in den sechziger Jahren, waren die Verantwortlichen der LBO-Organisation bestrebt, einige der damals vorherrschenden Probleme zu vermeiden.

Die LBO-Organisation setzte auf die Nutzung von Fremdkapital und dezentrale operative Steuerung. Außerdem basierten ihre Kontrollbefugnisse auf Verträgen sowie der spezifischen gesellschaftsrechtlichen Struktur des Unternehmens und weniger auf einer straffen Führungskontrolle, wie sie von Ling und Geneen praktiziert worden war. Professor Baker merkte dazu an: „Der LBO-Organisation ist weder ein *keiretsu*-ähnliches System noch ein Konglomerat."

Die LBOs hatten Erfolg. Zur gleichen Zeit begann auch das Risikokapitalgeschäft zu florieren. Wie bereits erwähnt, wurde Kleiner Perkins Anfang der siebziger Jahre gegründet, wenn auch die Gesellschaft erst Anfang der achtziger Jahre ihre ersten Erfolge vorzuweisen hatte. General Atlantic Partners war eine weitere VC-Gesellschaft. Und auch die schon länger existierenden Gesellschaften Venrock und J. H. Whitney fanden neue viel versprechende Betätigungsfelder.

Mit zunehmendem Investitionsvolumen der VC-Gesellschaften zog es die Anleger zu den außerbörslichen Kapitalbeteiligungen. Im Jahr 1999 beispielsweise fanden rund 4.000 VC-Transaktionen statt; das Gesamtvolumen lag bei 45,6 Milliarden Dollar, entsprechend 135 Millionen Dollar pro Tag. Etwa die Hälfte dieses Geldes floss in Startups.[11] Weitere 27 Milliarden Dollar wurden 1999 von so genannten „Principal-Investment-Gesellschaften" (früher LBO-Gesellschaften genannt) in Unternehmen investiert. Laut Professor Baker soll das Aufkommen dieser privaten Finanzinvestoren sogar einer der Hauptgründe für die Wiederbelebung der US-Wirtschaft in den achtziger Jahren gewesen sein. Zur richtigen Einordnung dieser Zahlen muss man wissen, dass es in den Vereinigten Staaten 1999 etwa 11.000 Fusionen und Akquisition im Gesamtwert von

1,7 Billionen Dollar gab. Zwanzig Jahre früher hätten diese ‚Mergers & Acquisitions' die Gesamtheit der Finanztransaktionen in den USA ausgemacht. Heute spielen sie zwar immer noch eine dominante Rolle, doch fließen pro Dollar, der bei einer M&A-Transaktion die Seiten wechselt, 25 Cent in außerbörsliche Kapitalbeteiligungen. Zudem werfen außerbörsliche Beteiligungen seit Anfang der achtziger Jahre erheblich höhere Renditen ab als Investitionen in börsennotierte Unternehmen, wie aus unten stehender Grafik ersichtlich ist.

Rendite nach Anlagekategorie

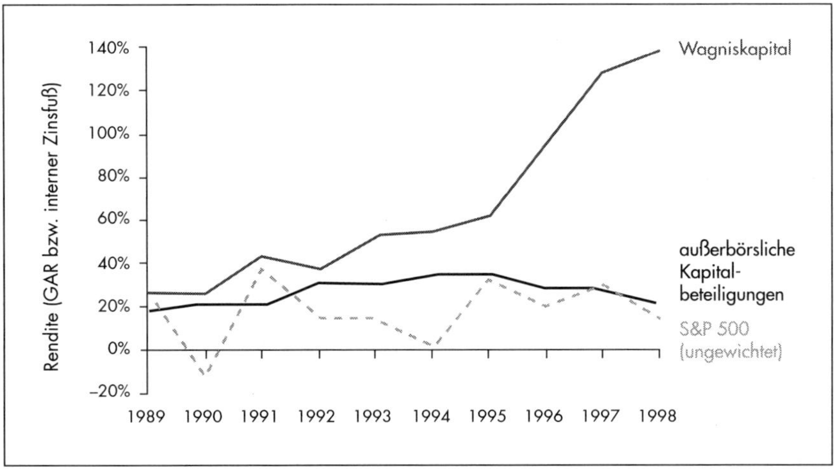

Diese beiden Formen von Kapitalbeteiligungsgesellschaften, VC-Gesellschaften und private Finanzinvestoren, sind Meister darin, Schumpeters „Sturm der schöpferischen Zerstörung" zu bewältigen – wenn auch mit unterschiedlichem Fokus: VC-Geber konzentrieren sich vor allem auf das Erschaffen, Finanzinvestoren auf das Austauschen beziehungsweise Zerstören.

Wie erklärt sich ihr Erfolg? Kapitalbeteiligungsgesellschaften sind auf Wandel angelegt. Sie haben die traditionelle Annahme der Kontinuität durch die Annahme der Diskontinuität ersetzt. Dadurch wurden sie zu den wichtigsten Trägern und Schrittmachern der schöpferischen Zerstörung in der US-Wirtschaft. Ihre Bedeutung als Katalysatoren des Wandels nimmt stetig zu, und sie haben ihren Anlegern traumhafte Renditen beschert. Gleichzeitig haben sie ein System der Führung und Steuerung von Unternehmen entwickelt, das auf das Management der Diskontinuität zugeschnitten ist.

Wie Kapitalbeteiligungsgesellschaften funktionieren

Kapitalbeteiligungsgesellschaften treten zwar in unterschiedlichsten Erscheinungsformen auf, doch haben diese viele Gemeinsamkeiten. Wir werden ihre Unterschiede und ihre Gemeinsamkeiten betrachten und erläutern, welche Lektionen traditionelle Unternehmen daraus lernen können. Unsere Ausführungen beziehen sich dabei auf die amerikanischen Private-Equity-Gesellschaften; das Gesagte trifft aber auch in den Grundzügen auf deutsche Kapitalbeteiligungsgesellschaften zu.

Unterschiede

Zwischen Risikokapitalgebern und Finanzinvestoren gibt es einige bedeutende Unterschiede. Der wichtigste ist der Anlagefokus: VC-Gesellschaften konzentrieren sich auf die Gründungsphase eines Unternehmens oder einer Branche (die erste Krümmung der in Kapitel 2 erläuterten „S-Kurve"), in der es erhebliches Wachstumspotenzial gibt. Finanzinvestoren dagegen konzentrieren sich meist auf Unternehmen am Beginn der weniger wachstumsstarken Phase ihrer Entwicklung, in der sich erhebliches Restrukturierungs- und Veränderungspotential auftut, das durch operative und finanzwirtschaftliche Verbesserungen ausgeschöpft werden kann.

VC-Gesellschaften verteilen ihre Gelder in kleinen Portionen auf ihre Beteiligungen und steuern mit ihrem „Zuteilungsverfahren" auch deren Entwicklung. Finanzinvestoren dagegen tätigen große Einzelinvestitionen (die zu einem erheblichen Teil mit Fremdkapital bestritten werden) und ziehen anschließend einen Teil ihres Gewinns aus dem Cashflow.

Gemeinsamkeiten

Neben diesen Unterschieden zwischen VC-Gesellschaften und Finanzinvestoren gibt es auch mehrere gemeinsame Merkmale, die sie von traditionellen börsennotierten Unternehmen unterscheiden. Dazu zählen der von vornherein begrenzte Investitionshorizont, die minimale Größe der Unternehmenszentrale, die Steuerung durch Verträge und Leistungsanreize und die extreme Dezentralisierung. Einige dieser Merkmale mögen an Praktiken erinnern, die auch in Industriekonzernen üblich sind, doch setzen Risikokapitalgesellschaften sie weitaus konsequenter um. Wir haben festgestellt, dass diese vier Unterschiede zusammengenommen ein besseres Management der Diskontinuität ermöglichen. Prüfen wir sie nun eingehender.

S-Kurve und Kapitalbeteiligungsgesellschaften

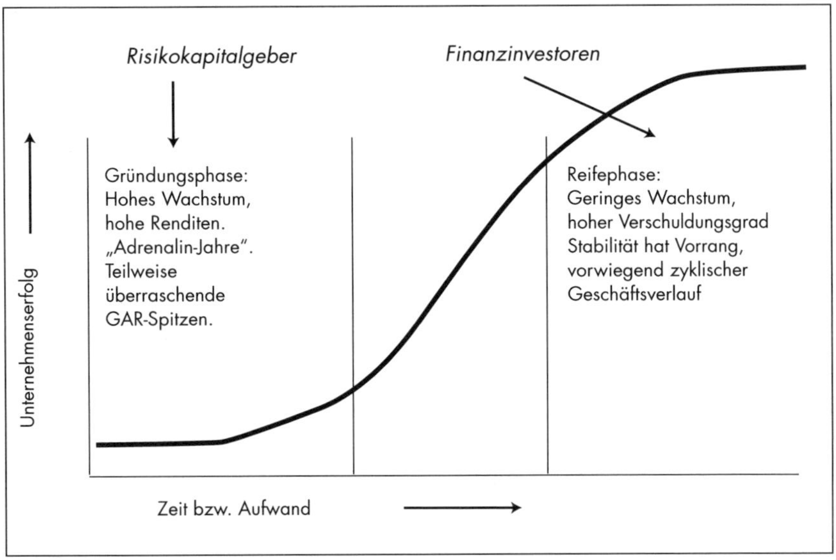

Begrenzter Investitionshorizont

Sämtliche Investitionen von Kapitalbeteiligungsgesellschaften haben von vornherein eine „begrenzte Lebensdauer" – in der Regel zehn bis zwölf Jahre oder weniger. Am Ende dieser Zeit müssen sie ihre Beteiligungen verkaufen und das Kapital an ihre Fonds-Anleger zurückzahlen. „Obgleich die Auflösung eines Investitionsfonds nicht notwendigerweise zur Auflösung der Kapitalbeteiligungsgesellschaft führen muss, zwingt dieses Erfordernis die Kapitalbeteiligungsgesellschaft dazu, sich völlig anders zu verhalten als das typische börsennotierte Unternehmen."[12] Kapitalbeteiligungsgesellschaften investieren nur, wenn sie genau wissen, wann und auf welche Weise sie ihre Beteiligungen wieder veräußern werden.

Dagegen stoßen viele Konzerne ihre Beteiligungen nur dann ab, wenn sie dazu gezwungen sind. Folglich kennt man Großunternehmen vorwiegend als eifrige Aufkäufer, aber widerwillige Verkäufer von Beteiligungen. Solange die Einheiten im Konzernverbund bestimmte minimale Erfolgsanforderungen erfüllen, werden sie mit hoher Wahrscheinlichkeit nicht abgestoßen. Die Kapitalbeteiligungsgesellschaft dagegen muss nicht nur ihr Fondskapital zügig anlegen (in der Regel muss es innerhalb von sechs Jahren vollständig investiert sein), sie muss zudem Gewinne für ihre Kommanditisten realisieren, indem sie Beteiligungen verkauft. Sie muss also systematisch kaufen und verkaufen – schöpfen und zerstören. Kapitalbeteiligungsgesellschaften gehen folglich sehr viel aggressiver vor und zeigen mehr Kreativität wenn es darum geht, viel versprechende Akquisitionskandidaten aufzuspüren und Käufer für ihre „transformierten“ Beteiligungen zu finden.

Die begrenzte Laufzeit der Investitionen hat eine weitere Konsequenz: Kapitalbeteiligungsgesellschaften konzentrieren sich darauf, was innerhalb der nächsten drei bis sieben Jahre verändert werden kann (um vor der Veräußerung Fehler korrigieren zu können); die gewöhnliche Aktiengesellschaft dagegen richtet ihr Augenmerk auf die operativen Kennzahlen des nächsten Quartals oder auch der sehr fernen Zukunft – beispielsweise nach zehn Jahren und mehr (etwa in der Grundlagenforschung). Der mittlere Investitionshorizont gibt Kapitalbeteiligungsgesellschaften mehr Freiraum als börsennotierten Unternehmen, grundlegende Veränderungen bei ihren Beteiligungen zu bewirken.

Minimale Größe der Zentrale

Private-Equity-Gesellschaften steuern ihre Mitarbeiterzahl – und damit indirekt (aufgrund der begrenzt verfügbaren Zeit) die Einflussnahme auf ihre Beteiligungsfirmen – über ihr festes Managementhonorar, das sich im Allgemeinen auf jährlich 2 Prozent des verwalteten Vermögens beläuft. Außerdem sind die ‚General Partners‘ (die geschäftsführenden Gesellschafter) einer Private-Equity-Gesellschaft mit einem bestimmten Prozentsatz (häufig 20 Prozent) an den Erträgen beteiligt, die über eine festgelegte Mindestrendite hinausgehen. Diese Regelung liefert den Führungsverantwortlichen einen klaren Maßstab zur Beurteilung ihrer Leistungen, unabhängig vom Erfolg der Beteiligungen. Steigen die Verwaltungskosten der Gesellschaft über 2 Prozent, müssen die General Partners Einkommensverluste hinnehmen. Dieses feste Honorar ist ein starker Anreiz, die Zahl der geschäftsführenden Gesellschafter möglichst niedrig zu halten. Als Folge der Größe und Finanzstruktur der Partnerschaft muss die oberste Priorität des Managements darin bestehen, neue viel versprechende Beteiligungen aufzutun und alte Beteiligungen abzustoßen, statt sich auf deren operative Führung zu konzentrieren.

Methoden der Steuerung: Verträge und Leistungsanreize

Private-Equity-Gesellschaften haben einen ganz anderen Begriff von effizienter Führung als die meisten Industrieunternehmen. Die von ihnen genutzten Steuerungssysteme zielen nicht auf laufende Kontrolle des operativen Geschäfts ab, sondern basieren auf klar formulierten Verträgen mit den Beteiligungsunternehmen. Aufgrund ihrer dünnen Personaldecke haben sie schlichtweg nicht die Zeit, den laufenden Geschäftsbetrieb zu überwachen. Die genutzten Steuerungsmechanismen sind auf die spezifischen Bedürfnisse des jeweiligen Beteiligungsunternehmens und seiner künftigen Anteilseigner zugeschnitten. Private-Equity-Gesellschaften versuchen erst gar nicht, ihr heterogenes Beteiligungsportfolio mit einem einheitlichen Führungsansatz (oder Berichtswesen oder Entscheidungssystem) zu steuern.

Private-Equity-Gesellschaften steuern ihre Beteiligungen hauptsächlich mit zwei Methoden: durch den Vertrag mit dem Unternehmen, in das sie investieren, und durch die Anreize, die sie dem Management für die Erfüllung des Vertrages zusagen. Hauptmerkmal der Verträge zwischen Private-Equity-Gesellschaften und ihren Beteiligungen sind einschränkende Vertragsklauseln (die so genannten *restrictive covenants*): Sie benennen und begrenzen die Entscheidungen, in die die Private-Equity-Gesellschaft einbezogen werden muss. Alles andere fällt in die Entscheidungskompetenz des Managements der Beteiligungsfirma. Die Klauseln geben dem Investor eher ein „Steuerungsrecht“ als eine „Steuerungspflicht“. Private-Equity-Gesellschaften erlegen sich bei der operativen Steuerung ihrer Beteiligungen große Zurückhaltung auf: Sie kontrollieren so viel wie nötig und so wenig wie möglich. Bei Problemen hat die Private-Equity-Gesellschaft häufig das Recht einzugreifen, doch wenn es keine Probleme gibt, hält sie sich heraus.

Die Private-Equity-Gesellschaft muss in der Regel konsultiert werden bei: Entscheidungen hinsichtlich einer Aktien-Neuemission; Fusionen, Konsolidierungen und Kauf/Verkauf von Unternehmensteilen; der Vergabe von Aktien- und Bardividenden. Zudem enthalten die *restrictive covenants* genaue Angaben über bilanzielle Anforderungen (etwa in Bezug auf Netto-Umlaufvermögen und Eigenkapital), Beschränkungen hinsichtlich Grundstücksbelastungen und Verschuldung, die Höhe der Führungskräftevergütung, die Gewinnverwendung, die Vergabe von Bezugs- und Vorkaufsrechten, Rückkaufsrechte, Wertpapier-Emissionsrechte, Mitveräußerungsrechte (die so genannten *drag-along* und *tag-along rights)*, Satzungsänderungen und den Schwerpunkt der Geschäftstätigkeit. Diese Liste mag recht lang erscheinen, doch können Manager mit Unternehmergeist, welche die vertraglich vereinbarten Bedingungen akzeptieren, das Unternehmen in allen anderen Aspekten völlig eigenverantwortlich führen. Die Liste enthält keine Budgetbeschränkungen für einzelne Posten oder den Einsatz von Kapital. Es wird keine Zustimmung zu spezifischen Investitionen verlangt. Und es gibt keine Einmischung bei der Formulierung oder Veränderung der Unternehmensstrategie.

Die zweite wesentliche Steuerungsmethode besteht in Leistungsanreizen. Private-Equity-Gesellschaften können ein sehr viel breiteres Spektrum an Anreizen für Führungskräfte bieten als herkömmliche Aktiengesellschaften. Sie stellen außerordentlich hohe Ergebnisanforderungen, sind aber auch bereit, diese entsprechend zu honorieren. Die anvisierte Gesamt-Aktionärsrendite ist oftmals doppelt so hoch wie die, welche von herkömmlichen Aktiengesellschaften angestrebt wird. Diese hochgesteckten Ziele sorgen für eine größeren Leistungsdruck. Werden aber die marktbezogenen Leistungsvorgaben erfüllt, streichen die Manager der Beteiligung nicht selten ein Vielfaches ihres jährlichen Fixums ein. Die Bandbreite von Vergütungen und Risiken ist bei Private-Equity-Gesellschaften sehr viel größer als in der herkömmlichen Aktiengesellschaft. „Die gesamte Struktur und das Anreizsystem der Gesellschaft sind darauf zugeschnitten, den Unternehmenswert langfristig zu steigern“, sagt Baker.

Vielleicht aufgrund ihres Vertrauens in das Vertragssystem und die eigene Überredungskunst kommen Private-Equity-Gesellschaften eher als operativ orientierte Unternehmen damit zurecht, Minderheitsbeteiligungen zu halten und auch im Board of Directors – einer Mischform des deutschen Vorstands und Aufsichtsrats – mit nur wenigen Sitzen vertreten zu sein. Board-Sitzungen dienen oftmals dazu, Informationen zu vermitteln, Probleme aufzudecken und Entscheidungen im Interesse der Investoren zu treffen. Es ist ein System, das auf weit gehender Eigenverantwortung beruht. Obgleich häufig und ausführlich Bericht erstattet wird, nimmt das Berichtswesen nicht die überwältigenden Ausmaße an wie in vielen herkömmlichen operativen Unternehmen.

Herkömmliche börsennotierte Unternehmen setzen viel stärker auf straffe operative Steuerung (wobei sie sich an einer flexiblen Liste von Eingriffskriterien orientieren) als Private-Equity-Gesellschaften. Paradoxerweise hat diese größere Flexibilität oftmals eine eher lähmende Wirkung auf die Geschäftsbereiche:

Sie scheuen sich, die Initiative zu ergreifen, da sie fürchten, dass man es ihnen später – etwa, weil sich zwischenzeitlich die Rahmenbedingungen geändert haben – zur Last legen könnte. Dieselbe Flexibilität, die eigentlich das Spektrum an Wahlmöglichkeiten erweitern soll, bereitet de facto den Boden für Defensivmechanismen und kulturelle Erstarrung.

Obgleich sich viele börsennotierte Unternehmen als dezentral organisiert bezeichnen würden, wollen sie doch bei strategischen Entscheidungen, größeren (und oftmals auch kleineren) Investitionen, Vergütungssystemen, Beförderungen und der Festlegung des Informationsflusses gefragt werden.

Radikale Dezentralisierung

Für Private-Equity-Gesellschaften gehört zu einem effizienten Beteiligungsmanagement unbedingt die dezentrale Führung. Jedes Unternehmen, in das eine Private-Equity-Gesellschaft investiert, ist ein rechtlich eigenständiges Unternehmen mit eigener Führungsstruktur und eigenem Führungsgremium. Nun ist Dezentralisierung natürlich schon lange ein grundlegendes Organisationsprinzip vieler börsennotierter Gesellschaften. Das Neue an Private-Equity-Gesellschaften aber ist das Ausmaß der Dezentralisierung: Häufig sind auch die Verantwortlichkeit für die Bilanz, die Strategie und große Investitionen dezentralisiert.

So war beispielsweise Duracell voll verantwortlich für die Solidität seiner Bilanz, die Bedienung des Fremdkapitals und die Beschaffung von zusätzlichem Kapital im Bedarfsfall – und diese Verantwortung war auch entscheidend für den Erfolg. Bei einem großen Konzern ist in der Regel die „Konzernzentrale" für solche Aufgaben zuständig, und zwar mit der Begründung, dass der Konzern günstigere Finanzierungskonditionen erhalten kann als ein einzelner Geschäftsbereich. Dies mag zutreffen, doch gleichzeitig engt der Konzern durch sein Festhalten an der Bilanz- und Finanzierungsverantwortung den Denk- und Gestaltungshorizont seines operativen Unternehmens ein.

Im Allgemeinen bemüht sich die Private-Equity-Gesellschaft nicht ernsthaft darum, potenzielle Synergien zwischen ihren operativen Unternehmen freizusetzen. Private-Equity-Gesellschaften und ihre Beteiligungen haben weder Zeit noch Lust, jene finanziellen, technischen oder fähigkeitsbezogenen Synergien zu realisieren, die börsennotierte Konzerne im Allgemeinen anstreben. Zudem unterliegen Quersubventionen zwischen den Portfoliounternehmen gesetzlichen Beschränkungen nach dem Investment Company Act von 1940.

Personaltransfers zum Zweck eines Transfers von Informationen (einschließlich Fachwissen) streben Private-Equity-Gesellschaften nur selten an – wenn es nach ihnen geht, sollen ihre Beteiligungen lieber auf ihre Ziele fokussiert bleiben und sich nicht dadurch ablenken lassen, dass sie sich um Realisierung von Synergien und entsprechende Ergebnisverbesserungen bemühen.

Wir behaupten nicht, dass Kapitalbeteiligungsgesellschaften mit ihren vier Kernmerkmalen – beschränkter Investitionshorizont, minimale Größe der Zentrale, Steuerung durch Verträge und Anreize, radikale Dezentralisierung – den Schlüssel zur permanenten Spitzenleistungen gefunden hätten. Ungeachtet ihrer Stärken versäumen Risikokapitalgeber durchaus mitunter Marktchancen, treten zu früh oder zu spät in Märkte ein, stellen die falschen Teams zusammen und halten an einigen Beteiligungen zu lange fest. Auch Finanzinvestoren unterläuft ab und an ein Missgriff. Kapitalbeteiligungsgesellschaften sind durchaus nicht unfehlbar. Außerdem: Wenn sich die Märkte erneut verändern und genügend Wettbewerbsdruck entsteht, kommen möglicherweise die Schwächen ihrer Strategien zum Vorschein, sodass neue Unternehmensmodelle gefunden werden müssen.

Tatsache bleibt jedoch, dass Private-Equity-Gesellschaften in den letzten Jahren sehr erfolgreich waren und mit dem Tempo des Marktes Schritt halten konnten. Außerdem haben sie ein Führungssystem entwickelt, das sich grundlegend von dem alteingesessener börsennotierter Unternehmen unterscheidet. Mit diesem Führungssystem ist es Private-Equity-Gesellschaften mindestens ebenso gelungen wie anderen Unternehmenstypen, das Erschaffen, Betreiben und Austauschen miteinander zu verbinden. Trotz ihrer Schwächen und unvermeidlichen Fehler stellen sie ein nützliches Modell für Unternehmen dar, die lernen wollen, sich das Prinzip der Diskontinuität zu eigen zu machen.

Private-Equity-Gesellschaften zeichnen sich durch etwas aus, das bislang den Märkten vorbehalten war. Sie wandeln sich ebenso schnell und tiefgreifend wie die Märkte, meistern die schöpferische Zerstörung (und verhindern dadurch die kulturelle Erstarrung), und sie steuern durch Übertragung von Verantwortung, ohne hervorragende operative Leistungen aufs Spiel zu setzen. Auf diese Weise haben sie das Vermögen, das ihnen von ihren Anlegern anvertraut wurde, beträchtlich gemehrt.

Unternehmensbeispiele

Keines der börsennotierten Unternehmen, die wir in der Corporate-Performance-Datenbank untersucht haben, hat das Geheimnis der schöpferischen Zerstörung entschlüsselt. Keines hat sich besser entwickelt als der Markt oder im Vergleich zum Gesamtmarkt langfristig herausragende Leistungen erzielt. Wie bereits erläutert, gibt es Unternehmen wie Enron und Corning, die jetzt unter Beweis stellen, dass auch sie einige der Mechanismen von privaten Kapitalbeteiligungen zum Nutzen ihrer Aktionäre anwenden können. Und es gibt einige diversifizierte Konzerne, die deutlich besser abgeschnitten haben als das Gros der Aktiengesellschaften. General Electric und Johnson & Johnson sind dafür vermutlich die beiden besten Beispiele. Bevor wir in Kapitel 11 auf J&J eingehen, wenden wir uns zunächst GE zu.

In einem Interview, das der GE-Chef Jack Welch im Juni 1999 dem *Wall Street Journal* gab, bemerkte er philosophisch:

> *Ich habe über all die Nachteile gesprochen, die mit der Arbeit in einem großen Unternehmen verbunden sind, aber Größe hat auch eine Menge Vorteile. Letztes Jahr haben wir 108 Akquisitionen im Wert von 21 Milliarden Dollar getätigt. Das sind 108 Testballons. Jede einzelne dieser Akquisitionen war zwar perfekt geplant, aber wir wissen schon jetzt, dass uns 20 bis 30 Prozent davon um die Ohren fliegen werden. Ein kleines Unternehmen kann nur ein- oder zweimal aufs Ganze gehen, sonst verschwindet es von der Bildfläche. Wir dagegen können uns sehr viel mehr Fehler leisten; im Grunde genommen müssen wir sogar öfter mal was riskieren. Wenn große Unternehmen in Schwierigkeiten geraten, dann sind es solche, die ihre Größe nur „managen" wollen und nicht damit experimentieren.*

GE hat sich unter anderem im Privatfernsehen und bei Finanzdienstleistungen „Optionen geschaffen", es hat durch den Verkauf seines Haushaltsgerätegeschäfts „Optionen ausgetauscht", und es hat (mit seinem erfolgsorientierten Führungsstil) viele Geschäftsbereiche, darunter Kunststoffe und Düsentriebwerke, effizient „betrieben". Dadurch hat GE sein Portfolio völlig restrukturiert und eine Dynamik des Wandels an den Tag gelegt, wie sie normalerweise nur bei Private-Equity-Gesellschaften oder in den Indizes der Kapitalmärkte selbst vorkommt. In den letzten zwanzig Jahren war GE durchweg am oberen Rand der „normalen" Performance-Bandbreite des S&P 500 zu finden.

Nicht alle der 108 Akquisitionen, die GE im Jahr 1998 tätigte, waren Startups. Dennoch hat sich GE damit in den Wachstumssektoren gut positioniert. Dagegen hatten die Geschäftsbereiche, die abgestoßen („ausgetauscht") wurden, nach Einschätzung von Welch und seinen Führungskräften keine „ökonomische Funktion" mehr bei GE.

Als Welch 1981 CEO von General Electric wurde, stützte sich die Führungsphilosophie von GE weitgehend auf das Prinzip „Erst einmal verteidigen; nur im Notfall angreifen". Unseres Erachtens bestand Welchs bedeutendste Leistung für die Mitarbeiter und die Aktionäre von GE darin, dass er diese Regel auf den Kopf stellte. GE ist heute eindeutig ein Unternehmen, das „erst einmal angreift und sich nur im Notfall verteidigt". Indem er eine so tief greifende strategische Neuausrichtung bewerkstelligte, zeigte Welch, dass langlebige Unternehmen die Herausforderung der Diskontinuität erfolgreich meistern können. GE fand einen Weg, die Funktionen Erschaffen, Betreiben und Austauschen effektiv miteinander zu verknüpfen, und dies in einem ähnlichen Tempo und Ausmaß wie der Markt. Dabei verwandelte sich der Konzern von einem großen innovativen Hersteller in „ein globales Dienstleistungsunternehmen, das nebenbei auch noch großartige Produkte herstellt."

Bei GE ist das Modell Erschaffen, Betreiben, Austauschen bereits verankert. Der Erfolg von GE lässt sich freilich nicht leicht kopieren, obwohl das Unternehmen aus seinen Konzepten und Methoden kein Geheimnis macht. Dennoch zeigt der Erfolg von GE, dass auch börsennotierte Unternehmen solche Veränderungen durchführen können und dass die Kapitalmärkte diese Unternehmen belohnen.

Aktuelle Entwicklungen

Die rasante Entwicklung des Aktienmarktes in den letzten zehn Jahren hat den Anstoß zu einigen neuen Experimenten gegeben, die sich das Potenzial der schöpferischen Zerstörung zunutze machen wollen. Eine der bekanntesten Neuerungen in diesem Bereich ist der „Inkubator", ein Unternehmen, dessen einziger Zweck darin besteht, erfolgreiche neue Unternehmen hervorzubringen. Inkubatoren gleichen in vielerlei Hinsicht Venture-Capital-Gesellschaften, aber sie stellen mehr als nur Kapital und Know-how bereit. Ihr Angebot umfasst auch Telefonleitungen, Computer, Bürofläche, und in vielen Fällen die Vermittlung von Kontakten mit Personalberatern, Wirtschaftsprüfern, Unternehmensberatern und Anwälten. Während Risikokapitalgesellschaften in der Regel Personengesellschaften sind, wählen Inkubatoren oftmals die Rechtsform einer Aktiengesellschaft. Wenn sie ihre selbst gesetzten Ziele erreichen, können sie entsprechende Kursgewinnen erwarten.[13]

Ende 2000 gab es mindestens siebenhundert Inkubatoren in den Vereinigten Staaten, gegenüber nur zwölf im Jahr 1980.[14] Sie alle versuchen sich an einer Schumpeter'schen Aufgabe – das Management der schöpferischen Zerstörung mit dem operativen Management im Gleichgewicht zu halten.

Die neuen Inkubatoren haben – wen überrascht's – recht eigenwillige „e-Namen"; darunter Devine InterVentures (wird von Dell und Microsoft mitfinanziert), eCompany (in Santa Monica, Kalifornien, finanziert durch KKR, Goldman Sachs, Soros Fund, Sprint und Walt Disney Kapital), e-Cubator (von Scudder-Kemper Investments gegründet), eFinanceworks in New York (gegründet von den früheren Finanzinvestoren CapZ und General Atlantic), eHatchery in Atlanta, Garage.com (gegründet von dem früheren Apple Fellow und Management-Guru Guy Kawasaki), I-Group HotBank (eine in Boston ansässige Kooperation zwischen Softbank und der Intercontinental Group), IdeaLab (die von Bill Gross gegründete Firma in Pasadena, Kalifornien, die in den letzten drei Jahren eBay, Citisearch, GoTo.com und mehr als dreißig weiteren Internet-Startups auf die Sprünge geholfen hat) und Ignition (gegründet von dem ehemaligen Microsoft-Produktentwickler Brad Silverberg).

Aber Inkubatoren sind nicht auf die USA beschränkt. So sind in Europa die Inkubatoren Starthouse und Speed.com, Gorilla Park und antfactory aktiv. Hongkong hat Incubasia und Japan hat Softbank.

Einige dieser Inkubatoren, die High Potentials in Scharen anziehen, fühlen sich bereits zu Höherem berufen. Devine InterVentures zum Beispiel träumt davon, eine Holdinggesellschaft von der Größe von General Electric zu werden.

Wie viele dieser jungen Inkubatoren werden zu bedeutenden Institutionen werden und langfristig überleben? Das lässt sich zum gegenwärtigen Zeitpunkt nicht sagen. Viele steuern gerade auf ernste Schwierigkeiten zu. Doch wir erwarten, dass sich die besten von ihnen lange halten werden – vielleicht in modifizierter Form und mit modifizierter Funktion, aber deutlich anders als die herkömmlichen ‚Langlebigen'. Sie sind bestrebt, sich ganz auf schöpferische Zerstörung auszurichten.

Unabhängig vom Unternehmenstyp werden sich nachhaltige Erfolge nur einstellen, wenn man die Herausforderung der schöpferischen Zerstörung bewältigt. Und wie wir gesehen haben, gibt es bereits einige gute Vorbilder. In den folgenden Kapiteln werden wir der Frage nachgehen, was getan werden muss, um die schöpferischen Zerstörung im operativ orientierten Unternehmen zu managen.

KAPITEL 8

Schöpferische Zerstörung anführen

Ihr beschwört uns: Entscheidet euch doch endlich! Heute geht's um Gemeinkosten. Morgen um Umsatzwachstum. Übermorgen um Herstellkosten. Dann um Verhalten gemäß den Leitprinzipien. Dann um Innovation. Würdet ihr euch vielleicht mal entscheiden? Nun, die Antwort ist „nein". Wir werden uns nicht entscheiden, und das wäre auch nicht in eurem Sinn.

ROGER FINE,
Mitglied des Top-Managements von Johnson&Johnson, 1998

Es war ein typischer spätherbstlicher Montagnachmittag in Norddeutschland, Anfang der neunziger Jahre. Die ordentliche Sitzung des zehnköpfigen Vorstands war seit einer Stunde im Gang. Wie gewöhnlich hatte nur der Vorstandssprecher Dr. Schultz das Wort gehabt. Schultz zeichnete Investitionsanträge ab. Obgleich das Unternehmen über Sachanlagen im Wert von etwa 40 Milliarden DM verfügte und jährlich etwa 4 Milliarden DM investierte, durfte kein anderes Mitglied des Vorstands Investitionen von mehr als 500.000 DM bewilligen. Folglich mussten jedes Jahr mehrere tausend Anträge abgezeichnet werden. Jeder Einzelne war von der zentralen Planungsabteilung geprüft worden, nach gründlicher Vorbereitung durch die „verantwortliche" Abteilung. Mehrere tausend Anträge pro Jahr, das entsprach zwischen fünfzig und hundert Anträgen pro Woche. Das Genehmigungsverfahren selbst war simpel: Der Vorstandssprecher prüfte bei jedem Antrag nur, ob die zentrale Planungsabteilung ihr Plazet erteilt hatte. In diesem Fall unterzeichnet er die Ermächtigung im Namen des amtierenden Vorstands, es sei denn, er besaß persönliche Informationen, die der Empfehlung der zentralen Planungsabteilung entgegenstanden (in diesem Fall entschied er alleine, den Antrag abzulehnen). Eine Diskussion im Vorstand war dazu weder erforderlich, noch wurde sie erwartet. Alle saßen schweigend da und sahen dem Vorstandssprecher beim Abzeichnen zu. Als er damit fertig war, war die Sitzung praktisch zu Ende. Ein paar andere Themen wurden kurz angeschnitten, dann vertagte man sich.

Zugegeben, das hier beschriebene Antragsverfahren ist ebenso ungewöhnlich wie das Fehlen jeglichen Meinungsaustauschs. Doch der Sitzungsablauf selber ist es nicht. In einigen der fortschrittlichsten Unternehmen wird die Tagesordnung von Vorstandssitzungen durch Routineabläufe bestimmt. Im Glauben an die Kontinuität ihrer Unternehmen sehen viele Geschäftsleitungen ihre Hauptaufgabe darin, erstklassige operative Abläufe zu gewährleisten. Sie müssen ihren Aktionären glaubhaft machen, dass das operative Geschäft hervorragend läuft. Um dieses Ziel zu erreichen, halten sie Meetings nach dem Schema „Präsentation und Reaktion“: Manager der unteren Führungsebenen stellen denen der oberen Führungsebenen ihre hieb- und stichfesten Pläne zur Genehmigung vor. Bei diesen Präsentationen werden Geschäftsbereichsplanungen, Investitionsbeträge und Empfehlungen zum weiteren Vorgehen kritisch unter die Lupe genommen. Es geht dabei nicht um Dialog – Ziel ist es, sich durchzusetzen. Das Ganze gleicht eher einem Schlagabtausch vor Gericht – mit Plädoyer und Gegenplädoyer – als einer Sitzung, in der man gemeinsam Probleme definieren und lösen will.

Bei zahlreichen Konzernen verbringen die Vorstandsmitglieder viel Zeit mit Routinesitzungen, oftmals nicht aus eigenem Führungsdrang, sondern weil sie darum gebeten wurden. Der Vorstand reagiert auf die Anträge Dritter. Seine Mitglieder sehen es als ihre Aufgabe, Entscheidungen auf der Grundlage von Optionen zu treffen, die ihnen präsentiert werden. Es ist nicht ihre Aufgabe, Alternativen zu erarbeiten – das tun die Mitarbeiter „unter“ ihnen. Sie wagen sich nur selten auf so unsicheres Terrain wie das Ausbalancieren von schöpferischer Zerstörung und operativer Optimierung. Und selbst wenn sie sich dazu durchringen sollten, ist die Frage, wie sie dabei vorgehen würden. Einmal schlugen wir einem sehr erfahrenen und fähigen Vorstandsmitglied vor, sein Gremium solle doch die unwichtigsten 20 Prozent der üblichen Tagesordnungspunkte aus den Vorstandssitzungen streichen. Seine Antwort: „Und was sollen wir dann mit der gewonnenen Zeit anfangen?“ Das ist wirklich die Frage. Was könnten sie wohl mit ihrer Zeit anfangen?

Dieses System funktioniert offenbar nicht. In der Unfähigkeit oder dem Unwillen von Leitungsgremien, die Prämissen der operativen Tätigkeit zu hinterfragen, liegt der Hauptgrund für die mangelnde langfristige Wettbewerbsfähigkeit vieler Konzerne. Zu viele Probleme bleiben unausgesprochen, zu viele Chancen ungenutzt. Der Markt dagegen führt einen viel lebhafteren Dialog mit täglich Tausenden von „Kaufs- und Verkaufsgesprächen". Der Markt bringt ständig neue Optionen hervor und lässt solche, die nicht schnell genug vorankommen, eingehen.

Stillstand im Management

Wie in Kapitel 4 erwähnt, haben wir eingehende Gespräche mit mehr als fünfzig Managern aus über zwei Dutzend Unternehmen in USA und Europa geführt, die in den unterschiedlichsten Branchen – von Konsumgütern bis Hightech – tätig waren. Alle nannten als Haupterfolgsfaktor die überragende operative Leistungsfähigkeit, und alle hatten Schwierigkeiten mit derselben Sache: dem ‚Change Management' oder, wie wir es nennen, der schöpferischen Zerstörung. Sie konnten nicht beides gleichzeitig bewältigen. Das deutsche Unternehmen, von dem wir zuvor sprachen, mag ein Extrembeispiel für gelähmte Veränderungsfähigkeit sein, doch das Problem an sich ist weit verbreitet – wenn auch teilweise mit weniger auffälligen Symptomen.

Das Problem ist zweigeteilt. Erstens muss man die Rahmenbedingungen so gut verstehen, dass man frühzeitig Chancen erkennt – und Schwierigkeiten vorhersieht. Führungskräfte auf beiden Seiten des Atlantiks haben uns gesagt, dass strategischer Weitblick für den Erfolg unverzichtbar sei. So hörten wir sehr oft den Kommentar: „Man muss wissen, wohin sich der Markt entwickelt." Dieser Weitblick setzt natürlich voraus, dass man das künftige Kunden- und Endverbraucherverhalten, die künftige Entwicklung der Vertriebswege, künftige technologische Fortschritte, die künftige Leistungsfähigkeit der Lieferanten und künftige Chancen und Einschränkungen, die sich aus rechtlichen Vorschriften ergeben, einigermaßen zuverlässig abschätzen kann. Den Führungskräften fiel es sehr schwer, die weitere Entwicklung ihrer Branche vorherzusehen (so wie Analysten, wie in Kapitel 2 geschildert, die weitere Entwicklung einer Branche nur schwer vorhersehen können).

Die von uns befragten Manager waren einfach außer Stande, Zukunftstrends im Verbraucherverhalten vorherzusagen. Sie schätzten die Reaktionen des Wettbewerbs auf ihre Maßnahmen falsch ein, wobei sie vor allem von der Heftigkeit der Gegenangriffe überrascht wurden. Ebenso irrten sie bei der zeitlichen Planung: Entweder sie kamen zu früh auf den Markt (wie Kodak bei der elektronischen Bildbearbeitung) oder zu spät (wie Pacific Bell und, bis vor kurzem, AT&T beim Mobilfunk). Auch verkannten sie, dass beim Wechsel von einer Technologie-Generation zur nächsten (oder von einem Geschäftsmodell zum nächsten) völlig neue Qualifikationen und Kompetenzen erforderlich sind. Es fiel ihnen schwer, ihren Mitarbeitern das nötige Gefühl der Dringlichkeit zu vermitteln, um Veränderungen anzustoßen und durchzuziehen. Vor allem aber waren sie kaum in der Lage, Erkenntnisse über künftige Entwicklungen in ein attraktives Geschäftsmodell umzusetzen.

Der zweite Aspekt des Problems ist das Unvermögen zur Realisierung von Veränderungen, die vorherrschende mentale Modelle sprengen. Nach Aussage der Führungskräfte hatten sie größte Schwierigkeiten damit, die Erfordernisse der strategischen Unternehmensführung mit denen des Change-Managements in Einklang zu bringen. Und in der Regel kam dabei die Innovation zu kurz. Weit verbreitet war das Gefühl: „So weit ist alles in Ordnung, aber wir haben enormes Verbesserungspotenzial. Marginale Anpassungen gelingen uns gut, große Veränderungen aber bringen wir nicht zu Stande, und wir sehen mit Sorge in die Zukunft.“ Nachfolgend einige Zitate von Führungskräften, die diese Punkte unterstreichen:

- „Relativ betrachtet und nach unserem Markterfolg zu urteilen, sind wir wohl erfolgreiche Innovatoren. Absolut gesehen gibt es jedoch viel Raum für Verbesserungen, besonders was die Einhaltung von Terminen angeht. Unser größtes Problem ist, dass wir eine Kultur haben, in der Termintreue nicht viel zählt. Wir müssen da disziplinierter werden. Vermutlich würden unsere Entwickler sagen, dass sie ausgezeichnete Arbeit leisten, während die Vertriebsleitung erklären würde, dass mehr neue Produkte in kürzerer Zeit her müssen.“
- „Als Hersteller bodenständiger Konsumgüter konzentrieren wir uns nicht genug auf radikalere Alternativen.“
- „Unsere Außendienstmitarbeiter würden vermutlich beanstanden, dass wir nicht schnell genug neue Produkte auf den Markt bringen, und die Ingenieure würden wahrscheinlich sagen, dass wir die besten Entwicklungen gar nicht verwenden.“
- „Was unsere Erfolgsquote bei Innovationen anlangt, sind 20 Prozent hoch gegriffen. Es ist sehr schwer vorherzusagen, was die Kunden wohl in Zukunft wollen. Fast so, als wollte man Enten im Gänsemarsch führen – sie laufen, wohin sie wollen. Wir müssen herausbekommen, wie wir unsere

Produkte möglichst nah an die Kundenspezifikationen heranbringen und schnell Abschlüsse erzielen. Allzu oft machen wir den Fehler, zu viele Produkte zu entwickeln, statt uns auf Basistechnologien zu konzentrieren. Vermutlich würden unsere Kundendiensttechniker und Vertriebsleute das nachsichtiger beurteilen, weil sie Erfolg produktbezogen sehen, während ich das Gesamtgeschäft im Auge habe."

- „Unsere Innovationskraft macht mir große Sorgen, weil wir meiner Meinung nach immer weniger innovativ werden – vielleicht infolge unserer Größe. Innovation hat für uns weniger mit Forschung und Entwicklung oder Konstruktion zu tun als mit dem Dienst am Kunden. Entweder zünden die Innovationen nicht schnell genug, oder die Funken sprühen nicht bis zu denen hoch, die Ressourcen kontrollieren und Entscheidungen treffen. Vermutlich gibt es bei uns kluge Köpfe, die gute Ideen haben, aber diese Ideen kommen erst gar nicht bis zu der Stelle, wo sie ausgewählt, weiterentwickelt und umgesetzt werden können."
- „Innovation ist wichtig für uns, aber wir sind nicht besonders innovativ, weil wir uns zu sehr mit uns selbst beschäftigt und zu wenig nach außen orientiert haben. Bei uns geht es immer recht konservativ zu, wenn Zukunftsprojekte gefragt sind. Unser Bereich ist eine kleine und weitgehend eigenständige Einheit innerhalb des Konzerns, und daher haben wir etwas mehr Erfolg gehabt. Wir waren der erste Verlag für Printmedien, der aggressiv ins Internet eingestiegen ist. Wären wir nicht so sehr unter der Fuchtel des Gesamtkonzerns, hätten wir noch schneller sein können."
- „Jeder sieht uns als innovativstes Unternehmen unserer Branche an. Aber in Bezug auf unsere Weiterentwicklung mache ich mir Sorgen darüber, dass die älteren Bereiche bei uns an der Vergangenheit kleben. Ihre Zustimmung zu erhalten und sie zum Handeln zu bringen, das ist die große Herausforderung."

Aus diesen Äußerungen geht zweifelsfrei hervor, dass die meisten Führungskräfte noch Potenzial für Verbesserungen sahen. Aber sie wussten nicht, wie sie es angehen sollten. Ihre Fragen dazu reichten von „Welches neue Konzept könnte überzeugend genug sein, um unser Verhalten zu verändern?" bis zu „Welches sind die ersten Schritte?" Einige Führungskräfte meinten, sie würden solchen Probleme lieber ausweichen als sie zu klären und den Misserfolg eines Kerngeschäfts eher durch Akquisitionen und Bilanzkosmetik – beides keine wirklichen Lösungen – kaschieren. Einige Manager leugneten sogar rundweg die

Existenz solcher Probleme: „Große Innovationen entstehen durch Zufall“, behauptete der Topmanager eines Unternehmens. „Ein paar Leute stoßen zufällig auf eine gute Idee und nutzen sie. So etwas kann man nicht durch Führung bewerkstelligen. Allenfalls kann man Leute miteinander in Kontakt bringen und abwarten, was passiert. In unserer Branche sind alle Innovationen inkrementell.“ (Nebenbei bemerkt, dieses Großunternehmen zeigt seit zwanzig Jahren eine schlechtere Performance als die Märkte.)

Es ist schon paradox: All diese Äußerungen und Fragen stammen von eben denselben Managern, von denen jeder annimmt, sie hätten alle Antworten parat. Aber weit gefehlt. Und mit den Antworten, die sie haben, sind die meisten nicht zufrieden. Sie wissen einfach nicht, wie sie in ihren Unternehmen einen ähnlich schnellen und umfassenden Wandel herbeiführen sollen, wie er im Markt stattfindet, ohne dabei die operative Steuerung aufs Spiel zu setzen. Sie sind gelähmt wie das sprichwörtliche Kaninchen angesichts der Schlange.

Fachliche und adaptive Führung

Wie in Kapitel 1 erwähnt, ist Ron Heifetz einer der tiefsinnigsten und fähigsten amerikanischen Managementtheoretiker. Heifetz hat gründlich über das Wesen der Autorität und ihr Verhältnis zur Führung nachgedacht. Seine Aussagen decken sich weitgehend mit denen früherer Pioniere wie Chris Argyris und Dean Keith Simonton.

Heifetz unterscheidet in Unternehmen zwischen fachlicher und adaptiver Führung. Fachliche Führung ist das, was Experten leisten. Sie beruht auf der Ausübung von Weisungsbefugnissen und ist „eine bindende Aussage einer Person mit Führungsgewalt“. Adaptive Arbeit dagegen ist die Erkundung von Neuland. Nicht einmal Experten kennen die Antwort auf die hier gestellten Fragen. Adaptive Arbeit ist häufig kreative Arbeit.

Führungsgremien funktionieren nur dann effizient, wenn sie den Unterschied zwischen fachlicher und adaptiver Führung verstehen und bei ihren Entscheidungen berücksichtigen. Heifetz schreibt darüber:

> *In einem komplexen Sozialsystem ist jedes Problem notwendigerweise mehrdeutig, weil zahlreiche Gruppierungen unterschiedliche Ansichten über das Wesen des Problems und seine möglichen Lösungen vertreten. Oftmals geht*

es um konkurrierende Wertvorstellungen. Darüber hinaus sind sich in einem großen Sozialsystem die wissenschaftlichen Experten nicht einmal über die Grundzüge eines Problems einig, insbesondere in den Frühphasen der Problemdefinition. Die entscheidende strategische Frage lautet dann: „Wessen Problem ist es?" Und die Antwort liegt nicht unbedingt auf der Hand.[1]

In Zeiten der Not erhoffen wir uns von den Autoritäten Folgendes:

- Richtungsbestimmung
- Schutz – Absuchen des Umfelds auf Bedrohungen und Auslösen einer Reaktion
- Ordnung – Ausrichten der Menschen auf ihren Platz und ihre Rolle, Kontrolle interner Konflikte und Etablierung sowie Bewahrung von Normen.[2]

Sowohl Investoren als auch Mitarbeiter suchen bei der Führungsspitze des Konzerns Antworten auf die Fragen von „Richtungsbestimmung, Schutz und Ordnung". In den Fällen, in denen die Natur der Frage wie auch die der Antwort eindeutig feststehen, kann eine „Autorität" oder ein „Experte" Aussagen treffen, die in geeigneter Weise den Erwartungen an Richtungsbestimmung, Schutz und Ordnung gerecht werden. Für viele Fragen, die an die Unternehmensleitung herangetragen werden, ist sie die geeignete „Autorität". Die Beantwortung der meisten operativen Fragen erfordert „fachliche Anleitung", und deshalb lassen sie sich vollständig auf diese Weise lösen. Fachliche Führung wird vom Wunsch getrieben, Ambiguität zu verringern oder zu beseitigen.

In realen Märkten lässt sich dieser Wunsch jedoch nicht erfüllen. Dort reichen Autorität und Fachwissen nicht aus – echte Führung ist gefragt. Heifetz definiert sie als „das Herbeiführen von Lernerfahrungen, indem man schwierige Fragen stellt und die Erwartungshaltungen der Menschen aufbricht, [um] ihre Verantwortlichkeit zu fördern." Die gewöhnliche Autorität funktioniert in diesen Fällen nicht, weil es noch keine Präzedenzfälle gibt. Die harte Lernarbeit muss erst noch geleistet werden.

Diese Art von Führung wird häufig vom Topmanagement eines Unternehmens gefordert. Diese „adaptive Arbeit" ist nötig, um die schöpferische Zerstörung im Unternehmen optimal zu „dosieren". Hierzu muss die Unternehmensleitung fachkundige Fragen stellen, statt wie gewohnt sachkundige Antworten zu geben.

Für den Vorstand bedeutet die Übernahme dieser Aufgabe eine Umkehr seiner Rolle, auf die er in der Regel nicht vorbereitet ist. Die meisten Vorstandsmitglieder sind deshalb im Amt, weil sie ihre operative Kompetenz – ob in der Produktion, in Marketing und Vertrieb, in der Produktentwicklung oder im Finanzwesen – unter Beweis gestellt haben. Nicht etwa, weil sie die Entwicklungen künftiger Märkte besonders zuverlässig vorhergesehen beziehungsweise die Ressourcenzuteilung (ob Finanzmittel oder Personal) im besten Interesse der Investoren gesteuert hätten. Ihre Kompetenz besteht in der Fähigkeit des Fachmanns, Fragen zu beantworten, nicht in der Führungsfähigkeit, Fragen zu stellen.

Adaptive Arbeit erfordert einen grundlegenden Einstellungswandel. Bei einer Aktiengesellschaft ist es der Vorstand, der seine Einstellung ändern muss; damit gibt er den Mitarbeitern des Unternehmens die Erlaubnis, ihre Einstellung ebenfalls zu verändern.

Stellt sich eine adaptive Herausforderung, müssen Unternehmen versuchen, die darin enthaltenen Probleme in Elemente zu zerlegen, die fachkundige Antworten zulassen. „Ja, wir brauchen mehr schöpferische Zerstörung. Insbesondere müssen wir in den nächsten beiden Jahren in medizinische Anwendungen für die Mobiltelefonie investieren. Zudem müssen wir einen Weg finden, um aus unseren angestammten Klinikgeschäften auszusteigen, ohne unsere Kunden vor den Kopf zu stoßen." Solche Gedanken lassen sich in Maßnahmenpläne umsetzen. Auf diese Weise kann man die Komplexitäten adaptiver Führung auf das vertrautere Terrain der fachlichen Anleitung übertragen.

Nach den empirischen Daten zu urteilen, dürften die wirtschaftlichen Rahmenbedingungen das Tempo des Wandels weiter beschleunigen. Wenn wir Recht behalten, werden Konzerne in Zukunft immer mehr adaptive Arbeit leisten müssen. Entsprechend wandelt sich die Aufgabenstellung des Top-Managements: In Zukunft wird seine Hauptverantwortung darin bestehen, die adaptiven Herausforderungen für das Unternehmen zu identifizieren und sich auf diese Herausforderungen zu konzentrieren. Keine andere Gruppe kann das leisten. Wenn die Leitungsverantwortlichen dabei versagen, wird das Unternehmen zwangsläufig stagnieren oder in Schwierigkeiten geraten.

Die Führungsspitze muss auch die Intensität des adaptiven Drucks, auf die Organisation (und dieser kann sehr hoch sein!) optimal dosieren. Die Steuerung des Drucks ist eng mit der Steuerung des Veränderungstempos verknüpft. Die Unternehmensleitung kann das Veränderungstempo nicht aufs Geratewohl bestimmen, denn wie wir gesehen haben, ändern sich Märkte im Allgemeinen schneller als Unternehmen und lassen dabei die schwächeren Marktteilnehmer hinter sich. Es gibt eine natürliche Tendenz, allzu schnelle

Veränderungsprozesse zu vermeiden. Wenn jedoch Unternehmensleitungen dieser Neigung nachgeben, gefährden sie das langfristige Wohl ihrer Mitarbeiter und Investoren.

Das Topmanagement muss sich so lange auf die relevanten Sachfragen konzentrieren, bis sie gelöst sind. Dann muss es sich der nächsten Herausforderung zuwenden und die Verantwortung für die vorhergehende Herausforderung an die nächste Leitungsebene delegieren. Was für das Topmanagement ein fachliches Problem ist, kann natürlich für die nächste Leitungsebene ein adaptives Problem sein. Doch ab diesem Punkt wiederholt sich der Prozess nur noch.

Die Grundhaltung im Unternehmen von der Annahme der Kontinuität auf die Annahme der Diskontinuität umzustellen, ist eine besonders schwierige Aufgabe. Denn sie erfordert, dass man die vertraute Sphäre der fachlichen Führung mit ihrer Ausrichtung auf Autorität verlässt und sich der Grenzenlosigkeit adaptiver Arbeit mit ihren spezifischen Führungsanforderungen öffnet. Ob ein Unternehmen bereit ist, alles Nötige zu tun, um die Annahme der Diskontinuität zu verinnerlichen – und schöpferische Zerstörung im Tempo und Umfang des Marktes zu betreiben – ist nach unserer Ansicht *die* Bewährungsprobe schlechthin für das Topmanagement. Kann es seine traditionelle Rolle als Überwachungsinstanz für die Entscheidungen anderer (die Herausforderung der Facharbeit) wirklich ablegen und die adaptive Aufgabe übernehmen, das Tempo der schöpferischen Zerstörung im Unternehmen zu steuern?

Die Fragen und Probleme, die reale Märkte aufwerfen, sind weder eindeutig noch gewiss. Und sie wiederholen sich nur selten. Die maßgeblichen Probleme sind fast immer neue Probleme, die herausragenden Chancen immer neue Chancen (wie jeder Risikokapitalgeber bestätigen kann). Anders gesagt, reale Märkte belohnen nicht die herausragenden Problemlöser. Sie belohnen die Meister adaptiver Arbeit. Sie belohnen echte Führungspersönlichkeiten.

Den Problemen ausweichen

Viele Leitungsverantwortliche scheuen die Mühsal adaptiver Führung, die mit der Annahme der Diskontinuität einhergeht. Heifetz merkt dazu an:

Autoritätspersonen unter Entscheidungsdruck täuschen manchmal Abhilfemaßnahmen vor, oder sie ergreifen Maßnahmen, die das Problem umgehen.

Dies mag auf kurze Sicht einen Teil der Pein unterdrücken. Wenn es der [Führungspersönlichkeit] gelingt ... die Aufmerksamkeit auf ein Ersatzproblem zu lenken ..., wird das Problem ... vielleicht weniger Unzufriedenheit auslösen. Die allgemeine Aufmerksamkeit wird von dem Problem abgelenkt, um das man sich nun scheinbar kümmert. Wir lassen uns nur allzu gern ablenken, denn das mindert die Bedrängnis. Langfristig verschlimmern sich einige Probleme, und dann stellt sich Frustration ein, und zwar sowohl über das ungelöste Problem als auch über die Autoritätspersonen, die es eigentlich hätten lösen sollen. Als Reaktion auf die Frustration werden wir den Teufelskreis wahrscheinlich ewig fortsetzen, indem wir uns noch enger an einer Autoritätsperson orientieren, aber diesmal suchen wir nach jemandem, der mehr Sicherheit und größere Erfolgsaussichten bietet.[3]

Heifetz hält diese Zuflucht zur Autorität für besonders gefährlich, weil sie adaptive Arbeit gerade angesichts der größten Probleme des Unternehmens verhindere und wichtige Personen und Ressourcen, die für diese Arbeit benötigt würden, binde.

So tun, als ob

Die von uns befragten Führungskräfte berichteten uns über viele Fälle, in denen Lösungen vorgetäuscht beziehungsweise Probleme umgangen wurden. Einige Beispiele haben wir weiter vorne aufgeführt. Weitere Reaktionsweisen können sein, dass man sich zu sehr auf kurzfristige Finanzergebnisse konzentriert (selbst wenn eindeutig feststeht, dass deren Ausprägung nur wenig mit langfristiger Wertschöpfung zu tun hat) oder dass man die Bedeutung von Innovationen für den langfristigen Unternehmenserfolg leugnet („Unsere Marken machen uns stark. Mehr brauchen wir nicht.“) Eine Variante besteht darin, die Bedeutung von Innovationen an sich zuzugeben, gleichzeitig aber nur Programme zu implementieren, die auf inkrementelle Innovationen abzielen und das etablierte mentale Modell des Unternehmens nicht infrage stellen (etwa der in Kapitel 4 beschriebene Konkurrenzkampf zwischen Segelschiffen und Dampfschiffen Ende des 19. Jahrhunderts). Die Herausforderungen inkrementeller Innovation lassen sich leichter umreißen und angehen. Echte langfristige Wettbewerbsvorteile erwachsen jedoch nur aus substanzieller und transformatorischer Innovation.

Die Aufmerksamkeit auf andere Probleme lenken

Einige der befragten Manager machten die Muttergesellschaft für das Scheitern ihres Bereichs verantwortlich. Oder sie legten operative Probleme dem mittleren Management zur Last, während die eigentliche Ursache darin lag, dass die unternehmensinternen Anreizsysteme nur kurzfristigen Erfolg honorierten. Kurz: Es ist relativ leicht, adaptive Führung zu umgehen, und nur wenige Führungskräfte sind von sich aus dazu bereit, wenn sie die Bedeutung und den Unterschied zur fachlichen Führung nicht verstehen.

Adaptive Arbeit leiten: „Widersprüchliche Signale"

Roger Fine, Syndikus bei Johnson & Johnson, hat diesen Unterschied besser verstanden als irgend jemand sonst, mit dem wir gesprochen haben. Anlässlich einer Ansprache an 800 Führungskräfte des Konzerns, die er 1996 hielt, legte er seine Sicht dieser Herausforderung dar. Passenderweise hielt er diese Rede auf einer großen, außerhalb des Standorts stattfindenden Tagung, welche die Erneuerung der Innovationskraft des Unternehmens zum Thema hatte. Er brachte darin die Anforderungen an die Führungsverantwortlichen klar auf den Punkt:

> *Wie Sie wissen, haben sich in den letzten vier Jahren neue Wörter in unser Vokabular bei J&J eingeschlichen, Wörter wie „Ambiguität", „Komplexität", „Paradox" und „multiple mentale Modelle". Diese Wörter und die Ideen, für die sie stehen, haben uns enormen Respekt vor dem Potenzial von Komplexität und Ambiguität eingeflößt. Wir müssen das verinnerlichen. Wir müssen einen Wettbewerbsvorteil daraus machen.*
>
> *Es ist ein Zeichen der Reife bei den Mitarbeitern einer Organisation, ein Zeichen der Reife einer Organisation, wenn sie Komplexität begrüßt – das, was manche auch „widersprüchliche Signale" nennen.*
>
> *Alle erfolgreichen Menschen zeichnen sich dadurch aus, dass sie gut mit Komplexität und Ambiguität sowie mit widersprüchlichen Signalen zurechtkommen. Sie betrachten es als Herausforderung, innovativ zu sein. Und das Großartige an diesem Unternehmen ist, dass wir die nötige Erfahrung haben, um so etwas besser zu bewältigen als alle anderen Unternehmen.*
>
> *Und warum ist das so? Weil wir das großartigste Beispiel für widersprüchliche Signale in der Unternehmensgeschichte haben, und wir nennen es un-*

ser „Credo". Dieses Credo enthält die Grundprinzipien, von denen wir uns leiten lassen. Wir alle wüssten die Antwort, falls uns jemand fragen sollte: „Wann werdet ihr euch endlich festlegen? Was sind eure Ziele? Was sind eure grundlegenden Prinzipien? Geht es um den Kunden? Den Mitarbeiter? Die Öffentlichkeit und die Gesellschaft? Oder die Aktionäre?"

Unsere Antwort ist: „Es geht um alle. Wir lassen uns nicht festlegen." Die große Stärke unseres Unternehmens liegt nicht darin, uns festzulegen. Sie liegt darin, dass wir unsere Tatkraft und unsere Intelligenz dafür einsetzen, diese Prinzipien des Credos nicht nur ins Gleichgewicht zu bringen – das klingt zu passiv –, sondern jedes für sich in seiner ganzen Tiefe auszuschöpfen. Wir werden all diese Fähigkeiten mit einem Maximum an Können und Talent zur Geltung bringen.

Den Konflikt zwischen adaptiver und fachlicher Führung managen

Wie wirken die „widersprüchlichen Signale" von Roger Fine auf jemanden, der nach Leitung, Schutz und Ordnung sucht? Nicht besonders hilfreich. Wenn Fines Diktum erfolgreich umgesetzt werden soll, dann muss die Organisation selbst erkennen, dass ihr Wunsch nach Richtungsbestimmung, Schutz und Ordnung von der Führungsspitze nicht erfüllt werden wird. Fines Botschaft ist, dass die Mitarbeiter das selbst leisten müssen. Das Topmanagement macht einen großen Fehler, wenn es sich dieser Erkenntnis in den Weg stellt. Wenn es sich für den „Expertenweg" entscheidet und damit von den übrigen Mitarbeitern den Druck nimmt, sich selbst in Leitung, Schutz und Ordnung kundig zu machen, dann wird es womöglich die adaptive Arbeit, die es gerne sehen würde, vereiteln.

Doch wenn das Topmanagement nicht Richtungsbestimmung, Schutz und Ordnung zu leisten hat, was dann? Das Topmanagement hat zu gewährleisten, dass der Wissensdrang des Unternehmens weit genug geht, um seine Zukunft zu sichern. Wird langfristig nachlassende Performance von kultureller Erstarrung verursacht, dann ist es an den Hauptverantwortlichen des Unternehmens, das zu verhindern.

Diese Erkenntnis lässt sich vom vorne beschriebenen Einbruch von IBM in den Achtzigern ableiten. Der damalige Fehler der IBM-Manager bestand nicht darin, die operative Kontrolle zu verlieren. Ganz im Gegenteil – darin waren sie Weltspitze. Was sie verloren hatten, war ein hinreichend großer Wissensdrang zur Sicherung der Zukunft. Sie hatten sich so sehr auf operative Spitzenleistungen konzentriert, dass der Dialog über die Zukunft zum Erliegen gekommen war. Die Sitzungen der IBM-Spitze mögen der Form nach anders abgelaufen sein als die zu Beginn des Kapitels geschilderte Vorstandssitzung, doch im Kern waren sie gleich.

Unsere herkömmlichen Führungskonzepte wurzeln tief in der Annahme, die Führungskompetenz eines Managers basiere auf seiner fachlichen Expertise, und er oder sie habe eine klare Vision von der Zukunft. Doch wir können nicht wissen, wie die Zukunft aussehen wird – gerade in der heutigen Zeit. Vielleicht können wir mithilfe unserer Expertise einige Möglichkeiten ausschließen, aber das ist auch alles. Die Führungskräfte, mit denen wir sprachen, sahen das ebenso. Immer wieder hörten wir den Kommentar: „Die künftige Entwicklung unserer Branche zu prognostizieren wäre für uns entscheidend; aber wir wissen nicht, wie wir das schaffen sollen." Wir können uns lediglich auf unsere adaptiven Ressourcen stützen.

Einen Prozess für adaptive Arbeit gestalten

Wie kann eine Organisation adaptive Arbeit leisten, ohne die Kontrolle über ihre fachliche Arbeit oder das operative Geschäft zu verlieren? In den letzten zehn Jahren haben wir gemeinsam mit vielen unserer Klienten nach Möglichkeiten gesucht, dieses Ziel effizienter zu erreichen. Wir haben im selben Zeitraum auch mit Kapitalbeteiligungsgesellschaften intensiv an der gleichen Aufgabe gearbeitet. Aufgrund dieser Erfahrungen gelangten wir zu dem Schluss, dass die Unternehmensleitung drei Aufgaben übernehmen muss.

Erstens muss sie die Verantwortung für die Gestaltung eines Prozesses übernehmen, der günstige Rahmenbedingungen für adaptive Arbeit schafft, ohne die operative Steuerung zu beeinträchtigen. Das beginnt mit der Erarbeitung einer übergreifenden Vision adaptiver Prozesse, die sowohl divergentes als auch konvergentes Denken einbezieht, die operative Steuerung jedoch nicht aufs Spiel setzt. Ziel ist es dabei, die (in Kapitel 4 beschriebenen) realen Kreativitätsprozesse möglichst getreu nachzubilden, um die Chancen zur „Nachahmung des Marktes" zu maximieren. Bei der Wahrnehmung dieser Aufgabe muss das Topmanagement einen ausreichenden Zeitrahmen festsetzen, um die Konzeption alternativer mentaler Modelle, die Artikulierung und konstruktive Berücksichtigung konträrer Meinungen sowie die Suche nach neuen Lösungen zu ermöglichen.

Meist sind solche Prozesse informell und umfassen eine Reihe temporärer Prozesselemente (z.B. Sitzungen, Diskussionen, Besuche und „Zeit zur freien Verfügung", um die Tragweite der erörterten Ideen zu durchdenken), die einen zeitlich begrenzten Beitrag vieler Mitarbeiter beanspruchen, nicht aber die Gründung einer neuen Abteilung oder Funktion mit vollzeitigen Mitarbeitern. In diesem Sinne wirken diese Prozesse quasi in den Zwischenräumen der Organisation und nicht dadurch, dass sie in bestehende Abläufe eingreifen oder neue Organisationseinheiten entstehen lassen. Es gibt mehrere Möglichkeiten, dieses Ziel zu erreichen. Wir werden ein aktuelles Beispiel in Kapitel 11 eingehender beschreiben.

Zweitens muss die Unternehmensleitung die Verantwortung für die Umsetzung des Prozesses übernehmen. Nur so führt er zum angestrebten Resultat, ohne dabei die operative Steuerung zu gefährden oder Stress und Konflikt im Unternehmen in unproduktive Höhen zu treiben. Das wichtigste Instrument zur Erreichung dieses Resultats ist das Tempo, mit dem das Management neue Denkweisen im Unternehmen einführt. Prasseln neue Herausforderungen und Ideen allzu schnell auf die Organisation ein, löst das Stress, Konflikte und einen Produktivitätseinbruch aus. Ist das Tempo aber zu gering, geht die Wettbewerbsfähigkeit verloren, wie wir anhand vieler Beispiele in diesem Buch gesehen haben. Eine Schlüsselaufgabe der Unternehmensleitung besteht darin, den Einführungsprozess für adaptive Arbeit daraufhin zu überprüfen, ob er eventuell zu langsam oder zu schnell vor sich geht, und entsprechend zu reagieren.

Drittens sollte die Unternehmensleitung mehrere unterstützende, aber dennoch wichtige Aufgaben beim Management adaptiver Arbeit übernehmen. Dazu gehören: Definition von Diskussionsthemen, Auswahl der Diskussionsteilnehmer und Überwachung der Umsetzung – insbesondere durch Festsetzung von Leistungsmaßstäben und –zielen und durch Festlegung der Umsetzungsverantwortung.

Diese drei Verantwortlichkeiten zielen zusammen darauf ab, den Übergang vom divergenten zum konvergenten Denken und das Gleichgewicht zwischen Denken und Handeln zu managen.

Adaptive Arbeit in Kapitalbeteiligungsgesellschaften

Wie wir in Kapitel 7 sahen, spielt adaptive Arbeit gerade bei außerbörslichen Kapitalbeteiligungen eine große Rolle. Ihre Manager verfügen über umfassende Erfahrung im Ausbalancieren von divergentem mit konvergentem Denken, von theoretischen Konzepten mit konkreten Maßnahmen – auch wenn sie das nur selten so bezeichnen. Sie haben außerdem reichhaltige Erfahrung in der Gestaltung (beziehungsweise Neugestaltung) und Überwachung der Prozesse, mit denen sich diese Balance herstellen lässt. Der Hauptunterschied zu börsennotierten Unternehmen ist der: In Kapitalbeteiligungsgesellschaften verwendet die Führungsspitze viel mehr Zeit und Energie darauf, ihr Weltbild zu revidieren und die Konsequenzen für ihre Investitions- und Verkaufsentscheidungen zu durchdenken. Konzernlenker dagegen verbringen ihre Zeit mit Überlegungen, wie sie ihr operatives Geschäft optimieren können.

Aufgrund des schnellen Umschlags ihrer Beteiligungen überprüft die Kapitalbeteiligungsgesellschaft fortwährend ihren Erfolg, hinterfragt ihre grundlegende Ausrichtung und versucht, die nächste große Innovationswelle vorherzusehen. Daher entwickeln erfolgreiche Kapitalgeber ein ausgezeichnetes Gespür für künftige Geschäftschancen, und Finanzinvestoren entwickeln eine außergewöhnliche Fähigkeit, ein Geschäft „auseinander zu nehmen", um sein Potenzial und seine Schwachstellen aufzudecken. Keine der beiden Fähigkeiten kommt mit gleicher Häufigkeit in börsennotierten Firmen zum Tragen – dort gehen aussichtsreiche neue Geschäfte oft aus F&E hervor und nicht aus einer Funktion, die sich eigens der Entwicklung neuer Geschäfte widmet und von Partnern geleitet wird, die dafür auch privates Kapital einsetzen. Diese unterschiedlichen Herangehensweisen können zu erstaunlich unterschiedlichen Ergebnissen führen. Noch deutlicher können freilich die Unterschiede im Beherrschen der adaptiven Arbeit sein.

Derzeit sind erste ernsthafte Bemühungen im Gang, die Diskrepanzen zwischen den Vorgehensweisen außerbörslicher Beteiligungsgesellschaften und börsennotierten Gesellschaften zu überbrücken: Ziel ist es, die Methoden der erstgenannten mit den harten Anforderungen der letzteren (beispielsweise dem Zwang zum regelmäßigen Performance-Abgleich mit Börsenindizes) zu verknüpfen.

Das kann eine echte Schinderei sein, wie all diese Firmen erfahren mussten. Viele gerieten in der zweiten Hälfte des Jahres 2000, nach dem Zusammenbruch der NASDAQ-Märkte, unter enormen finanziellen Druck, und ihr Börsenwert sank um bis zu 90 Prozent. Zudem ist der Markt nur zögerlich davon zu überzeugen, dass sich diese Unternehmen tatsächlich von offenen Investment-Fonds unterscheiden, und ist daher momentan noch nicht bereit, überdurchschnittlich hohe KGVs für diese Unternehmen zuzulassen. Sollten sie aber tatsächlich tragfähige Methoden finden, die Managementpraktiken von Kapitalbeteiligungsgesellschaften mit den Anforderungen börsennotierter Unternehmen zu verbinden, dann werden sie ein attraktives und gerne kopiertes Modell abgeben. Fürs Erste handelt es sich auf jeden Fall um interessante Unternehmen, die man aufgrund ihrer außergewöhnlichen Fähigkeit zur adaptiven Arbeit im Auge behalten sollte. Als eines der ältesten von ihnen gibt Safeguard Scientifics detailliert Aufschluss über adaptive Arbeit unter den schwierigen Rahmenbedingungen öffentlicher Märkte.

Safeguard Scientifics

Im Jahr 1953, drei Jahre nach seinem College-Abschluss, gab Warren „Pete“ Musser seinen Job als Börsenmakler auf und gründete mit einem Startkapital von 300.000 Dollar einen Investmentfonds mit Namen Lancaster. Musser, der keine spezifischen Branchenschwerpunkte, Fachkenntnisse oder Anlagestrategien vorzuweisen hatte, investierte zunächst in ein breites Spektrum junger Unternehmen aus Branchen, denen er langfristiges Wachstumspotenzial zuschrieb. Er investierte in Immobilien, Büroautomatisierung, medizinische Dienstleistungen, Kabelfernsehen, Robotik und Automobilzulieferer. Die Ergebnisse gaben ihm Recht. Seine erste Beteiligung, die Kabelfernsehgesellschaft Comcast, ist mittlerweile das viertgrößte Kabelunternehmen in den Vereinigten Staaten.

Musser benannte Lancaster in Safeguard Industries um, nachdem er frühe Investitionen in ein Unternehmen namens Safeguard getätigt hatte, dem er nun den Namen Safeguard Business Systems gab. SBS stellte Scheckdrucker her, welche die Zahlungsbeträge in das Papier perforierten. Mit Management- und finanzieller Unterstützung von Safeguard entwickelte sich SBS zum Lieferanten für rechnergestützte Informationssysteme und vermarktete seine Leistungen erfolgreich an über 650.000 mittelständische Betriebe. Für Safeguard Industries wurde die Beteiligung an Safeguard Business Systems zur größten Einnahmequelle, und im Jahr 1965 ging Safeguard Industries an die Börse. Die

Umstellung von Kabelfirmen auf Hersteller von Scheck-Perforiermaschinen und schließlich auf Firmen, die rechnergestützte Informationssysteme herstellen, förderte und schulte die adaptiven Fähigkeiten von Musser.

Dennoch: Das Geschäftskonzept von Safeguard Industries war krisenanfällig, wie sich bald an den übrigen Beteiligungen zeigte. Das galt vor allem für einen Anbieter nachgebauter Automobilkomponenten, dessen Verluste Safeguard Industries in die roten Zahlen trieben.

Die Verluste aus den wachstumsschwachen Beteiligungen führten schließlich zu einer neuen Anlagestrategie: Im Jahr 1977 beschloss Musser, nur noch in wachstumsstarke Unternehmen zu investieren. Er war durch eine harte Schule gegangen und hatte gelernt, was es mit der Annahme der Kontinuität auf sich hat.

Dennoch war der Zeitpunkt für die Neuausrichtung schlecht gewählt. Ständig wachsende Schulden zwangen Safeguard Industries 1980, Safeguard Business Systems per Börsengang abzuspalten. Das Ganze war so angelegt, dass die Aktionäre von Safeguard Industries einfach Aktien von Safeguard Business Systems erhielten. Durch Abspaltung des ertragsstarken Bereichs von der Muttergesellschaft konnte Safeguard Industries einen Teil seiner Schuldenlast auf das profitablere Unternehmen übertragen, dadurch die Finanzlage der verbliebenen Beteiligungen stabilisieren und Finanzmittel zur Investition in neue, wachstumsstarke Geschäftsfelder aufbringen. Das Unternehmen benannte sich in Safeguard Scientifics um und brachte damit seine Absicht zum Ausdruck, Beteiligungen an Hightech-Firmen zu erwerben.

Im Anschluss an die Abspaltung von Safeguard Business Systems erkannte Musser, dass der Verkauf von Tochtergesellschaften zum richtigen Zeitpunkt den Aktionären traumhafte Renditen bescherte. „Wir stellten fest, dass eine Aktie im Wert von 4 Dollar auf umgerechnet 50 Dollar anstieg, wenn man die beiden aus der Spaltung resultierenden Unternehmen rechnerisch addierte", sagte Musser.[4] „Und wir hatten nichts anderes getan, als die Vermögenswerte zu splitten. Das hat uns schwer beeindruckt." Die adaptive Strategie, die er intuitiv verfolgt hatte, zahlte sich aus.

Musser beschloss, dass künftig ein aufgekauftes Wachstumsunternehmen, sobald es finanziell und führungsmäßig auf solider Basis stand, von Safeguard als eigenständiges Unternehmen an die Börse gebracht werden würde. Dazu führte er ein Programm ein, in dessen Rahmen Safeguards eigene Anteile an dem Unternehmen direkt an die Safeguard-Aktionäre verkauft werden sollten. Dieses Modell sollte im Lauf der Jahre überdurchschnittliche Renditen abwerfen, auch wenn sich die Abspaltungen in ihrem Wesen und im Timing stark unterschieden. Die vormalige ‚Investment Company' war einige Male nah daran, operative Verantwortung zu übernehmen, überschritt aber niemals die Grenze zum operativen Tagesgeschäft.

Bevor Safeguard Scientifics seinen neuen Plan in größerem Maßstab umsetzen konnte, wäre das Unternehmen beinahe durch einen völlig unverschuldeten Vorfall zerstört worden. Der Börsenmakler Gary Lewellyn aus Des Moines, Iowa, der ein kleines Wertpapiergeschäft besaß, begann Ende 1981 mit dem Aufkauf von Safeguard-Aktien in großen Mengen. Auf diese Weise wollte er den Kurs zu seinem persönlichen Vorteil manipulieren. Bis November hatte er etwa 7 Prozent der frei umlaufenden Aktien in kleinen Tagesportionen erworben. Die Käufe liefen über Swiss American, die US-Tochtergesellschaft von Credit Suisse, welche Lewellyn zu diesem Zweck Kredite gewährte. Um den erforderlichen „Einschuss" an Eigenmitteln aufzubringen, hatte Lewellyn Staatsanleihen im Wert von 2,8 Millionen Dollar veruntreut: Sie stammen von einem Konto, das er im Auftrag der First National Bank von Humbolt, Iowa (die von seinem Vater geleitet wurde), verwaltete.

Während der nächsten fünf Monate kaufte er weitere Aktien auf, wobei er eine Kurs-Rallye auszulösen versuchte und sich gleichzeitig bemühte, eine Nachschussforderung auf seine Effektenkredite zu verhindern. Im März 1982 „besaß" er 58 Prozent des Unternehmens. Als Swiss American und Merrill Lynch ihm keinen weiteren Kredit gewährten, eröffnete er Konten auf die Namen seiner Kunden in Des Moines und fuhr fort, Aktien zu kaufen (auch von sich selbst), um Nachfrage vorzutäuschen.

Am 17. März teilte Lewellyn Swiss American mit, er könne seinen Zahlungsverpflichtungen nicht nachkommen, und tauchte unter. Nachdem er in Las Vegas beträchtliche Summen verjubelt hatte, stellte er sich dem FBI.

Dieser Vorfall hatte für alle Beteiligten verheerende Folgen: Der Kurs der Safeguard-Aktie stürzte ab, und die amerikanische Börsenaufsicht verhängte eine zehntägige Handelssperre für die Aktie. Swiss American und Merrill Lynch waren plötzlich Mehrheitsaktionäre von Safeguard, die First National Bank von Humbolt wurde für zahlungsunfähig erklärt und von der FDIC (US-Einlagensicherungsfonds) aufgelöst. Lewellyn wurde wegen Veruntreuung zu zwanzig Jahren Haft verurteilt.

Swiss American hätte die 1,6 Millionen Safeguard-Aktien in ihrem Besitz gerne verkauft, doch Musser konnte die Verantwortlichen überreden, sie ein Jahr lang zu halten. Auch konnte er seine übrigen Kapitalgeber davon überzeugen, dass das gegenwärtige Fiasko nichts mit dem grundlegenden Geschäftskonzept von Safeguard zu tun hatte. 1983 erklärten sich die Aktionäre mit einer Zweitplatzierung der 1,6 Millionen Aktien einverstanden, damit Swiss American sein ungewolltes Eigentum loswerden konnte. Gleich das erste Angebot von Bezugsrechten war ein voller Erfolg.

Im Februar 1981 erwarb Musser für 2,5 Millionen Dollar eine 51-Prozent-Beteiligung an Novell, Inc., damals einem schwer angeschlagenen Softwarehersteller. Ende 1984 verzeichnete Novell eine Phase raschen Wachstums, da sich der Markt für LAN-Hardware und -Software entwickelte, und Safeguard sah den Zeitpunkt für einen Börsengang gekommen. Im Februar 1985 bekamen die Safeguard-Aktionäre das Recht, pro zwei Safeguard-Aktien in ihrem Besitz eine Novell-Aktie zum Preis von 2,5 Dollar zu beziehen; auf diese Weise wurden insgesamt 2,3 Millionen Aktien ausgegeben. Safeguards eigene Beteiligung an Novell sank dadurch auf 23 Prozent, und damit gab Safeguard die direkte Kontrolle auf. Nach dieser Zuteilung wuchs Novell allein 1985 um 200 Prozent; in den neunziger Jahren erreichte die Novell-Aktie mit über 500 Dollar ihren Höchststand. Bis 1990 reduzierte Safeguard seine Beteiligung an Novell schrittweise auf unter 5 Prozent, wobei es in drei Jahren fast 100 Millionen Dollar an Kapitalerträgen einnahm. Ein Teil dieser Verkäufe wurde vermutlich durch den Investment Company Act von 1940 erzwungen: Nach diesem Gesetz wäre Safeguard Scientifics sonst als offener Investment-Fonds klassifiziert worden und hätte anstatt der Steuer für Veräußerungsgewinne (*Capital Gains Tax*) die gewöhnliche Einkommenssteuer entrichten müssen. Gesetzliche Bestimmungen können dazu beitragen, dass Unternehmen auch gegen ihren Willen adaptive Arbeit schätzen lernen.

Nun mag die Ausgliederung eines Unternehmens auf dem Gipfel seiner Leistungsfähigkeit für einen Finanzintermediär nichts Überraschendes haben, doch für ein operativ ausgerichtetes Unternehmen wäre ein solcher Schritt sehr ungewöhnlich. Das operative Unternehmen hält traditionell eher an einer Tochtergesellschaft fest, als Gewinne an der Börse zu realisieren. Das liegt daran, dass es von einem engen Zusammenhangs zwischen Kontrolle und Wertentwicklung ausgeht. „Wir können die Kontrolle über eine Tochtergesellschaft nicht aufgeben, sonst wird vielleicht ihre Performance beeinträchtigt.“ Eine solche Entscheidung basiert auf der Annahme der Kontinuität. Safeguard folgte einer umgekehrten Logik bei der aktiven Suche nach neuen Chancen. Es verzichtete auf unternehmerische Kontrolle, profitierte von seiner Transaktion und bot seinen Investoren äußerst lukrative Gewinnchancen, womit Safeguard selbst zur nächsten attraktiven Investition übergehen konnte.

Anders als die herkömmlichen Risikokapitalgeber war Safeguard jedoch bereit, nach dem Börsengang noch jahrelang an einer Beteiligung festzuhalten, wenn dies zur Stärkung des Unternehmens erforderlich war. So hielt Safeguard zum Beispiel Ende der achtziger Jahre eine Minderheitsbeteiligung von 15 Prozent an den Aktien von Machine Vision, einem Hersteller optischer Systeme für industrielle Anwendungen. Im November 1985 verringerte Safeguard seine Beteiligung durch ein Zeichnungsangebot von 2,75 Dollar pro Aktie von 15 auf 11 Prozent. Die Aktie von Machine Vision entwickelte sich anfangs nicht sonderlich gut. Doch anstatt seine Beteiligung zu verkaufen, beschloss Safeguard, durch Ausübung einer 1985 erworbenen Kaufoption sowie durch den Kauf von Aktien auf dem offenen Markt seine Beteiligung auf 70 Prozent zu erhöhen, um Machine Vision durch schwere Zeiten zu helfen. In Zusammenarbeit mit Machine Vision veränderte Safeguard den Geschäftsfokus des Unternehmens, das fortan als Zwischenhändler Computer-Hardware und Software an industrielle und andere Organisationen weiterverkaufte. Um diese Neuausrichtung zu unterstreichen, wurde das Unternehmen in CompuCom umbenannt. Die Strategie ging auf. CompuCom wuchs zwischen 1988 und 1992 um jährlich 45 Prozent und bescherte den Safeguard-Aktionären erkleckliche Erträge. In diesem Fall erwies sich die traditionelle Annahme über den Zusammenhang zwischen Unternehmenserfolg und unternehmerischer Kontrolle als richtig. Safeguard stellte seine Fähigkeit unter Beweis, je nach den Umständen die eine oder andere Annahme zu seinem Vorteil zu nutzen.

Safeguard beschränkte seine Beteiligungen nicht nur auf kleine Startups. Ende der achtziger Jahre, als viele Unternehmen Schwierigkeiten hatten, das notwendige Kapital für ihre Expansion aufzubringen, stellte Safeguard im Gegenzug für eine beachtliche Menge von Optionsscheinen ungesicherte Kredite bereit. Wohl gemerkt: Auch hier hat man auf direkte unternehmerische Kontrolle verzichtet. Auf gleiche Weise erwarb Safeguard Beteiligungen an dem TV-Einkaufskanal QVC sowie an Infotron, einem Netzwerk-Hersteller. Außerdem gründete Safeguard 1988 die Risikokapitalgesellschaft Radnor Venture Partners. Radnor und andere, später gegründete VC-Gesellschaften sollten Safeguard vor allem den Erwerb von Beteiligungen ermöglichen, die Safeguards strenge Kriterien für die Aufnahme ins eigene Portfolio nicht erfüllten, aber dennoch Zukunftspotenzial versprachen. Safeguard hat unermüdlich nach neuen Wegen gesucht, um durch Veränderungen seiner Beteiligungs- und Steuerungsstrategie kontinuierlich Wert zu schaffen.

In den achtziger Jahren hatte Safeguard Scientifics die Computer-Hardware und Software als die Bereiche mit dem größten Wachstumspotenzial erkannt. In den Neunzigern fokussierte man sich auf die Informationstechnologie und stellte damit die Entschlossenheit unter Beweis, sich ebenso schnell und tiefgreifend wie der Markt zu verändern. Man begann Unternehmen zu gründen, die Beratungs- und Implementierungsleistungen anboten, wie etwa Cambridge Technology Partners, das Safeguard über eine Kapitalerhöhung im Mai 1993 an die Börse brachte. Safeguard-Aktionäre, die sich zum Emissionskurs von 5 Dollar je Aktie bei Cambridge Technology Partners einkauten, konnten ihren Kapitaleinsatz in den folgenden drei Jahren verfünfzehnfachen.

Safeguards rigorose Ausrichtung an der Aktionärsrendite ist der Grund, warum es auch nach dem Börsengang seiner Beteiligungsunternehmen involviert bleibt. „Wir beteiligen uns aktiv an der Führung dieser Unternehmen. Wir sind nicht bloß passive Investoren; so können wir ihre Strategien und ihre Ausrichtungen beeinflussen. Wir können bei der Auswahl der Führungsteams mitwirken und wissen damit besser über die Lage des Unternehmens Bescheid", so Musser.[5] Jedem Unternehmen wird ein Team erfahrener Experten aus den Bereichen Betrieb, Finanzen, Recht und Unternehmensentwicklung zur Seite gestellt. Allerdings konzentriert sich Safeguard darauf, Unterstützung zu gewähren, und nicht etwa auf die Etablierung bestimmter Steuerungsprinzipien im Unternehmen.

Im Falle von Safeguard Scientifics hat diese lockere Steuerung die Performance – beziehungsweise das Streben danach – nicht beeinträchtigt. Ganz im Gegenteil: Diejenigen, die von Safeguard in das Topmanagement von Partnerunternehmen berufen wurden, setzen sich energisch für eine hohe Aktionärsrendite ein. Als Cambridge Technology Partners im Juli 1999 die Gewinnerwartungen nicht erfüllte, entließ Musser den Vorstandsvorsitzenden James Sims, weil er das Unternehmen nicht vorangebracht hatte: „Wir haben Jim gebeten, sich zu verabschieden", sagte Musser dazu.[6] Tage später drängte Safeguard Edward Anderson, eine frühere Führungskraft von Safeguard, aus seiner Position als CEO von CompuCom Systems (Safeguard hielt noch immer eine 54-Prozent-Beteiligung).

Als der Markt für Neuemissionen Ende der neunziger Jahre mit der Zunahme von Internet-Startups immer schneller wuchs, erkannte Safeguard, dass sein System des Bezugsrechtsangebots seine Möglichkeiten unnötig einschränkte: Indem das Unternehmen seinen Aktionären sämtliche Aktien direkt und proportional zu ihren Safeguard-Anteilen zur Zeichnung anbot, konnten sich zwar Kleinaktionäre – die 70 Prozent aller Safeguard-Aktionäre ausmachten – eindecken, doch die Investmentbanken waren oftmals nicht in der Lage, institutionellen Anlegern große Aktienpakete anzubieten. Um dies künftig zu ermöglichen (und damit Nachfrage und Aktienkurs zu steigern), entwickelte Safeguard einen zweiten Ansatz für die Börsennotierung: das so genannte ‚gelenkte Zeichnungsprogramm'. Bei dieser Methode wird den Safeguard-Aktionären ein kleiner Teil der Aktien zum Emissionskurs angeboten (der in der Regel über dem Angebotspreis für Bezugsrechte liegt), so dass Interessierte zum gleichen Preis wie größere institutionelle Anleger kaufen können. Das gelenkte Zeichnungsprogramm ist ein aktuelles Beispiel für Safeguards Entschlossenheit, Innovationen einzuführen und sich damit den nötigen Spielraum zu verschafften, um nach Belieben in Geschäfte ein- und auszusteigen.

Das erste Unternehmen, dessen Aktien auf diese Weise zur Zeichnung angeboten wurden, war die Internet Capital Group im August 1999. Zwei Safeguard-Manager halfen, ICG im Jahr 1996 als eine Internet-Holding zu gründen, die sich über ihr eigenes Netz von Partnerunternehmen aktiv im elektronischen Handel (‚*e-Commerce*') zwischen Unternehmen (‚*Business-to-Business, B2B*') engagierte. Zur gleichen Zeit wurde in den USA ein Gesetz zur Verbesserung der Funktionsweise von Wertpapiermärkten verabschiedet, das einige der restriktiven Vorschriften zur Zahl der Anleger bei einer VC-Gesellschaft lockerte.

Durch Bereitstellung operativer und finanzieller Unterstützung beabsichtigte ICG, das langfristige Marktpotenzial seiner Beteiligungsunternehmen zu maximieren. Safeguard-Aktionäre erhielten die Möglichkeit, für jeweils 10 Safeguard-Aktien eine ICG-Aktie zum Emissionskurs von 12 Dollar zu erwerben. Diese Strategie steigerte das Interesse an der Emission und brachte den Erstzeichnern satte Gewinne ein, da der Kurs der ICG-Aktie bis Jahresende auf das Vierzehnfache anstieg. Es war die erfolgreichste Neuemission des Jahres 1999 (wenn auch die Aktien seither erheblich gefallen sind). Safeguard Scientifics 13-prozentige Beteiligung an ICG, die es in zwei Transaktionen für insgesamt 29 Millionen Dollar erworben hatte, wurde per 31. Dezember 2000 auf 150 Millionen Dollar geschätzt.

Der Erfolg von ICG trug mit dazu bei, dass sich der strategische Fokus von Safeguard Scientifics von IT- auf Internet-Beteiligungen verlagerte. Es war die dritte grundlegende Neuausrichtung von Safeguard innerhalb von zwanzig Jahren. Mittlerweile orientiert sich das Unternehmen schon wieder neu: Im Jahr

1999 gab es bekannt, es wolle sich in Zukunft auf e-Commerce-, e-Business- und e-Communications-Firmen verlegen. „Anfang der neunziger Jahre haben wir über Cambridge Technology Partners mit dazu beigetragen, Client-Server-Architekturen in betrieblichen Rechnersystemen zu definieren und zu implementieren. Jetzt arbeiten wir über viele unserer Beteiligungsfirmen daran mit, das Internet als neues Interaktions- und Transaktionsmedium für Unternehmen und Verbraucher zu etablieren", so Musser.[7] Im Sturm der schöpferischen Zerstörung reitet Safeguard auf den Wellen.

Diese Anlagestrategie – einerseits die Nutzung des Safeguard-Portfolios an wachstumsstarken Unternehmen, andererseits die Schärfung des Anlagefokus – soll die Rendite für die Aktionäre steigern und den Ressourceneinsatz optimieren. Das Netzwerk der Safeguard-Beteiligungen umfasst mittlerweile vierzig Direktbeteiligungen und 210 Unternehmen, an denen Safeguard über seine Private-Equity-Fonds indirekt beteiligt ist. Dank Mussers Entschluss, sich auf Internet-Unternehmen zu fokussieren, konnte Safeguard inzwischen ein größeres Netzwerk aufbauen und mehr Börsengänge begleiten: Wurden zwischen 1990 und 1998 ganze neun Unternehmen an die Börse gebracht, waren es allein 1999 vier Unternehmen. Das ist adaptive Arbeit par excellence.

Die Safeguard-Aktionäre nutzen gerne die Chance, von den Börsengängen der Beteiligungen zu profitieren. Obgleich sich die Aktie von Safeguard nicht überdurchschnittlich entwickelt hat, erbrachten die neun Bezugsrechtsangebote, die zwischen 1992 und 1998 abgeschlossen wurden, den Safeguard-Aktionären im Schnitt eine interne Verzinsung von 67% – was selbst die hohen Börsenrenditen deutlich übertrifft. Nach Mussers Ansicht sollten „Aktionäre Safeguard nach seiner Wertsteigerung beurteilen, nicht nach seinem Gewinn".[8] Dem ist wenig hinzuzufügen.

Safeguard Scientifics ist ein hervorragendes Beispiel dafür, wie ein Unternehmen Geschäftsalternativen schaffen, betreiben und auswechseln kann. Und ebenso ein hervorragendes Beispiel dafür, was adaptive Arbeit bewirken kann. Safeguard hätte diese hohen Renditen nicht erwirtschaftet, wenn es sich auf fachliche Führung beschränkt hätte. Musser und die oberen Führungskräfte von Safeguard imitierten die Funktion des Marktes, sind jedoch bislang von der kulturellen Erstarrung verschont geblieben. Zwar sprechen sie nicht vom „Management der schöpferischen Zerstörung" oder von der „Innovation und Eliminierung im Tempo und Ausmaß des Marktes", doch implizit gehören diese Prinzipien ganz klar zum Wissensschatz des Unternehmens. Die Hauptaufgabe des Managements von Safeguard ist es, Tempo und Ausmaß der schöpferischen Zerstörung optimal zu steuern und dabei die operative Kontrolle nicht aufs Spiel zu setzen. Das Führungsteam hat einen Prozess entwickelt, um den Übergang von divergentem zu konvergentem Denken in geordneten Bahnen zu vollziehen und um ein ausgewogenes Verhältnis zwischen Reflexion und Aktion herzustellen. Musser und seine Kollegen haben diese Verfahren in den Märkten der achtziger Jahre gelernt und angewandt.

Safeguards Fähigkeit, unablässig substanzielle, vielleicht sogar transformatorische Innovationen hervorzubringen und gleichzeitig die operative Kontrolle zu behalten, gehört zu seinen wesentlichen Stärken. Sein Erfolgsgeheimnis ist die klare Ausrichtung auf die Mitarbeiter und die Bereitschaft, die Zügel zu straffen, wenn die Dinge nicht wunschgemäß laufen. Sein zentraler Steuerungsansatz nach dem Erwerb einer Beteiligung besteht darin, die geeigneten Mitarbeiter auszuwählen (beziehungsweise ungeeignete zu entlassen). Anschließend wird die Kontrolle an das (oftmals börsennotierte) operative Unternehmen delegiert.

Safeguard hatte in jüngster Zeit mit einigen Schwierigkeiten zu kämpfen. Zum Teil waren sie auf Fehleinschätzungen zurückzuführen, zum Teil auf den Kurssturz an der Nasdaq Ende 2000. Und auch künftig wird das Unternehmen zweifellos immer wieder schwere Zeiten durchmachen. Doch es hat diese Krise bewältigt, ohne seine langfristige Performance zu opfern. Vielleicht wird die eigentliche Bewährungsprobe für Safeguard darin bestehen, auch nach dem unausweichlichen Wechsel in der Führungsspitze seiner Vorgehensweise treu zu bleiben. Es ist nicht leicht, langfristig ein so delikates Gleichgewicht aufrechtzuerhalten, wie es Safeguard gelungen ist. Viele Menschen können Noten lesen, aber nur wenige können spielen wie Glenn Gould.

L'Oréal

Die Welt des amerikanischen Venture Capital ist weit entfernt von der Lebensart im modebewussten Frankreich, doch L'Oréal hat mit Safeguard Scientifics etwas Wichtiges gemeinsam: Beide verfolgen eine Führungsphilosophie der schöpferischen Zerstörung. Liliane Bettencourt ist als Hauptaktionärin des französischen Kosmetikherstellers L'Oréal nicht nur die reichste Frau Europas (nach der ‚*Forbes* Richest List' vom Sommer 2000 sogar die reichste der Welt), sondern auch die Nutznießerin eines Unternehmens, das zurzeit den ökonomischen Jungbrunnen entdeckt zu haben scheint.

L'Oréal wurde zu Anfang des 20. Jahrhunderts von Madame Bettencourts Vater Eugène Schueller gegründet. Schueller, von Beruf Chemiker, entwickelte einen synthetischen Farbstoff zur Färbung menschlicher Haare und bot ihn 1907 in den Straßen von Paris zum Verkauf an. Zwei Jahre später nannte er den Farbstoff L'Oréal, nach dem französischen Wort *aureole* („Lichtkranz"), und verkaufte ihn an örtliche Friseure. Dann erweiterte er seine Produktpalette um Seifen und Parfüms, und nach dem Zweiten Weltkrieg überzeugte er seine Landsleute davon, dem amerikanischen Trend zu folgen und für die Haarwäsche Shampoo statt Seife zu benutzen.

Nach dem Tod ihres Vaters 1957 erbte Madame Bettencourt das Unternehmen, das weiterhin auf Wachstumskurs blieb und international expandierte, bis es 1963 an die Börse ging. Bettencourt behielt bis 1974 eine Mehrheitsbeteiligung, dann gab sie 49 Prozent ihrer Aktien an Nestlé ab und erhielt im Gegenzug 3 Prozent der Aktien des Nahrungsmittelgiganten. Allerdings behielt sie bei dieser Transaktion 70 Prozent der Stimmrechte von L'Oréal. Dieser Deal machte sie zusammen mit weiteren Aktienkäufen später zur größten Aktionärin beider Unternehmen.

Lindsey Owen-Jones wurde 1988 Vorstandsvorsitzender – zu einer Zeit, als L'Oréal mit fast 4 Milliarden Dollar Umsatz zu den größten französischen Unternehmen zählte. Es war ein Bluechip-Unternehmen, das nach Einschätzung des Marktes nur geringe Wachstumsaussichten hatte. Doch seitdem Owen-Jones das Ruder bei L'Oréal übernahm, hat sich der Aktienkurs verzehnfacht, während der S&P 500 im gleichen Zeitraum um nur sechshundert Prozent angestiegen ist – etwa gleich schnell wie die Durchschnittsrendite der Konsumgüterbranche. L'Oréal hat in diesem Zeitraum auch kontinuierlich Dividenden ausgeschüttet, sodass seine Aktionärsrendite insgesamt noch höher ausfällt.

Wie ist es L'Oréal – einem alteingesessenen Großunternehmen – gelungen, eine so hervorragende Performance zu erzielen? Vor Owen-Jones' Amtsantritt hatte L'Oréal durch Akquisitionen expandiert: Der Kosmetikhersteller übernahm 1965 Lancôme, 1984 Ralph Lauren und das Kosmetikgeschäft von Gloria Vanderbilt, und 1988 Helena Rubinstein. Diese Strategie sorgte zwar für Wachstum, aber nicht für hohe Aktionärsrenditen. Damals definierte L'Oréal sein Produkt- und Markenspektrum sehr restriktiv. Owen-Jones sah in dieser Selbstbeschränkung die zentrale Performance-Hürde für L'Oréal.

Folglich beschloss Owen-Jones, dass sich L'Oréal strategisch sehr viel breiter aufstellen und sein Wettbewerbsfeld wie auch die Märkte für seine Schlüsselmarken weiter definieren sollte. Diese breitere Ausrichtung würde es L'Oréal ermöglichen, durch schnellere und tiefer greifende Veränderungen zu einem schlagkräftigeren Wettbewerber im Markt zu werden. Owen-Jones erkannte, dass es einen sehr großen Markt für Kosmetikkonzepte aus dem Ausland gab – wo immer der jeweilige Heimatmarkt auch sein mochte. Während beispielsweise Lancôme eng dem französischen Schönheitsbegriff verbunden blieb, sprachen Georgio Armani-Duftwässer die Verbraucher mit Hang zur italienischen Mode an, und Gloria Vanderbilt sowie Polo von Ralph Lauren verkörperten den Chic und Reichtum New Yorks. Das Gros der Umsätze mit Duftwässern und Kosmetika wurde außerhalb des jeweiligen Heimatmarktes erwirtschaftet. Polo kam in England besonders gut an, und Gloria Vanderbilt wurde schon vier Jahre nach ihrer Markteinführung zur umsatzstärksten Duftmarke in Europa.

Unter der Führung von Owen-Jones beschleunigte L'Oréal seine Internationalisierung und steigerte seinen Umsatz, indem es unterschiedliche Marken mit nationalen Identitäten gleichsetzte. „Für mich erfordert echte Internationalisierung einen neuen Ansatz, der einerseits eine sehr starke internationale Markenkohärenz gewährleistet und andererseits jedem Land erlaubt, etwas Spezielles in das internationale Gesamtbild einzubringen", erkärte Owen-Jones.[9] Entsprechend dieser Strategie bemüht sich L'Oréal fortwährend um die Übertragung von Ideen zwischen Regionen und Geschäftsfeldern, und damit um die kommerzielle Nutzung seiner Innovationen im globalen Maßstab. So hat beispielsweise die japanische Tochtergesellschaft von L'Oréal ein Haarfärbeprodukt für Teenager entwickelt, das weltweit zu einer sehr umsatzstarken Produktlinie wurde. Darüber hinaus trug dies zu einer weiteren Stärkung der Kompetenz im Bereich Haarfärbemittel bei, die L'Oréal erfolgreich auf die Produkte für Frauen übertrug.

Der Motor dieses Prozesses ist die schöpferische Zerstörung. L'Oréal ist „begierig" nach mehr Innovation. Das ist ein Ziel, dem sich alle Mitarbeiter des Unternehmens verpflichtet fühlen. Innovation steht im Zentrum der wichtigsten internen Abläufe. Jeder globale Unternehmensbereich muss ein gewisses Innovations-Soll (gemessen am Beitrag zum Umsatz) erfüllen, und während der letzten zehn Jahre ist der Umsatzbeitrag von Innovationen erheblich gestiegen. Jeder Produktmanager muss in der Lage sein, exakt zu definieren (und der Unternehmensleitung zu präsentieren), an welchen Neuprodukten seine Mitarbeiter arbeiten und welchen Effekt sie sich von ihren Bemühungen versprechen. L'Oréal legt als Konsumgüterhersteller besonderes Gewicht darauf, schneller auf dem Markt zu sein als seine Wettbewerber, die Zeit von der Produktidee bis zur Markteinführung zu verkürzen und mit interessanten Konzepten und nicht bloß neuen Produkten aufzuwarten.

Abgesehen von der Innovation an sich verfolgt L'Oréal die Strategie, Innovationen in einer Weise weiterentwickeln zu lassen, welche die Dynamik des Marktes abbildet. Das steht bei L'Oréal im Zentrum des Prozesses der schöpferischen Zerstörung. So führte man beispielsweise 1986, noch vor der Berufung von Owen-Jones, unter der Marke Lancôme eine Antifaltencreme mit Liposomen ein, die 50 Dollar kostete. Als die Wettbewerber drei Jahre später mit ähnlichen Produkten auf den Markt kamen, ergänzte L'Oréal seine preiswertere Plenitude-Linie um Liposomencreme, die Kundinnen auf diese Weise schon für 8 Dollar erstehen konnten. Viele Unternehmen würden einen solchen Schritt aus Furcht vor Kannibalisierungseffekten nicht einmal erwägen. L'Oréal sah es genau andersherum: Die Ergänzung der Plenitude-Linie um Liposomencreme gehörte zum Spiel der schöpferischen Zerstörung. Die Abdeckung verschiedener Märkte mit verschiedenen Marken ermöglicht es L'Oréal, neue Technologien zuerst bei den hochpreisigen Produkten einzuführen und sie dann im Lauf der Zeit auf die preisgünstigeren Marktsegmente zu übertragen, bevor sie schließlich ganz vom Markt genommen werden. Das ähnelt in vielerlei Hinsicht den „Chip-Kriegen“ in der Halbleiterindustrie: Jede neue Chip-Generation bot ein immer günstigeres Preis-Leistungsverhältnis, sodass die nächste Produktgeneration „von oben“ nachrücken konnte.

Damit diese Strategie funktionieren kann, muss Owen-Jones sicherstellen, dass die Lancôme-Linie immer wieder neue Verbesserungen bietet, bevor die vorherigen Innovationen an die Low-end-Marken weitergereicht werden. Genau darin liegt das Erfolgsgeheimnis einer optimalen Steuerung der schöpferischen Zerstörung. Owen-Jones sagt: „Für unsere Labors gilt eine Grundregel: Sie dürfen nichts ‚nach unten‘ durchrutschen lassen, solange sie nicht am oberen Ende mit einer umwerfenden Neuerung aufwarten können. Dafür zu sorgen ist meine Aufgabe.“[10]

L'Oréal ist energisch bemüht sicherzustellen, dass es immer eine „umwerfende Neuerung“ gibt: Der Konzern hat seinen Forschungsaufwand parallel zur Ergebnisentwicklung gesteigert und meldet pro Jahr mehr Patente an als irgendein anderes französisches Unternehmen. Owen-Jones steuert durch diesen Prozess die Geschwindigkeit der schöpferischen Zerstörung. Dennoch – sollte L'Oréal nicht mit dem Markt Schritt halten können, sollten die Labors nicht schnell genug mit der nächsten „umwerfenden Neuerung“ aufwarten können, dann wird das Unternehmen zurückfallen.

Die L'Oréal Strategie zeitigte schon bald, nachdem Owen-Jones zum Vorstandschef gekürt worden war, erste Erfolge. Der Umsatz und – wichtiger noch – die

Gewinnspanne des Unternehmens stiegen Ende der achtziger, Anfang der neunziger Jahre deutlich an. Zudem beweist Owen-Jones das gleiche Geschick im Umgang mit den Kapitalmärkten wie Bill Gates bei Microsoft und John Chambers bei Cisco, indem er kurzfristige Geschäftsergebnisse hinsichtlich ihrer langfristigen Bedeutung herunterspielt. Im Jahr 1990 beispielsweise, nach einem hervorragenden Jahresergebnis, führte der Vorstandschef die Ergebnisverbesserung überwiegend auf einmalige Sondereffekte zurück. Außerdem lehnt es L'Oréal in der Regel ab, unterjährige Ergebnisschätzungen abzugeben. Owen-Jones erklärte Quartalsberichte für nichts sagend und meinte, nur amerikanische Anleger könnten sich für so etwas interessieren. Dennoch hat das Unternehmen mit kontinuierlichen Ergebnisverbesserungen geglänzt, die dazu führten, dass Analysten ihre Schätzungen ständig nach oben korrigierten und Aktionäre sich über eine überdurchschnittliche Wertentwicklung freuen konnten.

Auf der impliziten Strategie schöpferischer Zerstörung basiert auch ein Akquisitionsprogramm. Owen-Jones übernahm 1996 Maybelline für 758 Millionen Dollar. Durch diese Akquisition konnte L'Oréal seinen Umsatz in den Vereinigten Staaten verdoppeln und zum Marktführer aufsteigen, doch standen hinter der Transaktion globale strategische Überlegungen. L'Oréal begann sogleich, Maybelline in Europa und Asien als Inbegriff des amerikanischen Großstadtschicks zu vermarkten. Die Akquisition diente auch dazu, das untere Ende der Markenpalette von L'Oréal abzudecken. Während Edelmarken wie Lancôme über Kaufhäuser vertrieben werden, wollte L'Oréal sein Kosmetika-Angebot auf Drogeriemärkte und Discounter wie Wal-Mart ausdehnen, wo Maybelline und die Hauptkonkurrenzmarke Revlon vertrieben werden.

Mitte der neunziger Jahre wuchs L'Oréal weiterhin solide und steigerte regelmäßig seine Umsätze, meist auch die Gewinnspannen. Für den Kapitalmarkt wurde L'Oréals neue Stoßrichtung 1991 deutlich: Während Europa in ein Konjunkturtief schlitterte, beschleunigte sich das Erlös- und Ergebniswachstum des Konzerns weiter. Von Juni 1991 bis Juni 1992 verdoppelte sich der Kurs der L'Oréal-Aktie. In diesem Zeitraum verzeichnete das Unternehmen weiterhin wachsende Gewinne; Owen-Jones aber bemühte sich, deren Bedeutung herunterzuspielen, und erklärte sie entweder mit Wechselkursschwankungen oder mit einmaligen Veräußerungsgewinnen.

Durch die Strategie, das operative Geschäft zu globalisieren und gleichzeitig konsequent schöpferische Zerstörung zu betreiben, hat L'Oréal sich nicht nur als wettbewerbsstark, sondern auch als lukratives Investment für Anleger gezeigt. Das Unternehmen hat in den letzten fünfzehn Jahren gezeigt, dass selbst ein Großkonzern die Fähigkeit erwerben kann, bei Veränderungen wie auch im „Normalbetrieb“ mit dem Tempo und Ausmaß des Marktes mitzuhalten – vorausgesetzt, die Führungsspitze zeigt Präsenz und ist hinreichend visionär.

Außerdem hat L'Oréal bewiesen, dass es für ein Unternehmen möglich ist, von einem rein operativen Fokus zu einem Fokus auf schöpferischer Zerstörung *und* operativem Geschäft zu wechseln. Wie wir jedoch immer erleben, ist eine hervorragende Performance in der Vergangenheit keine Garantie für starke Performance in der Zukunft. Sie verschafft lediglich die Chance, den nächsten Schritt zu tun. Die Geschwindigkeit des Wandels nimmt stetig zu. Darin liegt das Geheimnis hinter L'Oréals herausragendem Erfolg der letzten fünfzehn Jahre. L'Oréal versteht es, das Spiel der schöpferischen Zerstörung zu spielen – und adaptive Arbeit zu leiten.

Das Verhältnis von adaptiver und fachlicher Führung verändern

Wir sagten es bereits: Dem Top-Management und seinem Vorsitzenden obliegt es, das richtige – das heißt, marktgerechte – Gleichgewicht zwischen adaptiver und fachlicher Führung herzustellen. Keine andere Gruppe besitzt genügend Autorität, um einerseits die Notwendigkeit zu erkennen und andererseits für das erforderliche Engagement zu sorgen. Womit man dieses optimale Gleichgewicht zwischen adaptiver und fachlicher Arbeit erreichen kann, steht eigentlich fest: Es sind der jährliche Sitzungskalender des Topmanagements und die zugehörigen Tagesordnungen. Es mag schwer vorstellbar sein, dass die prosaische – und oftmals an Hilfsfunktionen delegierte – Aufgabe, den Sitzungskalender festzulegen, derartige Bedeutung für einige der wichtigsten Entscheidungen des Managements haben soll. Dennoch ist es so. Der Sitzungskalender bestimmt, welche Themen erörtert werden, welche Gespräche stattfinden, wer bei der Hinterfragung vorhandener mentaler Modelle mitreden soll und wer bei der Formulierung und Umsetzung neuer Modelle. Letztlich kann das Tempo unternehmensweiter Veränderungsprozesse durch die Abfolge dieser Sitzungen und die dabei behandelten Themen bestimmt werden.

Neben dem Sitzungskalender sind auch die Tagesordnungen für die einzelnen Sitzungen von entscheidender Bedeutung. Bei der herkömmlichen Tagesordnung geht es meist um Informationsaustausch und die Beschlussfassung zu Angelegenheiten, die als dringend eingestuft werden. Meist gibt es bei diesen Sitzungen keinen umfassenden Dialog, und das bisschen Dialog, das stattfindet, beschränkt sich auf den Austausch und die Klarstellung von Informationen. Diese Sitzungen finden in der Regel gegen Ende eines konvergenten Denkprozesses statt. Die Festsetzung der Tagesordnung für diese Sitzungen kann im Allgemeinen den Mitarbeitern übertragen werden, periodische Überprüfung reicht aus. Zur Leitung dieser Sitzungen braucht es nicht viel mehr als die Fähigkeiten eines Obmanns.

Ein anderer Typus von Sitzung basiert auf echtem Dialog, bei dem die Teilnehmer „Weltanschauungen" (also mentale Modelle) austauschen, um Probleme zu identifizieren, zu klären und zu lösen und um allgemeine Gedanken zur Zielrichtung in grobe Vorstellungen zum Handlungsbedarf umzusetzen. Meetings dieser Art stehen in der Regel eher am Anfang eines divergenten Denkprozesses. Das Ende ist mehr oder weniger offen, die Tagesordnung folglich weniger starr. Auch die Reihenfolge der Tagesordnungspunkte spielt oft eine wichtige Rolle. Sie sollte daher von jemandem in hinreichend bedeutender Führungsfunktion festgelegt werden, der eine übergreifende Vorstellung davon hat, was erreicht werden soll und wie der Meinungsaustausch ungefähr ablaufen sollte. Auf diese Weise sollen die besten Ideen auf den Tisch kommen und offen diskutiert werden. Ein verfrühter Abschluss ist bei dieser Art von Meetings unbedingt zu vermeiden, und oftmals ist es nützlich, wenn einer der Teilnehmer die „Prozesskontrolle" übernimmt und jeweils zur rechten Zeit für die Vertiefung oder Vertagung von Diskussionspunkten sorgt.

Wir behaupten nicht, dass sich die Führungsspitze *nur* mit adaptiver Arbeit befassen sollte. Das wäre ein großer Fehler und würde ein unproduktives Signal an die Mitarbeiter senden. Selbstverständlich muss sich das Management eines Unternehmens auch weiterhin um wichtige operative Entscheidungen, Akquisitionen und Veräußerungen, Budgets und Ressourcen, die Bewertung von wichtigen Mitarbeitern und die Außendarstellung des Unternehmens kümmern. Allerdings muss das Gremium eine wohl durchdachte Entscheidung darüber treffen, wie viel Zeit und Aufmerksamkeit es jedem dieser Probleme widmen möchte. Diese Zeitaufteilung sollte nicht „einfach so" zustande kommen, wie häufig der Fall. Sie sollte gründlich überlegt sein. Falls diese Vor-Überlegungen zu einem schlechteren Ergebnis führen als zuvor, sollte das als Gelegenheit zum Überdenken und zu Verbesserungen betrachtet werden. Diese Verantwortung abzugeben heißt, die Verantwortung für das optimale Gleichgewicht zwischen adaptiver und fachlicher Führung, und damit für den langfristigen Erfolg des Unternehmens, abzugeben.

Standards für effektives Management setzen

Legt man Effektivitätsmaßstäbe für diese Aufgaben fest, kann man auch die Kriterien definieren, anhand derer das Topmanagement durch dessen Vorsitzenden sowie den Aufsichtsrat bewertet werden kann. In der Regel bestimmt der Vorstandsvorsitzende die Aktivitäten des Vorstands. Unter seiner Führung und mit seiner Erlaubnis legt der Vorstand seine Tagesordnung fest, mobilisiert die Ressourcen des Unternehmens, führt seine Aufgaben aus, legt Standards fest und bewertet die eigene Leistung. Der Vorstandsvorsitzende ist sowohl Leiter als auch Mitglied des Vorstands. In seiner Rolle als Vorstandsmitglied beteiligt er sich am Meinungsaustausch zwischen den Mitgliedern. Versäumt es der Vorstand, über die Verantwortung für das Management der schöpferischen Zerstörung und des operativen Geschäfts zu diskutieren, dann trägt der Vorstandsvorsitzende die alleinige Schuld daran.

Die Aufgabe, ein geeignetes Gleichgewicht zwischen Erschaffen und Austauschen einerseits und operativem Geschäft andererseits herzustellen, steht im Zentrum der Verantwortung des Vorstandes und seines Vorsitzenden. Entsprechend sollte der Vorstand nach seiner Fähigkeit beurteilt werden, dieses Gleichgewicht herzustellen und zu modifizieren. Letztlich muss der Vorstand die Verantwortung für operative Effizienz und für die schöpferische Zerstörung in marktähnlichem Tempo übernehmen. Dies ist der Maßstab, nach dem er beurteilt und der von ihm eingefordert werden sollte.

• • •

In diesem Kapitel sind wir auf die folgenden Fragen eingegangen: Welche Rolle kommt dem Topmanagement zu, wenn sich ein Unternehmen so schnell und tief greifend wie der Markt verändern muss? Welchen Mehrwert schafft es? Wie kann es den Anforderungen hinsichtlich Leitung, Schutz und Ordnung gerecht werden? Wie effektiv ist seine Arbeit? Nach unserer Überzeugung sind diese Fragen entscheidend für den langfristigen Unternehmenserfolg. Was für ein Unterschied zu der Vorstandssitzung, die zu Anfang des Kapitels beschrieben wurde! Auf solchen Sitzungen werden diese Fragen oft gar nicht gestellt. Kann ein Unternehmen sie aber nicht eindeutig und pragmatisch beantworten, wird seine Leistungsfähigkeit früher oder später darunter leiden.

KAPITEL 9

Wie man Neuschöpfung verzehnfacht

Arun Gupta ist der Gründer von NeuVis, einem jener Jungunternehmen, die gegenwärtig an der Peripherie der Branche für entscheidungsunterstützende Software entstehen. Das ist eine rasch wachsende Branche mit einem Volumen von mehreren hundert Milliarden Dollar, deren Angebote auf die sich wandelnden Informationsbedürfnisse von Unternehmen ausgerichtet sind. NeuVis wurde vor fünf Jahren mit dem Ziel gegründet, unter Einsatz neuer Software-Tools (Java Beans) die Prozesse für die Anpassung betrieblicher Entscheidungsunterstützungssysteme zu flexibilisieren. Vor der Gründung von NeuVis war Gupta Chef von DataEase International gewesen, einem erfolgreichen Software-Entwickler, der 1992 an Symantec verkauft wurde. Schon während seiner Tätigkeit bei DataEase hatte Gupta zu überlegen begonnen, wie zentrale Elemente der Software, auf der die meisten Entscheidungsunterstützungssysteme basieren, effizienter verändert werden können. Die Veränderung eines Schlüsselelements dieser Programme – beispielsweise des Teilprogramms, welches die Finanzbuchführung verwaltet – ist ein sehr kostspieliger und oft zeitraubender Prozess: Der Informationsfluss an der Schnittstelle zwischen der Finanzbuchführung und jedem System, mit dem es interagiert – etwa der Debitorenverwaltung – wird von einer speziellen Software geregelt, die dafür völlig neu geschrieben werden muss. Gupta hatte zwar vor Augen, was getan werden musste, um die Zeit und Kosten der Umstellung zu verringern, doch er sah keine technische Lösung für das Problem. Als DataEase an Symantec verkauft wurde, erhielt Gupta einen Mehrjahresvertrag, aber er hatte im Grunde keine klar umrissene Funktion im Unternehmen. Dennoch war er nicht untätig. Er nutzte die zwei Jahre freie Zeit, um seine Ideen für eine

Meta-Softwaresprache weiterzuverfolgen. Auf Basis der Ideen, die er in dieser Zeit entwickelte, gründete Gupta 1994 NeuVis. Nach fünfjähriger Entwicklungszeit, die Gupta aus eigener Tasche finanzierte, konnte NeuVis die erste Finanzierungsrunde mit Hilfe von Goldman Sachs erfolgreich abschließen.

Wenn man Gupta fragt, was er während dieser zweijährigen „Inkubationsphase" tat, dann kann er das nicht so genau sagen – außer, dass er mit Ideen herumgespielt und mit vielen Menschen gesprochen hat. Tatsächlich war diese Zeit für ihn sehr wichtig, da er seine Ideen entwickeln und die Tragfähigkeit seiner Schlussfolgerungen überprüfen konnte. Gupta war intensiv mit dem Prozess des divergenten Denkens beschäftigt, wobei er gleichzeitig Probleme und Lösungen skizzierte, bis sie zusammenpassten. Das ständige Wechseln zwischen Beobachtung, Reflexion und Kommunikation diente dazu, Ideen aneinander zu spiegeln, bis Gupta bei dem Geschäftskonzept und der Ausrichtung anlangte, nach der er gesucht hatte.

Guptas Geschichte ist typisch für Neugründer. Oftmals entschließt sich der Jungunternehmer erst nach jahrelanger Reflexion und einer ersten Erprobung seines Konzepts zur Gründung des Unternehmens. Manchmal findet die notwendige Denkarbeit während des Studiums statt, manchmal auch auf dem Weg zur Arbeit. Aber nur selten im Unternehmen selbst. Dort gibt es einfach zu viele andere Zwänge, als dass man sich diese Zeit zum Nachdenken nehmen könnte. Wir wissen nicht, ob Gupta mit NeuVis zu den erfolgreichen Angreifern aus der Peripherie gehören wird. Sicher aber ist, dass Gupta die Zeit für Gespräche, Beobachtung und Reflexion brauchte, bevor er sein Unternehmen gründen konnte. Diese Zeit steht in einem fordernden betrieblichen Umfeld normalerweise nicht zur Verfügung.

Die Voraussetzungen divergenten Denkens

Wie wir in Kapitel 4 zeigten, erzeugen die Kapitalmärkte zehnmal so viele substanzielle und transformatorische Innovationen wie alteingesessene Unternehmen. Das Fallbeispiel NeuVis ist nur eines von tausenden ähnlicher Beispiele, die sich in den Kapitalmärkten abspielen.

Um die Innovationskraft des Marktes zu erreichen, müssen Unternehmen, die hervorragende operative Leistungen erbracht haben, divergentes Denken genauso gut beherrschen wie konvergentes Denken. Denn divergentes Denken steht, wie wir gezeigt haben, im Zentrum des schöpferischen Prozesses.

Ebenfalls in Kapitel 4 haben wir erklärt, dass der Zweck divergenten Denkens darin besteht, neue Ideen im gleichen Tempo und Ausmaß zu entdecken wie der Markt. Um dieses Ziel zu erreichen, muss man sich auf bedeutende Probleme (das heißt, unerfüllte Kundenbedürfnisse) konzentrieren und viel versprechende Lösungen identifizieren, so wie es Arun Gupta tat. Der Prozess des divergenten Denkens erfordert nicht, dass die Lösung im Einzelnen erarbeitet oder ihre Effektivität nachgewiesen wird. Diese überaus wichtigen Schritte sind zwar notwendig, sollten aber besser als Bestandteile des konvergenten Denkens betrachtet werden. Divergentes Denken soll die Möglichkeiten umreißen und eine viel versprechende Lösung anbieten, die so weit validiert werden kann, dass ein Geschäftsplan erarbeitet und externe Investoren dafür gewonnen werden können. Suche, Inkubation und Kollision sind, wie wir in Kapitel 4 sahen, die Kernelemente divergenten Denkens. Diese Prozesse sind unverzichtbar, wenn es darum geht, ein Unternehmen auf Diskontinuität auszurichten.

Divergentes Denken mit seinen Elementen Suche, Inkubation und Kollision mag als nicht steuerbar erscheinen. Unsere Erfahrung hat jedoch gezeigt, dass es einige Techniken gibt, die divergentes Denken stimulieren können. Allerdings vereiteln die heute üblichen unternehmensinternen Abläufe zum Großteil, dass Suche, Inkubation und Kollision in einem Markt-kompatiblen Tempo und Ausmaß ablaufen.

Das Versagen von strategischer Planung, F&E und unternehmensinternen Risikokapitalfonds

Die meisten Unternehmen stützen sich zur Gewährleistung von Suche, Inkubation und Kollision auf drei Prozesse, von denen alle einen Strom neuer Ideen produzieren: Forschung und Entwicklung, Unternehmensentwicklung und Unternehmensplanung. Unseres Erachtens funktioniert jedoch keiner dieser Prozesse besonders gut. So wie sie bislang betrieben wurden, haben diese drei Funktionen in ihrer Gesamtheit bei langlebigen Unternehmen keinen Wandel angestoßen, der in Tempo und Ausmaß den Veränderungen im Markt entsprochen hätte.

Strategische Planung

Die strategische Planung war ursprünglich als Mechanismus gedacht, mit dem man viel versprechende Marktchancen aufspüren und Pläne zu ihrer Erschließung aufstellen konnte. Heute herrscht weithin Unzufriedenheit mit den Ergebnissen der strategischen Planung. Ein Topmanager sagte uns über den strategischen Planungsprozess in seinem Unternehmen im Vertrauen: „Unser Planungsprozess hat etwas von einem primitiven Stammesritual: Lautes Geschrei und Getrommel, wildes Tanzen, Federgeschwinge. Niemand weiß, wozu wir das eigentlich machen, und trotzdem gibt es eine fast mystische Hoffnung, dass am Ende irgend etwas Gutes dabei herauskommen wird – was aber nie der Fall ist." Ein anderer enttäuschter Manager bemerkte zum gleichen Thema: „Mit unserer Jahresplanung ist es wie mit der Weihnachtsfeier: Wir meinen, wir müssten sie haben – obwohl sie niemandem wirklich Spaß zu machen scheint."

Die strategische Planung, wie sie heute praktiziert wird, bemüht sich nicht um Informationen, die bestehende mentale Modelle infrage stellen könnten. Sie konzentriert sich auf die Neuanalyse vorhandener Geschäftsfelder und die Analyse von Wettbewerbern vergleichbarer Größe – anstatt dass sie versuchen würde zu verstehen, was sich an der Peripherie des Marktes tut und welche Veränderungen es geben könnte. Die strategische Planung ist vielfach zu einem reinen Planspiel ohne praktische Relevanz und ohne direkte Beobachtung des Marktgeschehens geworden. Nachwuchskräfte werden losgeschickt, um Pläne zu schreiben – ohne nennenswerten Austausch mit erfahrenen Führungskräften, die vielleicht über die notwendigen Kenntnisse und den nötigen Überblick verfügen, um verheißungsvolle Geschäftsmöglichkeiten zu erkennen. Bei diesem Prozess werden nur selten neue Informationen gewonnen und neue Horizonte eröffnet, da er keine Zeit lässt für Reflexion oder tiefgründige Gespräche. Der Planungsprozess ist zu einem reinen Zahlenmanöver geworden anstatt zu einem Denkmanöver. (Einen Selbsttest zur Beurteilung des eigenen strategischen Planungsprozesses finden interessierte Leser am Ende des Kapitels.) Die strategische Planung kann nur erfolgreich sein, wenn sie die Grundsätze divergenten Denkens berücksichtigt.

Forschung und Entwicklung

Forschung und Entwicklung (F&E), nach landläufiger Meinung zuständig für Erneuerung, liefert ebenfalls oft enttäuschende Ergebnisse. Eine Analyse der

Unternehmen in der Corporate-Performance-Datenbank zeigt, dass es keinen generellen Zusammenhang gibt zwischen dem F&E-Aufwand (ob finanziell oder personell) und der Gesamt-Aktionärsrendite. Die Ergebnisse fallen je nach Branche sehr unterschiedlich aus. In der Pharmaindustrie besteht ein deutlicher Zusammenhang zwischen F&E-Aufwand und GAR. Eine solche Korrelation wird typischerweise als gegeben vorausgesetzt. Pharmaunternehmen investieren in F&E, um neue Produkte zu entwickeln, die ihnen kontinuierliches Wachstum sichern. In dieser Branche scheint der Prozess zu funktionieren.

Derselbe positive Zusammenhang ist für mehrere andere Branchen nachweisbar, wenn auch in geringerem Ausmaß: Zellstoff und Papier, Chemie-Massenprodukte und -Spezialitäten, Luft- und Raumfahrt, Rüstung, Ölförderung. Doch in drei der Branchen, die wir analysiert haben – Wasch- und Reinigungsmittel, medizinische und chirurgische Geräte und Telekommunikation –, gab es keinerlei Zusammenhang. Bei Wasch- und Reinigungsmitteln mag das intuitiv nachvollziehbar sein, da es sich um eine Lowtech-Branche handelt. Doch medizinische Produkte und Telekommunikation sind alles andere als „lowtech".

Das soll nicht heißen, dass die Aktionäre keinen Verlust erleiden würden, wenn die F&E völlig eingestellt würde. Ganz im Gegenteil, denn beide Branchen sind ja für ihr Wachstum auf neue Produkte angewiesen. Es soll lediglich heissen, dass F&E-Anstrengungen in diesen Branchen keinen hinreichend großen „Überraschungseffekt" bewirken, um Aktionären hohe zusätzliche Erträge einzubringen.

Es gibt aber auch eine dritte Gruppe von Branchen – Computer-Hardware, Software und Halbleiter –, in denen die Korrelation sogar negativ ist! Je mehr die Unternehmen dieser Branchen für F&E aufwenden, um so geringer ist die Gesamt-Aktionärsrendite. Das liegt daran, dass die wichtigste Innovationsquelle in diesen Branchen nicht die eigene F&E ist, sondern die Technologien, die man von anderen Branchenteilnehmern per Lizenz eingekauft hat (es gibt in diesen Branchen einen regen Lizenzaustausch) oder die über Akquisitionen erworben wurden.

Insgesamt zeigt unsere Analyse, dass Anleger mehr von F&E erwarten, als sie tatsächlich erhalten. Das hat zwei Gründe. Erstens – der technologische Wandel korreliert nur sehr lose mit der Gesamt-Aktionärsrendite. Diese ist vielmehr Resultat des gegenwärtigen Erfolgs eines Unternehmens sowie der Erwartungen hinsichtlich seines künftigen Erfolgs, und beides wird vom technologischen Wandel nur zum Teil beeinflusst. Weitere Faktoren sind privilegierte Lieferanten- oder Kundenbeziehungen, die Besetzung einer einzigartigen Marktnische oder der Zugang zu besonderen Ressourcen. Es wäre erstaunlich, wenn der technologische Wandel in allen Branchen die gleiche Bedeutung hätte.

Zweitens – selbst in den Branchen, in denen der technologische Wandel von Bedeutung ist, entstehen wichtige technologische Fortschritte entweder innerhalb des Unternehmens – nämlich durch F&E – oder auch außerhalb, etwa durch den Erwerb einer Lizenz für die Nutzung einer anderswo entwickelten Technologie oder durch Akquisition. Demnach wird eine positive Korrelation zwischen F&E-Aufwand und Aktionärsrendite eher in Branchen zu erwarten sein, in denen die gegenseitige Lizenzvergabe die Ausnahme ist, wie etwa in der Pharma-Industrie. Umgekehrt gibt es dort, wo der Lizenzaustausch eher an der Tagesordnung ist – zum Beispiel in der Halbleiter- oder der Hardware-Industrie –, praktisch keinen Zusammenhang.

Ob man nun die erforderlichen Technologien zur Entwicklung neuartiger Produkte und Dienstleistungen von der eigenen F&E-Abteilung entwickeln lässt oder lieber in Lizenz bezieht, oder ob man gar eine Firma übernimmt, welche sie besitzt – das ist die technologische Entsprechung der altbekannten ‚Make-or-Buy-Entscheidung' (auch wenn man bei diesem Begriff normalerweise nicht an F&E denkt). Was diese Feststellung praktisch bedeutet, das drückt ein Leitspruch von Cisco aus: „Die meisten Innovationen finden nicht im eigenen Unternehmen statt."

Unternehmensinternes Risikokapital

Vielleicht war es die Frustration über erfolglose Anstrengungen zur Entwicklung wichtiger neuer Technologien – jedenfalls haben viele US-Konzerne in jüngster Zeit ihre Venture-Capital-Aktivitäten intensiviert. Die erste Investitionswelle erreichte 1989 mit etwa 1 Milliarde Dollar jährlich ihren Höhepunkt; das entsprach über 20 Prozent des gesamten Risikokapitals, das in den Vereinigten Staaten aufgebracht wurde. Anfang der neunziger Jahre fielen die Risikokapital-Investitionen auf weniger als 300 Millionen Dollar, da die Unternehmensergebnisse während der Rezession immer stärker unter Druck kamen. Inzwischen sind die VC-Aufwendungen der Unternehmen auf über 10 Milliarden Dollar pro Jahr gestiegen (wobei dem 160 Milliarden Dollar für F&E gegenüber stehen) – wieder mehr als 20 Prozent des gesamten aufgebrachten Risikokapitals. Viele führende Unternehmen haben diesen Weg eingeschlagen, darunter AOL-Time Warner, AT&T, Intel und Lucent, um nur einige zu nennen. Auch europäische Unternehmen haben Risikokapitalfonds aufgelegt, so beispielsweise Siemens und die Deutsche Telekom. Don Case, CEO der Kapitalanlagegesellschaft Hambrecht & Quist, sagt dazu: „Von den 100 größten Unternehmen in den Vereinigten Staaten betätigen sich zwei Drittel entweder schon im Venture-Capital-Bereich, oder aber sie glauben oder gedenken, es zu tun."

Immer mehr Unternehmen engagieren sich im VC-Bereich, weil sie das hohe Ertragspotenzial und die strategischen Wachstumsoptionen erkannt haben, für die das Risikokapital mittlerweile steht. Dazu ein Manager: „Investitionen zwischen 2 und 5 Millionen Dollar sind nicht viel im Vergleich zu unseren F&E-Budgets. Aber der Nutzen und der Erkenntnisgewinn sind beträchtlich." Möglicherweise wird sich zeigen, dass unternehmensinternes Risikokapital ein besonders effizienter Weg ist, wichtige Erkenntnisse über die Peripherie zu erlangen – und zudem effektiver als herkömmliche F&E.

Damit sich diese Investitionen auszahlen, müssen Großunternehmen jedoch zuerst einmal lernen, ähnlich wie Private-Equity-Gesellschaften die Risikokapitalvergabe effizient zu managen, und wie in Kapitel 7 beschrieben fällt ihnen dies aus vier Gründen schwer: Erstens wenden Konzerne oftmals, zumindest unabsichtlich, auf ihre Wagniskapitalinvestments die gleichen Regeln an wie auf ihre sonstigen Investitionen – beispielsweise keine Kannibalisierung, keine Vertriebskanalkonflikte und keine Ergebnisverwässerung. Unter diesen Umständen schreiben sie ihre bestehenden mentalen Modelle fort, anstatt, ähnlich wie der Markt es tut, neue Chancen anzugehen. Zweitens fordern Konzerne oftmals Mehrheitsbeteiligungen, was dem üblichen Gebaren in der Risikofinanzierung widerspricht. Drittens werden unternehmensinterne Venture-Capital-Bereiche oftmals von Personen geführt, die statt nennenswerter Erfahrung in der Risikofinanzierung eher Erfolge im operativen Geschäft vorweisen können; folglich fällt es vielen von ihnen schwer, erfolgreich mit langjährigen Risikokapitalgebern zu konkurrieren. Viertens entspricht die Führungskräftevergütung vieler unternehmensinterner Risikokapitaleinheiten eher der internen Vergütungsstruktur des Mutterkonzerns als der von Wagniskapitalgesellschaften. Daher locken diese Venture-Capital-Töchter nur selten ähnlich hochkarätige Mitarbeiter an wie herkömmliche Risikokapitalgesellschaften. Natürlich gibt es Ausnahmen – wie etwa Cisco, Dell oder Intel –, aber die sind eher selten. Daher ist es keineswegs klar, ob unternehmensinternes Risikokapital hinreichende Geschäftschancen eröffnet, um die Lücken zu schließen, die F&E oder strategische Planung hinterlassen.

Das Versagen aller drei Prozesse – strategische Planung, F&E und unternehmensinternes Risikokapital – hat zur Unfähigkeit der Unternehmen beigetragen, mit der Geschwindigkeit und dem Ausmaß des Wandels im Markt Schritt zu halten. Unseres Erachtens können alle drei Prozesse so weit verbessert werden, dass sich langlebige Unternehmen ebenso schnell und tief greifend verändern können wie die Kapitalmärkte. Doch hierzu müssen die Grundannahmen, welche diesen Prozessen meist zugrunde liegen, verändert werden. Die alte Annahme der Kontinuität und der überragende Stellenwert operativer Spitzenleistung müssen durch die Annahme der Diskontinuität und die Aufwertung schöpferischer Zerstörung ersetzt werden.

Wie sich strategische Planung, F&E und Risikokapital-Aktivitäten verbessern lassen

Zu den ersten Sternen, die an einem Winterabend sichtbar werden, gehören die drei, die den Gürtel des Orion bilden. Das helle Licht dieser Sterne enthüllt jedoch nicht alles, was sehenswert wäre: Denn nahe dem mittleren Stern des Gürtels befindet sich der große Pferdekopf-Nebel, die Wiege künftiger Sterne. Dagegen ist der Nebel der wirtschaftlichen Aktivität nicht in Zentrum, sondern an der Peripherie der heutigen Branchen zu finden. An der Peripherie bilden sich neue Unternehmen, um unbefriedigte Kundenbedürfnisse zu erfüllen und sich neue Fähigkeiten, neue Technologien und neue Geschäftspraktiken zunutze zu machen. Die Peripherie ist ein wesentlicher Teil von Schumpeters „Sturm der schöpferischen Zerstörung“.

Die Peripherie definieren

Man kann sich die Peripherie als Rand des Wirbels der schöpferischen Zerstörung vorstellen, der im einfachsten Fall durch den Wettbewerb zwischen einem reifen und einem neu entstehenden Geschäftsfeld verursacht wird. In diesem Wirbel besetzen die angreifenden Unternehmen, die (wie Enron) bislang unerfüllte oder unbekannte Bedürfnisse befriedigen oder (wie Cisco) neue und potenziell wertvolle Fähigkeiten ausschöpfen möchten, die Peripherie, während die Verteidiger im Zentrum des Wirbels stehen und sich auf evolutionäre Verbesserungen am bestehenden Geschäft konzentrieren.

In einigen sehr reifen Branchen wie Luftverkehr oder Stahl dreht sich der Wirbel langsam und bringt die bestehende Ordnung nur selten durcheinander. In anderen Branchen wie etwa Breitband-Datenübertragung oder Entscheidungsunterstützungssysteme dreht sich der Wirbel so schnell, dass die Peripherie praktisch das Einzige ist, was man beobachten kann. Zudem verändert sich in einigen Fällen die Drehgeschwindigkeit des Wirbels drastisch, ausgelöst durch externe Kräfte. Dies geschieht gegenwärtig in der Stromwirtschaft mit der Deregulierung.

Die Peripherie lässt sich pragmatisch definieren als der früheste Zeitpunkt, zu dem private Investoren für die Unterstützung einer Idee gewonnen werden können. Arun Gupta befindet sich an der Peripherie des Geschäfts mit Software für Entscheidungsunterstützungssysteme. In ein paar Jahren werden viele Schlüsselpositionen in dieser Runde besetzt sein. Aber wahrscheinlich wird es in ein paar Jahren, aufgrund des kontinuierlichen Fortschritts in der Hardware- und Software-Technologie und der sich stetig wandelnden Kundenbedürfnisse, auch eine weitere Diskontinuität in der Branche geben – und damit auch eine neue Peripherie.

Einstweilen ist NeuVis jedoch Teil dessen, woraus sich möglicherweise die zukünftige Branche der Entscheidungsunterstützungs-Software entwickeln wird. Falls Gupta Erfolg hat, wird seine Strategie die Struktur dieser Branche verändern. Wenn er sich eine günstige Ausgangsposition in der Peripherie sichern kann, dann stehen seine Chancen gut, dass er eine Zeit lang im Zentrum überleben und florieren wird. Wettbewerber, die nicht ahnen, was er im Schilde führt und wie er dabei vorgeht, werden irgendwann ihre Positionen verteidigen müssen, wenn Gupta richtig liegt und seine Vision erfolgreich umsetzen kann.

Die Peripherie verstehen

Um die Peripherie zu verstehen, muss man die unerfüllten Bedürfnisse ebenso verstehen wie die Fähigkeiten, mit denen sie sich erfüllen lassen. Es mag schwierig oder auch kostspielig sein, das erforderliche Wissen zu erwerben und zu behalten. Zudem kann man möglicherweise nur dann auf die nötigen Informationen zugreifen, wenn man im Gegenzug Informationen preisgibt, die andere für nützlich erachten. Entsprechend müssen Firmen auch in den Aufbau von „Speichern" für eintauschbare Informationen investieren.

Das Verständnis der an der Peripherie entstehenden Unternehmen ist nicht nur nötig, um strategische Erkenntnisse über das Entwicklungspotenzial der

Branche zu erlangen, sondern auch, um die dringlichsten der unerfüllten Kundenbedürfnisse zu identifizieren. Jedes Unternehmen, das an der Peripherie tätig ist, verkauft Produkte an eine Gruppe gegenwärtig unbefriedigter Kunden oder hat das vor. Es ist wichtig zu wissen, wer sie sind, womit sie unzufrieden sind und auf welchen anderen Wegen sie versuchen, ihre unbefriedigten Bedürfnisse zu erfüllen.

Das Verständnis der Peripherie kann auch zu Erkenntnissen darüber verhelfen, was *wirklich,* nicht in der Theorie, den neuesten Stand unternehmerischer Fähigkeiten ausmacht. So liest man heutzutage in der Presse häufig, dass die Entschlüsselung des menschlichen Genoms zur Entwicklung neuer Wirksubstanzen führen wird. Schaut man sich indes die Peripherie der Biotech-Branche an, findet man kaum Unternehmen, die auf der Grundlage neuer genetischer Erkenntnisse neue Wirkstoffe zur Marktreife bringen. Die Unternehmen befassen sich mit Bioinformatik (DoubleTwist, Ingenuity Systems, DNA Sciences oder Spotfire), also mit Softwareprodukten zur Unterstützung der Wissenschaft bei der Entschlüsselung und Beschreibung des Genoms, mit der Analyse der im Genom codierten Proteine (wie etwa Protogene Laboratories, Ciphergen Biosystems, Zyomyx, Mycometrix), mit neuen medizinischen Diagnostika und mit neuen Technologien im Wirkstoff-Screening (der Selektion vielversprechender Leitsubstanzen) – aber es gibt fast kein Unternehmen, das neue Wirkstoffe bis zur Phase klinischer Studien entwickelt. In ein paar Jahren wird das anders sein. Die Unternehmen werden klinische Arbeit machen; die Peripherie wird sich verlagert haben.

Durch sorgfältige Analyse der Peripherie lassen sich junge Unternehmen identifizieren, die sich anschicken, neue viel versprechende Geschäfte aufzubauen oder Kompetenzen in bislang unbekannter Weise zu nutzen, wie es Enron mit dem Erdgashandel tat. Es gibt keinen besseren Weg, potentielle Durchbrüche im Markt zu identifizieren, als den aufmerksamen Blick zur Peripherie.

Die Evolution der Peripherie verstehen

Sicher wäre es interessant gewesen zu wissen, was Gupta vor ein paar Jahren dachte. Doch hätte es sich damals nicht gelohnt, ihn nachzuahmen oder in sein Geschäft zu investieren, weil es so viele offene Fragen zu seinem Vorgehen gab. Gupta selbst war sich nicht sicher, ob sich seine Anstrengungen auszahlen würden; jedenfalls war er nicht bereit, die Kontrolle über das Entwicklungstempo auch nur teilweise anderen zu überlassen. Zudem wurde der Markt für Entscheidungsunterstützungssysteme vor ein paar Jahren von einigen wenigen Wettbewerbern dominiert, wie EDS in den Vereinigten Staaten und SAP in Deutschland. Die Zeit für einen Einstieg war noch nicht reif.

Doch die Kundenbedürfnisse haben sich geändert, und neue Technologien stehen bereit. Existenzgründer mit Geschäftsideen, die sich vielleicht in der Peripherie durchsetzen könnten, werden von staatlich bezuschussten Hochschulen, von Großkonzernen oder auch – eher unabsichtlich – von Unternehmen wie Symantec gefördert, bei denen Unternehmerpersönlichkeiten wie Arun Gupta beschäftigt sind, die nur darauf brennen, ihre eigenen Träume zu verwirklichen. Die Inkubation findet gewöhnlich in diesem Umfeld außerhalb der klassischen Firmenumgebungen statt. Folglich ist es wichtig, möglichst gut zu verstehen, was im Nebel neuer Ideen vor sich geht, bevor die Ideen an die Peripherie der Märkte gelangen. Je besser man versteht, was sich dort ereignet, um so genauer kann man beschreiben, wie sich die Peripherie entwickeln könnte.

Sobald sich das kommerzielle Erfolgspotenzial von Ideen konkretisiert, übernimmt privates Kapital die Unterstützungsfunktion. Dieser Zeitpunkt verschiebt sich immer mehr in Richtung ungewisserer Vorhaben, da inzwischen sehr hohe Beträge für die Risikokapitalanlage zur Verfügung stehen. (In den USA unter anderem deshalb, weil das US-Arbeitsministerium 1979 eine Gesetzesvorschrift zur Sorgfaltspflicht von Treuhändern – Teil des ‚*Employment Retirement Income Security Act*' – dahingehend klarstellte, dass Pensionsfonds mehr Spielraum zur Investition von Risikokapital gewährt wurde)[1].

Was Entwicklungen an der Peripherie implizieren

Um die wirtschaftliche Bedeutung der Entwicklungen an der Peripherie zu verstehen, muss man klar unterscheiden zwischen dem Scheitern eines Unternehmens und dem Scheitern eines Geschäftskonzepts. In jeder Branche gibt es viele Unternehmen an der Peripherie. Es ist anzunehmen, dass mehrere davon nahezu identische Strategien verfolgen. Sie konzentrieren sich auf dieselben Kunden, haben das gleiche Kundennutzenkonzept und verfolgen den gleichen Marketingansatz. Die meisten Unternehmen werden scheitern, einige wenige, vielleicht sogar nur eines, werden es schaffen. Wenn auch nur eines der Unternehmen überlebt, wird seine Geschäftsstrategie ebenfalls überleben – auch wenn die Mehrheit der Unternehmen mit der gleichen Strategie untergegangen sind. Daher sollte das Potenzial des Geschäftskonzepts und nicht das Potenzial eines einzelnen Unternehmens, das dieses Konzept verfolgt, im Mittelpunkt der Analyse der Peripherie stehen.

Die meisten Geschäftskonzepte, die es bis an die Peripherie schaffen, werden nicht überleben. Bei der Analyse der Entwicklungen an der Peripherie geht es allerdings nicht darum, eine idiotensichere Methode für die Vorhersage der Zukunft zu finden. Vielmehr geht es darum, die wirklichen Zukunftsmöglichkeiten zu erkennen, sodass fundiertere Entscheidungen über die strategische Ausrichtung, Forschungsprogramme, Risikokapitalinvestitionen und Akquisitionskandidaten getroffen werden können. Cisco beispielsweise hat sein Peripherie-Wissen dazu benutzt, die richtigen Akquisitionskandidaten zum Ausbau der eigenen Position auszuwählen, in der Hoffnung, einen nachhaltigen Wettbewerbsvorteil und hohe Renditen für die Aktionäre zu erwirtschaften.

Die meisten Analysten bei etablierten Unternehmen tendieren allzu leicht dazu, das Potenzial neuer Konzepte herunterzuspielen, weil sie diese Konzepte mit Einzelunternehmen und nicht mit der ganzen Gruppe der Unternehmen, die dasselbe Konzept verfolgen, in Verbindung bringen. Die zwangsläufige Folge ist eine zu pessimistische Beurteilung der künftigen Veränderungsmöglichkeiten. Dieser falsche Ansatz ist eine Variante der Defensivmechanismen, die wir in Kapitel 3 erörtert haben.

Die Bedeutung der Peripherie

Unseres Erachtens nach sollten Unternehmen in der strategischen Planung, der anwendungsnahen Forschung und bei VC-Aktivitäten einen Schwerpunkt darauf legen, die Entwicklung der Peripherie und die potenziellen Folgen dieser Entwicklung für die Wertschöpfung zu verstehen. Die genaue Beobachtung der Peripherie sorgt dafür, dass der Fokus innovativer Tätigkeiten innerhalb des Unternehmens auf substanziellen und transformatorischen Veränderungen liegt, denn dies sind die vorherrschenden Spielarten des Wandels an der Peripherie. Darüber hinaus gewährleistet die gründliche Beobachtung der Peripherie, dass neue Geschäftsprojekte zeit- und bedarfsgerecht umgesetzt werden. Beispiele dafür sind der Enron-Konzern, der aus neuen Bedürfnissen in der Erdgasbranche ein Geschäftskonzept entwickelte, oder Corning, das sich auf Faseroptik konzentrierte. Die Peripherie lieferte eine externe, marktbezogene Benchmark für die Geschwindigkeit des Wandels in der Wirtschaft. Bei richtiger Anwendung dieser Benchmark lassen sich die strategische Planung oder auch Forschungsvorhaben so definieren, dass eine zu abstrakte Ausrich-

DIE PERIPHERIE DEFINIEREN

Die folgenden Fragen können Ihnen helfen, die Peripherie zu definieren und zu interpretieren:

1. Welche Unternehmen besetzen gegenwärtig die Peripherie Ihrer Branche?
2. Welche Geschäftsstrategien verfolgen diese Unternehmen? Worin unterscheiden sich diese Strategien von den Strategien, die Sie selbst derzeit verfolgen? Welche Ansätze versprechen das größte Potenzial? Welche stellen die größte Bedrohung dar?
3. Betrachten Sie die Peripherie einmal aus Sicht der Kunden: Welche neuen Nutzenaspekte bieten Unternehmen, die an der Peripherie operieren, den Kunden? Wann wird die Erbringung dieses Kundennutzens wirtschaftlich machbar sein?
4. Betrachten Sie nun die Peripherie aus Sicht der Marktteilnehmer im „Kernbereich" des Marktes: Welche sind am verwundbarsten für Angriffe? Wie wird der Angriff stattfinden? Wann wird er stattfinden? Wie wird sich ein Angriff auf Leitkunden auswirken? Auf die Preise? Auf den Gewinn und die Wertschöpfung? Auf hochqualifizierte Mitarbeiter? Gibt es Möglichkeiten zum Gegenschlag?
5. Wenn Sie an die Implikationen der Peripherie aus Sicht der Kunden und Wettbewerber denken, welche Wettbewerber aus diesem Bereich werden wahrscheinlich Erfolg haben? Welche werden vermutlich scheitern, und weshalb?
6. Welche wirtschaftlichen Konsequenzen hätten Veränderungen in der Rangordnung der Wettbewerber für Ihre Branche, beispielsweise in Bezug auf Marktanteile, Preise, Erträge, Top-Mitarbeiter und Wertschöpfung?
7. Welche Folgen hat dies für *Ihr* Unternehmen? Welche Optionen haben Sie?

Um diese Fragen zu beantworten, brauchen Sie neue Informationen. Die Auswertung dieser neuen Informationen wird einige Zeit in Anspruch nehmen. Neue Konzepte müssen eine Chance bekommen, sich zu bewähren. Die zentrale Frage, die man dabei stets im Kopf behalten muss, ist nicht, welche dieser neuen Vorhaben fehlschlagen werden, sondern welche sich durchsetzen werden.

tung oder zu enge Fokussierung vermieden wird. Da die Peripherie eine Referenzgröße darstellt, die von tausenden von VC-Gebern festgelegt wird, ist sie ein praktischer Test für den strategischen Fokus eines Unternehmens.

Unter den langlebigen Unternehmen gibt es zwar heute durchaus einige, die diesen Test bestehen, doch sind die Anstrengungen in der Regel noch viel zu halbherzig und sporadisch, um mit dem Tempo und Ausmaß des Wandels im Markt Schritt halten zu können. So kommen beispielsweise heutzutage in den Vereinigten Staaten auf je 5 Dollar, die in F&E investiert werden, etwa 3 Dollar an privatem Risikokapital. Nur wenige Unternehmen kommen mit ihren VC-Aktivitäten an diese Quote heran.

Mit zunehmendem Veränderungstempo in der Wirtschaft hat sich auch die Notwendigkeit verstärkt, die Entwicklungen an der Peripherie zu verstehen. Und die Fähigkeit dazu wird in Zukunft noch wichtiger werden, da sich auch der Wandel weiter beschleunigen wird. Früher – zu der Zeit, als die heutigen Systeme der strategischen Planung, Forschung und Unternehmensentwicklung entwickelt wurden – war das Verständnis der Peripherie bei weitem nicht so wichtig. Doch heute muss es zum Kerngedanken werden bei der Neugestaltung der strategischen Planung, der Forschung und der unternehmenseigenen VC-Bereiche.

Strategische Planung als erweiterten Dialog gestalten

Die strategische Planung ist, wie bereits erwähnt, heutzutage in vielen Unternehmen eine Trockenübung. Nach unserer Ansicht kann man sie dadurch neu beleben, dass man die Entwicklungen an der Peripherie berücksichtigt und divergentes Denken fördert.

In den meisten Großunternehmen weiß man bereits sehr viel über die Peripherie und ihre voraussichtliche Entwicklung. Bei den Mitarbeitern ist einiges an einschlägigem Wissen vorhanden, nur muss es auch ans Tageslicht gefördert werden. Doch allzu selten wird dieses Wissen gesammelt und genutzt, weil der strategische Planungsprozess vollkommen unflexibel ist und sich auf die Planung fürs kommende Jahr beschränkt, anstatt auf die langfristigen wirtschaftlichen Folgen für den Konzern. Die kulturelle Erstarrung hindert die fähigen Köpfe im Unternehmen daran, sich mit den Fragen der schöpferischen Zerstörung zu befassen. Bei der Neugestaltung des strategischen Planungsprozesses gilt es daher, die Spitzenleute im Unternehmen frei zu schaufeln, damit sie die kritischen Themen der schöpferischen Zerstörung identifizieren und bearbeiten können.

Würde das Unternehmen nur aus ein paar wenigen Mitarbeitern bestehen, dann wäre die Aufgabe nicht weiter schwierig. Die Betreffenden würden einfach bei einem Arbeitsessen die vorhandenen Optionen erörtern. Bei einer Unterhaltung dieser Art darf es keine Tabuthemen geben. Während der Diskussion sind alle gleich – abgesehen von ihren kognitiven und sprachlichen Fähigkeiten – und alles kommt rückhaltlos auf den Tisch. Das Gespräch folgt keiner vorgegebenen Ordnung, die Themen werden spontan angesprochen. Entsprechend lautet die Kernfrage an die Führungsspitze langlebiger Konzerne: Wenn Sie die fünfzig bis hundert fähigsten, klügsten und kreativsten Leute von innerhalb und außerhalb ihres Unternehmens an einem Ort versammeln könnten – und zwar ungeachtet ihrer Position oder der Dauer ihrer Unternehmenszugehörigkeit –, wen würden Sie auswählen, und worüber würden Sie mit ihnen sprechen?

Stellen Sie sich vor, Sie könnten sich mit diesen Personen – immer ein paar auf einmal – persönlich unterhalten, etwa so, wie Sie sich nach dem Abendessen mit Freunden im Wohnzimmer unterhalten. Sie hätten drei Stunden Zeit für das Gespräch, aber davon abgesehen gäbe es keine fixen Termine oder Endprodukte; Sie könnten ganz nach Belieben entscheiden, worüber Sie wann sprechen wollten. Das ist das kreative Umfeld, das wir gern in der Führungsspitze der Unternehmen schaffen würden. Es ist eine Übung in divergentem Denken – dieselbe, die auch Arun Gupta bei seiner zweijährigen Arbeit am Gründungskonzept von NeuVis durchlaufen hat. Wir werden in Kapitel 11 ausführlicher darauf eingehen.

Divergentes Denken praktisch umsetzen

Können die Prozesse des divergenten Denkens, die bei der Gründung neuer Unternehmen eine so wichtige Rolle spielen, überhaupt in alteingesessenen Konzernen reproduziert werden? Wie hätte man innerhalb eines Großunternehmens ein Umfeld schaffen können, in dem Gupta seine Ideen erfolgreich hätte entwickeln können?

Aufgrund unserer Forschungen und Erfahrungen sind wir überzeugt, dass dafür fünf Voraussetzungen erfüllt sein müssen:

1. **Die richtigen Personen auswählen**
   Nicht jeder ist zu divergentem Denken fähig. Der Prozess divergenten Denkens zeichnet sich durch das Fehlen klarer Ziele, durch inhärente Un-

klarheiten und rekursive Problemlösung aus. Divergentes Denken kann Menschen verunsichern und abschrecken, wenn sie sich nur auf den bewährten Pfaden konvergenten Denkens wohl fühlen. Die Führungsspitze muss in der Lage sein, Mitarbeiter mit Talent zum divergenten Denken von den anderen zu unterscheiden.

Divergente Denker sind im Allgemeinen tatkräftig und äußerst ambitioniert. Es sind temperamentvolle, ungeduldige Menschen, die sich selbst motivieren, vielseitig und intelligent sind und mit Unklarheit und Risiko gut zurechtkommen. Letzteres – die Toleranz (Teresa Amabile würde es „Vorliebe" nennen) für Ambiguität und Unsicherheit ist das spezifischste Merkmal von divergenten Denkern. Diese Menschen mit ihrem, wie Csikzentmihalyi es ausdrückt, „sonnigen Pessimismus" glauben zwar durchaus, dass die Probleme außergewöhnlich schwierig sind (sie sind also pessimistisch hinsichtlich der Lösung von Problemen), aber sie sind auch überzeugt, dass die Probleme – sofern sie überhaupt lösbar sind – nur von ihnen gelöst werden können. Divergente Denker sind erpicht auf Dialog, Herausforderungen, Ideenaustausch, neue Menschen, neue Analysekonzepte, neue Erfahrungen. Anders als die meisten von uns glauben sie, dass sie die „weißen Flecken" innerhalb der Informationen, die ihnen zur Problemlösung an die Hand gegeben werden, füllen können. Gelingt es ihnen, verspüren sie die Euphorie einer „Aha-Kollision". Diese Euphorie suchen sie geradezu. Divergente Denker lieben das Risiko – sie schaffen nur dann Innovationen, wenn sie mit Risiken konfrontiert sind. Gleichzeitig aber nehmen sie auch Fehlschläge persönlich. Folglich brauchen sie ein Umfeld, in dem sie sich im Fall eines Fehlschlags auch wieder hochrappeln können. Wird der Gedankenaustausch richtig betrieben, kann die Gemeinschaft einen Schutz gegen das individuelle Risiko bieten. Unternehmen, die das bieten, locken divergente Denker in Scharen an.

2. **Ausreichend Vorbereitungszeit zur Verfügung stellen**
Wie in Kapitel 4 erwähnt, lässt sich die Zeit nicht absehen, die der divergente Denkprozess braucht, um Ergebnisse zu zeitigen. Oftmals dauert es recht lang, wie die Vorgeschichte der Gründung von NeuVis durch Arun Gupta zeigt. Die Unvorhersagbarkeit ergibt aus der Komplexität des Problems sowie aus der Notwendigkeit zu verstehen, welche Ressourcen vorhanden sind und wie sich diese Ressourcen in einem iterativen

Prozess effektiv bündeln lassen. Oftmals ist das „Zurückstellen von Zweifeln" notwendig, um einen verfrühten Abschluss oder die Verschanzung hinter vorhandenen Konzepten und Strategien zu verhindern. „Zweifel zurückzustellen" bedeutet, dass man vorübergehend Daten und Beobachtungen akzeptiert, die scheinbar keinen Sinn ergeben. Dadurch maximiert man die Chancen, eine neue Sichtweise zu entdecken. Das Zurückstellen von Zweifeln ist ein unnatürlicher Akt für ein operativ orientiertes Unternehmen, aber unverzichtbar für eine innovative Organisation. Ausreichende Vorbereitungszeit ist dafür unerlässlich, denn es müssen die Voraussetzungen dafür geschaffen werden, dass Ideen in hinreichender Zahl und Detailgenauigkeit generiert werden können, um auf dieser Basis eine solide Planung aufstellen zu können. Wie Csikszentmihalyi ausführte, haben jene Maler die bedeutendsten Werke geschaffen, die sich vor Beginn der Arbeit am längsten mit ihren Materialien vertraut gemacht hatten. Auch im Dialogprozess muss den Künstlern genügend Zeit bleiben, um sich mit ihren Materialien vertraut zu machen, wenn bedeutende Werke entstehen sollen. Divergente Denker brauchen Zeit, sich umzusehen und Fragen zu stellen. Sie brauchen den richtigen Rhythmus von Beobachtung, Reflexion und Gespräch. Für produktives divergentes Denken ist Inkubation erforderlich. Die Unternehmensleitung kann divergenten Denkern dadurch die wertvollste Unterstützung geben, dass sie ihnen genügend Zeit lässt, sich vorzubereiten und Ideen und Einsichten „kollidieren" zu lassen.

3. **Ehrgeizige Ziele setzen**
   Viele Existenzgründer, darunter auch Arun Gupta, wollen „die Welt verändern". Darin unterscheiden sie sich von denen, die inkrementelle Probleme auf herkömmliche Weise lösen. Divergente Denker möchten kniffige und wichtige Probleme lösen, andernfalls verlieren sie das Interesse. Wir haben beobachtet, dass das Anspruchsniveau der Führungspersonen oftmals darüber entscheidet, ob ein Resultat inkrementell oder transformatorisch ist.

4. **Ressourcen, Flexibilität und Zieltermine sicherstellen**
   Divergente Denker möchten in einem Umfeld arbeiten, das ein breites Angebot an alternativen Ressourcen, Daten und Informationen sowie informationsverarbeitenden Tools aufweist, die sie für ihre Arbeit brau-

chen. Sie möchten nicht straff kontrolliert werden. Sie haben Schwierigkeiten mit Routinevorgängen und Zeitplänen. Sie möchten die Freiheit besitzen, mit den interessantesten Menschen zusammenzuarbeiten. Es behagt ihnen nicht, isoliert zu arbeiten oder nur eingeschränkten Zugang zu den Ressourcen und Menschen zu haben, die sie brauchen. Sie arbeiten gerne in einem Umfeld, in dem sie Neues entdecken können. Aber sie brauchen auch verbindliche Zieltermine, wie wir weiter unten erörtern werden.

5. **Obere Führungskräfte einbinden**
   Jemand aus der Unternehmensleitung muss bereit sein, seinen Ruf aufs Spiel zu setzen, um den Dialog zu einem Erfolg zu machen. Wie drückte es jener Manager von Enron doch so treffend aus: „Wenn keiner Flagge zeigen will, passiert auch nichts." Im Lauf des Prozesses werden viele Herausforderungen zu bewältigen sein. Die Führungsspitze muss zur Verfügung stehen, um sich darum zu kümmern.

Erfüllt der strategische Dialog diese fünf Bedingungen, sind die Erfolgschancen hoch.

Den strategischen Planungsprozess gestalten

Anhand der oben dargelegten Prinzipien lässt sich der strategische Planungsprozess neu gestalten. Diese Neugestaltung umfasst vier Schritte: Im ersten Schritt legt die Unternehmensleitung den Gesamtprozess fest. Im zweiten Schritt wird der erste Dialog vorbereitet. Diese Vorbereitung unterscheidet sich von der Vorbereitung im klassischen strategischen Planungsprozess insofern, als die Führungsspitze zeitlich stärker eingebunden wird. Außerdem dauert sie meist länger als im typischen strategischen Planungsprozess, da sie genügend Zeit für die „Inkubation" zur Verfügung stellen soll, und sie setzt voraus, dass die obersten Führungskräfte die Peripherie aus eigener Erfahrung kennen. Der dritte Schritt in dem Prozess besteht darin, die Kollision unterschiedlicher Sichtweisen zu erzwingen und Empfehlungen für konkrete Maßnahmen zu entwickeln. Dieser Schritt soll den Kollisionsvorgang nachahmen, den wir in Kapitel 4 beschrieben haben. Im vierten Schritt werden die Ergebnisse für die Unternehmensleitung zusammengefasst, und diese beschließt, welche der Empfehlungen umgesetzt werden sollten.

Der folgende Abschnitt erläutert jeden einzelnen Schritt zur Neugestaltung des strategischen Planungsprozesses ausführlicher.

Schritt 1: Festlegung des Gesamtprozesses

Der erste Schritt bei der Neukonzeption des strategischen Planungsprozesses besteht darin, einen Rahmen für den Gesamtprozess zu definieren. Die Unternehmensführung legt die Diskussionsthemen für die nächsten ein bis zwei Jahre fest, bestellt ein Führungsteam, das die Diskussion vorbereitet und leitet, und bestimmt Zeit und Ort der ersten Diskussion.

Die Unternehmensführung sollte die Themen erst nach gründlicher Diskussion auswählen. Wir empfehlen, für diese Diskussion nicht mehr als einen Tag vorzusehen. Jeder Teilnehmer sollte eine Liste der bedeutendsten Themen und Chancen, die in den nächsten fünf bis sieben Jahren auf das Unternehmen zukommen werden, aufstellen. Dabei sollte man sich auf die Dynamik der schöpferischen Zerstörung in einigen Aspekten der Branche sowie auf die wirtschaftlichen Folgen des Wandels an der Peripherie konzentrieren. (Wir nennen in Kapitel 11 beispielhaft einige Probleme und Strategien.) Solche Diskussionen sind besonders produktiv, wenn sie stattfinden, nachdem die Mitglieder der Führungsspitze gerade von einer Auslandsreise zurückgekehrt sind, eine Reihe von Kunden besucht oder an einer wichtigen Fachmesse oder bedeutenden Branchenkonferenz teilgenommen haben – wenn also irgendein Ereignis vorausgegangen ist, das sie für die Herausforderungen der schöpferischen Zerstörung in ihrer Branche sensibilisiert hat. Auslandsreisen oder Kundenbesuche sorgen dafür, dass das Führungsteam ein eher extern als intern orientiertes mentales Modell übernimmt.

Nachdem die Hauptthemen ausgewählt sind, die das Unternehmen klären möchte, sollte der Leiter der ersten Dialogrunde benannt werden. Um gedankliche und planerische Kontinuität sicherzustellen, sollte er aus demselben Topmanagement-Team kommen, das die Liste der Sachfragen zusammengestellt hat. Es ist Aufgabe des Leiters, die Dialogteilnehmer auszuwählen (unter den fünfzig bis hundert kenntnisreichsten Personen), den Prozess der Dialogentwicklung zu führen und den Vorsitz zu übernehmen sowie am Ende der Unternehmensleitung Empfehlungen zu unterbreiten. Diese Vorgehensweise berücksichtigt die Grundsätze des divergenten Denkens und verhilft dem Topmanagement zu gezielteren Erkenntnissen und Urteilen.

Schritt 2: Vorbereitung des ersten Dialogs

Will man die Voraussetzungen für divergentes Denken beachten, müssen die Dialogteilnehmer genügend Zeit erhalten, um die Peripherie aus eigener Anschauung kennen zu lernen und nicht bloß aus der Lektüre anderer Leute Meinungsäußerungen. Die Spitzenmanager von Nike beispielsweise folgen dem Beispiel des CEO Phil Knight und bauen auf eigenen Erfahrungen. Nike organisiert „Inspirations-Trips" für Schlüsselkräfte und Manager, die für eine Produktlinie zuständig sind – etwa Basketball. Diese Kurzreisen geben Managern die Chance, mit Profispielern zu plaudern und so zu erkennen, was positiv und was negativ bewertet wird. Häufig sind es die führenden Kunden, wie in diesem Fall die Profispieler, die unbefriedigte Bedürfnisse als erste oder am deutlichsten erkennen. Ab und zu haben diese Leitkunden auch sehr gute Ideen, wie sich diese Bedürfnisse befriedigen lassen. Bei ihren Kurztrips haben die Nike-Manager auch die Chance, sich in Schulen umzusehen oder mit den Jungen zu plaudern, die auf der Straße Ball spielen – und es bleibt ihnen genügend Inkubationszeit, um die dabei gesammelten Erkenntnisse auszuwerten.

Ein zweites Beispiel für Nikes Bestreben, die Entwicklungen an der Peripherie (die man freilich nicht so nennt) aus eigener Anschauung zu verstehen, ist die Investition in die NikeTown-Läden. Nike betreibt sie nicht als Einzelhandels-Profit-Center (oder in Konkurrenz zu Großkunden wie Champs, Foot Locker oder Athlete's Foot), sondern um sich einen besseren Einblick in die unbefriedigten Bedürfnisse der Kunden zu verschaffen. Nike sieht NikeTown als „Einzelhandelslabors", die Erkenntnisse zu Produktbedürfnissen, aber auch zu Merchandising-Erfordernissen vermitteln. Viele sehen Nike als den Erfinder des Marken-Erlebniseinkaufs, nun auch praktiziert von Warner Brothers, Disney, Levi's, Coke, Harley-Davidson und anderen. Weil NikeTown-Läden äußerst populär sind, erhält Nike zuverlässige Informationen über die ganze Bandbreite aufkommender Kundenbedürfnisse. Nikes zweite NikeTown in Chicago wurde sogar eine der beliebtesten Touristenattraktionen der Stadt.

Vorbereitungen in diesem Umfang stellen sicher, dass genügend neue Informationen in den Prozess einbezogen und damit die Chancen für neue Erkenntnisse maximiert werden. Traditionelle strategische Planungsprozesse, die sich auf alte Daten oder Informationen aus zweiter Hand stützen, generieren neue Ideen nicht mit derselben Häufigkeit. Wohl dauert dieser Prozess länger als der herkömmliche, doch können die Kosten über einen längeren Zeitraum verteilt werden, und die dabei gewonnenen Erkenntnisse sind weitaus wertvoller als die aus dem herkömmlichen strategische Planungsprozess.

Schritt 3: Konzeption und Führung des ersten Gesprächs

Nach Abschluss der Vorbereitungen ist das Team bereit, den Dialog zu beginnen. Grundsätzlich sollte der Dialog zwei Tage dauern, mit einer sehr losen Tagesordnung, damit genügend Zeit für Diskussionen bleibt. Die einzige Vorgabe für die Dialogsitzung besteht darin, dass eine Liste eindeutiger Ziele erarbeitet werden soll, wie etwa die Identifizierung der viel versprechendsten Geschäftskonzepte, die Ausarbeitung einer Begründung, warum gerade diese und nicht andere Konzepte verfolgt werden sollten, sowie die Reihenfolge ihrer Realisierung und die nächsten Schritte im Detail.

Dass die Tagesordnung eher lose sein sollte heißt nicht, dass der Dialog selbst locker ablaufen sollte. Doch statt einer vorab festgelegten Tagesordnung zu folgen, sollte er von einem gut vorbereiteten Leiter moderiert werden. Die Aufgabe des Dialogleiters besteht darin, die anderen Dialogteilnehmer zu kreativem Denken zu ermuntern. Unsere Partner bei McKinsey haben eine Reihe konkreter Fragen entwickelt, mit denen Dialogleiter die Ideenproduktion anregen können.[2] Sie stammen aus einer Datenbank von Fragen, die wir durch ‚Reverse Engineering' von Innovationen, an denen wir beteiligt waren, entwickelt haben. Diese Fragen bringen die Workshop-Teilnehmer dazu, aus ihren gewohnten Weltbildern herauszutreten. Die Technik wurden in den unterschiedlichsten Wirtschaftssektoren und Unternehmen insgesamt über 125 Mal erfolgreich eingesetzt.

Im Rückblick auf unsere Erfahrungen aus diesen Sitzungen können wir feststellen, dass wir im Lauf der Jahre vier Tricks gelernt haben, die zusammen mit der erwähnten Frageliste die Produktivität des Dialogs verbessern helfen.

1. **Den Kontext verändern:** Wie Mihalyi Csikszentmihalyi festgestellt hat, kann es die Kreativität steigern, wenn man eine Person am Schnittpunkt verschiedener Kulturen oder Fachgebiete positioniert: „In uniformen, starren Kulturen muß man mehr Aufmerksamkeit investieren, um neue Denkweisen hervorzubringen. Mit anderen Worten, Kreativität entfaltet sich am ehesten an Orten, wo die Wahrnehmung neuer Ideen weniger Anstrengung erfordert."[3] Der Kontext lässt sich auf verschiedene Weisen verändern. So kann man erstens den sozialen Kontext des Dialogs verändern –

etwa indem man eine bunte Mischung aus oberen und mittleren Führungskräften, von Forschern und Marketingfachleuten, Europäern und Amerikanern zusammenstellt, um die Produktivität der Sitzungen zu steigern (sofern alle gemeinsam die vorbereitenden Schritte durchlaufen haben).

Zweitens lässt sich der Kontext auch dadurch verändern, dass man das Problem in einen anderen mentalen Zusammenhang stellt. So war beispielsweise William McGowen, der Gründer und Chairman von MCI, bekannt für sein „entgegengesetztes Denken" – also dafür, dass er über das Gegenteil nachdachte als alle anderen Beteiligten. Sir James Black nennt einen derartigen Denkansatz „die Frage auf den Kopf stellen". Wenn man beispielsweise glaubt, einen neuen pharmazeutischen Wirkstoff auf Basis eines kleinen Moleküls entwickeln zu können, dann sollte man das Gleiche auch mit einem großen Molekül erproben. Schließlich kann man nicht immer vorhersehen, was funktionieren wird.

Eine Alternative zum „entgegengesetzten Denken" ist die „Zoom-in, Zoom-out"-Strategie, die von einigen Schachmeistern bevorzugt wird: Das „Heranzoomen" enthüllt die genauen Einzelheiten jeder Spielkonstellation und die kurzfristigen Trends. Das „Wegzoomen" dagegen offenbart den Zusammenhang zwischen den Konstellationen sowie längerfristige Trends. Dieses Nebeneinanderstellen der Perspektiven erschließt oftmals neue Einsichten, die sich an der Schnittstelle der beiden Perspektiven bilden.

Eine vierte Möglichkeit besteht darin, den physischen Kontext zu verändern und das Meeting einfach anderswo stattfinden zu lassen.[4]

2. **Visualisierung:** Visualisierung – die Erzeugung eines visuellen Bildes im „geistigen Auge" – kann kognitive Verknüpfungen stimulieren. Die Astronomin Vera Rubin kam auf ihre Ideen über den Aufbau des Weltalls, als sie ziellos mit einem Stift herumkritzelte; Jonas Salk behauptet, die entscheidenden Erkenntnisse über den Polio-Impfstoff bei der visuellen Darstellung des viralen Infektionsprozesses gewonnen zu haben. Die Visualisierung kann bei „Kollisions"-Sitzungen eingesetzt werden; man bemüht sich darum, die diskutierten Zusammenhänge im Bild darzustellen, statt sich nur auf sprachliche Beschreibungen zu verlassen. Aus diesem Grund ist es hilfreich, zu einigen der Sitzungen einen Grafiker – vielleicht sogar einen Künstler – hinzuzuziehen, um verschiedene Ausdrucksformen für gemeinsame Gedanken festzuhalten.

3. **Inspirierende „Musen" einsetzen:** Viele kreative Menschen brauchen eine Muse – jemanden, dem sie ihre Ideen zuwerfen, mit dem sie sich unterhalten und mit dem sie sich streiten können. Einstein beispielsweise hatte bei der Entwicklung der Relativitätstheorie Michele Besso als Muse. „Als Einstein im Mai 1905 bei Besso hereinplatzte, dreieinhalb Jahre [nach ihrem letzten Gespräch], kreisten seine Gedanken gerade um Zeit, Licht und den Äther. Und tatsächlich, die Gespräche mit Besso brachten ihn weiter. „Nachdem ich intensiv mit ihm diskutiert hatte", schrieb Einstein 1922, „begriff ich die Sache mit einem Male. Am nächsten Tag besuchte ich ihn erneut und sagte ihm an Stelle einer Begrüßung: Danke! Ich habe das Problem vollständig gelöst."[5]

   Und der französische Dichter und Essayist Paul Valéry sagte: „Zu einer Erfindung bedarf es immer zweier Personen. Die eine denkt sich Kombinationen aus; die andere wählt aus, was ihr beliebt und was in der Menge der Dinge, die erstere ihr mitgeteilt hat, für sie wichtig ist."[6]

   Das gleiche Verfahren kann in Dialogsitzungen eingesetzt werden, indem man jeweils zwei Teilnehmer ihre Gedanken diskutieren lässt: Man bringt einen Forschungsmitarbeiter mit einem Marketingexperten zusammen, einen Topmanager mit einem Nachwuchsstar oder eine Führungskraft aus dem Hardware-Geschäft mit einer aus dem Software-Geschäft. Wenn die Chemie stimmt und sich eine inspirierende „Musen"-Beziehung entwickelt, können die Resultate sehr eindrucksvoll sein.

4. **Das Tempo drosseln:** Wir haben immer wieder beobachtet, dass der Leiter der Dialogsitzung die Produktivität der Sitzung steigern kann, indem er das Tempo bewusst drosselt, anstatt es anzutreiben (wie typischerweise bei Geschäftsmeetings der Fall). Hier gilt, was der New Yorker Dichter Mark Strand über die Dichtkunst sagte: „Ich glaube, Dichtung hat etwas mit Verlangsamung zu tun. Es geht darum, dieselben Dinge immer wieder zu lesen, sie wirklich auszuschöpfen, ganz in das Gedicht einzutauchen. Bei einem Gedicht kann man nicht schlagartig entdecken, was geschieht. Man muß ganz genau fühlen, wie sich eine Silbe an der anderen reibt, wie ein Wort dem anderen nachgibt, und man muss erspüren, ob die Beziehung zwischen einem Wort, dem nächsten und dem übernächsten richtig ist."[7]

   Das Tempo drosseln – nichts könnte den Gepflogenheiten in operativ orientierten Unternehmen stärker widersprechen. Doch genau dies kann manchmal Wunder wirken. Gestattet man den Teilnehmern der Dialogsitzung eine längere Vertiefung in die einzelnen Daten, verbunden mit intensiver persönlicher Reflexion – quasi ein „Aneinanderreiben" der verschiedenen Unternehmensbereiche –, erhöht sich die Wahrscheinlichkeit, dass bedeutsame neue Erkenntnisse gewonnen werden. Um diese Technik anzuwenden, muss der Sitzungsleiter ein feines Gespür dafür entwickeln, wann er drängen und wann er abbremsen sollte, denn der Endtermin muss zwar eingehalten werden, doch das wichtigste Ziel der Sitzung besteht ja darin, viel versprechende neue Richtungen zu erkunden.

Schritt 4: Reflexion und Entscheidungsfindung nach dem Dialog

Nach Abschluss des Dialogs obliegt es dem Leiter der Dialogsitzung, die Ergebnisse für die Führungsspitze zusammenzufassen, die dann entscheidet, welche Geschäftschancen auch unter Berücksichtigung der übrigen Anforderungen an das Unternehmen weiterverfolgt werden sollen. Diese Entscheidungen sollten möglichst schnell – innerhalb weniger Wochen nach Abschluss des Dialogs – getroffen werden, denn für die Glaubwürdigkeit des Prozesses ist es wichtig, dass die Teilnehmer wissen, dass die Ergebnisse ihrer intensiven Arbeit verwertet wurden. Manche ziehen es vor, die Entscheidungen über einige der Ideen unmittelbar nach Abschluss des Dialogs zu fällen, doch wir haben festgestellt, dass die Führungsspitze häufig erst einmal Zeit braucht, um sich über die Tragweite der Empfehlungen Klarheit zu verschaffen.

Sobald der erste Dialog beendet ist, kann die Unternehmensführung den Leiter des zweiten Dialogs bestimmen und so fort. Alle Gespräche laufen nach dem gleichen konzeptionellen Muster ab. Das Tempo kann dabei schwanken, je nach den Bedürfnissen des Marktes und der Veränderungsfähigkeit des Unternehmens. Das Tempo dieser Diskussionen zu steuern ist, wie bereits erwähnt, eine der direktesten Methoden, mit denen die Unternehmensleitung Geschwindigkeit und Ausmaß des Wandels im Unternehmen steuern kann.

Diese vier Schritte zusammengenommen können die Grundlage für einen neuen strategischen Planungsprozess bilden, der lange nicht so bürokratisch ist wie die herkömmlichen Prozesse. Die vier von uns skizzierten Schritte sind nicht neu. Sie imitieren Marktprozesse, sie konzentrieren sich auf die Peripherie, und sie treiben den strategischen Planungsprozess bis an den Punkt, an dem konkrete Investitionsentscheidungen anstehen. Wir haben für unsere Klienten mehrere erfolgreiche Prozessentwürfe nach diesen Kriterien konzipiert. In Kapitel 11 werden wir ausführlich auf den langfristigen Einsatz dieser Techniken bei Johnson & Johnson eingehen.

Forschung & Entwicklung neu konzipieren

Angesichts der in diesem Kapitel dargestellten Erkenntnisse halten wir „F&E“ für einen wenig zweckdienlichen Begriff. Die klassische Bezeichnung „F&E“ unterstreicht fälschlicherweise die Einheit von Forschung und Entwicklung und nicht, wie es wünschenswert wäre, die Gesamtheit der technischen Information, die zur Erschließung viel versprechender neuer Geschäfte benötigt würde.

Da die Bedeutung der schöpferischen Zerstörung nach unserer Erkenntnis weiter ansteigt, sind wir der Ansicht, dass sich diese Unternehmenseinheit heute die Erschließung neuer Geschäftsfelder – und nicht Forschung und Entwicklung – zum Ziel setzen sollte. Forschung ist eine Möglichkeit, sich die dazu benötigten Informationen zu beschaffen. Der Erwerb von Technologie-Lizenzen ist eine weitere; die Akquisition kleiner Firmen, eventuell unter Federführung der unternehmensinternen VC-Einheit, eine dritte. Wenn es darum geht, die für den Aufbau neuer Geschäfte erforderlichen Informationen zu beschaffen, dann ist es oftmals produktiver, alle drei dieser Funktionen – klassische Forschung, Lizenzerwerb und Akquisition kleiner Firmen mit unternehmensinternem Risikokapital – zu bündeln, als sie getrennt voneinander zu halten. Schon heute geschieht dies vielfach auf informelle Weise. Akquisitionen, insbesondere kleiner Firmen, werden immer mehr zu einem wesentlichen Element von hoch innovativen und sich rasch verändernden Branchen. Cisco hat zwischen 1993 und April 2000 allein 51 Akquisitionen getätigt, um sich Zugang zu neuen Technologien zu verschaffen.

Die Entwicklungsfunktion wiederum befasst sich mit der effizienten Nutzung technischer Informationen und nicht mit deren Beschaffung. Wir halten die Begriffe „Informationsbeschaffung“ und „Informationsanwendung“, beide im Dienst der Entwicklung neuer Geschäfte in marktähnlichem Tempo und Ausmaß, für hilfreicher als den Begriff F&E.

Auch wenn sich die Bereiche Forschung, Lizenzen und Firmenakquisitionen in ihren tagtäglichen Aktivitäten grundlegend unterscheiden, dienen sie doch demselben Zweck: dem Unternehmen technische Optionen für den Aufbau neuer Geschäfte bereitzustellen. Die Verknüpfung von Forschung, Lizenzen und

Firmenakquisition unterscheidet sich im Prinzip nicht von der Verknüpfung von ‚Make-or-Buy'-Entscheidungen in der Fertigung. ‚Make' steht hier für die Forschung, welche die notwendigen technischen Informationen „selber herstellt", ‚Buy' für die Lizenz- und die Akquisitionsabteilung, welche die Informationen „kaufen". Wenn es kostengünstiger ist, die benötigte Komponente oder Baugruppe selbst herzustellen, dann wird sie hergestellt. Ist es kostengünstiger, sie auf dem freien Markt zu kaufen, dann wird sie zugekauft. Das ist ein sehr effizientes System, und dieselbe Logik gilt auch für die Beschaffung technologischer Informationen.

Das Vorgehen von Johnson & Johnson

Johnson & Johnson, der große Hersteller von Pharmazeutika, medizinischen Geräten und Konsumgütern, liefert ein anschauliches Beispiel für diesen integrierten Ansatz. J&J ist schon seit langem Meister darin, auf den Wogen der schöpferischen Zerstörung zu reiten, und hat dadurch seinen Aktionären langfristig überdurchschnittliche Renditen eingebracht. Ein Teil des Erfolgsgeheimnises von J&J besteht in der engen Verzahnung von Forschung, Lizenzerwerb und VC-Aktivitäten. J&J hat das System nicht von Anfang an so konzipiert; dennoch hat sich der Konzern weitgehend in der oben skizzierten Weise entwickelt. Um seine interne F&E-Kompetenz abzurunden, hat J&J eine konzerneigene VC-Tochter mit dem Namen Johnson & Johnson Development Corp. (JJDC) gegründet. Es handelt sich um eine kleine Einheit, die den VC-Gesellschaften des Silicon Valley stark ähnelt. Die Mitarbeiter dieser Einheit – wie auch weltweit über hundert Manager, die in den operativen Gesellschaften von J&J für Geschäftsentwicklung (bzw. Lizenzen und Akquisition) zuständig sind – verwenden ihre ganze Zeit darauf, den Markt nach lukrativen neuen Technologien abzusuchen, ob bei Neugründungen oder bei anderen großen Unternehmen.

JJDC existiert mittlerweile seit über 25 Jahren und ist damit eines der ältesten Beispiele für unternehmensinternes Wagniskapital. Einer der Gründe für ihren Erfolg ist, dass man JJDC in den Anfangsjahren genügend Zeit ließ, um den VC-Fonds über die Hürde der Investitionsphase zu hieven. Jim Utaski, von 1990 bis 2000 President von JJDC, bemerkte dazu: „Dass wir in fünfundzwanzig Jahren nur zwei Chefs hatten, die beide sehr wachstumsorientiert waren, das hat schon sehr geholfen. Wir brauchten mindestens einen zehnjährigen Investitionshorizont, um Renditen einzufahren. Eine derartige Geduldsspanne ist für die meisten Unternehmen undenkbar."

1973 vom damaligen CEO Jim Burke gegründet, erhielt JJDC Rückendeckung durch dessen langfristige Vision. Burkes Nachfolger Ralph Larsen, der heutige Chairman von J&J, fühlt sich dieser Vision ebenfalls verpflichtet. Utaski sagt: „Unsere kostenneutrale Position brachte alle Kritiker zum Schweigen, und heute wäre es schwierig, die Einheit dichtzumachen."

Dieser Handlungsspielraum ermöglichte es JJDC, mit seinem bunt zusammengewürfelten Team von Topmanagern, Technologen und Juristen ein hinreichend vielfältiges Portfolio von (oftmals miteinander konkurrierenden) Technologien zu unterhalten, den weltweiten operativen Unternehmen von J&J einen Einblick in neue Technologien zu verschaffen und sich an den Erfolgskriterien für VC-Gesellschaften zu messen (laut Utaski gehörte JJDC zu den erfolgreichsten konzerneigenen VC-Gesellschaften). Sie „machen Deals" und bringen dadurch viel versprechende Technologien in den Konzern (in der Regel in eines der dezentral geführten operativen Unternehmen), wo sie weiterentwickelt und durch das extrem leistungsfähige weltweite Vertriebsnetz des Konzerns auf den Markt gebracht werden. Die meisten dieser Technologien befinden sich bereits in einem mehr oder minder fortgeschrittenen Entwicklungsstadium.

Um sicherzustellen, dass J&J keine wissenschaftlichen Durchbrüche verpasst, bevor sie zu anwendungsnahen Technologien werden, hat der Konzern eine weitere Stabsgruppe ins Leben gerufen: das so genannte Committee Office of Science and Technology (COSAT). Diese Gruppe aus acht bis zehn promovierten Wissenschaftlern hält Kontakt zu den Spitzenforschern auf der ganzen Welt, klinkt sich in bahnbrechende Forschungen ein und stellt die Verbindung zu den konzernweiten F&E-Aktivitäten weltweit her. Auf diese Weise gelingt es, die Evolution der Peripherie aus der Sicht von J&J fast optimal zu erfassen. Da beide Einheiten auf Konzernebene und nicht bei den operativen Gesellschaften angesiedelt sind, haben sie die Freiheit, längere Zeithorizonte für ihre Aktivitäten anzusetzen. Oftmals fördern sie Forscher oder kleine Startups mehrere Jahre lang, ehe die begehrte Technologie lizenziert oder das Unternehmen übernommen werden kann.

Eine Akquisition kann eine brillante neue Idee im Kerngeschäft generieren, so wie ein unternehmensinterne Idee den Anstoß zu einer Akquisition geben kann. Johnson & Johnson ist ein Beispiel für ein Unternehmen, das beide Wege beschreitet – und erhebliche Vorteile daraus zieht. Die Führungskräfte von J&J sind der Ansicht, dass man den Markt nur dann getreulich nachahmen kann, wenn man tief in ihn eingetaucht ist.

Unternehmensinterne VC-Aktivitäten neu gestalten

Nur wenige Unternehmen sind mit ihren Risikokapital-Aktivitäten so erfolgreich wie J&J. Ein paar waren zwar mit kleineren Investitionen erfolgreich, doch sind die allermeisten dieser Aktivitäten unzureichend, um mit der Schnelligkeit und dem Ausmaß des Wandels im Markt Schritt zu halten. Eine Alternative zum alleinigen Fokus auf unternehmensinternem Risikokapital ist die Strategie von J&J, doch daneben gibt es noch eine weitere Option, die mittlerweile in Europa weit verbreitet ist.

Dieser alternative Ansatz – interne Businessplan-Wettbewerbe – macht sich sowohl das Peripherie-Wissen der Mitarbeiter zunutze als auch die traditionelle Stärke unternehmenseigener Risikofinanzierung, die eingehende Kenntnis neugegründeter Unternehmen. Die Bündelung dieser Kompetenzen ist wahrscheinlich den herkömmlichen unternehmenseigenen Risikokapitalaktivitäten überlegen – so jedenfalls die Erkenntnis unserer McKinsey-Kollegen, die dieses Konzept entwickelt haben.[8] Bei einem europäischen Elektronikkonzern wurden im Zuge eines Businessplan-Wettbewerbs mehr als 180 neue Geschäftskonzepte identifiziert, die nach einer Phase der Aufbereitung, Selektion und Inkubation zur Gründung von vier konzerneigenen Startups führten. Damit war dieser Ansatz deutlich erfolgreicher als die langjährigen konzerninternen Risikokapital-Aktivitäten, die das Wissen der Mitarbeiter nicht nutzten.

Zunächst gründete das Unternehmen ein hochkarätig besetztes, funktionsübergreifendes Review-Team, das von der konzerninternen Risikokapital-Abteilung unterstützt wurde. Das Team forderte dazu auf, Ideen vorzulegen, und konzentrierte sich dabei auf Mitarbeiter der unteren Ebenen, die bislang von solchen Initiativen ausgeschlossen waren. Anschließend wurden die Businesspläne überprüft und die Gewinner ausgewählt. Diese erhielten Geldpreise und auch Startkapital für ihre Projekte. Und – was vielleicht noch wichtiger war – sie wurden bei der Weiterentwicklung und Konkretisierung ihrer Ideen gecoacht. Durch einen Drei-Phasen-Prozess, in dem die Geschäftsideen nach jeder Phase überarbeitet und die jeweils Besten ausgewählt wurden, nahm die Zahl hochwertiger Ideen mit der Zeit zu.

AddVenture! bei Infineon

Andere Unternehmen haben ähnliche Programme ins Leben gerufen. Ein anschauliches Beispiel ist Infineon Technologies, der frühere Siemens-Halbleiterbereich. Infineon initiierte 1997 einen Businessplan-/Ideengenerierungs-Wettbewerb – das ‚AddVenture!'-Programm –, an dem sich alle Mitarbeiter beteiligen konnten.

Das Programm war so strukturiert, dass Ideen schrittweise zu umfassenden Geschäftsplänen weiterentwickelt wurden. Das Programm lief über mehrere Monate und wurde von Workshops und Coaching-Sitzungen an den weltweiten Standorten des Unternehmens begleitet. Über zweihundert Teams reichten Vorschläge ein, mehrere Dutzend davon wurden zu detaillierten Geschäftsplänen ausgearbeitet. Eine Jury aus oberen Führungskräften sowie Technologie- und Marktexperten wählte in der Endausscheidung mehrere Teams aus, die daraufhin Finanzierungsverhandlungen aufnahmen. Die Evaluierungskriterien deckten sich weitgehend mit denen, nach denen ein Wagnisfinanzier ein Gründungskonzept beurteilt – aber es wurden auch strategische Konzerninteressen berücksichtigt.

Aus dem Programm sind bislang fünf neue, wachstumsstarke Geschäftseinheiten hervorgegangen, die viel versprechende Marktsegmente im Volumen von jeweils mehreren hundert Millionen Dollar bearbeiten. Das Unternehmen hat einen Bereich namens Infineon Ventures gegründet, der diese Geschäftseinheiten fördert und Ausschau hält nach weiteren neuen Geschäftschancen innerhalb und außerhalb von Infineon. Er ist erfolgreicher als herkömmliche unternehmensinterne VC-Aktivitäten.

Die Erfahrung von Infineon zeigt, dass konzerninterne Wettbewerbe mehr leisten, als nur Ideen zu generieren: Sie tragen zum Wandel der Unternehmenskultur bei, denn sie motivieren Mitarbeiter dazu, über ihren täglichen Aufgabenkreis hinaus initiativ zu werden. Wettbewerbe bringen den Mitarbeitern auch bei, über die Umsetzung ihrer Ideen in marktreife Geschäfte nachzudenken.

Businessplan-Wettbewerbe sind mittlerweile ein bewährtes Instrument. Allein in Deutschland haben regionale Wettbewerbe mehrerer Hundert Millionen Euro Risikokapital angelockt sowie Tausende neuer Arbeitsplätzen entstehen lassen.

Wir wissen nicht, ob ein Umfeld aus langlebigen Großunternehmen genügend Arun Guptas hervorbringen kann, um wirklich etwas zu bewegen. Doch die Notwendigkeit dazu liegt auf der Hand, ebenso wie die Voraussetzungen dafür: Die Annahme der Kontinuität muss durch die Annahme der Diskontinuität ersetzt werden; der operative Fokus muss mit einen Fokus auf schöpferischer Zerstörung im Gleichgewicht gehalten werden; die wahrscheinliche Evolution der Peripherie muss vorhergesagt werden, und es muss genügend Inkubationszeit für Ideen vorgesehen werden, wenn die Bemühungen von Erfolg gekrönt sein sollen. Soll das Unternehmen aktiv Geschäftsoptionen schaffen, betreiben und austauschen, und das ebenso schnell und umfassend wie der Markt, dann muss es lernen, die Methoden Arun Guptas nachzuahmen. Darüber hinaus gibt es, wie wir erläutert haben, bedeutende Möglichkeiten zur Neukonzeption der wichtigsten Prozesse für den Wandel im Unternehmen: der strategischen Planung, F&E und der konzerninternen Risikokapital-Aktivitäten. Worauf es letztlich ankommt, ist der Wille zur Veränderung. Die Guptas dieser Welt können – so sie sich in alteingesessenen Unternehmen entfalten können – dem Topmanagement die Option verschaffen, Tempo und Umfang des Wandels im Markt auch für sich zu erreichen. Doch das Management wird, wie in Kapitel 7 beschrieben, auch weiterhin die Entscheidungen treffen müssen. Das Dilemma liegt darin, einen so tief greifenden Wandel zu verwirklichen, ohne die operative Leistungsfähigkeit zu untergraben. Die Lösung dafür liegt in den Einzelelementen der Steuerungsprozesse des Unternehmens. Auf sie werden wir im nächsten Kapitel eingehen.

DIAGNOSTISCHE FRAGEN ZUR BEWERTUNG DER STRATEGISCHEN PLANUNG EINES UNTERNEHMENS

Sind Sie mit Ihrer strategischen Planung zufrieden?

1. Sind Sie der Meinung, dass Ihr strategischer Planungsprozess genügend viel versprechende Ideen generiert?
2. Haben Ihre Geschäftsbereiche aussichtsreiche Marktchancen versäumt und dies im Nachhinein bedauert?
3. Befürchten Sie, dass Ihr strategischer Planungsprozess bloßer Papierkrieg sein könnte?
4. Gibt es zwei parallele Prozesse in Ihrem Unternehmen – die Erarbeitung des Plans „für den Konzern“ und den echten Planungsprozess in den Geschäftsbereichen?
5. Ist der jährliche Planungsprozess zu einer Routineübung geworden, bei welcher der letztjährige Plan mit dem Textverarbeitungssystem aktualisiert wird?
6. Sind Ihre strategischen Pläne eher taktisch als wirklich strategisch?
7. Neigen Sie dazu, zentrale Probleme Ihres Unternehmens eher reaktiv als proaktiv anzugehen?
8. Sind sie zufrieden mit der Qualität des Feedbacks auf Ihre strategischen Pläne?
9. Gestalten Sie die Budgetierung, das Vergütungssystem und die Führungskräfteentwicklung im Einklang mit den Grundlinien Ihres strategischen Plans?
10. Knüpft der strategische Planungsprozess Strategien an das Verständnis künftiger Entwicklungen der Branche?

KAPITEL 10

Kontrolle, Eigenverantwortung und Risiko

Machen Sie uns einen Vorschlag, zu dem wir nicht ja sagen können.
CEO EINES MITTELGROSSEN HIGHTECH-ANGREIFERS

Wenn Konzerne Geschäftsoptionen schaffen, betreiben und austauschen sollen, dann müssen sie lernen, ein Gleichgewicht zwischen der Annahme der Kontinuität und der Annahme der Diskontinuität herzustellen. Sie müssen ein ausgewogenes Verhältnis zwischen divergentem und konvergentem Denken herstellen. Dazu müssen sie lernen, Kontrolle und Eigenverantwortung auszubalancieren.

Peter Drucker kommentierte in seinem Klassiker *Das Großunternehmen* (*The Concept of the Corporation*) aus dem Jahr 1946 das untergründige Spannungsverhältnis, das damals bei General Motors zwischen Freiheit und Kontrolle herrschte, folgendermaßen:

> *General Motors konnte nicht als Holding funktionieren, in der die Bereiche als unabhängige Gesellschaften mit loser finanzieller Kontrolle organisiert sind. Andererseits konnte General Motors nicht als zentralisierte Organisation arbeiten, in der alle Entscheidungen an der Spitze gefällt werden und in der die Bereichsleiter nicht viel mehr als Aufsichtsorgane einer bestimmten Fabrik sind.*[1]

Wie Drucker ausführte, wurde dieses Spannungsverhältnis durch das Konzept der Dezentralisierung aufgelöst, das vom GM-Chairman Alfred P. Sloan jr. stammte und das zwischen 1923 und Mitte der vierziger Jahre entwickelt wurde. Die Dezentralisation war

> *... nicht bloß eine bestimmte Technik des Managements, sondern ... Entwurf einer gesellschaftlichen Ordnung. Für Herrn Sloan und seine Mitarbeiter sind die Anwendung und die Ausdehnung der Dezentralisierung die Antwort auf die meisten Probleme der modernen Industriegesellschaft.*[2]

Die Dezentralisierung gewährleistete die Eigenverantwortlichkeit von Unternehmensbereichen; gleichzeitig ermöglichten die exakten Buchführungssysteme der Konzernleitung zu bestimmen, welche Bereiche gute und welche schlechte Ergebnisse lieferten.

Andererseits berichteten GM-Mitarbeiter Drucker, der Hauptgrund für ihre Unzufriedenheit mit der Arbeit seien nicht unzureichende Löhne und Gehälter, sondern die übermäßige Einmischung der Konzernspitze in die operativen Details ihrer Arbeit. Ingesamt gelangte Drucker zu der Ansicht, dass die Dezentralisierung, so wie sie praktiziert wurde, bei Führungskräften wie auch Arbeitern auf den unteren Ebenen den Leistungswillen, die Eigenständigkeit und die Initiative zur Steigerung der Produktivität untergrub. Entsprechend riet er der Konzernspitze, die begonnene Dezentralisierung „zum logischen Ende" zu führen – das heißt, die Unabhängigkeit und Initiative der Arbeiter und Vorarbeiter zu stärken. Darüber hinaus empfahl er, die zentralen Leitlinien der Mitarbeiterführung neu auszurichten und die „gezielte Förderung ... des ‚eigenverantwortlichen Arbeiters' mit ‚Führungsfähigkeit' [im Umfeld] einer ‚sich selbst führenden Werksgemeinschaft' " anzustreben.

Die Konzernleitung von GM verwarf die Empfehlungen Druckers mit dem Argument, entsprechende Maßnahmen würden die „Sachkenntnis" der oberen Führungsebenen aushöhlen. Die Wahrheit ist: Die „Top-Männer" – wie sie genannt wurden –, die General Motors in den dreißiger Jahren leiteten, sahen die Dezentralisierung nicht als Weg zur Lockerung ihrer Kontrolle, sondern als eine Chance, diese Kontrolle über ihr weites Imperium auszudehnen. Noch verwunderlicher war vielleicht, dass die Gewerkschaft der Vereinigten Automobilarbeiter ebenfalls Druckers Empfehlungen ablehnte mit der Begründung, im Verhältnis von Vergütung und Eigenverantwortung zähle allein die finanzielle und nicht die psychische Entlohnung. Die Meinungen von Arbeitern und Vorarbeitern wurden vom Management wie auch den Gewerkschaften ignoriert.

Das Spannungsverhältnis zwischen zentraler Steuerung (einer Erscheinungsform der Kontinuität) und lokaler Initiative (im Geiste von Diskontinuität und Wandel) wurde in diesem Fall zugunsten der Kontinuität gelöst.

Die Balance zwischen Kontrolle und Eigenverantwortung

Wie in den vierziger Jahren bei General Motors besteht auch heute noch in vielen Konzernen das Spannungsverhältnis zwischen zentraler Steuerung und Erlaubnis zur Initiative vor Ort. Um dabei die richtige Balance zwischen Kontrolle und Eigenverantwortung herzustellen, müssen wir zunächst die Schlüsselmerkmale beider Grundeinstellungen beschreiben.

Steuerung und Kontrolle

Steuerung ist die äußerliche Manifestation konvergenten Denkens. Kenneth Merchant, Dekan der Levanthal School of Accounting an der University of Southern California, sagt dazu: „Steuerung bedeutet im Wesentlichen, „alles ‚in der Spur' zu halten. Das ist eine der wichtigsten Aufgaben der Unternehmensführung. Bei guter Steuerung kann eine wohl unterrichtete Person einigermaßen sicher sein, dass keine größeren unangenehmen Überraschungen auftreten."[3]

Steuerung dient laut Robert Simons dazu, Überraschungen zu eliminieren. Der Zweck divergenten Denkens besteht dagegen gerade darin, für Überraschungen zu sorgen.[4] Steuerung und Kontrolle funktionieren nur unter stabilen Rahmenbedingungen. Divergentes Denken hingegen fördert ein dynamisches Umfeld. Steuerungssysteme unterdrücken divergentes Denken und Kreativität. In adaptiven Umfeldern, in denen divergentes Denken stimuliert wird, kann sich dagegen Kreativität entfalten.

Im wirtschaftlichen Alltag steht Steuerung bei Investoren, Topmanagern, mittleren Führungskräften und Fachkräften (z. B. Forschern, Verkäufern, Planungsexperten, Controllern, usw.) hoch im Kurs. Viele Menschen streben sie selbst im Privatleben an. Zu den formellen Systemen, mit denen man steuern kann, gehören Verfahren zur Festlegung von Standards, Prozesse zur Beschaffung, Verarbeitung und Zulieferung von Informationen und die Konzipierung von Leistungsbewertungs- und Bonussystemen. Zu den informellen Steuerungssystemen, die vielfach gar nicht als solche wahrgenommen werden, gehören etwa Gespräche zwischen Führungskräften und Mitarbeitern, die physische Anwesenheit und die Festlegung von Terminen und Tagesordnungen. Im Konzern ist Steuerung auf vier Ebenen erforderlich: auf Konzern-, Geschäftsbereichs-, Funktions- und Projektebene. Kontrollen sind erforderlich, um Gewinneinbrüche zu verhüten und das Eingehen zu hoher Risiken zu verhindern.

Als Reaktion auf diese komplexen Bedürfnisse und Prozesse haben die meisten Unternehmen hunderte verschachtelter Steuerungssysteme entwickelt, die sich nicht selten widersprechen. Wir baten einmal das Management eines Unternehmens, die fünf wichtigsten Systeme zur Steuerung der operativen Abläufe und die fünf wichtigsten Verfahren zur Sicherung einer effektiven Technologieentwicklung zu benennen. Sie nannten insgesamt zehn Systeme. Das heißt, keines der Systeme, die zur Steuerung der operativen Abläufe als wichtig erachtet wurden, war auch wichtig für die Kontrolle des Innovationsflusses. Schlimmer noch: Häufig standen die Systeme, die ein hohes operatives Leistungsniveau gewährleisten sollten (beispielsweise durch Sicherung reibungsloser Fertigungsprozesse) den Bemühungen um Innovationen im Weg – denn die Einführung von Neuerungen würde ja eine Unterbrechung der derzeitigen Fertigungsprozesse erfordern.

Sofern Konflikte überhaupt aufgedeckt wurden (was oftmals nicht geschah, da bereits die Problemerkennung behindert wurde), löste man sie fallweise. Obgleich sich also die Systeme laufend gegenseitig in die Quere kamen, konnte keine halbwegs tragfähige Lösung dafür gefunden werden. Kontroversen wurden oft „politisch" gelöst, in der Regel nach dem Prinzip „Ober sticht Unter". Zudem waren Steuerungssysteme, einmal installiert und im Einsatz, nur schwer oder mit großem Aufwand abzuschaffen oder zu verändern. Man konnte kaum behaupten, dass diese Systeme die Vorgänge im Markt nachgeahmt hätten.

Steuerungssysteme können nicht nur miteinander in Konflikt stehen; sie können auch den Unternehmenserfolg in vielfältiger Weise beeinträchtigen – etwa, indem sie:

- die Information verfälschen, die sie interpretieren sollen (wie bereits erläutert): Das Steuerungssystem kann Informationen aussieben, die nicht den vorab festgelegten Systemanforderungen (wie etwa Form, Aktualität, Zugriffsmöglichkeit) entsprechen. Neuartige Informationen, die Hinweise auf neue Chancen oder Risiken enthalten könnten, kann das System praktisch nicht aufnehmen.
- leichter verständliche Probleme stärker gewichten als solche, die vielleicht ebenso wichtig, aber schwieriger zu erfassen und komplexer sind. „Was gemessen wird, wird erledigt" – dem könnten wir hinzufügen, „und was nicht gemessen wird, wird nicht erledigt."
- Probleme stärker gewichten, die beim Aufbau der Steuerungssysteme relevant waren – anstatt der aktuellen oder künftigen Probleme.

- versehentlich adaptive Leistungen behindern und Kreativität und Innovativität hemmen. Je neuartiger das System, umso schwieriger ist die Aufgabe, Steuerungssysteme zu konzipieren.
- ein falsches Gefühl der Sicherheit vermitteln, wenn sie nicht auf Anpassung an Umfeldveränderungen ausgelegt sind. Steuerungssysteme sind im Allgemeinen selbsterneuernd und bleiben – trotz nachlassenden Effektivität – im Einsatz, weil es so kostspielig und kompliziert wäre, sie auszutauschen. Einmal installiert, haben Steuerungssysteme ihre Fürsprecher, die sie nur ungern verändern wollen.
- durch „Austricksen des Systems“ missbraucht werden.[5]

Wenn sich also ein Unternehmen in seinem Streben nach operativer Spitzenleistung primär auf straffe Steuerungssysteme konzentriert, dann läuft es Gefahr, Veränderungen im Wettbewerbsumfeld entweder nicht vorherzusehen oder nicht bewältigen zu können. Einer, der die Nachteile einer straffen Steuerung für Unternehmen erkannt hatte, war Bill McGowan von MCI. Er beschloss, eine Unternehmenskultur zu fördern, die auf Eigenverantwortung und Flexibilität basierte. McGowan dazu:

> *Wenn es für alles ein Standardverfahren gibt, wann sollen die Mitarbeiter dann lernen, Entscheidungen zu treffen? Soll man etwa auf dem ganzen Karriereweg strikt nach Leitfaden vorgehen und dann plötzlich mit selbstständigem Denken anfangen? Ich habe mich immer einmal im Jahr vor die Mitarbeiter hingestellt und ihnen gesagt: „Ich weiß, irgend einer von Ihnen versucht wahrscheinlich gerade, ein Handbuch über Arbeitsabläufe zu schreiben. Eines Tages werde ich herausfinden, wer Sie sind, und dann können Sie Ihren Hüt nehmen!.“*[6]

Ganz anders bei Kapitalmärkten:[7] Sie geben keine Ziele im Sinne von Leistungsgrößen vor. Auch äußern sie sich nicht zur Notwendigkeit, Überraschungen zu eliminieren. Effektive Kapitalmärkte sorgen von Natur aus für den Einlass neuer und die Aussonderung schwache Wettbewerber, sodass sie die Wahrscheinlichkeit unvorhergesehener Ereignisse erhöhen, nicht vermindern. Kapitalmärkte kontrollieren den Prozess des Marktzutritts und -austritts, nicht die operative Leistung als solche. Die Kapitalmärkte prägen Standards für die Güte und Aktualität der Informationen über operative Leistung, und sie erzwingen die Einhaltung dieser Standards. Sie kontrollieren jedoch nicht die Ergebnisse. Daher übernehmen Kapitalmärkte neue Alternativen im Allgemeinen schneller als Großunternehmen, und sie merzen alte und schwache Alternativen gnadenlos aus.

Um diese Art von diskontinuierlichem Verhalten innerhalb von Konzernen zu fördern, müssen Kontrolle und Eigenverantwortung sorgfältig ausbalanciert werden. Unser früherer McKinsey-Kollege Tom Peters stellte bereits 1991 fest: „Wir müssen auf einen Großteil der Kontrolle verzichten, wenn wir in diesen turbulenten Zeiten auch nur die geringste Chance auf Steuerung haben wollen.“[8]

Auf welche Kontrollelemente aber sollte man verzichten? Wie kann man auf sie verzichten, ohne die Steuerung des operativen Geschäfts zu gefährden? Womit ersetzen wir sie, wenn überhaupt? Bevor wir uns diesen entscheidenden Fragen zuwenden, müssen wir das Gegenstück zur Steuerung – die Eigenverantwortung – näher betrachten.

Delegation und Eigenverantwortung

Im Management von Unternehmen ist das Gegenstück zur Steuerung die Delegation von Kompetenzen. Für die meisten Manager bedeutet die resultierende Eigenverantwortung die Freiheit, ohne vorherige Rücksprache handeln zu können. Diese Handlungsfreiheit umschließt auch die Freiheit, die Maßnahmen auszuwählen, die sich ihrer Meinung nach am besten zur Erreichung der Unternehmensziele eignen. Führungskräfte möchten von der Einmischung durch die Führungsspitze möglichst unbehelligt bleiben, ebenso wie es auch die Arbeiter bei General Motors wollten. Doch diesen Handlungsspielraum zuzugestehen fällt den Unternehmensführern schwer – sie glauben, alles unter Kontrolle halten müssen. Eigenverantwortung, so meinen sie, ist nur ein weiterer Schritt in Richtung Leichtsinn. Die Kontrollfanatiker unter den Managern gleichen dem Bauern, der jeden Morgen die Karotten aus dem Boden zieht, „nur um nachzusehen, wie sie sich machen“. Das richtige Gleichgewicht zwischen Steuerung und Eigenverantwortung zu finden, ist für Unternehmensführer seit jeher ein Dilemma. Und je mehr sich der Wandel in der Wirtschaft beschleunigt, um so wichtiger wird es, das Spannungsverhältnis zwischen Steuerung und Eigenverantwortung harmonisch aufzulösen.

Begehrte Kompetenzen

Welche Kompetenzen möchten Führungskräfte gerne haben? Da gibt es so einige: die Kompetenz, neue Geschäftsmöglichkeiten im gleichen Umfang zu erkunden, wie das auch in den Kapitalmärkten stattfindet. Die Kompetenz zur Zielverfolgung ohne übermäßige Störung durch operative Steuerungssysteme, die unnötige Informationen oder Berichtszyklen vorsehen – oder nützliche Informationen zu häufig abfragen – und damit einerseits die Kosten der Regelbefolgung in die Höhe treiben, andererseits zu wenig Zeit für die Erkundung neuer Geschäftsmöglichkeiten lassen. Die Erlaubnis, Risiken einzugehen – das heißt, mit neuen Geschäftskonzepten genauso schnell und umfassend wie der Markt zu experimentieren, ohne überproportionale Kosten (wie Bankrott, gesundheitliche Schäden, Verlust des Arbeitsplatzes) hinnehmen zu müssen. Schließlich die Kompetenz, sich um externe Finanzierung viel versprechender Ideen zu bemühen, wenn die Muttergesellschaft die Idee nicht weiterverfolgen will. Mit diesen vier Kompetenzen hätten viele Manager das Gefühl, genügend Handlungsfreiheit zu besitzen, um „das Richtige zu tun".

Die Delegation von Kompetenzen ist keine einzelne Entscheidung, sondern ein grundlegendes Konzept zur Gewährung von Handlungsfreiheiten. Sie impliziert weder mangelndes Verantwortungsbewusstsein noch Leichtfertigkeit. Vielmehr impliziert sie mehr Eigenverantwortung. Mit der Delegation von Kompetenzen durch die Führungsspitze oder Investoren wird Kontrolle an die nächste Führungsgruppe weitergegeben. Nicht selten kommt es vor, dass eine Gruppe, deren Eigenverantwortung gerade erweitert wurde, diese zusätzlichen Kompetenzen zunächst einmal hortet und nicht an nachgeordnete Mitarbeiter weitergibt (und damit das ungeliebte Steuerungssystem wieder einführt).

Einige Unternehmen verstehen sich mittlerweile sehr gut auf das Management der Eigenverantwortung. Bei Johnson & Johnson beispielsweise verzichtet man auf explizite Ergebnisziele und gibt damit den Mitarbeitern in den Geschäftsbereichen die Kompetenz, „das Richtige zu tun". Chairman Ralph S. Larsen sagt: „Ich möchte für das Wachstum der Geschäftsfelder bei J&J keine finanziellen Zielvorgaben machen. Greife ich zu niedrig, schöpfen sie ihr Potenzial nicht aus, greife ich zu hoch, sind sie zu schlechten Geschäftsgepflogenheiten gezwungen, um die Zahlen zu realisieren." Nach Larsens Ansicht soll das Unternehmen seinen Ehrgeiz nicht in die Erreichung von Kennzahlen legen, sondern in die Erschließung neuer, wachstumsträchtiger Geschäfte, die den Gesundheitsmarkt grundlegend verändern. Mit 27 Milliarden Dollar Umsatz im Jahr 1999 ist J&J ein weltweit führender Anbieter medizinischer Produkte. Doch diese Stellung hat man nicht durch das Anpeilen von Kennzahlen erreicht.

Auch MCI hat nicht Wachstumsziele festgelegt und anschließend überlegt, wie man sie erreichen könnte. Stattdessen konzentrierte man sich auf das gesamte Universum an Chancen, die sich boten, und zog so viel Nutzen daraus wie irgend möglich. Schnelles Wachstum war die Folge.

Die Märkte gewähren natürlich jedem Marktteilnehmer ein hohes Maß an Freiheiten – die Freiheit, zu experimentieren, etwas zu riskieren, zu scheitern oder auch Erfolg zu haben.

Delegationsfragen

Die unternehmensinterne Umstellung von Steuerung auf Eigenverantwortung ist nicht einfach. Kompetenzdelegation ist gleichbedeutend mit Kontrollverzicht. Man muss denjenigen, denen man Kompetenzen überlässt, voll und ganz vertrauen. Bei den amerikanischen Private-Equity-Firmen wird die Kontrolle nur nach langen, oftmals zähen Verhandlungen abgegeben. In diesem Fall werden in einem so genannten *term sheet* (einer kurze Zusammenfassung der wichtigsten Klauseln, Vorstufe zu einem bindenden und detaillierten Vertrag) die Einzelheiten der Abmachung minutiös festgehalten. Die Delegation der Steuerungskompetenzen von den Kapitaleignern an die Geschäftsleitung wird schriftlich niedergelegt und unterzeichnet. Oftmals enthält die Vereinbarung auch Verwirkungsklauseln, nach denen die Kompetenzen an die übertragende Partei zurückfallen, wenn bestimmte Standards nicht eingehalten werden.

Es wäre natürlich sinnlos, Kompetenzen zu delegieren, ohne die zu ihrer Ausübung erforderlichen Ressourcen bereitzustellen. Delegation muss mit der Verpflichtung verbunden sein, entweder die Ressourcen (Geld, Knowhow-Träger, Ausstattung, Zeit) oder die Zeit und das nötige Kleingeld für deren Beschaffung zur Verfügung zu stellen.

Das Unvermögen zu delegieren – Zusammenbruch des „Intrapreneuring"

Im Jahr 1985 erschien Gifford Pinchots Buch *Intrapreneuring: Why You Don't Have to Leave the Corporation to Become an Entrepreneur* (zu deutsch in etwa: ‚Intrapreneur – warum Sie nicht kündigen müssen, um Unternehmer zu werden'). Damals feierte der *Economist* das „Intrapreneuring" als „eine der größten erfinderischen Leistungen der Gesellschaft".[9] Diese Begeisterung ist leicht nachzuvollziehen. Das „Interpreneuring" verheißt eine praktische Lösung für eines der vertracktesten Probleme, mit denen Manager von Großunternehmen konfrontiert sind: Wie erschließt man das unternehmerische Potenzial innerhalb des Unternehmens?

Dennoch: Obgleich das Konzept theoretisch fundiert schien und viel Publizität genoss, und obwohl allgemein großes Interesse daran herrschte, die provokativen Ideen in die Praxis umzusetzen, hat Pinchots Werk die Praxis der meisten Großunternehmen kaum verändert. In einem Interview mit der Zeitschrift INC. spekulierte Pinchot über die Gründe.

> **INC.**: Der vielleicht erstaunlichste Vorschlag von Ihnen lautete, dass man Intrapreneure genauso führen sollte, wie Wagnisfinanzierer Unternehmensgründer führen. Sie sollen sogar die Möglichkeit haben, unternehmenseigene Mittel – „Intrakapital", wie Sie es nennen – in erheblichem Umfang anzuhäufen und nach Belieben auszugeben. Was genau machen die Wagniskapitalgeber richtig?
>
> **PINCHOT**: Wagniskapitalgeber wählen die Personen, die sie in die Umsetzung eines Geschäftskonzepts einbinden, sehr sorgfältig aus. Doch nach diesem sehr strengen Ausleseprozess können sie sich zurücklehnen und dem Jungunternehmer jene blitzschnellen taktischen Entscheidungen überlassen, wie sie für einen Startup erforderlich sind ... Hat der Existenzgründer erst einmal Geld zur Verfügung, kann er es praktisch nach eigenem Gutdünken ausgeben.
>
> **INC.**: Anders als ein potenzieller Intrapreneur in einem typischen Großunternehmen?
>
> **PINCHOT**: Großunternehmen machen genau das Gegenteil. Man bittet sich zwei Jahre aus, und sie geben einem anderthalb. „Ginge das nicht schneller?", heißt es dann, und „Ginge das nicht mit weniger Geld?" Aber wenn der Intrapreneur seine Sache gut macht, dann hat er seine Schätzungen bereits auf das absolute Minimum heruntergefahren. Und Unternehmen lassen in der Regel jede Investition einzeln absegnen; jede gilt als separater Vorgang. Aber dieser zusätzliche Prüfungsaufwand lohnt sich nicht – ganz im Gegenteil: Er veranlasst den angehenden Intrapreneur nur dazu, seine Budgets aufzublähen und alles sofort auszugeben. Denn wenn man keine Gelder aus dem Technik-Budget entnehmen und ins Marketing-Budget stecken kann, dann bleibt dem Intrapreneur nichts anderes übrig, als jedes Budget auf Teufel komm raus aufzublähen und noch im selben Jahr auszugeben – denn damit schafft er sich zusätzliche Freiheitsgrade fürs nächste Jahr.

Trotz der anfänglichen Begeisterung über den Intrapreneuring-Ansatz wurde er also nie wirklich umgesetzt. Die Kompetenzdelegation kam nicht zustande.

Kontrolle und Eigenverantwortung ins Gleichgewicht bringen

Das Gleichgewicht von Risiko und Belohnung ist eines der nützlichsten und dauerhaftesten Prinzipien der Entscheidungsfindung in der Wirtschaft. Doch dieses Gleichgewicht setzt eine Balance zwischen Kontrolle und Eigenverantwortung voraus, denn die Entscheidung darüber, wer Risiken auf sich nimmt und wer Belohnungen erhält, ist aufs Engste mit der Frage verknüpft, wer das Sagen hat. In diesem Zusammenhang ist ein einheitliches Verständnis des Begriffes Risiko wichtig.

Das Wesen des Risikos

Wäre die Zukunft bekannt, dann gäbe es zwar immer noch schlechte Nachrichten, aber das Risiko als solches würde sich verflüchtigen. Da wir jedoch die Zukunft nicht kennen, wird das Risiko immer Teil praktischer Entscheidungen sein. Ursprünglich leitet sich das Wort *Risiko* vom italienischen *risco* ab: Mit diesem Wort bezeichneten Seeleute die Wahrscheinlichkeit, Schiffbruch zu erleiden.

Das Risiko ist keine absolute Größe. Es basiert auf Wahrscheinlichkeiten. Zudem erscheint mitunter dasselbe, was der eine als riskant ansieht, einem anderen völlig risikolos (weil der vielleicht spezielle Kenntnisse oder Erfahrungen hat oder einfach Fehlschläge leichter wegstecken kann). Ein Vorstandschef, der Milliarden für sein Unternehmen riskiert, aber einen langfristigen Vertrag hat, riskiert nicht so viel wie der Projektleiter ein paar Ebenen tiefer, der seine Stelle verlieren kann, wenn sein Projekt scheitert.

Risikoverhalten und Ziele

Wie wählen Entscheidungsträger zwischen Alternativen aus? Erstens orientieren sie sich am so genannten „erwarteten Nutzen". Das ist das Nutzen- beziehungsweise Kostenniveau, multipliziert mit seiner Eintrittswahrscheinlichkeit. Eine 20-prozentige Chance auf einen Gewinn von 10 Dollar entspricht also einer 40-prozentigen Chance auf einen Gewinn von 5 Dollar. In beiden Fällen beträgt der erwartete Nutzen 2 Dollar.

Welche Wahl werden die meisten Entscheidungsträger treffen? Laut Kahnemann und Tversky – zwei Psychologen, die zur Klärung dieser Frage bedeutende Beiträge geleistet haben – hängt die Antwort davon ab, wie nahe die Rendite der vom Entscheidungsträger angestrebten „Zielrendite" kommt. In seinem Buch *Risk* fasst Richard Bernstein die Ergebnisse von Kahneman und Tversky in vier verschiedene Fallkonstellationen zusammen:

1. „Wenn Entscheidungsträger ihren Zielen nahe sind und die Wahl zwischen zwei Optionen mit dem gleichen erwarteten Nutzen haben, dann wählen sie in der Regel die weniger riskante Alternative aus, wenn als Ergebnis Gewinne zu erwarten sind, und die riskantere Alternative, wenn als Ergebnis Verluste zu erwarten sind."[10] In unserem Beispiel heißt das: Wenn der erwartete Nutzen in Höhe von 2 Dollar nahe an das Gewinnziel des Entscheidungsträgers herankommt, würde er die weniger riskante Alternative auswählen; er würde sich für die Alternative mit dem Gewinn von 5 Dollar entscheiden.

2. „Wenn Individuen weit von ihrem Ziel entfernt sind und immer weiter zurückfallen, dann gehen sie tendenziell immer größere Risiken ein." Wenn also die 2 Dollar weit unter den Erwartungen des Entscheidungsträgers lägen, würde er auf die 20-prozentige Chance eines 10-Dollar-Gewinns spekulieren – in etwa nach der Logik: „Was habe ich schon zu verlieren, ich liege ja ohnehin schon so weit hinter meinen Zielen zurück."

3. „Je näher [Großunternehmen] ihrem Untergang kommen, umso rigider und unbeweglicher werden sie; sie wiederholen frühere Maßnahmen und meiden das Risiko." Wenn der Entscheidungsträger, nachdem er mehrere frühere Wetten verloren hat, mit derselben Alternative wie oben konfrontiert ist, wird er seine frühere Auswahl wiederholen. Er ist von einem rationalen Zustand in einen irrationalen, emotionalen Zustand gewechselt. Einige Unternehmen verfallen gelegentlich in diesen Zustand, insbesondere solche, die in gesättigten Märkten operieren und sich bereits früher erfolglos um Diversifizierung bemüht haben.

4. „Wenn Individuen ihr Ziel deutlich übertroffen haben, gehen sie größere Risiken ein." Anders gesagt, wenn unser Entscheidungsträger der Meinung ist, dass die 2 Dollar, die er anfänglich gewonnen hat, weit über dem erwarteten Nutzen liegen, dann wird er es als nächstes vielleicht auf

den riskanteren Gewinn von 10 Dollar absehen. Er ist in diesem Stadium risikobereiter.

Diese Erkenntnisse – die seit ihrer erstmaligen Veröffentlichung durch Kahneman und Tversky vielfach bestätigt wurden – sind wichtig, um zu verstehen, was Risiko und was die Balance zwischen Eigenverantwortung und Kontrolle bedeutet. Wenn die Unternehmensleitung den Investoren oder Führungskräften Alternativen mit unsicheren Ergebniswerten präsentiert, muss sie sich darüber im Klaren sein, wie sich der erwartete Gewinn zu den „Zielen" der einzelnen Personen verhält. Entspricht der Payback in etwa den Erwartungen, werden Investoren oder Manager wahrscheinlich die weniger riskante Alternative wählen. Ist er aber weit von ihren Zielen entfernt – ob im Positiven oder im Negativen –, werden sie sich tendenziell für die riskantere Alternative entscheiden. Steht aber jemand vor der Wahl, der bereits eine lange Reihe von Verlusten erlebt hat, dann wird er seine Entscheidung ganz unabhängig von den Fakten treffen und einfach von seinen früheren Erfahrungen ausgehen. Aus all dem folgt, dass die Unternehmensleitung das Ergebnis einer Entscheidung beeinflussen kann, indem sie die Risiko-/Nutzen-Parameter auf die Erwartungen zuschneidet.

Das Schaffen und Austauschen fördern

Wenn dem Wandel ein höherer Wert zugeschrieben wird als der Kontinuität (wie bei Risikokapitalgebern oder Finanzinvestoren häufig der Fall), dann werden Veränderungen durchgeführt. Wird aber vom Wandel ein geringerer Wertbeitrag erwartet (wie in Konzernen oftmals der Fall), dann wird Kontinuität gewählt.

Komplexer wird die Entscheidung, wenn die Werthaltigkeit beider Alternativen als nahezu identisch betrachtet wird. Sind der Konzern und seine Aktionäre zum Beispiel mit den erwirtschafteten Renditen zufrieden, dann lassen sich grundlegende Veränderungen kaum rechtfertigen. So sieht es in der Tat heute bei vielen Unternehmen aus, trotz des raschen Wandels im Markt. Unseres Erachtens ist es heute wichtiger denn je, dass sich das Topmanagement gezielt bemüht, die Kompetenzen zur Erkundung zukunftsträchtiger Wertschöpfungsoptionen an nachgelagerte Ebenen zu delegieren.

Echte Führung ist von zentraler Bedeutung, um ein ausgewogenes Verhältnis zwischen Kontinuität und Wandel zu erzielen. Um mit der Schnelligkeit und dem Ausmaß des Wandels in den Märkten Schritt zu halten, sollte die

Konzernspitze auch marktgerechte wirtschaftliche und persönliche Anreize für diejenigen sicherstellen, die zur Erschließung neuer Geschäftsmöglichkeiten Risiken auf sich nehmen – selbst wenn ihre Konzepte letztlich nicht realisiert werden. Genau das haben die Kapitalbeteiligungsfirmen in den letzten zwanzig Jahren getan: Durch den kontinuierlichen Strom von Erkenntnissen über neue Geschäftschancen haben sie ihr Risiko verringert, gleichzeitig den Wandel beschleunigt und ihre Rendite erhöht.

Angst vorm Risiko – Angst zu versagen

Die Angst ist des Risikos Schneide. Viele Menschen und auch viele Institutionen können damit nicht umgehen; sie sind risikoscheu. Ihre Angst vor dem Risiko hindert den freien Fluss neuer Informationen und verstärkt die natürliche Neigung, unangenehme Daten „schlechtzureden". Bei einem der Fortune-500-Unternehmen aus unserer Untersuchung stellten wir fest, dass Angst die wichtigste Innovationshürde war. Auf Ebene des Unternehmens ist es die Angst vor Kannibalisierung, Vertriebskanalkonflikten oder Ergebnisverwässerung. Auf individueller Ebene ist es häufig die Angst, die eigene Karriere könne irreparablen wirtschaftlichen Schaden erleiden.

Innovationshürden aus eigener Sicht

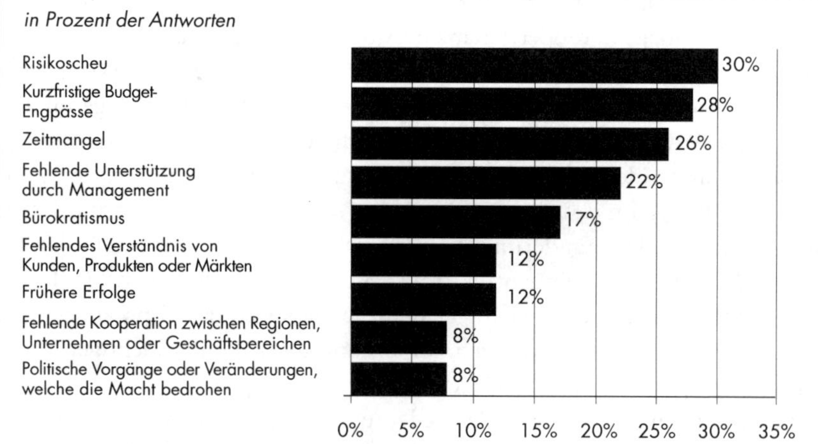

Anmerkung: Mehrfachnennungen und freie Formulierung möglich.
Quelle: McKinsey & Company, Klientenbefragung bei Fortune-100-Unternehmen

Als der Vorstandschef eines Fortune-500-Unternehmens nach der Hauptursache für die rückläufige Leistung seines Unternehmens gefragt wurde, antwortete er: „Uns fehlt eine Kultur der Risikobereitschaft." Daher, so erläuterte er, könnten die Entwicklungsingenieure und Bereichsleiter des Unternehmens nicht gemeinsam innovative Produkte schaffen, die im Markt Erfolg hätten.[11]

Um dieses Problem besser zu verstehen, fragten wir sechshundert Mitarbeiter des Unternehmens aus unterschiedlichen Geschäftsbereichen, Funktionen und Ländern, ob das Management verschiedene Denkweisen toleriere. 56 Prozent antworteten mit Ja. Anschließend fragten wir die Personen, ob ein fehlgeschlagenes Projekt wohl ihrer Karriere schaden würde. Das bejahten etwa 57 Prozent. Mit anderen Worten, die subjektiv wahrgenommenen Kosten von Misserfolgen waren relativ hoch. Schließlich fragten wir Mitarbeiter, ob sie der Meinung seien, in angemessener Relation zu ihren Risiken vergütet zu werden. Rund 89 Prozent antworteten mit „Nein". Das Unternehmen mochte verschiedene Denkweisen tolerieren oder sogar fördern, aber die geringen Anreize für Risikobereitschaft und die uneinbringlichen Kosten des Scheiterns erklären, weshalb die verschiedenen Unternehmensebenen so wenige echte Innovationen hervorbrachten.

Ideen sind zerbrechliche Gebilde, mit denen man behutsam umgehen muss. Der Brite Michael Faraday, der den Elektromagnetismus entdeckte, erklärte einmal:

> *Die Welt weiß wenig darüber, wie viele Gedanken und Theorien, die einem Forscher durch den Kopf gegangen sind, aufgrund seiner eigenen scharfen Kritik und strengen Überprüfung heimlich und stillschweigend verworfen wurden; und dass in den meisten erfolgreichen Fällen von all den Vermutungen, Hoffnungen, Wünschen und vorläufigen Schlussfolgerungen nicht einmal ein Zehntel umgesetzt wurde.*[12]

Risikoscheu ist der Tod selbst der besten Ideen. Wie Roy Vagelos, der frühere CEO von Merck, einmal sagte: „Ich kenne nur einen sicheren Weg ins Verderben, den viele eingeschlagen haben: Manche Menschen haben so große Angst zu scheitern, dass sie sich außer Stande sehen, ein wichtiges Experiment durchzuführen oder einen ersten Schritt in einem Markt zu machen."

Eigenverantwortung versus Kontrolle bei Enron

Wie passen Kontrolle, Eigenverantwortung und Risiko zusammen? Enron liefert ein gutes Beispiel dafür, wie man diese Elemente zu einer produktiven Synthese bringen kann. Das Erfolgsrezept von Enron ist ein ausgewogenes Verhältnis von Steuerung (in Form des internen Leistungsbeurteilungssystem) und Delegation von Verantwortung (die durch Leistungsanreize gefördert wird).

Als Jeff Skilling 1990 zu Enron kam, passte das Unternehmen ins gängige Muster eines Erdgas-Anbieters. Skilling und Lay mussten die Organisation völlig umkrempeln. Durch eine Reihe von Prozessen, die sie „Motivatoren" und „Beschleuniger" nannten, gaben sie den Mitarbeitern die ausdrückliche Ermächtigung, mit Innovationen in neue Märkte einzutreten und dabei, wo notwendig, bestehende Geschäftsfelder zu kannibalisieren. Folgende waren die Motivatoren und Beschleuniger bei Enron:

MOTIVATOREN	BESCHLEUNIGER
Einführung eines Vergütungssystems, bei dem das Grundgehalt nur ein Drittel der erwarteten Gesamtvergütung ausmacht, Risikobereitschaft und Erfolge aber durch eine überdurchschnittliches Gesamtvergütung honoriert werden.	Beseitigung von Hierarchieebenen und spezifischen Stellenbezeichnungen sowie Entkoppelung von Stellenbezeichnungen und Verantwortlichkeiten, sodass die Stellenbezeichnungen denen bei professionellen Dienstleistern ähnlicher wurden.
Einführung eines Leistungsbeurteilungssystems, das auf der Bewertung durch ein Komitee von Kollegen basiert und auf sämtliche Firmenangehörige dieselben Kriterien anwendet.	Abschaffung von Aufstiegspositionen und Gründung eines Pools von Nachwuchs-Führungskräften zur Erledigung der analytischen Arbeit.
Reduktion des Steuerungssystems auf ein paar Schlüsselgrößen, die genauestens verfolgt werden. Die übrigen Aktivitäten laufen ohne intensive Beteiligung der Führungsspitze ab.	Rekrutierung zahlreicher Mitarbeiter mit herausragenden Qualifikationen.
Einrichtung von Großraumbüros, in denen sich Mitarbeiter ständig	Veränderung des Informationsflusses, sodass alle Mitarbeiter schnell und leicht Zugriff auf alle Informationen haben.

austauschen können und die damit die allgemeine Unsicherheit über aktuelle Vorgänge vermindern.	Einführung des kostenlosen Informationszugriffs.

Fast unmittelbar danach war bei den Mitarbeitern von Enron ein spürbarer Energieschub zu verzeichnen. Nach Aussage einer Nachwuchs-Führungskraft lag dies an folgenden Faktoren:

1. Unterstützung durch die oberste Führungsebene.
2. Lockere Organisationsstruktur. „Die Mitarbeiter entwickeln sehr viel Eigenverantwortung, weil ihnen niemand sagt, was sie tun sollen."
3. Beurteilungsverfahren. „Dabei geht es nicht nur ums Finanzielle. Es gibt einem Selbstbestätigung zu wissen, dass die Beurteilung auf Konsens beruht und dass man gutes Feedback erhält."
4. Hohe Aufwendungen für die Anwerbung und Einstellung fähiger Leute.
5. Reaktions- und Anpassungsfähigkeit.

Enron wollte Mitarbeiter mit dem Willen, ihren beruflichen Werdegang und den Erfolg des Unternehmens selbst in die Hand zu nehmen. Um diese Einstellung zu fördern, haben alle Mitarbeiter des Konzerns über ein firmeneigenes Informationsnetz Zugriff auf fachliche und konzerninterne Informationen. Darüber hinaus benutzt Enron, wie in Kapitel 6 beschrieben, die Vergütung als einen weiteren Stellhebel zur Förderung der Kreativität.

Enron Nordamerika hat seine Botschaft sogar bei der Gestaltung der Chef-Büros berücksichtigt. In der Konzernzentrale findet man nicht die typischen „Einzelzellen" eines traditionellen Energieunternehmens, sondern einen großen, weitläufigen Raum – für den Besucher ein Zeichen dafür, dass dieses Unternehmen mit Energie *handelt* und dass an diesem Ort Menschen zusammenkommen und miteinander kommunizieren. Das Büro des CEO hat gläserne Wände und befindet sich mitten im Geschehen. Wer vorbeikommt, den lädt Jeff Skilling gern zum kurzen Plausch in sein Büro ein.

Durch diese Maßnahmen hat Enron in drastischer Weise das Gleichgewicht zwischen Eigenverantwortung und Kontrolle verändert. Obgleich dies nur ein Element der Erfolgsgeschichte von Enron ist, liegt die Auswirkung auf die schöpferische Produktivität des Unternehmens auf der Hand. Enron ist von einer operativ ausgerichteten Organisation zu einem Unternehmen geworden, das sich dem Schaffen, Betreiben und Austauschen von Geschäftsoptionen verschrieben hat.

Delegation, wie sie nicht sein sollte: Thermo Electron

Die Kompetenzdelegation funktioniert nicht immer. Ein Paradebeispiel dafür ist Thermo Electron, eines der interessantesten Experimente der letzten zwanzig Jahre zum Thema Organisationsgestaltung. Nach einem schwierigen Anfang sah es lange Zeit so aus, als würde Thermo zum neuen Modell der modernen Organisation. Das Unternehmen basierte fast völlig auf dem, was wir hier Kompetenzdelegation genannt haben. Doch in der besonderen Vorgehensweise bei Thermo lag eine Zeitbombe vergraben, wie wir im Folgenden darlegen werden.

George Hatsopoulos gründete Thermo Electron 1956 mit 50.000 Dollar, die er sich von einem Freund geliehen hatte. Er wollte damit auf seinen Forschungen im Bereich Thermionik – einer Methode zur Umwandlung von Wärme in Elektrizität – aufbauen, die er als Doktorand angestellt hatte.[13] Im Jahr 1965 schlossen Erdgasproduzenten mit Thermo Electron einen Vertrag über die Entwicklung von Industriemaschinen, die mit Gas statt Strom betrieben werden sollten, und 1968 stellte die Ford Motor Company Mittel für den Bau eines schadstoffarmen Pkw-Motors bereit. Aufgrund der starken Zunahme von Forschungsaufträgen konnte Thermo Electron 1967 an die Börse gehen.

Der erste größere geschäftliche Erfolg für Thermo Electron war die Lieferung von chemischen Analysegeräten an Autohersteller. Im Jahr 1971 verabschiedete der US-Kongress ein Gesetz, nach dem Autohersteller den Stickstoffoxid-Ausstoß ihrer Fahrzeuge angeben mussten. Die Firma Ford, mit der Hatsopoulos noch immer Geschäfte machte, suchte verzweifelt nach einem Zulieferer, da keine entsprechenden Geräte auf dem Markt waren. Hatsopoulos ergriff die Gelegenheit. „Ich sagte: ‚Gebt mir einen Auftrag für zehn Messgeräte, und wir werden sie liefern.' Sie sagten: ‚Was für Messgeräte? Ihr baut doch gar keine Messgeräte.' Und ich: ‚Wir werden sie entwickeln'", erinnert sich Hatsopoulos. Am Ende konnte Thermo Electron die Geräte ein Jahr vor den Wettbewerbern herstellen, sodass auch Bestellungen von anderen Autoherstellern eingingen. „Damals war der Teufel los", erinnert er sich. „Wenn sowas passiert, braucht man keine Marketingspezialisten. Man braucht Telefonisten, um Bestellungen entgegenzunehmen."[14]

Bis 1980 war der Jahresumsatz der in Waltham, Massachusetts, ansässigen Firma auf 200 Millionen Dollar angewachsen, was ihren Aktionären einen Nettogewinn von 7,5 Millionen Dollar einbrachte. Doch die Nachwehen der

Rezession der Siebziger machten sich bei den Großaufträgen aus der Industrie bemerkbar, und der Gewinn von Thermo Electron fiel 1982 auf 2,5 Millionen und 1983 sogar auf 50.000 Dollar zurück. Gleichzeitig investierte Thermo Electron kräftig in F&E und entwickelte neue Anwendungen für seine Technologie.

Nachdem Thermo Electron zu einem mittelgroßen Unternehmen herangewachsen war, zeigten sich erste Führungsprobleme. Um die Finanzierung der Entwicklungsprojekte zu sichern, beschloss man, einen Teil des Unternehmensbereichs Thermedics, der Patente für medizinische Anwendungen besaß, an die Börse zu bringen. Hatsopoulos nannte diese teilweise Ausgründung „Spin-out". Im August 1983 war sie abgeschlossen, und das neue Unternehmen hatte durch den Börsengang 4,7 Millionen Dollar erlöst. Thermo Electron hielt zwar nach wie vor eine Beteiligung von 80 Prozent, doch brachte die Ausgliederung auch zusätzliche Mittel ein, die in weitere Forschungsprojekte investiert werden konnten und die angespannte Ertragslage (die durch Thermedics zusätzlich verschärft worden war) verbesserten. Diese zufällige organisatorische Innovation sollte bald zum Kern der Führungsphilosophie von Thermo Electron werden. „Unser Ziel ist es, neue Unternehmen zu gründen und ihr Wachstum zu fördern", sagte Hatsopoulos.

Der Spin-out hatte nicht zuletzt den Zweck, dem Management des neuen Unternehmens ein Anreizsystem bieten zu können. Hatsopoulos und sein Bruder John befürchteten, dass die innovativen Köpfe, welche die Technologien von Thermo Electron weiterentwickelten, die Firma verlassen und ihre eigenen Unternehmen gründen könnten. Sie hatten erkannt, dass sie die Führung kleiner, wachstumsstarker Unternehmenseinheiten mit Aktienoptionen nicht angemessen honorieren konnten, da Thermo Electron im Verhältnis dafür zu klein war. Die Strategie des Spin-out, die eigentlich aus der Verzweiflung geboren war, erwies sich als sehr attraktive Lösung. Zehn Jahre später erklärte George Hatsopoulos: „Nichts wirkt anregender auf die Kreativität als zu erleben, wie ein Kollege für eine glänzende Idee Optionen im Wert von 500.000 Dollar einstreicht."[15]

Thermo Electron führte 1985 noch zwei weitere Spin-outs durch: Im August wurde Thermo Analytical (spezialisiert auf Analysen von Risikoabfällen und radioaktiver Verseuchung) an die Börse gebracht und dabei für ein Drittel des Unternehmens ein Emissionserlös von 9,6 Millionen Dollar erzielt; im September wurde Tecogen (die Sparte Kraft-Wärme-Kopplung) für den Börsengang vorbereitet, wovon Thermo Electron jedoch dann eine fünfprozentige Beteiligung für 1 Million Dollar privat verkaufte. (Das Unternehmen wurde 1987 an die Börse gebracht.)

Im Jahr 1986 erlebte Thermo Electron erneut eine Phase beschleunigten Wachstums: Man profitierte von der Spin-out-Strategie und vom konjunkturellen Aufschwung, der im Bereich Energieerzeugungsanlagen einen Auftragsbestand von 250 Millionen Dollar einbrachte. Und von 1977 bis 1987 erwirtschaftete Thermo Electron eine durchschnittliche Aktionärsrendite von 12,2 Prozent, während der Gesamtmarkt nur 9,3 Prozent erreichte. Der Ansatz, den operativen Gesellschaften über den Spin-out-Mechanismus Handlungsfreiheiten einzuräumen, bewährte sich bestens.

Thermos Aktienkurs stieg 1990 weiterhin an, nicht zuletzt dank seiner Mehrheitsbeteiligungen an den ausgegliederten Unternehmensbereichen (darunter auch Thermo Cardiosystems, 1989 aus Thermedics ausgegliedert und damit das erste „Enkelkind" von Thermo Electron). Doch der Markt begann, die Nachhaltigkeit der Unternehmensstrategie in Zweifel zu ziehen. 1990 lag der Marktwert von Thermo Electron um 23 Prozent unter dem Wert seiner Beteiligungen an den Spin-outs (und deren Spin-outs), und dies, obwohl Thermo Electron noch immer einige leistungsstarke Sparten besaß, deren Ausgliederung noch anstand.

Obgleich die Strategie für Thermo Electron und seine „Kinder" aufging, machte sich die wachsende Komplexität des Systems mit zunehmender Größe immer stärker bemerkbar. Im Jahr 1993 beschloss Hatsopoulos, seine Aufsichtsratsposten bei den „Enkeln" von Thermo Electron niederzulegen. „Es gibt eine physische Grenze für die Zahl der Sitzungen, an denen ein Mann in einer Woche teilnehmen kann."[16] John Hatsopoulos dagegen behielt weiterhin die Finanzverantwortung bei allen Thermo-Gesellschaften.

Je größer Thermo wurde, desto mehr verloren die verschiedenen Ableger der Spin-offs den Kontakt untereinander. Gespräche und spontane Treffen, wie sie früher öfter stattgefunden hatten, wurden mit zunehmender Größe und Komplexität immer seltener. Einige der Freiheiten, die das Fundament von Thermo gewesen waren, wurden im Namen der Effizienz und der Führungskontrolle geopfert. Mit der Zeit wurde es selbst für die fähigen Manager an der Unternehmensspitze immer schwieriger, den Überblick zu behalten, und das war ziemlich zermürbend.

Als 1997 die Aktienkurse einiger Thermo-Töchter nachgaben, intervenierte Thermo Electron und stockte seine Beteiligungen an den Unternehmen durch Zukäufe wieder auf. Hatsopoulos rechtfertigte diese Maßnahmen als solide Anlagestrategie. „Wir kaufen all diese Anteile an unseren Spin-offs aus einem einfachen Grund zurück: weil wir sie für unterbewertet halten." Im Jahre 1998 kritisierten Aktionäre von Thermo Electron, die Struktur des Unternehmens sei zu unübersichtlich und beeinträchtige seine Leistungsfähigkeit. Es erwies sich zunehmend als unmöglich, zugleich die Aktionäre der Muttergesellschaft und die Minderheitsaktionäre der zweiundzwanzig Thermo-Töchter zufrieden zu stellen. Außerdem führten die Finanzkrise in Asien zu Umsatzeinbußen.

Im Juli 1998 fiel die Aktie von Thermo Electron um 17 Prozent, nachdem das Unternehmen bekannt gegeben hatte, es werde seine Gewinnprognosen aufgrund von Verzögerungen bei einem neuen Spin-out nicht einhalten können. Daraufhin wurde im September 1998 eine Restrukturierung angekündigt, der siebenhundert Arbeitsplätze zum Opfer fallen sollten. Weiters gab man bekannt, dass John Hatsopoulos als President von Thermo Electron durch Arvin Smith, CEO von Thermo Instruments, abgelöst werden sollte. Ende 1998 trat John Hatsopoulos von seinen nahezu zwei Dutzend Posten als ‚Chief Financial Officer' zurück.

Doch die Aktionäre waren immer noch nicht ganz davon überzeugt, dass die Veränderungen signifikant genug waren, und so fiel die Aktie von Thermo Electron im April 1999 auf 12,50 Dollar (zum Vergleich: Ein Jahr zuvor hatte der Kurs bei 40 Dollar gelegen). Im März 1999 gab das Unternehmen bekannt, dass der Gründer und CEO, George Hatsopoulos, in Ruhestand gehen und der Chef der American Stock Exchange, Richard F. Syron, seine Nachfolge antreten werde.

Schon wenige Monate nach seinem Amtsantritt gab Syron bekannt, er werde die Struktur des Unternehmens vereinfachen, da „das Risiko besteht, [dass] die unübersichtliche Struktur die Aufmerksamkeit der Führungsverantwortlichen von den eigentlich wichtigen Fragen ablenkt".[17] Syron kündigte an, Thermo Electron werde die Zahl seiner Beteiligungsunternehmen von dreiundzwanzig auf elf verringern, indem es einige Bereiche wieder eingliedere, andere abstoße und wieder andere – darunter ThermoLaser – schließe. Im Februar 2000 erweiterte Thermo Electron diesen Plan und kündigte an, dass es schon bis Ende des Jahres Beteiligungen im Wert von mehr als 1 Milliarde Dollar abstoßen und die Zahl der „Eingliederungen" auf neunzehn erhöhen werde, was letztlich eine Auflösung der Familienstruktur bedeutete. Als Reaktion auf die zunehmende Komplexität hat sich Thermo Electron für mehr Steuerung entschieden.

Lange Zeit schien es, als hätte Thermo Electron eine sichere Erfolgsformel gefunden. Fast zwanzig Jahre lang wurden hervorragende Ergebnisse erzielt. Doch letztlich überforderte die wachsende Komplexität der Organisationsstruktur die Managementkapazität. Die Strategie der weit gehenden Kompetenzdelegation hatte dem Unternehmen wohl geholfen, anfängliche Krisen zu überstehen und in einem ansonsten unerreichbaren Tempo zu wachsen – doch am Ende sah sich Thermo Electron schlicht außer Stande, bei zunehmender Größe weiterhin den ursprünglichen Unternehmergeist zu fördern und gleichzeitig die operativen Abläufe unter Kontrolle zu behalten.

Als die Erträge in den Keller rutschten, wurde Wall Street skeptisch. Hatsopoulos' Strategie hatte eindeutig den Vorteil, dass Kreativität und Unternehmergeist im Unternehmen gehalten wurden – und dennoch erschien das irgendwie seltsam bei all der Ermunterung zu unternehmerischer Eigeninitiative. Denn die Führungsspitze von Thermo war im Grunde nicht bereit, ganz auf die Kontrolle zu verzichten (statt echter Ausgründungen nahm man ja lediglich Ausgliederungen vor), und mit dem Wachstum der Muttergesellschaft entstand übermäßige organisatorische Komplexität. In diesem Fall entschied sich der Kampf zwischen Eigenverantwortung und Kontrolle, zumindest fürs erste, zugunsten der Kontrolle. Die Zukunft wird zeigen, ob Syron mit seinen Vereinfachungen Thermo wieder auf den Pfad der Kreativität und des Wachstums zurückführen kann.

Veränderungen zum Tragen bringen

Wie lassen sich also die beschriebenen Ideen praktisch umsetzen? Thermo Electron zeigt uns, dass es auch bei besten Absichten schwierig ist, Delegation und Steuerung optimal aufeinander abzustimmen. Die Schlüsselfragen lauten: Wo sollen klassische Kontrollmaßnahmen verringert und wo soll die Eigenverantwortung erweitert werden? Wie groß soll der Gestaltungsspielraum sein? Welche Mechanismen sollen angewandt werden? Wie kann man von vornherein sicherstellen, dass das Ganze im Notfall wieder rückgängig zu machen ist? Diese Entscheidungen sollten sich immer am Vorbild des Marktes orientieren, nicht an irgendeiner internen Vorstellung von Kontrolle. Im Zweifelsfall sollte man sich fragen: Welche Prozesse laufen im Markt ab? Wir glauben, dass sich diese Fragen anhand von sechs Grundsätzen beantworten lassen:

1. **Mess- und Kontrollgrößen festlegen**
Zur Minimierung von Kontrollen sind fünf Ebenen zu prüfen: die Konzern-, Geschäftsbereichs-, Funktions- (z. B. Marketing, Fertigung) und Projektebene sowie allgemeine Koordination und Controlling (Finanzwesen). Auf jeder Ebene stellen sich spezifische Aufgaben.

Auf Konzernebene: Wie in Kapitel 8 geschildert, sollte das Topmanagement einen großen Teil seiner Zeit darauf verwenden, das Unternehmen ebenso schnell und umfassend zu erneuern, wie sich der Markt verändert – mindestens ebenso viel Zeit wie auf operative Themen. So könnte das Management beispielsweise regelmäßig prüfen, wie viele Neuzugänge und Abgänge von Unternehmen es an der Peripherie der Branche gibt. Dabei sollte es sich auf Fragen konzentrieren wie etwa: Verändert sich das Unternehmen als Ganzes in diesen Bereichen ebenso schnell und umfassend wie der Markt? Sollte es aggressiver agieren? Welche wesentlichen Informationen sind erforderlich, um der Antwort näher zu kommen? Welche Sparten verfolgen Geschäftsmodelle, die auf lange Sicht großes Ertragspotenzial besitzen? Welches Mindestmaß an Kontrollen ist erforderlich, um die notwendige Aufsicht zu ermöglichen? Welche Prozesse können völlig abgeschafft werden, ohne dass diese Aufsicht weniger effektiv wird?

Auf Geschäftsbereichsebene: Die Führung der bestehenden Geschäftsbereiche konzentriert sich im Wesentlichen auf das operative Geschäft. Die Bereichsleiter sind für die erwirtschafteten Ergebnisse zuständig. Andererseits können die Geschäftsbereiche die Verantwortung für die Erschließung wachstumsträchtiger Geschäftsfelder nicht einfach niederlegen. Sie müssen schließlich wissen, wo die Quellen des künftigen Wachstums liegen und wie sie sie erschließen wollen. Diese Einbeziehung von Wachstum ist auf Geschäftsbereichsebene in mancherlei Hinsicht schwieriger als auf Konzernebene. Zusätzlich zu den herkömmlichen operativen Themen sollte man sich fragen: Sind unsere Wachstumspläne realistisch? Wissen wir genug über die Unternehmen in der Peripherie? (Kennt beispielsweise die Geschäftsleitung persönlich die Topmanager der schlagkräftigsten Peripherie-Unternehmen?) Welche Kunden kaufen die Produkte von Peripherie-Unternehmen, und welchen Kundennutzen bieten ihnen diese Produkte? Kennen unsere oberen Führungsebenen die Hauptkunden der Peripherie-Unternehmen persönlich? Wissen wir, wie sie die weitere Entwicklung des Geschäfts einschätzen? Widerspricht diese Einschätzung unserer eigenen? Unter welchen Umständen könnte ein Angriff dieser Peripherie-Wettbewerber für unser Unternehmen zur Gefahr werden? In der Regel können bestehende Geschäftsbereiche diese Fragen kaum objektiv beantworten.

Auf Funktionsebene: Die Funktionsbereiche (z. B. Marketing, Vertrieb, Fertigung, Beschaffung, Entwicklung) sind verantwortlich für operative Ausführung und damit für das Erreichen eines hohen Leistungsniveaus. Doch diese Leistungsstärke ist schwer zu fassen. Fachwissen kann rasch veralten. Unter Umständen braucht man neues Fachwissen, um neue Geschäftsmodelle zu entwickeln und umzusetzen. Folglich muss die Leistungsfähigkeit auf funktionaler Ebene nicht nur im Bezug auf den operativen Leistungsstand (den Gegenstand des herkömmlichen Benchmarking) gesehen werden, sondern auch im Bezug auf die Fähigkeit des Unternehmens zur Anpassung an den fortlaufenden Wandel im Markt.

Neben traditionellen Themen wie der Wettbewerbsfähigkeit der Kostenposition kann man sich beispielsweise über Folgendes Gedanken machen: Wie „frisch" sind unsere Kernkompetenzen? Wissen wir, welche neuen Ansätze gerade erprobt werden? Kennen wir neue, aufstrebende Geschäftsfelder mit Wachstumspotenzial? Haben wir für diese Geschäftsfelder die notwendige Expertise? Welche Bereiche möchten wir in den nächsten beiden Jahren abstoßen? Welche neuen Fachkenntnisse brauchen wir? Was tun wir, um uns dieses Fachwissen zu verschaffen? Kommen wir auf diesen Gebieten schnell genug voran?

Auf Projektebene: Fordern Sie Projektmanager auf, ihre Steuerungs- und Berichtsprozesse selbst festzulegen. Welche Schlüsselvariablen sollten beobachtet werden? Was sind die kritischen Meilensteine? Wann sollte der Fortschritt erstmals gemessen werden? Wie werden sie feststellen, ob alles plangemäß läuft? (Bekanntlich sind die meisten Systeme zur Erfassung des Projektfortschritts unzulänglich.) Wie oft sollte der Projektleiter den Fortschritt überprüfen? Welche zwei oder drei Ziele müssen unbedingt erreicht werden? Sind die Vorstellungen zu Kosten, Zeitplanung und Ergebnissen realistisch? Was müsste man tun, um die Komplexität des Projekts zu halbieren?

Auf Koordinierungs- und Kontrollebene: Traditionell sind die Finanz- und Informationsbereiche innerhalb des Konzerns für die Überwachung der Kennzahlen verantwortlich – das heißt, für die Erhebung von Daten in spezifischen Formaten zu bestimmten Zeitpunkten, die Beurteilung von Budgets, Hilfestellung bei der Mittelzuweisung und der Festlegung von Erfolgszielen. Der Bereich Finanzen spielt auch in den Steuerungs- und Delegationssystemen des Konzerns eine wichtige Rolle – und eben deshalb muss er an der Neugestaltung eng mitarbeiten.

2. **Messen und steuern, soweit nötig – nicht, soweit möglich**
Natürlich sind auch Steuerungssysteme notwendig. Hier geht es darum, die erforderlichen Kontrollsysteme so einfach wie möglich zu gestalten. Robert Simons von Harvard merkt dazu an: „Die informationsverarbeitenden Systeme unserer heutigen Welt schwimmen in einer dicken Suppe von Informationen und Symbolen. In einer solchen Welt ist die knappe Ressource nicht die Information, sondern die Verarbeitungskapazität für diese Information. Aufmerksamkeit ist der zentrale Engpass in der Aktivität von Organisationen, und der Engpass wird umso schmäler, je stärker wir uns der Führungsspitze nähern." Der Grundsatz „Steuere, so viel Du musst – nicht, so viel Du kannst" bezieht sich direkt auf dieses Dilemma.

Um diesen Grundsatz zu realisieren, braucht das Unternehmen zunächst eine Bestandsaufnahme der bestehenden Steuerungsprozesse, ihrer Funktionsweise (welche Daten sie wann benötigen, wie die Daten analysiert werden, welche Entscheidungen durch die Daten und Analysen ermöglicht werden und was die Systeme kosten, welche die Daten erheben, auswerten, verteilen sowie datengetriebene Veränderungen auslösen) sowie ihres Nutzens. Die Analyse der Kosten und Nutzeneffekte sollten diejenigen übernehmen, von denen man die Ergebnisse erwartet, und diejenigen, welche diese Ergebnisse „offiziell" verantworten. Dieser Grundsatz – die Beschränkung auf das notwendige Maß an Messung und Steuerung – sollte auf sämtliche Steuerungsprozesse im Unternehmen angewandt werden. So beispielsweise auf den Umfang und die Häufigkeit von Erhebungen, die Breite der Datenverteilung, die Häufigkeit des geforderten Feedbacks nach Berichterstattung und das Ausmaß der Datenüberprüfung.

Außerdem sollten wichtige Führungspositionen mit Steuerungsverantwortung sehr sorgfältig besetzt werden. Zuvor sollte sichergestellt werden, dass sich die Kandidaten wirklich im Klaren darüber sind, wie wichtig die Balance zwischen konvergentem und divergentem Denken für ihren Verantwortungsbereich ist.

3. **Die Flexibilität der Informationssysteme erhöhen**
Eines der größten Hemmnisse für Veränderungsprozesse ist der Kosten- und Zeitaufwand für die Aktualisierung von Informationssystemen. Die Systeme zur Erhebung, Bearbeitung, Übermittlung und Nutzung von Informationen sind oftmals sehr kostspielig. Obgleich neue Technologien die Kosten reduzieren, ist die Umstellung nach wie vor eine aufwändige Angelegenheit.

   Das hat erhebliche Auswirkungen auf die Reaktionsfähigkeit im Wettbewerb. Neue Unternehmen, die an der Peripherie entstehen, sind nicht durch alte Informationssysteme belastet – für sie fallen keine Umstellungskosten an. Die Geschäftsleitung sollte sich fragen, wie das eigene Unternehmen im Hinblick auf das Informationsmanagement positioniert ist. Welche Informationen sind vermutlich von Dauer, welche werden sich vielleicht verändern? Welche Informationen werden veralten? Welche neue Informationen sind möglicherweise erforderlich, und wie kann die Systemarchitektur entsprechend modifiziert werden? Besitzt das Unternehmen die Fähigkeiten, um die neuen Informationen umfassend und intelligent zu nutzen?

4. **Den Freiraum für Experimente erweitern**
Wie oben beschrieben, muss das Unternehmen den notwendigen Freiraum und die Ressourcen dafür bereitstellen, dass Experimente in einem Markt-analogen Tempo und Ausmaß durchgeführt werden können. Dies schließt vor allem die Kompetenz ein, neue Geschäftskonzepte im gleichen Ausmaß zu erkunden, wie dies in den Kapitalmärkten geschieht; ein Ziel ohne übertriebene Störung durch Steuerungssysteme verfolgen zu können; mit Geschäftskonzepten genauso schnell wie der Markt experimentieren zu können; und Kapital von außen beschaffen zu können, wenn viel versprechende Ideen vom Topmanagement verworfen werden.

5. **Das Risiko- und Vergütungsspektrum im Anreizsystem verbreitern, um der Eigenverantwortung Rechung zu tragen und sie auszuweiten**
Neben den standardmäßigen monetären Elementen gibt es im Anreizsystem zwei Elemente, die zusätzlich bedacht werden sollten: zum einen die Beschaffenheit nichtmonetärer Anreize, zum anderen Berücksichtigung von Risiken einschließlich der damit verknüpften Möglichkeit von Fehlschlägen.

Nichtmonetäre Anreize: Die Neugestaltung der Leistungsbeurteilungs- und Vergütungssysteme ist ein Beispiel für nützliche „Motivatoren". Doch nach Ansicht vieler Führungskräfte ist die Vergütung nicht die wichtigste Komponente des Anreizsystems – wichtiger ist es, bei den Mitarbeitern Begeisterung für Innovation zu erzeugen. Ein Manager bemerkte dazu: „Die wirklich innovativen Leute werden nicht durch materielle Anreize motiviert, sondern sie handeln aus Überzeugung und Leidenschaft." Tatsächlich hört man bei Startups, insbesondere High-Tech-Firmen, die Mitarbeiter viel öfter von „Träumen", „Leidenschaft", „Glauben", „Freiheitsgrad" und „Eigenständigkeit" sprechen als vom Geld. Die monetäre Vergütung in Form von Boni, Optionen und anderen Erfolgsbeteiligungsprogrammen ist nur einer von vielen Motivationsfaktoren.

Risiko und Misserfolg: Die Existenz des Risikos (der Unmöglichkeit, die Zukunft zu kennen) und die damit einhergehende Möglichkeit des Scheiterns ist das zweite Element, das bei der Gestaltung von Anreizsystemen bedacht werden sollte.

Nike setzt zur Risikostreuung auf eine Teamstrategie. Wenn ein Mitarbeiter eine viel versprechende Idee hat, sucht er sich andere, die sie vorantreiben. Sobald sie mitziehen, beteiligen sie sich am Risiko. Niemand erntet alleine die Anerkennung für einen großen Erfolg, niemand wird alleine für einen Fehlschlag verantwortlich gemacht.

So unternahm Nike vor ein paar Jahren einen Ausflug in die raue Welt des Straßen-Hockeys – weit entfernt von den traditionelleren Sportdisziplinen, die Nike seit geraumer Zeit so gekonnt unterstützt. Das Unternehmen stellte ein Team zusammen, das sich vor Ort über den Markt informieren, einige Konzepte erarbeiten und ausprobieren sollte. Trotz bester Absichten konnte das Team kein Erfolg versprechendes Konzept entwickeln. Also stellt Nike das Projekt wieder ein. Ein Fehlschlag? Nike sah die Initiative eher als Teil des Lernprozesses. Einer der Hauptbeteiligten an diesem „Fehlschlag" wurde sogar befördert.

Der Umgang mit Misserfolgen ist ein wesentliches Element im Design von Anreizsystemen. Roberto Goizueta, der ehemalige Chairman von Coca-Cola, sagte einmal dazu: „Wir verloren unsere Wettbewerbsfähigkeit, weil wir Fehler nicht tolerierten. Sobald man das Vermeiden von Fehlschlägen zum Hauptmotivationsfaktor werden lässt, rutscht man in die Tatenlosigkeit ab. Stolpern kann man nur, wenn man sich bewegt."[18]

Nach den Worten des Nike-Managers Tom Clark helfen Teams Menschen, „aus der Vergangenheit zu lernen, Fehler einzugestehen und dann wieder aktiv zu werden. Mitarbeitern, die Fehlschläge zu verantworten haben, geschieht nichts“, fügte er hinzu. „Ich glaube, Phil Knight hat nie jemandem so ganz getraut, der noch keinen größeren Misserfolg erlebt hatte.“

Henry Ford hatte es fünfzig Jahre zuvor so ausgedrückt: „Ein Fehlschlag ist nur eine Chance, auf intelligentere Weise von vorne zu beginnen.“[19]

Mit diesen Vorgehensweisen lässt sich das Spektrum von Risiko und Belohnung, das innerhalb des Unternehmens zugelassen wird, erweitern, ohne dass man auf angemessene Steuerungsmechanismen verzichten müsste.

6. **Einen Prozess für laufende Managementunterstützung (mit Fokus auf divergentem Denken und Kreativität) festlegen**
Um bei den Mitarbeitern der unteren Ebenen Akzeptanz für die beschriebenen Maßnahmen zu erzielen, muss das Topmanagement sie von der Ernsthaftigkeit seiner Absichten überzeugen und ihnen vermitteln, dass die Blockade von Veränderungen gravierendere Sanktionen nach sich zieht als das erfolglose Ausprobieren neuer Ideen.

Der Pepsi-Chairman Roger Enrico beispielsweise trifft regelmäßig mit jungen Führungskräften zusammen. Er hört sich ihre Ideen an und versichert ihnen, dass er voll und ganz hinter ihnen und ihren selbst gesteckten Zielen steht. Er möchte auf diese Weise die Risikobereitschaft im mittleren Management fördern und der Selbstzensur ein Ende machen, die oftmals guten Ideen im Weg steht. Natürlich bewirken solche Treffen allein keine Wunder. Die wundersame Wirkung schafft vielmehr der Inhalt der Sitzungen, und Enrico wird weithin für seine Fähigkeit bewundert, sie persönlich und interaktiv zu gestalten.

Die Förderung des Gesprächs zwischen der Unternehmensleitung und den Mitarbeitern ist eine der wirkungsvollsten Methoden zur Stärkung der Eigenverantwortung. Hier geht es nicht um „Präsentation und Reaktion“, also jene Art von geschlossenem Dialog, der lediglich eine andere Form der Kontrolle darstellt. (Es gibt viele sprachliche Kunstgriffe, um individuelle Dialoge zu „steuern“ – zum Beispiel den Einwurf „Sehen wir die Sache doch einmal von der praktischen Seite.“ Eigentliche Bedeutung: „Ich habe genug von Ihren Ausführungen, jetzt reden wir mal von meinen Themen.") Stattdessen werden bei Pepsi echte Gespräche gefördert.

Ausgehend von diesen sechs Grundsätzen ist zu überlegen, wie das Unternehmen gestaltet werden könnte, wenn das Prinzip der Kontinuität durch das der Diskontinuität ersetzt würde.

Das Dilemma, dem sich General Motors in den vierziger Jahren gegenübersah – nämlich, wie sich das Spannungsverhältnis zwischen zentraler Kontrolle (einer Manifestation des Kontinuitätsprinzips) und lokaler Initiative (im Geiste von Diskontinuität und Wandel) auflösen ließe – erinnert in verblüffender Weise an die Situation vieler erfolgreicher Großunternehmen in der heutigen Zeit. Die Frage ist, ob das Unternehmen von heute, das auf eine lange Erfolgsbilanz zurückblicken kann, Kontinuität oder Wandel als operatives Paradigma auswählen wird. Ist die Bereitschaft vorhanden, vom operativen Modell zum Modell „Erschaffen, Betreiben, Austauschen" überzugehen? In diesem Fall müssen die Steuerungssysteme entsprechend angepasst werden. Ein Unternehmen kann sich nicht zur Dezentralisierung bekennen und dann die Kontrolle behalten wollen. Das funktioniert nicht.

Auch wenn wir jetzt die Bedürfnisse des neuen Unternehmens besser verstehen, bleibt die Frage, wie sie sich konkret erfüllen lassen. Damit werden wir uns im nächsten Kapitel befassen.

KAPITEL 11

Tempo und Ausmaß des Wandels bestimmen

Alles Lernen wurzelt im Gespräch.

JOHN SEELY BROWN,
Leiter des Palo Alto Research Center (PARC) von Xerox

Neben General Electric würden die meisten Analysten wohl Johnson & Johnson, eines der weltweit größten Unternehmen im Gesundheitsbereich, als hervorragend geführtes Unternehmen ansehen. Von der Presse als Musterbeispiel für die Dezentralisierung unternehmerischer Initiative gefeiert, orchestriert J&J ein Gefüge aus Geschäftsbereichen, die im Markt aggressiv miteinander konkurrieren. In den vergangenen zwanzig Jahren hat der Konzern seinen Umsatz mehr als verzehnfacht und die Zahl seiner Mitarbeiter verdoppelt. J&J ist in zahlreiche, jeweils mehrere hundert Millionen Dollar große Geschäfte – wie Blutzuckermessung oder Einweg-Kontaktlinsen – eingestiegen und aus anderen Geschäften wie Papierwindeln, Okularen und Computertomographie wieder ausgestiegen. Es hat die Tylenol-Skandale von 1982 und 1986 unbeschadet überstanden, seine internationalen Umsätze stark erhöht und sich insgesamt vom Konsumgüterhersteller in ein Unternehmen verwandelt, dessen Konzernergebnis ganz wesentlich durch den rapide wachsenden Geschäftsbereich Pharmazeutika bestimmt wird.

Kern dieses nachhaltigen Erfolgs ist die Auswahl der Branchen (Gesundheits-Konsumartikel, medizinische Produkte, Pharmazeutika) und der Länder, in denen J&J operiert, sowie seine hervorragenden Leistungen in jedem dieser Sektoren und Länder. Bekannt ist das Unternehmen für sein Wertesystem: Es kommt auch im firmeneigenen „Credo“ zum Ausdruck, von dem Robert Wood Johnson die erste Version Mitte der vierziger Jahre verfasste.

Im Geschäftsbericht von 1972 sind einige Prinzipien dieses Credos dargelegt, die auch nach 25 Jahren nichts von ihrer Gültigkeit verloren haben:

- „Es ist seit jeher unsere Führungsphilosophie, über die unmittelbaren Probleme der Unternehmensführung hinaus auch den Wandel der gesellschaftlichen Rahmenbedingungen in die Betrachtung einzubeziehen, denn darin spiegeln sich die Interessen und Anliegen unserer Kunden und Mitarbeiter."
- „Johnson & Johnson ist im Lauf der Jahre vor allem dadurch gewachsen, dass wir – ausgehend von einer bestimmten Technologie oder Produktgruppe – neue Unternehmen gründen. Diese Neugründungen, die zuvor oftmals Bereiche einer größeren Organisation waren, können sich auf ein spezielles Geschäftsfeld konzentrieren. [Diese Vorgehensweise ermöglicht ihnen die Fokussierung auf] ihren spezifischen und abgrenzbaren Markt, auf den sie schneller reagieren können als eine größere Organisation."[1]
- „Unser Unternehmen ist nach den Grundsätzen dezentraler Führung aufgebaut und betreibt seine Geschäfte über operative Unternehmensbereiche und Tochtergesellschaften, die ihrerseits vollständige, autonome Einheiten sind. Während die direkte Linienverantwortung für diese Bereiche durch das Executive Committee – als operatives Organ des Board of Directors von Johnson&Johnson – wahrgenommen wird, liegt die operative Verantwortung bei den jeweiligen Geschäftsleitungen."

J&J hat ein ausgeprägtes Gespür für die Notwendigkeit, exzellente operative Leistung mit laufender Veränderung in Markt-ähnlichem Tempo und Ausmaß in Einklang zu bringen, und das erklärt zum großen Teil den Erfolg des Unternehmens. J&J hält ständig Ausschau nach viel versprechenden neuen Geschäften und potenziellen Gefahren und ist jederzeit bereit, die entsprechenden Maßnahmen zu ergreifen.

Aber wie schafft J&J das? Wie erreicht das Unternehmen das notwendige Veränderungstempo und -ausmaß, um mit den Märkten Schritt zu halten? Die Antworten auf diese Fragen sind umso interessanter, als andere Konzerne sich ja um ein ähnliches Leistungsniveau bemühen.

Es gibt wohl kein anschaulicheres Beispiel für die Vorgehensweise von J&J als die Entwicklung des „FrameworkS"-Prozesses. Alles begann damit, dass Chairman Ralph Larsen Anfang 1993 bei einem der Autoren anrief, weil er mit Sorge „dunkle Wolken am Horizont" entdeckt hatte.

Die Fragestellung

Larsens Sorge drehte sich vor allem um den Ergebniseinbruch bei IBM. John Akers, der bekannte Chairman von IBM, war zurückgetreten. Lou Gerstner war hinzugeholt worden, um zu retten, was einst als „Bluechip aller Bluechips" gegolten hatte. Wie J&J war auch IBM jahrelang ein amerikanisches Vorzeigeunternehmen gewesen. IBM verkörperte technologische Brillanz, Innovationskraft, einen aggressiven amerikanischen Unternehmergeist. Es war ein amerikanischer Moloch. Nicht nur IBM war gescheitert – zuvor bereits DEC, Unisys und Sperry Rand; und NCR, Siemens und Toshiba hatten in den achtziger und Anfang der neunziger Jahre stark an Boden verloren. Hinter den Problemen bei IBM stand also offenbar ein weitaus größeres Phänomen. Als dann der ehemalige J&J-Chairman John Burke zum Leiter des Ausschusses gemacht wurde, der einen neuen CEO für IBM suchen sollte, da lag es nahe, dass sich das Topmanagement von J&J auch um das Schicksal der eigenen Firma zu sorgen begann. Schließlich war IBM in den Abwärtssog der Hardware-Branche geraten – und nun wollte die neue, von Demokraten gebildete US-Regierung eine Gesundheitsreform durchführen, nicht ganz unähnlich dem Umbruch, den der Markt der Hardwarebranche aufgezwungen hatte. Zum steigenden politischen Risiko kam noch die Ausbreitung des ‚Managed-Care'-Konzeptes. Managed-Care-Gesellschaften waren Anfang der neunziger Jahre in aller Munde. Parallelen zum Aufstieg der Softwarefirmen in der Computerindustrie ließen sich unschwer finden. Diese und andere Faktoren veranlassten Larsen dazu, den Konsequenzen der Gesundheitsreform für J&J auf den Grund zu gehen. Würde J&J an seinen hochgeschätzten Prinzipien festhalten können? Mussten sie, angesichts der Herausforderungen der neunziger Jahre, neu interpretiert oder anders angewandt werden? Funktionierten diese Prinzipien noch bei einem Unternehmen, das auf die Größe von J&J angewachsen war? Dies waren einige der grundlegenden Fragen, mit denen sich Larsen auseinander setzte. Er besaß eine wesentliche Fähigkeit des starken divergenten Denkers: die Fähigkeit, die richtigen Fragen zu stellen – ganz gleich, wie beunruhigend sie auch sein mochten.

Larsen wusste, dass McKinsey den langfristigen Erfolg von Großunternehmen in Phasen der Diskontinuität untersuchte, und so bat er uns, mit ihm, Roger Fine (damals Vice President für Verwaltung und heute Syndikus) sowie Mitgliedern des Executive Committee von Johnson & Johnson zusammenzuarbeiten. Wir sollten dabei helfen, die Bedrohung für J&J einzuschätzen und einzudämmen.

Beginn der Untersuchung

In unseren zahlreichen Gesprächen mit Larsen und Fine wiesen wir darauf hin, dass die eigentliche Gefahr der Diskontinuität für Großunternehmen nicht in den unbekannten, sondern in den unterschätzten Bedrohungen liegt. Doch gibt es bei nur wenigen Konzernen ein Forum, in dem die potenziellen Auswirkungen künftiger Diskontinuitäten eingehend besprochen und sondiert werden. Da dieses Forum für den Dialog fehlt, kommt es kaum zur Veränderung der mentalen Modelle (damals nannten wir sie mentale frameworks, Gerüste) über die künftige Entwicklung der Branche. Man kann noch so viele Präsentations-und-Reaktions-Runden durchlaufen – es ist nie dasselbe, wie wenn man Probleme über einen längeren Zeitraum im persönlichen Gespräch von allen Seiten beleuchtet. Wir erklärten, dass das herkömmliche Präsentations-und-Reaktions-Modell keine Zeit ließ für die Suche nach neuen Ideen und neuen Sichtweisen der Zukunft – ebenso wenig wie für die Inkubation, also die Herausbildung neuer Muster. Systeme oder Handlungsweisen könnten nur dann verändert werden, wenn auch die mentalen Modelle, der Dialog und die dafür verfügbare Information verändert würden. Folglich mussten wir uns als erstes mit den Mitgliedern des Executive Committee – des höchsten Führungsgremiums von J&J – treffen, um die Problemdiagnose darzulegen, uns auf einen Lösungsansatz zu einigen und das weitere Vorgehen zu planen. Larsen schloss sich unserer Analyse an und schlug vor, wir sollten bei einer Klausurtagung des Executive Committee wenig später unsere Ideen darlegen und zur Diskussion stellen.

Konzeption der Konzeptphase

Um die Mitglieder des Executive Committee auf dieses Treffen vorzubereiten, führten wir Einzelgespräche mit ihnen. Wir wollten herausfinden, ob sie mit unserem Denkansatz einverstanden waren oder nicht und welche Probleme sie in den nächsten drei bis fünf Jahren auf den Konzern zukommen sahen.

Mit diesen Erkenntnissen gewappnet, erarbeiteten wir gemeinsam mit Fine eine Tagesordnung – eigentlich eine Serie von Gesprächen – für das Meeting. Wir wollten mit einigen Fallstudien von anderen, mit derselben Problematik konfrontierten Großunternehmen beginnen, deren Lösungsansätze diskutieren, die Erfolge ihrer Bemühungen beurteilen und daraus Lehren ableiten. Konkret wollten wir unter anderem die folgenden Fragen diskutieren:

Wie sind diese Unternehmen überhaupt in die Gefahrensituation geraten? Wurden sie schlicht zu groß? Wurden sie zu bürokratisch? Haben sie ihren technologischen Vorsprung eingebüßt? Hat ihr Vertrieb an Schlagkraft verloren? Hat das Unternehmen den Kontakt zum Kunden verloren? Was ist geschehen?

Weshalb erkannte die Unternehmensleitung die Risiken erst, als sie sich schon mitten im Strudel der Diskontinuität befand? Wie konnten so viele intelligente und erfahrene Leute – Leute, wie sie auch im J&J-Team saßen – die Lage so lange falsch einschätzen? Weshalb war die Führungsmannschaft nicht in der Lage, ein effektives Programm zur Problemlösung aufzusetzen, als sie die Bedrohung erkannte?

Schließlich – als das Denken des Committee noch ganz um die Erfolge und Misserfolge anderer beim Umgang mit der Problematik kreiste – sprachen wir über die dringlichsten Probleme, die nach Auffassung der Anwesenden in den nächsten fünf Jahren auf J&J zukommen würden und deren Nichtbeachtung ähnliche Folgen haben könnte. Wir orientierten uns dabei an einer Reihe von Diskussionspunkten, die so gewählt waren, dass damit die nachfolgenden Definitionsfragen gelöst werden konnten:

Überlegen Sie sich, wer die 100 talentiertesten, einfallsreichsten und kreativsten Menschen in Ihrem Unternehmen sind, und zwar unabhängig von der Länge ihrer Firmenzugehörigkeit oder ihrer Position. Stellen Sie sich nun vor, Sie könnten sich jeweils mit ein paar wenigen dieser Personen persönlich unterhalten, so wie Sie sich nach einem Essen mit Freunden bei Ihnen zu Hause unterhalten würden. In diesem Gespräch gibt es keine Tabus. Alle sind gleichberechtigt und unterscheiden sich nur durch ihre kognitiven und sprachlichen Fähigkeiten. Was wann besprochen werden soll, entscheiden Sie. Sie können vor dieser ausgewählten Gruppe erfahrener und aufrichtiger Berater jede beliebige Frage zur Sprache bringen. Was würden Sie sie fragen? Welches sind die sechs wichtigsten Themen, die Sie mit den klügsten Leuten in Ihrem Unternehmen besprechen würden?

Am Ende des Meetings wurde ein Maßnahmenprogramm umrissen. Dabei ging es aber noch nicht um die Gestaltung der längerfristigen Zukunft, sondern nur darum, Thema, Zeit, Ort und den Verantwortlichen für die nächste Sitzung festzulegen.

Zweck dieses „Konzept-Meetings" war es, die Voraussetzungen für eine Veränderung der mentalen Modelle des Unternehmens zu schaffen. Kriterien für seinen Erfolg waren die Offenheit und das Spektrum der erörterten Themen – es ging also nicht um den „Abschluss" von Diskussionsthemen, sondern um das genaue Gegenteil. Wir wollten erreichen, dass die Teilnehmer ihre „Zweifel zurückstellten" im Bezug auf die potenziell „richtigen Antworten". Es ging uns darum, die richtigen Fragen zu definieren.

Die Diskussion sollte nur ganz schwach strukturiert sein. Sie sollte sehr offen sein und nur locker moderiert werden. Die Tagesordnung enthielt eine Menge „weißer Flecken" – unverplante Zeit, um Probleme zu identifizieren und zu diskutieren. Wir wussten schon im Voraus, dass viele der erkannten Probleme nicht während des Meetings gelöst werden konnten, weil dazu die verfügbaren Daten oder auch das Fachwissen der Committee-Mitglieder nicht ausreichen würden. Solche Fragen würden einfach aufgelistet. Im Grund war uns sogar klar: Wenn alle angeschnittenen Fragen so einfach gelöst würden, dann wären gar nicht die richtigen Fragen gestellt worden. Wie gesagt: Zweck des Meetings war einfach, die zu klärenden Fragen auszuwählen.

Das Konzept-Meeting

Das Konzept-Meeting fand weit entfernt von der J&J-Konzernzentrale statt, sodass die Mitglieder jeden verfügbaren Moment der Diskussion widmen konnten. Intensive Gespräche dieser Art lassen sich nur schwer führen, wenn ständig Faxe eingehen oder Teilnehmer den Raum verlassen, um zu telefonieren oder draußen etwas zu besprechen. Die Auslagerung des Meetings gab uns die Möglichkeit, solche Risiken unter Kontrolle zu halten.

Die Sitzung wurde als Erfolg gewertet. Man einigte sich auf ein konkretes Maßnahmenprogramm, das die wichtigsten Anliegen des Executive Committee adressierte. Beim Meeting selbst herrschte eine positive und kollegiale Atmosphäre. Es gab wenig Druck, da die Geschäftsergebnisse ausgezeichnet waren und Prognosen zufolge auch in den kommenden Quartalen so bleiben sollten (was sich bestätigte). Das Ganze glich mehr einem informellen Treffen von interessanten, intelligenten Leuten, die sich gegenseitig mit ihren Erkenntnissen, Überlegungen und Erfahrungen wertvolle Anregungen gaben. Während des Meetings gelangten die Mitglieder des Committee zu einigen Schlussfolgerungen über wesentliche Chancen und Risken der Zukunft. Das größte Risiko lag darin, sich ausschließlich auf das operative Geschäft zu konzentrieren und an einem bestimmten mentalen Modell der Branchen- und Wettbewerbsentwicklung festzuhalten, anstatt zu erkennen, dass sich die Branche in viele unterschiedliche Richtungen entwickeln könnte. Die Lösung dafür ließ sich nicht durch Rückgriff auf „Fachwissen" finden, sondern nur durch Beobachtung, Reflexion und Gespräch. Vice-Chairman Robert Wilson brachte die Stimmung des Meetings auf den Punkt mit seiner Feststellung, J&J müsse über mehrere ‚Frameworks' (Gestaltungsrahmen) für die Zukunft nachdenken und nicht nur über eines. Dieser Gedanke drückte den Kern der Aufgabe so gut aus, dass Wilsons Vorschlag, den Prozess als „FrameworkS"-Prozess zu bezeichnen – wobei das große „S" für die Vielzahl möglicher Modelle stehen sollte – auf Anhieb allgemeine Zustimmung fand.

Ausgehend von dieser allgemeinen Prämisse, identifizierte und selektierte das Executive Committee eine Reihe von kritischen Faktoren, welche das Wettbewerbsumfeld in der eigenen Branche verändern konnten. Zu diesen Faktoren gehörten die kurz- und langfristigen Auswirkungen des ‚Managed-Care'-Modells auf die Marktteilnehmer im Gesundheitswesen; die Auswirkungen der Europäischen Union auf das Gesundheitswesen in Europa; das Wirtschaftswachstum in den Schwellenmärkten; der Einsatz moderner Informationstechnologie – und insbesondere des Internet – und seine Auswirkungen auf die Leistungserbringung im Gesundheitswesen; und die geänderte Einstellung der Verbraucher zu ihrer Rolle in der Erbringung und Bewertung dieser Leistungen. Unsere Absicht war es, nach hinreichender Beobachtung und Reflexion ein „Gespräch" über jeden dieser Faktoren zu Stande zu bringen. Darüber hinaus sollten die Teilnehmer dieses Gesprächs aus allen Bereichen von J&J rekrutiert werden – unabhängig von der Position in der Unternehmenshierarchie sollte sich die Auswahl ausschließlich danach richten, inwieweit sie zur Diskussion und den sich wandelnden ‚FrameworkS' beitragen konnten.

Am Ende der Tagung fasste Ralph Larsen die Ergebnisse mit den Worten zusammen: „Wir müssen überlegen, wie wir das Unternehmen anders führen können. Wir wollen nicht nur die „Vorsitzenden" sein. Wir möchten einen Prozess, der sicherstellt, dass uns nichts entgeht."[2] Der Syndicus George Frazza drückte es so aus: „Ich sehe uns als eine Familie – eine Familie von Unternehmen. Was wünschen wir uns für unsere Kinder? Dass sie lange leben, erfolgreich und kreativ sind. Wir müssen ein Umfeld schaffen, in dem unsere Kinder Erfolg haben können. Wir dürfen nicht zu spezifisch werden. Wir sieben können den übrigen 83.000 die Antworten nicht vorschreiben. Wir müssen die Chancen erhöhen, dass sich diese 83.000 Leute selbst einbringen. Wir möchten ein großartiges Unternehmen bleiben. Wir wollen der Herausforderer sein, nicht der Herausgeforderte. Das Geschichtsverständnis, wonach nur „große Persönlichkeiten" etwas bewegen, müssen wir umkehren. Die zukunftsentscheidenden Erkenntnisse werden sich eher draußen bei den Mitarbeitern finden als hier im Executive Committee... Meine größte Sorge gilt den drei Elementen des Fehlschlags: Arroganz, Bürokratismus und Selbstgefälligkeit. Sie sind oftmals die Schattenseite des Erfolgs."

Neben den konkreten Fragestellungen und dem Engagement für das Projekt insgesamt bekannte sich das Committee auch zu einigen Grundprinzipien. Vor allem wünschte es einen Prozess, der es in die Lage versetzt, seine grundlegende Rolle – „die Dinge mit den Augen anderer zu betrachten" – aufzunehmen und in einer strukturierten Weise zu erfüllen. Es ging darum, mehrere Frameworks für die Analyse des Marktes, des Wettbewerbs und des Unternehmens zu generieren.

Zudem wurden mehrere Ziele für den Prozess formuliert:

1. Gewährleistung einer künftigen Ausrichtung von J&J, die auf einer realistischen, aktuellen Sicht der Welt und insbesondere der Kunden und Märkte basiert.
2. Identifizierung des wichtigsten Handlungsbedarfs, nicht für die Zukunft generell, sondern für die nächsten drei bis fünf Jahre (wie Kostensenkung, mehr Innovation, anstehende Gesetzesreform, Ausbreitung des Internet) und Herstellung des nötigen Konsens, um diesen Handlungsbedarf in einem dezentralisierten Umfeld angehen zu können
3. Identifizierung der Bereiche, wo bestehende oder potenzielle Kernfähigkompetenzen von J&J auf einen grundlegenden Bedarf im Gesundheitswesen treffen, sodass sich Erneuerungs- und Synergiepotenziale für J&J eröffnen; dabei Konzentration insbesondere auf solche Gebiete, die sonst aufgrund der dezentralen Organisationsstruktur und Führungsphilosophie von J&J durch die Maschen rutschen würden.
4. Entwicklung einer neuen Generation von Führungskräften mit der Fähigkeit, in weiteren Begriffen zu denken, Diskontinuitäten schon bei ihrer Entstehung zu erkennen und neue Sichtweisen zu J&J und seinen Kunden zu sondieren, zu verstehen, zu verinnerlichen sowie in Aktion umzusetzen.
5. Verbreitung eines echten Verständnisses der strategischen Ausrichtung von J&J sowie der zugrunde liegenden Sicht von Märkten und Kunden (einschließlich ihrer künftigen Entwicklung) bei den Führungskräften

und Managern aller Geschäftsbereiche und Regionen, sodass sie unabhängig, aber angemessen im Sinne dieser Ausrichtung agieren können.

Auf der Grundlage der Konzeptionsprinzipien, auf die man sich beim ersten Meeting des Executive Committee geeinigt hatte, wurde ein Schema für künftige Meetings erarbeitet. Es sah drei Phasen mit jeweils spezifischen Zielen vor:

Phase 1: Entdeckung. Diese Phase, in der es um Ideensuche und -Inkubation ging, sollte die – sonst relativ langwierige – Suche nach Anomalien in einer Auswahl von Themen replizieren. Sie sollte die J&J-Manager mit einem breiten Spektrum von Perspektiven zum Gesundheitswesen konfrontieren; Probleme auf den Tisch bringen, die bislang nur vertraulich besprochen worden waren; die J&J-Führungskräfte mit unterschiedlichen Kulturen, politischen Überzeugungen und Marktstrukturen vertraut machen und damit das Verständnis ihrer gegenwärtigen und künftigen Märkte und Kunden verbessern; relevante demographische, gesellschaftliche und marktbezogene Informationen zusammen führen, soweit machbar, und daneben auch Phasen der intensiven Erfassung, Verteilung, Analyse und inneren „Verarbeitung" vorsehen. Außerdem sollte J&J die Peripherie nach aufschlussreichen Erkenntnissen absuchen. Das Executive Committee war sich dessen bewusst, dass es keine kühnen neuen Visionen oder Pläne entwerfen würde, wenn er sich im „Elfenbeinturm" der Weltzentrale in New Brunswick verschanzte. Es musste vor Ort. Wenn es um das Wachstum in China ging, sollte die Sitzung in China stattfinden. Wenn das Thema Innovation zu untersuchen war, sollten sich die Mitglieder in anderen innovativen Unternehmen umsehen.

Die Diskussionen wurden von verschiedenen Committee-Mitgliedern geleitet. Der jeweilige Leiter kümmerte sich persönlich darum, externe Experten als Referenten zu gewinnen, und informierte diese Referenten vorab über die Ziele der Tagung. Diese Vorab-Besprechungen hatten die wichtige Funktion, die Diskussionen auf den Sitzungen auf Basis neuester Daten zu führen – ganz gleich, ob diese angenehm oder unangenehm waren.

Phase 2: Das „zwingende Ereignis". Das Gespräch selbst war quasi der „Endtermin", an dem alles divergente Denken in der Gruppe zusammengeführt werden sollte. Ziel war die „Kollision der Perspektiven", die unter Umständen ein Aha-Erlebnis auslösen würde. Aus diesem Grund sollten die Meetings so offen und unhierarchisch wie möglich sein, um sicherzustellen, dass im Laufe des Prozesses die besten Ideen und Konzepte auf den Tisch kommen und geprüft würden. Darüber hinaus sollten möglichste viele der (gegenwärtigen und künftigen) Inhaber wichtiger Führungspositionen teilnehmen, und alle Teilnehmer sollten ernsthaft um eine Lösung der grundlegendsten, drängendsten Probleme bemüht sein. Um dieses Ziel zu erreichen, wurde ein etwas künstlicher, aber wirkungsvoller Trick eingesetzt: Für die Dauer der FrameworkS-Sitzungen wurden alle Teilnehmer – etwa zwanzig an der Zahl – zu Mitgliedern des Executive Committee ernannt. Als solche konnten sie den FrameworkS-Prozess nicht als Forum für ihre persönlichen Sichtweisen benutzen; vielmehr mussten sie die Interessen des Konzerns im Auge behalten. Und damit wurde die offizielle Sitzung abgeschlossen.

Phase 3: Synthese. Während dieser Phase, die nach dem Meeting stattfand, wurden die Überlegungen und Erkenntnisse aus den ersten beiden Phasen in die Praxis überführt. Hier ging es sowohl um kurzfristige Maßnahmen als auch um langfristige Fragestellungen. Spezielle Arbeitsgruppen sollten die Umsetzung der Maßnahmen überwachen.

J&J wusste um die Gefahren einer Unternehmensführung, die sich zu sehr auf das operative Geschäft fokussiert. Nun ging man daran, ein Unternehmen zu schaffen, das sich fortlaufend selbst transformiert – eines, das seinen Erfolg aus der eigenen schöpferischen Zerstörung zieht.

Die ersten Jahre

Nun, da sich das Executive Committee von J&J zu diesem neuen Prozess bekannte, organisierte es eine Serie fokussierter Dialoge, bei denen es um den Wandel des US-amerikanischen Gesundheitsmarktes ging. Das erste Treffen wurde FrameworkS 1 genannt, das zweite FrameworkS 2 und so weiter. Insgesamt gab es über ein Dutzend davon.

Das erste FrameworkS

FrameworkS 1 führte zu einem verschärften und spezifischeren Bewusstsein über die Bedrohungen für die J&J-Geschäftsfelder. Um über die nächsten fünf Jahre hinauszublicken, versuchten die Mitglieder des Executive Committee sowie andere Mitglieder des FrameworkS-Teams, die nächsten Jahre in einen längerfristigen Kontext zu stellen. Sie fragten sich: Wie werden die demografischen Daten im Jahr 2010 aussehen? Mit was für einem Kunden werden wir es in zwanzig Jahren zu tun haben? Wie wird das typische Sprechzimmer eines Arztes aussehen? Welche Rolle wird der Gesetzgeber spielen? Welche Rolle und welchen Einfluss werden die Kostenträger im Jahr 2010 haben? Wenn rechtliche Rahmenbedingungen in Zukunft viel stärker regional ausgerichtet sind, könnten all unsere bisherigen Annahmen über den Haufen geworfen werden – was sollten wir dann tun? Wie werden die Technologien im Jahr 2010 aussehen? Wer führt momentan den Wandel an? Welche unkonventionellen Ansätze – wie etwa die Telemedizin – werden momentan erprobt? Wer hat hier die Führung?

Nach der Sitzung gelangten sie zu dem Schluss, dass

die traditionellen Geschäftsmodelle sich auflösen. Wir haben immer Ärzte und Pflegekräfte als unsere Kunden betrachtet. Heute treten Manager an ihre Stelle, die mit uns verhandeln sollen. In unserem Konsumgütergeschäft findet eine Machtverschiebung vom Hersteller zum Einzelhändler statt. In allen unseren Geschäftsfeldern gibt es drastische Machtverschiebungen, die sich auf sämtliche Elemente unserer Geschäftspraxis auswirken werden.

Mich beunruhigt vor allem das Problem der Selbstzufriedenheit. Angesichts unserer Gewinnspannen und unses Wachstums können wir unsere Mitarbeiter nur schwer davon überzeugen, dass wir angegriffen werden und dass unser Ergebnis sehr schnell abstürzen kann. Wir müssen effizienter und effektiver werden. Wir hatten in der Vergangenheit immer wieder Mühe, unsere Kosten niedrig zu halten.

Viele von uns erkennen, in welche Richtung sich die Welt entwickelt, aber bereiten wir uns wirklich darauf vor?

Die ersten Schritte im Transformationsprozess: Neue Geschäftsfelder starten und Kosten senken

Im Verlauf des FrameworkS-1-Projekts kristallisierten sich drei Schwerpunktthemen heraus:

1. *Verständnis der „neuen amerikanischen Kunden“:* Wer sind sie? Wie denken sie? Was bestimmt ihr Verhalten? Was bestimmt ihre wirtschaftliche Situation? Was bestimmt das Verhalten ihrer Kunden? Wie können wir am besten an sie vermarkten? Wie können wir neue Produkte für sie entwickeln? Wie gut sind wir im Vergleich zu anderen Lieferanten/ Partnern positioniert, um die künftigen Kundenbedürfnisse zu befriedigen?
2. *Senkung der Herstellkosten* im gesamten Unternehmen, sodass die Produkte für die „neuen amerikanischen Kunden“ für diese preiswert und

für J&J profitabel sind. Hier waren offenbar bereits energische Anstrengungen im Gang. Daher musste lediglich dafür gesorgt werden, dass alles getan wurde, was getan werden konnte.

3. *Steigerung der Innovationskraft* – um die Bedürfnisse der „neuen amerikanischen Kunden“ und der vorhandenen Kunden zu befriedigen und um das Tempo und den wettbewerbswirksamen Effekt von Innovationen im Konzern zu steigern. Hier kommt es insbesondere darauf an, viel versprechende neue Geschäftsfelder zu erschließen, insbesondere solche, die mit den „neuen Kunden“ und „neuen Technologien“ in den Vereinigten Staaten in Zusammenhang stehen.

Das Hauptergebnis dieser ersten FrameworkS-Sitzung war die Entwicklung „neuer Geschäfte für den neuen Markt“. Die Teams gelangten unter anderem zu dem Schluss, dass die größten Kunden von J&J – wie etwa Krankenhausketten, Managed-Care-Organisationen und staatliche Einrichtungen – zunehmend nach einem einzigen Ansprechpartner bei J&J verlangten, der ihre Einkäufe bei den verschiedenen Geschäftsbereichen koordinieren sollte. J&J reagierte prompt: Nur drei Monate nach dem ausschlaggebenden Zwischenmeeting der Arbeitsgruppen wurden mehrere US-Geschäftsbereiche zu der neuen Health Care Systems, Inc., zusammengefasst – der Kundenwunsch nach einer zentralen Koordinationsstelle war erfüllt. „Es ist eine wirklich einzigartige und innovative Struktur – das perfekte Vehikel, um einerseits Kundenbedürfnisse zu erfüllen und andererseits die Kultur selbstständiger Geschäftbereiche zu bewahren“, schrieb David Cassak, Redakteur von *In Vivo: The Business and Medicine Report*, einer Fachzeitschrift für die Gesundheitsbranche. Das integrierte medizinische Versorgungsnetzwerk der Duke University war einer der J&J-Kunden, deren Feedback zur Gründung von Health Care Systems führte. „Wir sind begeistert vom Ergebnis des damaligen Gesprächs“, sagte Peter Nyberg, der stellvertretende Leiter des Unternehmensprogramms.[3] „Health Care Systems hilft uns, effizienter zu sein, das meiste aus unseren Ressourcen herauszuholen. Das kommt letztlich unseren Patienten zugute.“

Gleichzeitig bildete sich ein Konsens darüber heraus, dass ein Programm zur gründlichen Neugestaltung und Kostenvermeidung gestartet werden sollte. Dies war nicht das erste Mal, dass die Manager von J&J über eine Verbesserung der Kostenposition sprachen, aber es war das erste Mal, dass sie so drastische Fortschritte erzielten. Im Verlauf der nächsten achtzehn Monate gelang es J&J, Kosten in Höhe von 2 Milliarden Dollar einzusparen, und diese

Einsparungen schlugen sich direkt im Ergebnis nieder. Ein Teil der Kosteneinsparungen ging auf den Abbau von Arbeitsplätzen zurück, der Großteil aber auf eine effizientere Nutzung vorhandener Ressourcen.[4] Warum aber lief es diesmal anders? Erstens stellte sich das ganze Executive Committee gemeinsam der Herausforderung. Während des gesamten Entdeckungsprozesses in FrameworkS 1 war jeder einzelne von ihnen zutiefst von der Dringlichkeit des Handlungsbedarfs überzeugt. Zweitens setzte sich der Vice Chairman Bob Wilson an die Spitze der Kostensenkungsbemühungen; er traf sich regelmäßig mit dafür abgestellten Managern von allen großen Franchise-Unternehmen; er forderte alle Geschäftsbereiche auf, sich Einsparziele zu setzen (auch wenn er die Ziele an sich nicht präzisierte); er drängte die Mitarbeiter dazu, wirklich tief greifende Veränderungen zu erwägen, und unterstrich generell die hohe Dringlichkeit und Bedeutung des Vorhabens. In diesen achtzehn Monaten sorgte Bob Wilson dafür, dass Kostenvermeidung und Kostensenkung nie in Vergessenheit gerieten.

Zunächst waren wir davon ausgegangen, dass es sich um einen überwiegend kreativen Prozess handeln würde. Die Zerstörung, so glaubten wir, hätte allenfalls nachrangige Bedeutung. Nun, bei der Implementierung, war eine unserer wichtigsten Erkenntnisse die, dass der Prozess sowohl Schöpfung als auch Zerstörung bewirkt – einfach, weil er *Wandel* auslöst.

Ralph Larsen sagte damals: „Die Gesundheitsreform wird für uns eine der stärksten Antriebskräfte sein, die es je gab.“ Die Angst vor potenziell negativen Folgen der Gesundheitsreform war zu einer Antriebskraft für die Sicherung der Zukunftsfähigkeit von J&J geworden.

Die nächsten Schritte

Im Anschluss an diesen anfänglichen Erfolg initiierte das Executive Committee mehrere FrameworkS-Projekte, die so heterogene Themen abdeckten wie den „Neuen Amerikanischen Verbraucher“ (ein Nachfolge-Projekt von FrameworkS 1), Informationsmanagement, Organisation und Führung, sowie mehrere Schwerpunktprojekte zum regionalen Wachstums in Europa, China, Korea und Japan (die in den jeweiligen Regionen durchgeführt wurden). Die Ergebnisse dieser Diskussionssitzungen variierten je nach Thema. In Europa war das wichtigste Resultat der Start von siebzehn Pilot-Geschäftsfeldern. Dabei verließ J&J seine traditionelle Rolle als Hersteller und stieg in das Geschäft mit Gesundheits-Dienstleistungen ein. In China wurden die Investitionen drastisch hochgefahren, und ein Mitglied des Executive Committee übernahm die spezielle Zuständigkeit für das chinesische Geschäft. Im Bemühen, High-Potentials zu rekrutieren, wurden spezielle „J&J-Führungsstandards" festgelegt. Fortan sollten die Führungsteams aller etwa 175 Geschäftsbereiche anhand dieser Standards ihre Fortschritte bei der Entwicklung von Führungsqualitäten selbst bewerten. Die Diskussion über Informationsmanagement führte zur Schaffung der Position des „Chief Information Officer" im Executive Committe.

Diese Ergebnisse bewiesen, dass der FrameworkS-Prozess alles andere als eine Trockenübung war. Durch Aufbrechen mentaler Modelle und Übernahme anderer Sichtweisen gelang es J&J, eine verblüffende Vielfalt von Lösungen für die grundlegendsten Herausforderungen des Konzerns zu entwickeln.

Als das Executive Committee 1995 nach mehreren Jahren tief greifender Veränderungen ein Resümee zog, blickt es mit einem gewissen Stolz auf das Erreichte zurück. FrameworkS war zu diesem Zeitpunkt zu einem neuen Führungsprozess bei J&J geworden. Er zeichnete sich durch eine sehr lockere Struktur aus, und er war so angelegt, dass er das Beste aus dem gesamten Konzern herausholte. Dieser Prozess lief weder „top-down" noch „bottom-up", noch kam er aus der Mitte – vielmehr erfasste er das gesamte Unternehmen. Er forderte von allen Mitarbeitern gründliche eigene Denkarbeit statt bloßes Reagieren nach vorgegebenem Muster, und er gab ihnen die nötige Zeit und den nötigen Freiraum, um diese Reflexion durchzuführen.

Als Folge von FrameworkS wurde die Arbeitszeit anders verbracht, alte Informationen auf neue Weise genutzt, neue Informationen praxisnah verwertet und Ideen auf Basis neuer Kriterien bewertet. Die Erarbeitung und Umsetzung dieser Ideen bei J&J verlief nach einem völlig anderen Muster, als es heute in den meisten Konzernen üblich ist.

Die Veränderung der alten mentalen Modelle war eine sehr emotionale Erfahrung – sowohl für die Mitglieder des Executive Committee als auch für die übrigen erfolgsgewohnten, leistungsfähigen und intelligenten Leute, die daran beteiligt gewesen waren. Die oftmals unangenehmen Fakten und beunruhigenden, ja verwirrenden Schlussfolgerungen riefen alle möglichen Reaktionen hervor – von der Verleugnung über Abwehrmechanismen und Rationalisierung bis hin zur Umgehung. Doch diese Reaktionen erwiesen sich als durchaus überwindbar. Die Bedeutung des FrameworkS-Prozesses von J&J lag unter anderem darin, dass er ein Forum bot, auf dem sämtliche Teilnehmer ihre vorherigen Denkmuster ablegen konnten. Letztendlich gewährte FrameworkS allen Mitarbeitern die Freiheit, aus alten Denkgewohnheiten auszubrechen und neue

Gewohnheiten zu entwickeln. Das Executive Committee delegierte ausdrücklich einen Teil seiner Entscheidungsgewalt – die allerdings eher aus Sicht der Geschäftsleitungen vorhanden war als nach Einschätzung des Committee selbst – an das operative Management des Konzerns.

Die Teilnehmer dazu zu bringen, dass sie genügend Zeit für die Ideen-Inkubation aufwandten, war zuweilen eine mühselige Aufgabe. Das Unternehmen musste sie dazu bewegen, jahrelang Angelerntes zu vergessen, Denkprozesse nicht übereilt abschließen zu wollen und keine vorschnellen Urteile zu fällen, nach Fragen zu suchen und nicht nach Antworten. Die Teilnehmer mussten lernen, Ergebnisse nicht vorausplanen zu wollen. Und dass sie nicht von Entscheidungen, zu denen sie sich genötigt fühlten und die auf Jahre alten Informationen basierten, „Handlungsschritte" ableiten sollten.

Die Überwindung dieser Hindernisse war vor allem das Verdienst von Chairman Ralph Larsen und Vice Chairman Bob Wilson, die das Programm gegen diverse Widerstände energisch durchzogen. So befasste sich beispielsweise das erste regional fokussierte FrameworkS mit den Herausforderungen des Wachstums in Europa. Obgleich man schon bei der ersten Diskussionssitzung übereinkam, dass echte Wachstumschancen existierten, war sechs Monate später noch wenig passiert. Die Verantwortlichen des Europa-Geschäfts waren noch nicht wirklich wachgerüttelt worden. Sie glaubten, das Wachstumspotenzial mit ihren vorhandenen Plänen abdecken zu können. In dieser Situation zeigte das Executive Committee ernsthaften Durchsetzungswillen und weigerte sich diese Reaktion zu akzeptieren. Sie forderten das Europa-Management auf, eine zweite Sitzung zu organisieren. Und sie trafen erneut auf Widerstand. Doch aller guten Dinge waren drei: Diesmal erkannten die Europäer, dass es dem Committee ernst war, dass es sich nicht mit marginalen Verbesserungsvorschlägen abspeisen lassen würde und dass sie daher ihre Geschäftsansätze ganz neu überdenken mussten. So präsentierten sie diesmal siebzehn Ideen für neue, wachstumsträchtige Geschäfte, die J&J weit über das bisherige Betätigungsfeld hinausführten – weg von der Position als reiner Produktanbieter, hin zu Dienstleistungen, die zum Wandel der Leistungserbringung im europäischen Gesundheitswesen beitragen sollten. So wurde aus dem Nachzügler Europa das Versuchsfeld für den gesamten Konzern. Doch war dies ein fast vierjähriger Prozess, und nur dank des unermüdlichen Engagements des Executive Committee kam letztlich echter Wandel zu Stande.

Gleichzeitig betonten Larsen und Wilson, die Mitwirkung an diesem Prozess sei völlig freiwillig – andernfalls, das wussten sie, wären sie auf einen ganzen

Berg neuer Schwierigkeiten gestoßen. Sie betonten nachdrücklich und immer wieder, dass die Teilnahme an FrameworkS weder leicht noch effizient noch angenehm sein würde. Und dass dies kein Prozess sei, in dem sich Erfolg oder Misserfolg leicht beurteilen ließen.

Dennoch wirkten die Teilnehmer sehr engagiert mit. Obgleich die Führungskräfte schon mehr als genug um die Ohren hatten, schufen sie Raum für FrameworkS. In einigen Fällen waren dazu Transatlantikflüge erforderlich (in einem Fall sogar die Anreise aus China), um an den Sitzungen teilzunehmen.

Zum Glück waren sowohl der Chairman als auch der Vice Chairman sehr geduldig, was den Erfolg der Bemühungen anlangte. Zwar bestanden sie am Ende jeder Diskussionsrunde darauf, den Fortgang des FrameworkS-Prozess zu evaluieren, doch verlangten sie zunächst keine umfassende Bewertung der Auswirkungen. Sie waren sicher so manches Mal versucht, diese Karotte tagtäglich aus der Erde zu ziehen und nachzusehen, wie sie wuchs. Stattdessen zeigten sie sich bereit, achtzehn und sogar vierundzwanzig Monate auf Ergebnisse zu warten – und zu diesem Zeitpunkt gab es ein paar sichtbare Erfolge, die auf Erkenntnisse aus dem Programm zurückgeführt werden konnten.

Die späteren Jahre

Zwei Jahre nach den ersten FrameworkS-Runden erkannten die Mitglieder des Executive Committee von J&J, dass einige der Fragestellungen, die in der ersten FrameworkS-Konzeptsitzung aufgeworfen worden waren – die Steigerung der Innovationskraft und die Verbesserung der operativen Effektivität – noch immer ungelöst waren. Trotz klarer Wachstumsfortschritte in verschiedenen Regionen, trotz bemerkenswerter Erfolge beim Aufbau neuer Geschäfte und trotz einiger tief greifender Veränderungen in der Führungskultur waren sie der Ansicht, dass der Konzern an beiden Fronten – Innovation und operative Leistungsfähigkeit – weitere Anstrengungen unternehmen müsse. Die tiefer hängenden Früchte waren nun gepflückt worden, und das Committee hatte eine Vorahnung, dass diese nächste Etappe konzernweiter Veränderungsprozesse deutlich schwieriger werden würde.

Stärkung der Innovationskraft

Das neunte FrameworkS befasste sich daher ausschließlich mit Innovation und zielte darauf ab, einige der großen Rätsel um die Anforderungen der Innovationskraft aufzudecken. Die Teilnehmer befragten Führungskräfte konzernweit, hielten Fokusgruppen mit Mitarbeitern ab, führten in drei wichtigen Konzernbereichen intensive Diagnosen durch, holten sich Input von führenden Wissenschaftlern und Fachleuten und – was am wichtigsten war – besuchten innovative Unternehmen aus sehr unterschiedlichen Branchen: Nike, Pepsi und Enron. Aus den gewonnenen Erkenntnissen heraus hinterfragten sie einige der institutionalisierten Innovationsmuster im Konzern: die inkrementelle Innovation in den Geschäftsbereichen, die Beschränkung auf Lizenzen und Akquisitionen bei substanziellen Innovationen, den Fokus auf Produktinnovation zu Lasten anderer Dimensionen und die starke Abhängigkeit des Umsatzwachstums von einigen wenigen innovativen Durchbrüchen. Man war sich allgemein einig darüber, dass das bisherige Innovationstempo – auch wenn es „draußen" bewundert wurde und für einen Konzern dieser Größe und Präsenz als ausreichend galt – bei fortschreitendem Wandel im Gesundheitsmarkt nicht länger ausreichen würde; zumal, wenn J&J noch größer und komplexer würde.

Die Mitglieder des „Erweiterten Executive Committee" (die Teilnehmer dieses jüngsten FrameworkS-Projekts) entwickelten eine sehr konkrete Vorstellung davon, welche Herausforderungen J&J zur Stärkung seiner Innovationskraft bewältigen müsste. Und sie setzten alles daran, diese Herausforderung zu bestehen. Sie erarbeiteten ein differenziertes Verständnis von den verschiedenen Stufen der Innovation und erklärten substanzielle Innovation zu *der* entscheidenden Herausforderung der nahen Zukunft. Anschließend arbeiteten sie eine Reihe von Verhaltensweisen und Maßnahmen heraus, die innovative Spitzenleistung begünstigen. Und sie erkannten, was unternommen werden müsste, um einzelne Geschäftsbereiche und Franchiseunternehmen innovativer zu machen.

Dieses Treffen war regelrecht spannungsgeladen. Die Teilnehmer hatten sich vor Ort kundig gemacht, an der Innovationsdiagnose mitgewirkt und mit Mitarbeitern im gesamten Konzern gesprochen – sie kannten die Probleme aus eigener Anschauung. Viele sprachen fast andächtig von ihren Erfahrungen.

Der nächste Schritt bestand darin, diese Einsichten und dieses Engagement auf breiter Front in die übrigen Führungsebenen im Konzern hinein zu tragen. Die Aufgabe, vor der diese Manager von Johnson & Johnson standen, war alles andere als einfach. Sie stellten an sich selbst den Anspruch, nachhaltiges Wachstum und Innovation auf einem Niveau zu realisieren, wie es bis dahin nur selten in der Geschäftswelt erreicht worden war. Sie wollten Wandel im Tempo und Ausmaß der Märkte, in denen sie tätig waren. Und sie erkannten zu Recht, dass sie nur dreißig (wenn auch hochrangige) Personen in einem Konzern mit über 87.000 Mitarbeitern waren. Würden sie die übrigen Konzernbereiche, würden sie alle anderen Mitarbeitern mit demselben Engagement und derselben persönlichen Auffassung von Innovation erfüllen können?

Es lag auf der Hand, dass die Steigerung der Innovativität nicht nur eine intellektuelle Aufgabe war, eine Frage des besseren Verständnisses von Innovation und den Prinzipien der Innovationskraft. Die Teilnehmer an FrameworkS 9 waren eben nur dies: Teilnehmer. Sie hatten sich persönlich an dieser Erfahrung beteiligt. Sie hatten sich bei anderen Unternehmen vor Ort von deren Vorgehensweise überzeugt. Sie hatten mit eigenen Ohren gehört, wie ihre Mitarbeiter über ihre Risikoangst sprachen. Im Grunde könnte man sogar sagen, dass keines der Konzepte und Prinzipien sonderlich neu war. Es war sicherlich nützlich, alle Fakten zusammengetragen und alle Prinzipien klar formuliert zu haben – doch das war nicht das Entscheidende. Entscheidend war die eigene Erfahrung.

Am Ende der FrameworkS 9-Sitzung wandte sich die Diskussion der Frage zu, wie man diese neue Entschlossenheit dazu nutzen könne, im Unternehmen etwas zu bewegen. Ein Mitglied des Executive Committee schlug vor, dieselbe Erfahrung nochmals für den ganzen Konzern zu wiederholen – für sämtliche Mitglieder des Board of Directors und für die Topmanagement-Teams der Geschäftsbereiche weltweit. Dies schien zunächst ein recht kühner Vorschlag, doch je mehr sie darüber sprachen, um so mehr Gefallen fanden sie daran.

Sie nannten das Projekt „What's New?" als Symbol für die andere Art von Dialog, die sie im Konzern verankern wollten. Es war dieselbe Frage, die Dr. Paul Janssen, ein sehr umtriebiger Erfinder und der Gründer der J&J-Tochter Janssen Pharmaceuticals, gerne bei seinen Rundgängen im Labor an die Mitarbeiter stellte. Sie spiegelte auch die Haltung des ehemaligen CEO und Chairman Jim Burke wider:

> *Wenn ich unsere Gesellschaften weltweit besuche, versuche ich die Manager davon abzuhalten, mir über die Geschäfte von heute zu erzählen. Das interessiert mich eigentlich nicht. Natürlich wollen mir die Leute am liebsten erzählen, wie die Dinge im Moment laufen, aber ich sage ihnen, sie sollen über*

die Zukunft sprechen. Das fällt ihnen schwer, doch mit dieser Haltung signalisiere ich, dass wir vor allem an langfristigem Wachstum interessiert sind und wissen möchten, wie es erreicht werden kann. Diese Ausrichtung auf die Zukunft zwingt unsere Manager dazu, aus dem „Business as usual" herauszukommen. Wir müssen uns immer wieder Neuem zuwenden. Wenn wir eine Zukunft haben wollen, dann müssen wir uns darauf konzentrieren.

Eine Veranstaltung für dreißig Personen auf eine Größe von achthundert Personen hochzufahren war nicht leicht. Doch ein Jahr später, 1997, trafen sich mehr als achthundert J&J-Führungskräfte in Los Angeles zu einer dreitägigen Tagung – der größten Veranstaltung dieser Art in der Geschichte des Unternehmens. Alle Teilnehmer hatten als Vorbereitung darauf spezifische Aufgaben erfüllt: ihre eigenen Geschäftsfelder kritisch bewertet, Material über andere innovative Unternehmen gelesen und in ihren Bereichen Umfragen durchgeführt, welche sich mit der Effektivität der derzeitigen Innovationsprozesse befassten. Auf der Tagung selbst diskutierten sie in kleinen Gruppen nach Art der FrameworkS-Sitzungen, was sie dabei erfahren hatten. Da nicht alle Teilnehmer auf einmal zu innovativen Unternehmen reisen konnten, sorgten die Organisatoren dafür, dass die Teilnehmer die entsprechenden Einblicke auf andere Weise erhielten: Es gab aufwändige Multimedia-Präsentationen, bei denen die Topmanager dieser führenden Unternehmen über ihre geschäftlichen Aktivitäten sprachen und so etwas von der Atmosphäre in ihren Unternehmen vermittelten.

Die Mitglieder des Executive Committee sprachen über die Bedeutung von Innovation für den nachhaltigen Erfolg des Unternehmens. Und ganz offenbar war die Tagung ein Erfolg: Die meisten Teilnehmer waren danach voller Tatendrang. Sie erkannten, dass das Team an der Spitze generell innovative Bemühungen unterstützte, und fühlten eine neue Freiheit, die Wachstumsprogramme in ihren Gesellschaften vorantreiben zu können.

Die Tagung erzeugte große Zukunftsbegeisterung. Einige Konzerntöchter setzten Veränderungen aggressiv um. Doch nicht alle konnten ihrer Begeisterung Taten folgen lassen. Für diese Tochterunternehmen ging alles so weiter wie bisher – vielleicht, weil sie im Jahr darauf, 1998, einige kurzfristige Ergebnisprobleme hatten (wie etwa rückläufiges Umsatzwachstum) und daher ihre Einsatzbereitschaft für langfristige Ziele durch den Wunsch verdrängt wurden kurzfristig das Meiste herauszuholen. Es überrascht kaumt, dass J&J als ein großer und komplexer Konzern ganz wie der Markt Erfolge und Misserfolge zu verzeichnen hat.

In dem Bemühen, die neu gewonnene Tatkraft zu erhalten, forderte das Executive Committee die so genannten Group Operative Committees für jeden Sektor auf, je eine Person zu benennen, die für die Umsetzung verantwortlich sein sollte; alle Bereiche sollten ihrer Gruppe über den erreichten Fortschritt Bericht erstatten. Um die Innovation noch fester im Unternehmen zu verankern, wurden die Anforderungen an die strategische Planung, die weithin wegen ihrer Praxisferne kritisiert wurden, völlig überarbeitet. Dahinter stand die Absicht, mehr Dialog und konstruktive Kritik nach dem Muster der FrameworkS-Sitzungen in den Prozess aufzunehmen; doch die Bemühungen, diese Intention in alle Tochtergesellschaften weltweit zu tragen, führten zu einer derartigen Förmlichkeit, dass die gute Absicht dadurch verdeckt wurde. So verwandte das Planungsteam beispielsweise sehr viel Energie darauf, ein reichhaltiges Instrumentarium von Optionen zu definieren, mit dem die einzelnen Geschäftsbereiche ihre Innovationskraft steigern konnten. Dieses Instrumentarium, das sowohl als Papierkopie als auch online zur Verfügung stand, sollte die Tochtergesellschaften durch den Prozess der Selbstentdeckung und -veränderung leiten und damit zur drastischen Steigerung der Innovationsrate beitragen.

Es gab „Wachrüttel"-Instrumente, wie etwa detaillierte Anweisungen darüber, wie Besuche bei anderen Unternehmen durchzuführen seien – wie man potenzielle Vorzeigeunternehmen identifiziert, wie man per Brief vorstellig wird, Leitfäden für die Gesprächsführung. Es gab auch ein komplettes Diagnose-Instrument mit Fragebogen zur Selbsteinschätzung, zentraler EDV-Unterstützung und empfohlenen Formaten für Workshops zur Diskussion der Erkenntnisse. Es gab Leitfäden für den Einsatz wissenschaftlicher Beiräte, für den Zugriff auf das interne Qualitätssicherungs-Wissensnetzwerk, für die Einrichtung von „Innovationszellen", welche die Entwicklung innovativer neuer Geschäftsideen abschirmen und beschleunigen sollten, sowie für die nachträgliche Auswertung von Innovationsprojekten im Hinblick auf erfolgreiche und weniger erfolgreiche Vorgehensweisen. Alles in allem waren zu Anfang fast vierzig verschiedene Empfehlungen enthalten. Damit sollte zum einen der Prozess in den Geschäftsbereichen gestartet werden, zum anderen sollte das weitergegeben werden, was man im Rahmen von FrameworkS 9 aus den Firmenbesuchen und aus den internen „Best Practices" zu Innovation gelernt hatte.

Dieses Instrumentarium sollte nach dem Start mit der „What's New?"-Tagung in vielfacher Hinsicht die Achse für die Umsetzungsaktivitäten bilden. Die Organisatoren der Tagung wollten unbedingt sicherstellen, dass auch nach dem Start etwas passieren würde; sie erhofften sich von dem Instrumentarium, dass es den Führungskräften in den weltweit fast 175 Geschäftsbereichen von J&J einige Anregungen und Hilfsmittel an die Hand geben würde, die weiterentwickelt und auf die spezifische Situation zugeschnitten werden könnten. Niemand dachte auch nur einen Augenblick, dass es einen übergreifenden und von allen anwendbaren Prozess geben könnte. Und selbst wenn es ihn gäbe – J&J war schließlich kein Unternehmen, das solche Richtlinien „von oben" vorgeben würde. Vielmehr wollte man bei den über achthundert Teilnehmern der Tagung Begeisterung und Tatendrang auslösen und ihnen ein Menü von Ideen zur Verfügung stellen, mit denen sie nach ihrer Rückkehr aus Los Angeles echte Veränderungen bewirken könnten.

Allerdings ist dieses Instrumentarium bislang nur begrenzt erfolgreich. Denn letztlich kommt es nicht auf Instrumente an – entscheidend ist die *Begeisterung* für Innovation. J&J musste lernen, dass unstrukturierte, exploratorische Ad-hoc-Prozesse tief greifendere Veränderungen bewirken als strukturierte Programme.

Das Programm war dort am erfolgreichsten, wo die Führungskräfte sich selbst engagierten und ihre Mitarbeiter dazu ermunterten, ihren eigenen Veränderungsprozess zu gestalten, ihre eigenen Messgrößen festzulegen und ihren eigenen Zielanspruch zu definieren. In diesen Situationen erwiesen sich die Instrumente aus dem „What's New?"-Projekt – wie etwa die Innovationsdiagnose und die Videoaufnahmen vom „What's New?"-Treffen in Los Angeles – als gute Ausgangsbasis. Tatsächlich fand die diagnostische Erhebung unter allen Instrumenten den stärksten Anklang. Angetrieben durch die allgemein selbstkritische Führungskultur und Neugier der Manager weltweit, flankiert durch ein zentrales Support-System, das die erhobenen Daten vertraulich auswertete und daraus umgehend Berichte für das Management produzierte, nutzte die große Mehrheit der Geschäftsbereiche und weltweiten Franchiseunternehmen die Diagnose als Hilfsmittel zur „Selbst-Entdeckung". Einige nutzten die Erkenntnisse als Anlass zu recht drastischen Veränderungen; anderen halfen die Ergebnisse, laufende Veränderungsprozesse zu verbessern.

Die eigentliche Lehre daraus ist wohl, dass von anderen entdeckte „Best Practices" für Unternehmen weniger hilfreich sind als eigene Entdeckungen. Als man versuchte, die allseits so begeisternden Erkenntnisse aus FrameworkS zu kodifizieren, nahm man ihnen den „Aha"-Effekt. Die Diagnose gab den Managern Gelegenheit, neue Erkenntnisse über ihre Einheiten zu gewinnen. Doch wir (und sie) stellten fest, dass echter Wandel nur dann zu Stande kam, wenn die Einheiten selbst ihre Instrumente und Strategien konzipierten.

Operative Optimierung

Nachdem sich das Executive Committee mehrere Jahre lang auf Innovation konzentriert hatte, beschloss es, sich nun der anderen Seite der Medaille – dem operativen Geschäft – zuzuwenden; zumal der potenzielle Nutzen der Reengineering-Initiative, die nach der ersten FrameworkS-Tagung eingeleitet worden war, weitgehend ausgeschöpft war. Bei der nächsten FrameworkS-Sitzung wollte man nach Möglichkeiten zur Optimierung des operativen Geschäfts suchen, mit besonderem Schwerpunkt auf dem Gleichgewicht zwischen operativer und innovativer Leistungsfähigkeit – auch wenn sich letztlich ein einfacher Fokus auf operative Effizienz durchsetzte. Diese FrameworkS-Sitzung hatte nicht nur weit reichende Auswirkungen auf die Unternehmenskultur – die Manager der operativen Bereiche genossen eine Wertschätzung, wie sie sie bis dato in einer Marketing- und Vertriebskultur nicht gekannt hatten –; sie fand auch große Resonanz im gesamten Konzern. Wenig später wurden große Teile der Fertigung umstrukturiert; dies führte zur Schließung von 36 der 158 Produktionsstätten, zum Abbau von 4100 Arbeitsplätzen und zu hohen Abschreibungen.[5]

Reflexion des Prozesses

Niemand konnte im März 1993 ahnen, welche Bedeutung der FrameworkS-Prozess für J&J annehmen würde. Obgleich es viele Erfolge gab, gab es auch unvermeidliche Widerstände. Doch die Konzernspitze ging alle Hindernisse direkt an und überwand sie. Ohne das Engagement der Führungsspitze, ihre Bereitschaft, gegen Ursachen des Widerstandes anzugehen, und das „Flagge-zeigen“ bei wichtigen Veränderungsprojekten hätte FrameworkS nicht diesen Erfolg gehabt.

Blickt man auf diese Jahre zurück, fällt vor allem Folgendes auf:

1. **Das Tempo.** Seit 1994 hat der zentrale Leitungsausschuss von J&J dreizehn verschiedenen FrameworkS-Gesprächsrunden (einschließlich der anfänglichen Konzeptsitzung) durchgeführt. Zunächst waren wir davon ausgegangen, dass vielleicht drei dieser Tagungen pro Jahr stattfinden könnten. Und tatsächlich hielt J&J dieses Tempo in den ersten beiden Jahren durch, doch schließlich musste man eine langsamere Gangart einlegen. Das lag zum Teil daran, dass die Vorbereitung der Meetings sich mitunter mit der Nachbereitung der jeweils vorangegangen überschnitt.

Irgendwann waren einige der Beteiligten dann in mehreren Arbeitsgruppen vertreten, und der Zeitaufwand für den FrameworkS-Prozess erreichte derartige Ausmaße, dass ihre operativen Verpflichtungen darunter zu leiden begannen. Zudem stellten sie fest, dass der Prozess mit der Zeit mehr und nicht weniger Vorbereitungszeit erforderte. Jedes Mal, wenn sie über Möglichkeiten zur „effizienteren" Gestaltung des Prozesses sprachen – wie etwa Kürzung der Vorbereitungszeit oder Delegation der Firmenbesuche an andere –, gelangten sie zu dem Schluss, dass Effizienz den Zielen von FrameworkS zuwiderlief. Obgleich man also für FrameworkS lieber weniger Arbeitszeit geopfert hätte, erkannte J&J, dass entsprechende Änderungen den Prozess zunichte machen würden. Letztendlich gab jedes FrameworkS-Projekt den Anstoß zu erheblichen Veränderungen, ob es dabei nun um Kostensenkung, Innovation oder Wachstum in Europa ging. Jedes einzelne Projekt erforderte die Aufmerksamkeit und das Engagement (sowie das „politische Kapital") der Managements. Mit jedem neuen FrameworkS-Prozess nahm die Zahl der Veränderungsprojekte, die von den Beteiligten gefordert wurden, um ein Vielfaches zu. In gewissem Sinne wurde Managementkapazität zu einem knappen Gut.

Immer wieder fragten wir: Sollen wir FrameworkS abbrechen? Sind die J&J-Mitarbeiter erschöpft? Gibt es zu viel anderes zu tun? Und immer wieder erhielten wir nach eingehender Diskussion und reiflicher Überlegung dieselbe Antwort: Nein, wir können es uns nicht leisten, FrameworkS *nicht* weiterzuführen. Anfangs war es einfach notwendig gewesen, die FrameworkS-Sitzungen in schneller Folge stattfinden zu lassen, um die kritischen Probleme auf den Tisch zu bringen, auf den raschen Wandel im Gesundheitswesen zu reagieren und allen Mitarbeitern die Entschlossenheit des Executive Committee zu signalisieren. Doch nach den katalytischen ersten Jahren schien ein gemesseneres Tempo sinnvoll.

Am Ende erwies sich FrameworkS als direkter Gradmesser für das Tempo und Ausmaß des Wandels, das innerhalb des Unternehmens tolerierbar ist. FrameworkS erhöhte dieses Tempo und Ausmaß bis zu dem Punkt, wo sich J&J nach Einschätzung der Konzernleitung mindestens genauso schnell und umfassend wandelte wie die Märkte, in denen es operierte.

2. **Der Bewertungsprozess.** Wir alle begannen den FrameworkS-Prozess, ohne zu wissen, was dabei herauskommen würde – das Executive Committee war einfach der Ansicht, ein Kraftakt wie dieser sei unumgäng-

lich, wenn J&J dem Schicksal von IBM Anfang der neunziger Jahre entgehen wollte. Doch hätten übereilte Versuche, die Effizienz und Effektivität von FrameworkS zu beurteilen, zu wenig aussagekräftigen Ergebnissen geführt. Der frühestmögliche Zeitpunkt für eine erste Bewertung war zwei bis drei Jahre nach dem Start; vorher hätten sich die Vorteile des Prozesses nicht deutlich genug gezeigt, um eine Fortsetzung zu rechtfertigen. Erst nach mehreren Jahren zeigte sich, was FrameworkS wirklich gebracht hatte.

Eine vorschnelle Bewertung von FrameworkS – die der natürlichen Neigung aller Führungskräfte entsprochen hätte, Prozesse über relativ kurze Zeitintervalle zu messen und zu verfolgen – konnte durch das frühzeitige und nachhaltige Engagement von Ralph Larsen, Bob Wilson und Roger Fine verhindert werden.[6] Sie sorgten dafür, dass das Engagement der Beteiligten während der heiklen zwei bis drei Anfangsjahre nicht nachließ. Kurzfristige Bewertungen ließen sie nur zu, wenn sie sich auf den Diskussionsprozess selbst bezogen: Haben wir kritische Fragen angesprochen? Haben wir unsere gegenwärtigen Annahmen infrage gestellt? Haben wir uns Ziele gesetzt, die sich um Größenordnungen von unseren anfänglichen Zielen unterscheiden? Ohne die Bereitschaft, die Ambiguität eines solchen nicht-traditionellen Führungsprozesses zu akzeptieren, wäre er vorzeitig beendet worden und würde nicht seit nunmehr über sechs Jahren andauern.

3. **Quellen des Widerstands.** Wie nicht anders zu erwarten war, gab es auch Gegner des FrameworkS-Prozesses. Wie wir bereits ausgeführt haben, nahm der Widerstand unterschiedlichste Formen an: Es gab regionale Führungskräfte, die ihren Kopf durchsetzen und so weitermachen wollten wie bisher; Geschäftsbereichsleiter, die zwar intellektuell vom Veränderungsbedarf überzeugt waren, dieser Überzeugung aber nicht durch ihr Verhalten Nachdruck verliehen; Stabsmitarbeiter, die institutionelle Veränderungsprozesse entwickeln und nicht vielfältige Ad-hoc-Initiativen in den einzelnen Bereichen unterstützen wollten; ja, es gab selbst Mitglieder des Executive Committee, die, als sie den Wandel auf einem bestimmten Bereich anführen sollten, dann doch nicht zum Aufbrechen starrer Strukturen und Abläufe bereit waren. Solche Hemmnisse finden sich nicht nur bei J&J. Was den FrameworkS-Prozess jedoch auszeichnete, war die Entschlossenheit von Larsen, Wilson, Fine und Russ Deyo (der

später das Prozessmanagement übernahm), einen Weg zur Überwindung oder Umgehung dieser Barrieren zu finden.

4. **An die Quelle gehen.** Viele der Hindernisse wurden dadurch überwunden, dass wir mit all unseren FrameworkS-Sitzungen „an die Quelle gingen". Die europäischen FrameworkS-Sitzungen fanden in Europa statt, die chinesischen in China und die japanischen in Japan. Sollten innovative Unternehmen analysiert werden, mussten die Projektbeteiligten innovative Firmen aufsuchen. Letztendlich erkannten wir, dass persönliche Erfahrungen überzeugender wirken als noch so schlüssige Analysen. Das war die zentrale Erkenntnis, die wir anfangs nur unter Mühen vermitteln konnten. Doch letztlich sorgte sie für die Realitätsnähe von FrameworkS. „Vor Ort" zu sein stärkte das Gefühl der Dringlichkeit, das wiederum den Umsetzungswillen steigerte. Die Themen, die im Rahmen von FrameworkS behandelt wurden, wurden dadurch aus der intellektuellen Sphäre herausgenommen und in die reale, greifbare Welt gebracht. Nur so konnten die Teilnehmer die Peripherie „erspüren".

   An die Quelle zu gehen bedeutete, dass die Vorbereitung zwar länger dauerte, aber effektiver war. Mitglieder des Executive Committee befassten sich weniger mit formalen Bewertungen des FrameworkS-Prozesses, da sie die Veränderungen und Auswirkungen persönlich miterlebten. An die Quelle zu gehen half, Widerstände zu brechen und Engagement zu schaffen. Und es erlaubte den Mitgliedern des Executive Committee, einige der emotionalen Hürden bei der Veränderung ihrer mentalen Modelle zu überwinden.

5. **Das ganze Unternehmen mitziehen.** An die Quelle zu gehen war für die Teilnehmer des FrameworkS-Prozesses von zentraler Bedeutung gewesen – um so mehr bestand nun die Herausforderung darin, FrameworkS dem Rest des 87.000 Mitarbeiter zählenden Unternehmens (und zunächst den gut 800 Managern der international verstreuten Tochtergesellschaften) nahe zu bringen. Dies wurde auf vielfältige Weise erreicht. Die vielleicht spektakulärste Maßnahme war dabei die „What's New?"-Tagung der obersten achthundert Führungskräfte in Los Angeles, wo sie aus eigener Erfahrung Erkenntnisse gewinnen sollten. Die einzelnen Veranstaltungen auf der Tagung wurden täglich zu den Tochtergesellschaften weltweit übertragen. Chairman Ralph Larsen führte darüber hinaus diverse Maßnahmen zur regelmäßigen Mitarbeiterkommunikation ein:

vierteljährlich erscheinende Videos über die zentralen Themen des Unternehmens, wobei die FrameworkS-Projekte nie fehlten; einen regelmäßigen konzernweiten Newsletter über FrameworkS; konkrete Thematisierung von FrameworkS auf den jährlichen Hauptversammlungen. Wichtiger noch: Ralph Larsen, Bob Wilson, Jim Lenehan, Roger Fine, Russ Deyo, Bob Darretta und Ron Gelbman sowie viele weitere Mitglieder des Executive Committee und viele CEOs der verschiedenen Unternehmensbereiche, die zentrale Rollen im FrameworkS-Prozess spielten – sie alle verwandten viel Zeit darauf, Einzelgespräche mit ihren Kollegen zu führen, Reden vor Mitarbeitern zu halten, strategische Pläne zu diskutieren und ihre Fertigungsstätten zu besuchen.[7] Die dabei gewonnenen Erkenntnisse kommunizierten sie unternehmensweit. Sie bezogen die neuen Ziele des Konzerns in ihre Führungstätigkeit ein. Und es waren vor allem diese Verhaltensweisen, mit denen FrameworkS die Arbeitsweise von J&J verändert hat.

Bewertung der Ergebnisse

Welche Auswirkungen hatte FrameworkS? Blickt man auf die Fortschritte seit dem „Weckruf" 1992 zurück, dann muss man feststellen, dass Ralph Larsen, Bob Wilson und die anderen Mitglieder des Topmanagements von J&J den Konzern von Grund auf umgestaltet haben. Ihre Bereitschaft, kritische und heikle Fragen aufzugreifen, hat wesentlich zu ihrem Erfolg beigetragen.

Erzielte Erfolge

J&J erreichte mit FrameworkS unter anderem Folgendes:

- Greifbare Resultate; darunter etwa ein konzernweites Programm zur Sicherstellung einer wettbewerbsfähigen Kostenposition, das einerseits zu Einsparungen in Höhe von 2 Milliarden Dollar, andererseits zur Gründung beziehungsweise Akquisition mehrerer Geschäftsfelder im Umfang von mehreren Millionen Dollar führte.
- Weniger greifbare Resultate wie beispielsweise verstärkte Teamarbeit über Funktions- und Bereichsgrenzen hinweg, höhere Risikobereitschaft, breitere Mitwirkung an der Bewältigung zentraler strategischer Herausforde-

rungen, engerer Zusammenhalt zwischen den oberen Führungskräften und eine verbesserte Führungskräfteentwicklung.
- Die Einleitung konzernweiter Veränderungsprozesse, die sich auf Bereiche wie Führungskompetenz und Innovativität konzentrieren und von hochkarätigen Führungskräften begleitet werden.
- Eine geänderte Einstellung gegenüber dem Tempo des Wandels. Die Mitarbeiter aller Ebenen sind nun überzeugt davon, dass Veränderung den Kern der Wettbewerbsfähigkeit ausmacht. J&J ist jetzt offensiver bei der Realisierung von Veränderungen in allen Elementen des Geschäfts – Kostenstruktur, Produkte, Organisation und Mitarbeiter. Schöpferische Zerstörung steht nun neben der operativen Spitzenleistung als einer von zwei Pfeilern, auf die sich der Erfolg von J&J stützt.

Die Auswirkungen des Prozesses lassen sich aber auch auf andere Weise beurteilen, und zwar indem man sie mit den Augen der Führungskräfte und Mitarbeiter von J&J oder aus Sicht von Außenstehenden betrachtet.

Sicht der Führungskräfte

Nachfolgend geben wir einige Kommentare und Einschätzungen des CEO und anderen Mitgliedern des J&J-Topmanagement zum FrameworkS-Prozess wieder:

- „FrameworkS ist kein zeitlich begrenztes Projekt, das bis zu einem bestimmten Termin eine neue Strategie oder eine neue Geschäftsidee hervorbringen soll. Vielmehr ist es ein fortlaufender, offener Prozess, der unsere Sichtweise unserer geschäftlichen Aktivitäten, unser Verhältnis zueinander und unsere Zusammenarbeit verändert und der die Zuversicht und die Einsatzbereitschaft fördert, die wir brauchen, um uns zu erneuern und ein großartiges und wachstumsstarkes Unternehmen zu bleiben.“
- „Ich würde sagen, das Programm hat Hunderte von Führungskräften dazu gebracht, sich mit den komplizierten und tief gehenden Problemen zu befassen, die wir angehen müssen. FrameworkS hat eine breite Basis der Unterstützung für den Wandel geschaffen. FrameworkS hat meine Aufgabe als Chairman verändert. Ich bin nicht länger jemand, der drängt und pusht, sondern jemand, der zur Initiative ermuntert. Nie zuvor habe ich so etwas erlebt. Ich habe noch nie eine Organisation von derart motivier-

ten und engagierten Mitarbeitern gesehen, wie unsere es heute ist, und ich führe das weitgehend auf FrameworkS zurück."

- „Wir betrachten den Konzern heute sehr viel mehr als eine weltweite Einheit, anstatt nur bis zum eigenen Tellerrand zu denken. Hier haben die Beteiligten eine Chance, sich zurückzulehnen, die gesamte Wettbewerbsszene zu betrachten und auch von Führungskräften aus anderen Teilen des Unternehmens zu lernen. Wir können jetzt eher Synergiepotenziale ausfindig machen, wichtige Chancen können endlich erkannt werden. Wenn man die Aufmerksamkeit auf etwas richtet, es auf den Kopf stellt und näher anschaut, erhält man mehr Einsichten."
- „FrameworkS hat uns ganz neu vor Augen geführt, welche Folgen grundlegende Veränderungen der Branchenstruktur haben können – etwa die zunehmende Konsolidierung der Branche oder die wachsende Marktmacht der Abnehmer. Die Mitarbeiter sind durch diese Veränderungen wie elektrisiert, und sie sind bereit zu einer Zusammenarbeit, wie sie noch vor einem Jahr undenkbar gewesen wäre."
- „Es war spannend zu erleben, wie sich Mitarbeiter auf allen hierarchischen Ebenen aktiv an der Gestaltung und Umgestaltung des Unternehmens beteiligten."

Nachfolgend einige Kommentare von Teilnehmern, die nicht dem Leitungsausschuss angehörten:

- „Ohne FrameworkS würden wir keine großen Risiken eingehen. Dieses Programm hat das Risikoprofil des Topmanagements gestärkt und die Wahrnehmung der Risikobereitschaft [des Unternehmens] auf allen nachgeordneten Ebenen erhöht – als mittlere Führungskraft bin ich jetzt bereit, mich aktiv einzubringen."
- „FrameworkS hat das Voneinander-Lernen auf Bereichsleiter-Ebene gefördert und die Kommunikation ganz erheblich verbessert. Durch FrameworkS habe ich Dinge gelernt, von denen ich während der zwanzig Jahre vorher bei J&J keine Ahnung hatte. Das Programm hat bei den Geschäftsleitern für sehr viel „Empowerment" – ein Wort, das ich eigentlich hasse – gesorgt. Dass das Executive Committee seine Zielvorstellungen deutlich machte, war überaus hilfreich. Das schraubte die allgemeinen Ansprüche deutlich nach oben. Es war eine sehr motivierende Erfahrung."
- „FrameworkS bietet eine Möglichkeit, mit dem Executive Committee zu kommunizieren und die praktische Seite in den Entscheidungsfindungs-

prozess einzubringen. Das Executive Committee hatte vor fünf Jahren die Bodenhaftung verloren, und FrameworkS hat es auf den Boden der Tatsachen zurückgeholt. Man muss sich zu Kernfragen die Meinung einiger hervorragender Leute anhören, und das ist eine Möglichkeit dazu."

- „Ein positiver Nebeneffekt ist der enge Kontakt mit dem Executive Committee. Er macht andere geschäftliche Interaktionen einfacher."
- „Der funktionsübergreifende Dialog, der begonnen hat und jetzt weitergeht, ist phantastisch. Das Executive Committe ist dadurch im Ansehen aller gestiegen. Seine Bereitschaft zuzuhören und zu handeln hat alle beeindruckt."

Unsere Sicht

Die Wirkung von FrameworkS auf J&J hat uns insgesamt sehr zufrieden gestellt, wenn auch die Führungskräfte von J&J diese Wirkung vermutlich prägnanter beschrieben haben, als wir das könnten. Es war ein langer Weg. Zweifellos waren die Bemühungen, die Anpassungsfähigkeit des Unternehmens zu verbessern, recht erfolgreich. Das heißt aber nicht, dass man nicht noch mehr tun könnte. Es wird eine Gratwanderung bleiben, Geschwindigkeit und Ausmaß der schöpferischen Zerstörung drastisch zu steigern, ohne die operative Effizienz zu opfern. Dazu sind weitere Anstrengungen notwendig, insbesondere, um substanzielle und transformatorische Innovation zu fördern. Die Ursache für manche Probleme liegt vielleicht in der Schwierigkeit, adaptive Arbeit zu führen. Wie sagte Ralph Larsen so treffend: „Das Letzte, was unsere Leute brauchen, sind Anweisungen aus der Zentrale." Es wird seine Zeit dauern, die Fähigkeit zur Führung adaptiver Arbeit zu perfektionieren.

Wie uns die Erfahrungen mit J&J jedenfalls zeigen, sind Veränderungen dann am effektivsten, wenn die maßgeblichen Personen selbst daran mitwirken, ein Gefühl der Dringlichkeit zu erzeugen und die Form und Ziele des Wandels festzulegen. Wir sind überzeugt: Das nur teilweise strukturierte, offene Design des FrameworkS-Prozesses bietet die richtige Sprungschanze für Unternehmen wie J&J, die sich von Grund auf selbst erneuern und die das Tempo und Ausmaß der Schöpfung wie auch der Zerstörung verändern wollen.

Intellektuelle Stagnation ist das Hauptproblem großer Organisationen. Es ist von größter Bedeutung, den Nährboden für Ideen fruchtbarer zu machen. Die größte Verantwortung der modernen Unternehmensführung liegt darin, den menschlichen Intellekt so zu entwickeln, dass er all seine Begabungen entfalten kann.

ROBERT WOOD JOHNSON, 1959

Ralph Larsen fasste die Auswirkungen des Programms in einem Kommentar für das Magazin *Chief Executive* zusammen: „Ist FrameworkS eine in sich geschlossene, einfache Strategie, um ein Unternehmen für die Bewältigung des Wandels zu rüsten? Absolut nicht. Doch innerhalb der dezentralen Führungsstruktur von Johnson & Johnson wurde es zu einem probaten Mittel, um den gesamten Konzern mit neuer Tatkraft zu erfüllen und die Aufmerksamkeit von Mitarbeitern und Führungskräften auf die beiden wichtigsten Faktoren für unsere Zukunft zu lenken: Innovation und Wachstum."[8]

FrameworkS kann zur „Fruchtbarkeit des Nährbodens für Ideen" einen wichtigen Beirag leisten. Es kann dem Unternehmen helfen, sich von einer operativ orientierten Organisation in eine zu verwandeln, die ebenso schnell und umfassend wie der Markt erschafft, betreibt und austauscht – und sich so ihre Frische und Lebenskraft für die Zukunft bewahrt.

KAPITEL 12

Die Allgegenwart der schöpferischen Zerstörung

Joseph Schumpeters Ideen über die zentrale Bedeutung des Unternehmertums waren in den dreißiger Jahren Gegenstand der öffentlichen Debatte, doch sie wurden von der Vision und Hoffnung von Lord John Maynard Keynes übertönt. Die Rivalität zwischen Schumpeter und Keynes war heftig und allgemein bekannt. Als die Weltwirtschaftskrise das Bruttoinlandsprodukt der Vereinigten Staaten halbierte und die Arbeitslosigkeit auf 25 Prozent hochschnellen ließ, galten die Schumpeter'schen Konzepte als weniger geeignet zur Wiederbelebung der danieder liegenden Wirtschaft, während Keynes – der zur Überwindung der Krise eine straffe Fiskalpolitik empfahl – weit mehr Gehör fand. Schumpeter war darüber bitter enttäuscht.

Aber das liegt siebzig Jahre zurück. Die Keynes'schen Ideen – aufgekommen unter den widrigen Bedingungen der Weltwirtschaftskrise – erlebten ihre wahre Blütezeit Mitte des 20. Jahrhunderts und haben sich mittlerweile in der Politik der meisten Länder niedergeschlagen. Doch die wirtschaftlichen Rahmenbedingungen von heute unterscheiden sich grundlegend von denen, welche zu Zeiten der Weltwirtschaftskrise das Denken bestimmten. Damals blieben die Unternehmen fünfzig Jahre oder länger im S&P-Index. Heutzutage halten sie sich im Schnitt gerade noch zwanzig Jahre, mit rückläufiger Tendenz. In Risikokapitalfonds wird mehr denn je investiert, ebenso wie mehr Risikokapital denn je in neue Geschäftskonzepte fließt. Das Ganze nimmt derartige Ausmaße an, dass man sich fragt, wo all die High-Potentials herkommen sollen, welche diese Gelder zum produktiven Einsatz bringen können. Auch andere Indikatoren des Wandels haben historische Höchststände erreicht, darunter etwa die Anzahl von Fusionen und Übernahmen und die Zahl der Ausgründungen.

Fusionen & Akquisitionen 1890–1998

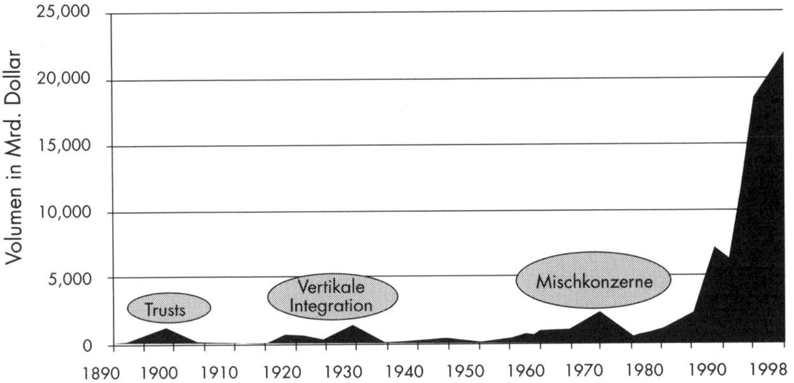

Quelle: Nelson Series, Thorpe Series, FTC, „Broad" Series, IRF, Europe Team

Auch wenn dieses Tempo des Wandels langfristig wohl kaum aufrechterhalten werden kann, so wird es ebenso wenig auf das Niveau der siebziger Jahre zurückfallen. Dafür gibt es einfach ein zu großes Potenzial für produktive Veränderungen. Das Spiel der schöpferischen Zerstörung wird in den USA weitergehen – und vermutlich noch schneller werden.

Die Zukunft der New Economy

In der New Economy manifestieren sich Schumpeters Ideen auf dramatische Weise. Der Meister selbst hätte sich wohl kaum eine derart umwälzende Veränderung vorstellen können, wie wir sie derzeit erleben.

Und diese Revolution ist noch lange nicht vorüber – die ökonomischen und technologischen Kräfte beschleunigen sie weiter. Die Schlüsseltechnologien, welche die Wirtschaft vorantreiben, schaffen Fortschritt, der wiederum die Grundlage für weiteren Fortschritt bildet. Dieser Zyklus wird sehr lange dauern. Wir stehen am Anfang einer lang geschwungenen Kurve, die sich zu unseren Lebzeiten weiter beschleunigen wird. Das Internet ist dafür das deutlichste Beispiel. Es hat bereits begonnen, praktisch alle Wirtschaftszweige dauerhaft zu verändern. Es hat das Potenzial sowohl für effizientere Märkte geschaffen (wie die etwa 2000 Tauschbörsen, die in den letzten fünf Jahren gegründet wurden, belegen) als auch für ein effektiveres Marketing von Konsumgütern und Dienstleistungen.

Zudem haben die Technologien, die dem Internet zugrunde liegen – Datenübertragung, Computer und Software – nicht einmal annähernd die Grenzen ihrer Leistungsfähigkeit erreicht. Breitband- und drahtlose Kommunikation werden die Geschwindigkeit und den Nutzen der Telekommunikation noch viele Jahre lang steigern. Es wird Jahrzehnte dauern, bis in den Vereinigten Staaten, in Europa und Japan die nötigen Kommunikationssysteme installiert sind, und vermutlich noch länger, um sie auch in Lateinamerika, Südostasien, dem Nahen und Mittleren Osten sowie in China aufzubauen. Im Gefolge dieser neuen technologischen Infrastruktur werden neue Dienstleistungen entstehen, und die Effizienz wirtschaftlicher Prozesse wird ein neues Niveau erreichen. Die Interaktionskosten – also die Kosten für Kauf, Verkauf und Lieferung von Produkten zwischen Firmen sowie zwischen Firmen und ihren Endkunden – werden weiter zurückgehen.

Die neuen Erkenntnisse auf dem Gebiet der Genetik (die ihrerseits durch leistungsfähigere Computer- und Software-Technologien ermöglicht wurden) dürften zu substanziellen Fortschritten im Gesundheitswesen führen, die vermutlich bei Diagnostik-Geschäftsfeldern beginnen und später ganz neue pharmazeutische Wirkstoffe entstehen lassen werden. Der Strom an neuen Medikamenten, Geräten und Geschäften, der aus diesen Fortschritten hervorgeht, wird wahrscheinlich noch mehrere Jahrzehnte anhalten.

Der Übergang in diese Zukunft wird, wie wir mehrfach betont haben, nicht reibungslos verlaufen. Neue Unternehmen werden neue Ideen auf den Markt bringen und damit genau die Erfolgsgeschichten ins Gegenteil verkehren, von denen sie ursprünglich angelockt wurden. Verluste werden beim Voranstürmen zu einem höheren Lebensstandard eine unvermeidliche Begleiterscheinung sein. Dafür sorgt der immer schnellere wirtschaftliche Wandel, verbunden mit der wachsenden Komplexität unserer Gesellschaft und unserem Unvermögen, die Zukunft vorherzusagen. Investoren und Manager müssen damit rechnen, dass Marktturbulenzen in Zukunft regelmäßig auftreten. Wir haben bereits spektakuläre Kursanstiege und -einbrüche bei vielen Internet-Aktien erlebt, wie etwa bei Priceline.com und Amazon.com. Weitere werden sicher folgen. Daher wird es wichtiger sein denn je, Methoden zur Absicherung riskanter Kapitalanlagen zu finden, etwa durch zunehmenden Einsatz von Finanzderivaten wie zum Beispiel Optionen. Doch langfristig wird aus der Entwicklung, Kombination und Nutzung der neuen Technologien eine gigantische Wertschöpfung in der Wirtschaft hervorgehen.

Das Scheitern der Strategie inkrementeller Verbesserungen

Die Vereinigten Staaten sind weder das erste noch das einzige Land, in dem Innovationen aufblühten, aber nirgendwo sonst haben die Prozesse der schöpferischen Zerstörung so lang angedauert und so viele Menschen betroffen. Beides ist nicht dasselbe. Japan ist ein lehrreiches Beispiel: Ende des 19. Jahrhunderts und ein weiteres Mal Mitte des 20. Jahrhunderts stieg Japan in atemberaubendem Tempo zu einer wirtschaftlichen Großmacht auf, und zwar durch konsequente Anwendung westlicher Techniken und Methoden. Doch als die japanische Fertigung Ende der siebziger Jahre Weltklasseniveau erreichte, setzte der weitere wirtschaftliche Erfolg voraus, dass das Land schöpferische Zerstörung im Tempo und Ausmaß der internationalen Märkte vorantrieb. Im Bemühen um Erhaltung der Wettbewerbsfähigkeit förderte Japan inkrementelle Innovationen in wichtigen Wirtschaftssektoren, wie etwa Stahl, Schiffbau, Automobile und Elektronik. Auf diesen Gebieten sind die Japaner zwar sehr erfolgreich, doch würde wohl niemand behaupten, dass sie sich den Geist der schöpferischen Zerstörung zu Eigen gemacht haben. Ganz im Gegenteil – sie setzten alles daran, die Machtstellung der großen Unternehmen zu festigen und den Status quo zu halten. Und sie kämpfen noch immer mit diesem Problem. Sie haben sich energisch bemüht, die Annahme der Kontinuität zu bewahren, anstatt sich der Diskontinuität zu öffnen. Das japanische Modell, welches den Drang nach zentraler Kontrolle mit inkrementellen Veränderungen verknüpft, wird immer anfälliger werden. Nun ist der Rest der Welt weitergezogen, und die Japaner haben Mühe, Schritt zu halten. Vielleicht wird es Jahrzehnte dauern, bis sie eine Lösung finden und einen neuen Ansatz entwickeln.

Mit Südkorea verhält es sich ähnlich. Einer unserer Kollegen nahm vor einigen Jahren an einem Arbeitsfrühstück mit dem ehemaligen südkoreanischen Premierminister H. K. Lee teil, der erklärte, die wichtigste Aufgabe Südkoreas liege in der Steigerung seiner Innovationskraft. Das „koreanische Wirtschaftswunder" basiere auf der Nachahmung der japanischen Industrialisierungsstrategie, und diese Strategie stoße nun an ihre Grenzen. Die koreanischen Lohnkosten hätten zwar internationales Niveau erreicht, doch die Produktivität liege unter dem Weltklasseniveau, und der Zugang zu Technologien werde von ausländischen Firmen verweigert (die meisten Technologien werden heutzutage gegen andere Technologien eingetauscht und nicht ge- und verkauft). Zudem seien die koreanischen Unternehmen extrem hoch verschuldet aufgrund der staatlich subventionierten Zinssätze, die deutlich unter Marktniveau lägen. Irgendwann musste der Damm brechen, und Premierminister Lee sah den einzigen Ausweg in der Innovation. Inzwischen ist der Damm gebrochen, und viele koreanische Unternehmen mussten Konkurs anmelden. Das Unvermögen, die schöpferische Zerstörung im Land selbst zu verankern, machte das koreanische Wirtschaftswunder zunichte.

Lee erinnerte sich an die Zeit unmittelbar nach Ende des Korea-Kriegs, als die Wirtschaftspolitik des Landes definiert wurde. Er sagte: „Wir dachten, wenn wir nur operative Größenordnungen auf Weltniveau erreichen könnten, dann hätten wir auch einen Platz an der Tafel. Dann wären wir angesehene Mitglieder der internationalen Wirtschaftsgemeinschaft, und das war unser Ziel. Wir haben es auch erreicht.“ Er fuhr fort: „Unsere Strategie zur Organisation unserer Volkswirtschaft verschaffte uns die nötigen Größenvorteile. Doch als wir zur Tafel kamen, war da kein Platz für uns reserviert. Wir waren nicht willkommen, weil wir einfach nur die Ansätze anderer kopiert hatten. Wir hatten nicht die Fähigkeit aufgebaut, zum weiteren Fortschritt beizutragen, weil wir nicht wussten, wie man Innovationen hervorbringt. Das müssen wir jetzt lernen.“ Seit dieser Zeit hat Korea viel dazugelernt, was Innovation angeht. Doch für ihre künftige Wettbewerbsfähigkeit müssen die Koreaner mehr tun, als nur innovativ zu sein – auch sie werden lernen müssen, die schöpferische Zerstörung zu meistern.

Bis heute haben Entwicklungsländer ihre Wirtschaftskraft meist dadurch zu steigern versucht, dass sie vorhandene Innovationen nachahmten – anstatt gezielt ihre Fähigkeit zur Förderung und Entwicklung eigener Innovationen zu entwickeln. Diese Strategie war zwar zeitweilig von Erfolg gekrönt, doch langfristig ist sie gescheitert, wie die Beispiele Japan und Korea verdeutlichen.

Das amerikanische System – für schöpferische Zerstörung wie geschaffen

In den Vereinigten Staaten haben wir das Prinzip der Diskontinuität viel konsequenter verinnerlicht. Wir waren sehr viel eher bereit, die Zügel der Kontrolle in die Hand des Einzelnen zu legen. Weshalb?

Das liberalere Umfeld in den Vereinigten Staaten, das die Wirtschaftsentwicklung – und damit die schöpferische Zerstörung – fördert, ist diversen politischen Faktoren zu verdanken: Erstens sind die amerikanischen Kapitalmärkte die transparentesten und am weitesten entwickelten Kapitalmärkte weltweit. Investoren haben Vertrauen in die Informationen, die amerikanische Unternehmen heraus geben, und dies wiederum gibt ihnen das nötige Vertrauen, um hier zu investieren. Denn ohne offene Geschäftsberichte kann es keine ernsthafte Investition geben. Zweitens fördert die amerikanische Außenhandelspolitik als solche die Konkurrenz aus dem Ausland – wahrscheinlich mehr als die der meisten anderen Länder. Die Konkurrenz aus dem Ausland konfrontiert die amerikanischen Unternehmen mit der Realität des weltweiten Wettbewerbs und schafft den Anreiz zu kontinuierlichen Verbesserungen. Drittens haben wir derzeit ein politisches Klima, das Risikokapital-Investitionen fördert und den Wert geistigen Eigentums konsequenter unterstreicht als die Politik anderer Länder – beispielsweise durch eine Steuerpolitik, die Investitionen fördert und F&E-Aufwendungen steuerlich begünstigt, sowie durch unser Patentrecht. Darüber hinaus haben wir ein Konkursrecht, das eine geordnete Abwicklung der Vermögensgegenstände für den Fall sicherstellt, dass ein Unternehmen seine Geschäftstätigkeit nicht mehr erfolgreich fortsetzen kann. Außerdem bietet das Arbeitsrecht in den USA zwar ein Sicherheitsnetz für Arbeitnehmer, aber es sorgt auch für mehr Arbeitsmobilität als in vielen anderen Ländern. Schließlich und endlich erlaubt das – zugegebenermaßen komplexe – amerikanische Gesetzgebungsverfahren eine zügigere Anpassung der rechtlichen Rahmenbedingungen, als das anderswo möglich wäre.

In jedem der genannten Bereiche wären sicherlich Verbesserungen möglich; doch in ihrer Gesamtheit bewirken diese Gesetze, dass die schöpferische Zerstörung und das Prinzip der Diskontinuität bereitwilliger angenommen und vielleicht sogar gefördert werden als irgendwo sonst auf der Welt. Das Wirtschaftssystem, das sich in den Vereinigten Staaten herausgebildet hat, verschafft US-amerikanischen Unternehmen einen Wettbewerbsvorsprung, den andere nur schwer einholen können.

Wirtschaftssysteme, die den Zugang zu Kapital einschränken oder zentralisieren, die über einen unzureichenden Fundus an wissenschaftlichen Erkenntnissen verfügen, die großen Wert auf Beschäftigungskontinuität legen oder sich gegen den Einfluss der Konkurrenz von außen abschotten, bezahlen das langfristig mit deutlichen Einbußen in der volkswirtschaftlichen Produktivität. Dies ist in vielen europäischen, asiatischen und lateinamerikanischen Ländern zu beobachten. Die Kräfte der schöpferischen Zerstörung freizusetzen ist nicht leicht, und diejenigen, die an den Schalthebeln der Macht sitzen, bemühen sich oftmals auch nicht darum.

Die Veränderungen, die Europa bevorstehen, werden die gegenwärtigen gesellschaftlichen und wirtschaftlichen Institutionen – einschließlich der Gewerkschaften – möglicherweise bis ins Mark erschüttern. Sich dagegenstellen zu wollen wäre sinnlos, denn dafür sind die Kapitalmärkte zu mächtig. Auch nach der umfassenden Steuerreform in Deutschland wird es möglicherweise Jahre dauern, bis Investoren davon überzeugt sind, dass es sich um einen echten Wandel handelt, und bis Handelswerte die entsprechende Resonanz finden. Wenn es so weit ist, wird sich die etablierte Wettbewerbsordnung in Deutschland – und vielleicht in ganz Europa – rapide verändern.

Wir sind in den Industriestaaten bei einer Epoche angekommen, in der die Innovationsfähigkeit eines Landes zu einem der wichtigsten Faktoren für seine internationale Stellung geworden ist. Die Fähigkeit, schöpferische Zerstörung – explizit oder implizit – als zentrales Element in die nationale Wirtschaftspolitik aufzunehmen, ist eine der wichtigsten Triebkräfte des Wirtschaftswachstums geworden. Und ihre Bedeutung wird in Zukunft noch zunehmen.

Die Kosten der schöpferischen Zerstörung tragen

Die positiven Effekte der schöpferischen Zerstörung liegen auf der Hand: Sie schafft das Potenzial für niedrige Inflation, geringe Arbeitslosigkeit und Haushaltsüberschüsse. Doch die Kräfte der schöpferischen Zerstörung können, wie wir wissen, auch Verwüstung anrichten. In den dreißiger Jahren wurde gegen Joseph Schumpeters Ideen vor allem als Gegenargument vorgebracht, dass sie die Folgen der sozialen Umwälzungen außer Acht ließen. Und das stimmte auch. Derzeit deutet alles darauf hin, dass das Tempo des Wandels weiter zunehmen wird. Wenn sich dies bewahrheitet, dann könnten auch die sozialen Kosten der industriellen Umwälzung – die Zahl der Menschen, die „auf der Strecke bleiben" – steigen. Fragestellungen wie die der Altersversorgung, der Ausbildungskosten, der Kosten für die medizinische Versorgung und des sozialen Netzes könnten drängender werden. Wir werden politische Lösungen für diese Probleme brauchen, und hier herrscht gegenwärtig Uneinigkeit.

Die Allgegenwart der schöpferischen Zerstörung

Nach unserer Überzeugung profitieren alle Institutionen von den Erneuerungsprozessen der schöpferischen Zerstörung. Wir glauben außerdem, dass man den Kräften der schöpferischen Zerstörung langfristig nicht widerstehen kann.

Bereitet man dem kontinuierlichen Wandel nicht den Weg – schafft man es also nicht, neue Optionen zu entwickeln und das Systems von alten Abläufen zu befreien –, dann führt dies schließlich zum Scheitern der betreffenden Organisation, ob auf nationaler, institutioneller oder individueller Ebene. Werden die Kräfte der schöpferischen Zerstörung über lange Zeiträume unterdrückt, können die resultierenden Verwerfungen sowohl Institutionen als auch einzelne Personen mit erstaunlicher Geschwindigkeit und Brutalität zerstören. Das haben uns politische und mit Militärgewalt durchgesetzte Revolutionen immer wieder vor Augen geführt – von der Reformation bis zu den Umwälzungen der jüngeren Vergangenheit in der Sowjetunion und Serbien.

Der Vorteil funktionierender Kapitalmärkte liegt darin, dass sie die Wünsche und Fähigkeiten von Millionen Einzelner in Einklang bringen und mit ihren vergleichsweise friedlichen Prozessen ein angemessenes Tempo und Ausmaß des Wandels bestimmen. Freie Kapitalmärkte bringen divergentes Denken zur Geltung, sofern das Potenzial dazu vorhanden ist. Ohne einen aktiven Markt wird Unternehmertum manchmal jahrzehntelang unterdrückt.

Folglich sind alle Organisationen und Institutionen gefordert, darüber nachzudenken, wie sie einen „Ort" für divergentes Denken schaffen können – wie sie es anstellen, dass der Wettbewerb zwischen alten und neuen Ideen stattfinden kann. Sie sind außerdem gefordert zu entscheiden, wann und wie sie die Kräfte der Zerstörung freisetzen wollen.

Wir sind der Meinung, dass die Lehren, die für Organisationen gelten, auch für den Einzelnen zutreffen. Zeit für divergentes Denken zu finden, während man im Beruf oder Studium engagiert ist, ist für eine Person mindestens genauso schwierig wie für eine Institution. Für neue Ideen offen zu bleiben, ohne alte Ideen vorschnell zu verwerfen; eher zur Veränderung zu tendieren als zum Festhalten am Status quo; sich ebenso schnell und gründlich zu verändern, wie sich das eigene Umfeld verändert – all das sind persönliche Herausforderungen, mit denen wir als Einzelpersonen konfrontiert sind. Es gibt dafür keine Patentrezepte, außer dass man diesen Wandel erkennen und akzeptieren sollte und dass man nach Anpassungs- und Reaktionsmöglichkeiten suchen sollte.

Im Jahr 1939 notierte Schumpeter: „Nicht auf den Wettbewerb [über Preis und Output] kommt es an, sondern auf den Wettbewerbsdruck, der von der neuen Commodity, der neuen Technologie, der neuen Bezugsquelle, dem neuen Unternehmenstyp ausgeht“. Doch seine Beobachtung fand keine Resonanz bei den politischen Entscheidungsträgern, die damals ganz von der Weltwirtschaftskrise und dem Ausbruch des Zweiten Weltkrieges in Anspruch genommen waren. Heute kann die Bedeutung seiner Erkenntnis gar nicht genug betont werden.

Ob es uns passt oder nicht, wir leben in einem Zeitalter der Diskontinuität. Die Marktposition und das Ansehen von Großunternehmen werden immer unbeständiger; Kannibalisierung ist an der Tagesordnung, Fluktuation das Normalste der Welt. Wir sind weit entfernt von der Situation der dreißiger Jahre, als die Ideen von Schumpeter und Keynes um öffentliche Aufmerksamkeit rangen. Die Lehren Keynes haben wir uns schon lange angeeignet. Jetzt müssen wir die Lehren Schumpeters lernen und verarbeiten.

Die Übertragung der volkswirtschaftlichen Theorien Schumpeters auf einzelne Unternehmen wird von manchen nicht gut geheißen: Sie plädieren dafür, den Märkten das zu überlassen, worauf sie sich am besten verstünden – die Umschichtung von Ressourcen. Konzerne, so meinen sie, können und sollten das nicht tun, weil es sie von ihrer zentralen Aufgabe ablenke, nämlich das operative Geschäft effizienter Konzerngesellschaften zu führen beziehungsweise zu administrieren.

Dieses Argument können wir nicht gelten lassen. Es wurde erstmals zu Lebzeiten von Keynes laut, also zu einer Zeit der Kontinuität. Damals war das Lebenselixier jedes Unternehmens die operative Effizienz. Konzerne gaben im Grunde wenig auf, wenn sie die Ressourcenverteilung den Märkten überließen. Heute gilt das Gegenteil: Hervorragende operative Leistung genügt nicht mehr. Unternehmen müssen gleichzeitig die schöpferische Zerstörung so schnell und umfassend wie der Markt vollziehen, ohne dabei die Kontrolle zu verlieren, oder sie werden irgendwann scheitern. Die Unternehmensführung auf schöpferische Zerstörung auszurichten ist eine gewaltige Herausforderung, die in den kommenden Jahren noch anwachsen wird. Wer jetzt die Verantwortung für die Ressourcenverteilung den Märkten überlässt, wirkt an seinem eigenen Niedergang mit. Unternehmen, die nicht gewillt oder in der Lage sind, das Spiel der schöpferischen Zerstörung zu spielen, werden unweigerlich anderen Platz machen müssen. Ob es uns gefällt oder nicht, das Zeitalter der Kontinuität ist ein für alle Mal vorbei. Dieselben Kräfte, die unsere Marktwirtschaft so dynamisch und widerstandsfähig machen, produzieren Diskontinuität und schöpferische Zerstörung. Wir raten den Unternehmensführern dringend, nicht mehr Hüter operativer Leistungsfähigkeit und Spielball des Wandels zu sein, sondern Gestalter ihres eigenen Schicksal zu werden – Meister der schöpferischen Zerstörung, welche die Märkte auf dem Weg in das neue Jahrtausend gestaltet und erneuert.

Anhang A
Liste der Unternehmen

COMPUTER-HARDWARE

AMDAHL CORP.
APEX INC.
APOLLO COMPUTER INC.
APPLE COMPUTER INC.
ASCEND COMMUNICATIONS INC.
AST RESEARCH INC.
BAY NETWORKS INC.
CABLETRON SYSTEMS
CASCADE COMMUNICATIONS CORP.
CHIPCOM CORP.
CIPHER DATA PRODUCTS INC. CORP.
CIRRUS LOGIC INC.
CISCO SYSTEMS INC.
COMMODORE INTL LTD.
COMPAQ COMPUTER CORP.
COMPUTER CONSOLES
CONNER PERIPHERALS
CONVEX COMPUTER CORP.
CRAY RESEARCH
CREATIVE TECHNOLOGY LTD.
CYLINK CORP.
DATA GENERAL CORP.
DATAPOINT CORP.
DATAPRODUCTS CORP.
DELL COMPUTER CORP.
DIALOGIC CORP.
DIGI INTERNATIONAL CORP.
DIGITAL EQUIPMENT
DYNATECH CORP.
DYSAN CORP.
ELECTRONICS FOR IMAGING INC.
EMC CORP./MA
EMULEX CORP.
EXABYTE CORP.
FLOATING POINT SYSTEMS INC.
FORE SYSTEMS INC.
GATEWAY INC.
GOULD INC.
HEWLETT-PACKARD CO.
HMT TECHNOLOGIE CORP.
INTELLLIGENT SYSTEM CP.
INTERGRAPH CORP.
INTL BUSINESS MACHINES CORP.
IOMEGA CORP.
ISC SYSTEMS CORP.
JTS CORP.
LEXMARK INTL GROUP INC.—.CL A
MAXTOR CORP.
MAXTOR CORP.
MICRON ELECTRONICS INC.
MINISCRIBE CORP.
MIPS COMPUTER SYSTEMS INC.

MMC NETWORKS INC.
MTI TECHNOLOGY CORP.
NCR CORP.
NETWORK APPLIANCE INC.
NETWORK EQUIPMENT TECH INC.
NETWORK GENERAL CORP.
NETWORK SYSTEMS CORP.
QUANTEL CORP.
ROLM CORP.
RSA SECURITY INC.
S3 INC.ORP.ORATED
SANDISK CORP.
SCI SYSTEMS INC.
SCM MICROSYSTEMS INC.
SEAGATE TECHNOLOGY
SECURE COMPUTING CORP.
SEQUENT COMPUTER SYSTEMS INC.
SILICON GRAPHICS INC.
SPERRY CORP.
STANDARD MICROSYSTEMS CORP.
STORAGE TECHNOLOGY CP
STRATUS COMPUTER INC.
SUN MICROSYSTEMS INC.
SYMBOL TECHNOLOGIES
SYNOPTICS COMMUNICATIONS INC.
TANDEM COMPUTERS INC.
TANDY CORP.
TELEX CORP.
TERADATA CORP.
TSL HOLDINGS INC.
UNISYS CORP.
VERBATIM CORP.
WANG LABS INC.
WESTERN DIGITAL CORP.
WYSE TECHNOLOGY INC.
XIRCOM INC.
XYLAN CORP.

CHIRURGISCHE UND MEDIZINISCHE PRODUKTE

ACUSON CORP.
ADAC LABORATORIES
AFFYMETRIX INC.
AMERICAN HOSPITAL SUPPLY
AMERICAN STERILIZER CO.
AMSCO INTERNATIONAL
ARROW INTERNATIONAL
ARTERIAL VASCULAR ENGR INC.
ATL ULTRASOUND INC.
BALLARD MEDICAL PRODUCTS
BARD (C.R.) INC.
BAXTER INTERNATIONAL INC.
BECTON DICKINSON & CO
BIOMET INC.
BOSTON SCIENTIFIC CORP.
CLOSURE MEDICAL CORP.
COLLAGEN AESTHETIC INC.
CONMED CORP.
CORDIS CORP.
CUTTER LABORATORIES INC.—CL A
DATASCOPE CORP.
DENTSPLY INTERNATL INC.
DEPUY INC.
GRAHAM FIELD HEALTH PDS
GUIDANT CORP.
GULF SOUTH MED SUPPLY INC.
HAEMONETICS CORPORATION
HEART TECHNOLOGY INC.
INSTRUMENTATION LABS INC.

INVACARE CORP.
KENDALL CO.
MARQUETTE MEDICAL SYS.
MAXXIM MEDICAL INC.
MEDTRONIC INC.
MINIMED INC.
MIRVANT MEDICAL TECNOLOGIES
NARCO SCIENTIFIC INC.
NELLCOR PURITAN BENNETT INC.
OEC MED SYS INC.
PATTERSON DENTAL CO.
PERCLOSE INC.
PHYSIO-CONTROL INTL CORP.
PSS WORLD MEDICAL INC.
PURITAN-BENNETT CORP.
RESMED INC.
RESPIRONICS INC.
SCIMED LIFE SYSTEMS INC.
SCOTT TECHNOLOGIES INC.
SHERWOOD MEDICAL INDS INC.
SOFAMOR/DANEK GROUP INC.
SPACELABS MED INC.
ST JUDE MEDICAL INC.
STERIS CORP.
STRYKER CORP.
SUMMIT TECHNOLOGY INC.
SUNRISE MEDICAL INC.
TECNOL MEDICAL PRODUCTS INC.
THERMEDICS INC.
THERMO CARDIOSYSTEMS
THEROTREX CORP.
U S SURGIAL CORP.
VENTRITEX INC.
VISX INC./DE
VITAL SIGNS INC.
XOMED SURGIAL PRODS.

ERDÖLFÖRDERUNG UND -RAFFINATION

ADOBE OIL & GAS CORP.
ADOBE RESOURCES CORP.
ALBERTA ENERGY CO LTD.
AMAREX INC.
AMERAC ENERGY CORP.
AMOCO CORP.
ANADARKO PETROLEUM CORP.
APACHE CORP.
APACHE PETROLEUM—LP
APCO OIL CORP.
ASAMERA INC.
ASHLAND OIL INC.
ATLANTIC RICHFIELD CO.
ATWOOD OCEANICS
BARRETT RESOURCES CORP.
BELCO PETROLEUM CORP.
BELCO OIL & GAS CORP.
BERRY PETROLEUM CORP.
BJ SERVICES CO.
BOW VALLEY ENERGY INC.
BROWN (TOM) INC.
BURLINGTON RESOURCES INC.
CABOT OIL & GAS CORP.—CL A
CHESAPEAKE ENERGY CORP.
CHEVRON-GULF
CHIEFTAIN INTL INC.
CITIES SERVICE CO.
CLARK OIL & REFINING CORP.
CLIFFS DRILLING CO.
COASTAL CORP.
CONOCO INC.-OLD
CONSOLIDATED OIL & GAS
CREOLE PETROLEUM CORP.
CROSS TIMBERS OIL CO.

CROWN CENTRAL PETROL—CL B
CRUTCHER RESOURCES CORP.
CRYSTAL GAS STORAGE INC.
DEVON ENERGY CORPORATION
DIAMOND OFFSHORE DRILLING INC.
DIAMOND SHAMROCK INC.
DOME PETROLEUM LTD.
DYCO PETROLEUM CORP.
EARTH RESOURCES CO.
EEX CORP.
ENERGY RESERVES GROUP
ENRON CORP.
ENSCO INTERNATIONAL INC.
ENSTAR CORP.-DEL
EOG RESOURCES INC.
EQUITY OIL CO.
EXXON CORP.
FALCON DRILLING COMPANY INC.
FELMONT OIL CO.
FINA INC.—CL A
FORCENERGY INC.
FOREST OIL CORP.
FREEPORT MCMORAN OIL & GAS CO.
FRONTIER OIL CORP.
GEARHART INDUSTRIES INC.
GENERAL AMERICAN OIL CO-TX
GETTY-SKELLY
GLOBAL INDUSTRIES LTD.
GLOBAL MARINE INC.
GLOBAL NATURAL RESOURCES INC.
GREAT BASINS PETROLEUM
GREY WOLF INC.
GULF CORP.
HALLIBURTON CO.
HAMILTON OIL CORP.
HELMERICH & PAYNE
HOLLY CORP.
HOME OIL CO. LTD.
HOUSTEN OIL & MINERALS CORP.
HOWELL CORP.
HUDSON BAY OIL & GAS CO.
HUGHES TOOL CO.
HUSKY OIL LTD.
INEXCO OIL
KELLEY OIL & GAS PTRS—LP
KERR-MCGEE CORP.
LEVIATHAN GAS PIPELINE—LP
LOUIS DREYFUS NAT GAS CORP.
LOUISIANA LAND & EXPLORATION
LOUISIANA LAND OFFSHORE EXPL
MAPCO INC.
MARINE DRILLING CO INC.
MAXUS ENERGY CORP.
MCMORAN OIL & GAS
MESA INC.
MFG OIL CORP.—COM
MITCHELL ENERGY & DEV—CL B
MOBIL CORP.
MORAN ENERGY INC.
MURPHY OIL CORP.
NABORS INDUSTRIES
NATOMAS CO.
NEWFIELD EXPLORATION CO.
NICKLOS OIL & GAS CO.
NOBLE DRILLING CORP.
NOBLE AFFILIATES INC.
NUOEVO ENERGY CO.
NUMAC ENERGY INC.
OCCIDENTAL PETROLEUM CORP.
OCEAN DRILLING & EXPLORATION
OCEAN ENERGY INC.
OCEANEERING INTERNATIONAL
OKC CORP.
ORYX ENERGY CO.
PACIFIC RESOURCES INC.
PARKER DRILLING CO.

PATTERSON ENERGY INC.
PENNZ ENERGY CO.
PETRO-LEWIS CORP.
PHILLIPS PETROLEUM CO.
PHOENIX RESOURCES CO.
PIONEER NATURAL RESOURCES CO.
PLAINS PETROLEUM COMPANY
POGO PRODUCING CO.
PRIDE INTERNATIONAL INC.
PRODUCTION OPERATORS CORP.
QUAKER CHEMICAL CORP.
QUAKER STATE CORP.
R & B FALCON CORP.
RANGER OIL LTD.
REMINGTON OIL & GAS CP—CL B
RIGEL ENERGY CORP.
ROWAN COS INC.
ROYAL DUTCH PET—NY REG
SABINE CORP.
SAGE ENERGY CO.
SANTA FE INTERNATIONAL CORP.
SANTA FE ENERGY PRTNRS—LP
SANTA FE SNYDER CORP.
SCEPTRE RESOURCES LTD.
SCHLUMBERGER LTD.
SEDCO INC.
SKELLY OIL CO.
SNYDER OIL CORP.
SOLV EX CORP.
SOUTHLAND ROYALTY CO.
STANDARD OIL CO.
STONE ENERGY CORP.
SUN ENERGY PARTNERS—LTD
SUNOCO INC.
SUPERIOR OIL CO.
SUPRON ENERGY CORP.
TALISMAN ENERGY INC.
TELECO OILFIELD SERVICES INC.
TESORO PETROLEUM CORP.
TEXACO-GETTY
TOSCO CORP.
TOTAL PETROLEUM OF N AMERICA
TRANSCO EXPLORATION–LP
TRANSOCEAN OFFSHORE INC.
TRANSTEXAS GAS CORP.
TRITON ENERGY LTD.
ULTRAMAR DIAMOND SHAMROCK
UNION PACIFIC RESOURCES GRP.
UNION TEXAS PETRO HLDGS INC.
UNITED CANSO OIL & GAS LTD.
UNITED MERIDIAN CORP.
UNOCAL CORP.
UNOCAL EXPLORATION CORP.
USX-MARATHON GROUP
VALERO ENERGY CORP.
VASTAR RESOURCES INC.
VINTAGE PETROLEUM INC.
WEATHERFORD ENTERRA INC.
WESTERN ATLAS INC.
WESTERN CO OF NO AMER
WISER OIL CO.

FLUGGESELLSCHAFTEN

AIRTRAN HOLDING INC.
ALASKA AIRGROUP INC.
AMERICA WEST AIRLINES INC.
AMR CORP.—DEL
ASA HOLDINGS
ATLANTIC COAST AIRLINES HLDG.
COMAIER HOLDINGS INC.
CONTINENTAL AIRLINES INC.
DELTA AIR LINES INC.
EASTERN AIR LINES
MESA AIR GROUP INC.
MIDWEST EXPRESS HOLDINGS INC.
NORTHWEST AIRLINES CORP.
PAN AM CORP.
PEOPLE EXPRESS AIRLINES INC.
PIEDMONT AVIATION INC.
SOUTHWEST AIRLINES
TIGER INTERNATIONAL
TRANS WORLD AIRLINES
UAL CORP.
USAIR GROUP

GRUNDSTOFFCHEMIE

AIR PRODUCTS & CHEMICALS INC.
AIRCO INC.
ALBEMARLE CORP.
ALLIEDSIGNAL INC.
ARCO CHEMICAL CO.
ARISTECH CHEMICAL CORP.
BORDEN CHEM&PLAST—LP COM
CALGON CARBON CORP.
CYTEC INDUSTRIES INC.
DOW CHEMICAL
DU PONT (E.I.) DE NEMOURS
ETHYL CORP.
GEON COMPANY
GEORGIA GULF CORP.
HERCULES INC.
LAWTER INTERNATIONAL INC.
MILLENNIUM CHEMICALS INC.
MINERALS TECHNOLOGY INC.
MONSANTO CO.
NL INDUSTRIES
OLIN CORP.
OM GROUP INC.
PENNWALT CORP.
PRAXAIR INC.
QUANTUM CHEMICAL CORP.
REICHHOLD CHEMICALS INC.
ROHM & HAAS CO.
SCHULMAN (A.) INC.
SOLUTIA INC.
STAUFFER CHEMICAL CO.
STERLING CHEMICAL INC.
UNION CARBIDE CORP.
VALHI INC.
VISTA CHEMICAL CO.
WELLMAN INC.
WITCO CORP.

GÜTERKRAFTVERKEHR UND LUFTFRACHT

AIRBORNE FREIGHT CORP.
AMERICAN FREIGHTWAY CORP.
ARKANSAS BEST-NAVAJO
ARNOLD INDUSTRIES INC.
CAROLINA FREIGHT CORP.
CON FRGHTWYINC.EMERY-PURLTR
CINSOLIDATED FREIGHTWAYS CP
EMERY-PUROLATOR
FEDERAL EXPRESSS CORP.
HEARTLAND EXPRESS INC.
IU INTERNATIONAL CORP.
KNIGHT TRANSPORTATION INC.
LANDSTAR SYSTEM INC.
LEASEWAY TRANSPORTATION CORP.
LEE WAY MOTOR FREIGHT INC.
M S CARRIES INC.
MCLEAN TRUCKING CO.
OVERNITE TRANSPORTATION
PUROLATOR COURIER CO.
ROADWAY SERVICES INC.
SWIFT TRANSPORTATION CO. INC.
USFREIGHTWAYS CORP.
WERNER ENTERPRISES INC.
YELLOW CORP.

HALBLEITER

ADVANCED MICRO DEVICES
ALPHA INDUSTRIES INC.
ALTERA CORP.
AMERICAN MICROSYSTEMS
AMKOR TECHNOLOGY INC.
ANALOG DEVICES
ATMEL CORP.
BENCHMARK ELECTRONICS INC.
BURR-BROWN CORP.
CHIPS & TECHNOLOGIES INC.
CREE RESEARCH INC.
CTS CORP.
CYPRESS SEMICONDUCTOR CORP.
CYRIX CORP.
DALLAS SEMICONDUCTOR CORP.
DII GROUP INC.
FLEXTRONICS INTERNATIONAL
GALILEO TECHNOLOGY LTD.
GENESIS MICROCHIP INC.
INTEGRATED DEVICE TECH INC.
INTEL CORP.
INTL RECTIFIER CORP.
JABIL CIRCUIT CORP.
JDS UNIPHASE CORP.
KEMET CORP.
LATTICE SEMICONDUCTOR CORP.
LEVEL ONE COMMUNICATIONS INC.
LINEAR TECHNOLOGY CORP.
LSI LOGIC CORP.
M/A-COM INC.
MAXIM INTEGRATED PRODUCTS
MEMC ELECTRONIC MATRIALS INC.
MICREL INC.
MICROCHIP TECHNOLOGY INC.
MONOLITHIC MEMORIES INC.
MOSTEK CORP.
NATIONAL SEMICONDUCTOR CORP.

NEOMAGIC CORP.
PLEXUS CORP.
PMC-SIERRA INC.
POWER INTEGRATIONS INC.
REMEC INC.
SANMINA CORP.
SDL INC.
SEMTECH CORP.
SIPEX CORP.
SMART MODULAR TECHNOLGS INC.
SOLECTRON CORP.
TEXAS INSTRUMENTS INC.
TRANSWITCH CORP.
UNITRODE CORP.
VITESSE SEMICONDUCTOR CORP.
VLSI TECHNOLOGY INC.
XILINX INC.
ZILOG INC.

LUFT- UND RAUMFAHRT; RÜSTUNG

ATLANTIC RESEARCH CORP.
AVONDALE INDUSTRIES INC.
BANGOR PUNTA CORP.
BOEING CO.
CESSNA AIRCRAFT CO.
CORDANT TECHNOLOGIES INC.
FAIRCHILD INDUSTRIES INC.
GATES LEARJET CORP.
GENCORP. INC.
GENERAL DYNAMICS CORP.
GRUMMAN CORP.
GULFSTREAM AEROSPACE
HALTER MARINE GROUP INC.
HEICO CORP.
HOWMET INTERNATIONAL INC.
LOCKHEED MARTIN
MARTIN MARIETTA CORP.
MCDONNELL DOUGLAS CORP.
NEWPORT NEWS SHIPBUILDING
NORTHROP GRUMMAN.
RAYTHEON CO.—CL B
ROCKWELL INTL. CORP.
ROHR INC.
TEXTRON INC.
TRACOR INC.
TRIUMPH GROUP INC.
WOODWARD GOVERNOR CO.

PHARMAZEUTIKA

ABBOTT LABORATORIES
ADVANCED TISSUE SCI—CL A
AGOURON PHARMACEUTICALS INC.
ALLERGAN INC.
ALLIANCE PHARMACEUTICAL CP
ALPHARMCA INC.–CLA
ALZA CORP.
AMERICAN HOME PRODUCTS CORP.
AMGEN INC
ANESTA CORP.
AVIRON
BARR LABORATORIES INC.

BIO TECHNOLOGY GENERAL CORP.
BIOCHEM PHARMA INC.
BIOCRAFT LABORATORIES INC.
BIOGEN INC.
BOSTON LIFE SCIENCE INC.
BRISTOL MYERS—SQUIBB
CATALYTICA INC.
CENTOCOR INC.
CHATTEM INC.
CHIRON CORP.
CIRCA PHARMACEUTICALS INC.
COLUMBIA LABORATORIES INC.
COOPER LABORATORIES
COR THEAPEUTHICS INC.
COULTER PHARMACEUTICAL INC.
CYTOGEN CORP.
DIAGNOSTIC PRODUCTS CORP.
DURA PHARMACEUTICALS INC.
FOREST LABORATORIESINC.CL A
GELTEX HARMACEUTICALS INC.
GENENTECH INC.
GENETICS INSTITUTE INC.
GENZYME CORP.
GILEAD SCIENCES INC.
HUMAN GENOME SCIENCE INC.
HYBRITECH INC.
ICN HARMACEUTICALS INC.-DEL
ICOS CORP.ORATION
IDEC PHARMACEUTICALS CORP.
IDEXX LABS INC.
IMMUNEX CORP.
INHALE THERAPEUTIC SYSTEMS
INTERNEURON PHARMACEUTICALS
ISIS PHARMACEUTICALS INC.
IVAX CORP.
JONES PHARMA INC.
KEY PHARMACEUTICALS INC.
LIFE TECHNOLOGIES INC.
LIGAND HARMACEUTICAL—CL B
LILLLY (ELI) & CO
LIPOSOME COMPANY INC.
LYPHOMED INC.
MARION MERRELLL DOW INC.
MEDICIS PHARMACEUT CPINC.CL A
MEDIMMUNE INC.
MERCK & CO.
MILES LABORATORIES INC.
MILLENNIUM PHARMACEUTICALS INC.
MOLECULAR BIOSYSTEMS INC.
MYLAN LABORATORIES
NBTY INC.
NORTH AMERICAN VACCINE INC.
PARKE DAVIS & CO
PATHOGENESIS CORP.
PERRIGO COMPANY
PFIZER INC.
PHARMACIA & UPJOHN INC.
PHARMACYCLICS INC.
PROTEIN DESIGN LABS INC.
QLT PHOTOTHERAPEUTICS
REGENERON PHARMACEUT
REXALL SUNDOWN INC.
RHONE-POULENC RORER
RICHARDSON-VICKS INC.
ROBERTS PHARMACEUTICAL CORP.
ROBINS (A.H.) CO.
SANGSTAT MEDICAL CORP.
SCHERBER (R P)/DE
SCHERING-PLOUGH
SEARLE (G.D.) & CO
SEPRACOR INC.
SEQUUS PHARMACEUTICALS INC.
SEROLOGICALS CORP.
SICOR INC.
SIGMA-ALDRICH
SQIBB CORP.

STERLING DRUG INC.
SYNERGEN INC.
SYNTEX CORP.
TECHNE CORP.
THERAGENETICS CORP.
TRANSCARYOTIC THERAPIES INC.
TWINLAB CORP.
U S BIOSCIENCE INC.
VERTEX PHARMACEUTICALS
WARNER-LAMBERT CO.
WATSON PHARMACEUTICALS INC.
XOMA LTD.
ZENITH LABORATORIES

SOFTWARE

ACCLAIM ENT INC.
ACXIOM CORP.
ADOBE SYSTEMS INC.
ADVANTAGE LEARNING SYSTEMS INC.
ADVENT SOFTWARE INC.
ALDUS CORP.
ALLERION INC.
AMERICAN SOFTWARE—CL A
ARDENT SOFTWARE INC.
ASHTON-TATE CO.
ASK GROUP INC.
ASPECT DEVELOPMENT INC.
ASPEN TECHNOLOGY INC.
AUTODESK INC.
AUTOMATIC DATA PROCESSING.
AVANT CORP.
AVT CORP.
AXENT TECHNOLOGIES INC.
BANYAN SYSTEMS INC.
BBN CORP.
BDM FEDERAL—CL A
BEA SYSTEMS INC.
BISYS GROUP INC.
BMC SOFTWARE INC.
BOOLE & BABBAGE INC.
BROADVISION INC.
BRODERBUND SOFTWARE INC.
CADENCE DESIGN SYSTEMS INC.
CCC INFORMATION SVCS GRP INC.
CHECK POINT SOFTWARE
CHEYENNE SOFTWARE INC.
CITRIX SYSTEMS INC.
CLARIFY INC.
COGNOS INC.
COMPUTER ASSOCIATES INTL INC.
COMPUTERVISION CORP.
COMPUWARE CORP.
CONCORDE COMMUNICATIONS INC.
CONTINUUM INC.
COREL CORP.
CSG SYSTEMS INTL INC.
CULLINET SOFTWARE INC.
DAISY SYSTEMS CORP.
DAVIDSON & ASSOCIATES INC.
DENTRITE INTERNATIONAL INC.
DISCREET LOGIC INC.
DOCUMENTUM INC.
DST SYSTEMS INC.
EDWARDS JD & CO.
ELECTRONIC ARTS INC.
ENGENEERING ANIMATION INC.
EPICO SOFTWARE INC.

FILENET CORP.
FISERV INC.
FORTE SOFTWARE INC.
FTP SOFTWARE INC.
GENESYS TELECOM LABS INC.
GT INTERAKTIVE SOFTWARE
HARBINGER CORP.
HBO & CO.
HENRY (JACK) & ASSOCIATES
HNC SOFTWARE INC.
HOGAN SYSTEMS INC.
HUMMINGBIRD COMMUNICATNS LTD.
HYPERION SOFTWARE
12 TECHNOLOGIES INC.
IDX SYSTEMS CORP.
INDUS MATEMATIK INTL
INFORMIX CORP.
INPRISE CORP.
INSO CORP.
INTEGRATED SYSTEMS INC.
INTUIT INC.
LANDMARK GRAFICS CORP.
LEARNING COMPANY INC.
LEGATO SYSTEMS INC.
LEGENT CORP.
LHS GROUP INC.
LOTUS DEVELOPMENT CORP.
MACROMEDIA INC.
MANAGEMENT SCIENCE AMERICA
MANUGISTICS GROUP INC.
MAPICS INC.
MEDIC COMPUTER SYSTEMS INC.
MENTOR GRAPHICS CORP.
MERCURY INTERACTIV CORP.
MICROS SYSTEM INC.
MICROSOFT CORP.
MIDWAY GAMES INC.
NATIONAL INSTRUMENTS CORP.
NETMANAGE INC.
NESTSCAPE COMMUNICATION
NETWORKS ASASOCIATES INC.
NEW ERA OF NETWORKS INC.
NOVELL INC.
ORACLE SYSTEMS INC.
PANSOPHIC SYSTEMS INC.
PARAMETRIC TECHNOLOGY
PEOPLESOFT INC.
PLATINUM TECHNOLOGY INTL INC.
PROGRESS SOFTWARE CORP.
PROJECT SOFTWARE & DEV INC.
QAD INC.
QUADRAMED CORP.
RADIANT SYSTEMS INC.
RATIONAL SOFTWARE CORP.
REALNETWORKS INC.
REMEDY CORP.
SABRE HLDGS CORP.—CL A
SAGA SYSTEMS INC.
SANCHEZ COPUTER ASSOCS INC.
SAPIENT CORP.
SHARED MEDICAL SYSTEMS CORP.
SHL SYSTEMHOUSE INC.
SIEBEL SYSTEMS INC.
SOFTWARE PUBLISHING CORP.
SPYGLASS INC.
STERLING COMMERCE INC.
STERLING SOFTWARE INC.
STRUCTURAL DYNAMICS RESEARCH
SUNGARD DATA SYSTEMS INC.
SYBASE INC.
SYMANTEC CORP.
SYNOPSIS INC.
SYSTEM SOFTWARE ASSOCIATION
SYSTEMS & COMPUTER TECH CORP.

TECHNOLOGY SOLUTIONS CO.
THQ INC.
TOTAL SYSTEM SERVICES INC.
TRANSITION SYSTEMS INC./MA
TRNSACTN SYS ARCHTCTS—CL A
TSI INTL SOFTWARE LTD.
TYMSHARE INC.
UCCEL CORP.
USWEB CORP.
VANTIVE CORP.
VERITAS SOFTWARE CO.
VIASOFT INC.
VIEWLOGIC SYSTEMS INC.
VISO CORP.

SPEZIALCHEMIE

AGRIUM INC.
AKZONA
BAROID CORP.
BEKER INDUSTRIES
BETZ DEARBORN INC.
BUSH BOAKE ALLEN INC.
CABOT CORP.
CAMBEX CORP.
CELANESE CORP.
CHEMFIRST INC.
CK WITCO CORP.
DE SOTO INC.
EMERY INDUSTRIES INC.
FERRO CORP.
FOSTER GRANT INC.—CL A
FREEPORT MCMORAN INC.
FULLER (H. B.) CO.
G-I HOLDINGS INC.
GRACE (W.R.) & CO.
GREAT LAKES CHEMICAL CORP.
IMC GLOBAL INC.
INMONT CORP.
INTL FLAVORS & FRAGRANCES
INTL SPECIALTY PRODS INC.
LILLY INC.—CL A
LOCTITE CORP.
LUBRIZOL CORP.
LYONDELL CHEMICAL CO.
MACDERMID INC.
METHANEX CORP.
MISSISSIPPI CHEMICAL CORP.
MOORE (BENJAMIN) & CO.
MORTON INTL INC.
NALCO CHEMICAL CO.
NATIONAL STARCH & CHEMICAL
PETROLITE CORP.
PHOSPATES RES PARTNERS—LP
PPG INDUSTRIES INC.
RPM INC.-OHIO
SCOTTS COMPANY
SEQUA CORP.-CL A
SHERWIN-WILLIAMS CO.
TERRA CHEMICALS INTL.
THIOKOL CORP.
VALSPAR CORP.
VIGORO CORP.
WD-40 CO.

STROMVERSORGER

AES CORP
ALLEGHENY POWER SYSTEM
ALLIANT CORP.
AMEREN CORP.
AMERICAN ELECTRIC POWER
ATLANTIC ENERGY INC.
AVISTA CORP.
BEC ENERGY
BLACK HILLS CORP.
CAROLINA POWER & LIGHT
CENTERIOR ENERGY CORP.
CENTRAL & SOUTH WEST CORP.
CENTRAL HUDSON GAS & ELEC
CENTRAL VERMONT PUB SERV
CILCORP INC.
CINERGY CORP.
CIPSCO INC.
CITIZENS UTILITIES
CLECO CORP.
CMP GROUP
CMS ENERGY CORP.
COMMONWEALTH ENERGY SYSTEM
CONECTIV INC.
CONSOLIDATED EDISON INC.
CONSTELLATION ENERGY CORP.
DESTEC ENERGY INC.
DOMINION RESOURCES INC.
DPL INC.
DQE INC.
DTE ENERGY
DUKE POWER CO.
EASTERN UTILITIES ASSOC.
EDISON INTERNATIONAL
EL PASO ELECTRIC CO.
EMPIRE DISTRICT ELECTRIC CO.
ENERGY EAST CORP.
ENOVA CORP.
ENTERGY CORP.
FIRST ENERGY INC.
FLORIDA PROGRESS CORP.
FPL GROUP INC.
GPU INC.
GULF STATES UTILITIES CO.
HAWAIIAN ELECTRIC INDS
HEIZER CORP.
IDACORP. INC.
IES INDUSTRIES INC.
ILLINOVA CORP.
INTERSTATE POWER CO.
IOWA RESOURCES INC.
IOWA ILLINOIS GAS & ELEC
IPALCO ENTERPRISES INC.
KANSAS CITY POWER & LIGHT
KANSAS GAS & ELECTRIC
KU ENERGY CORP.
LG&E ENERGY CORP.
LONG ISLAND LIGHTING
MADISON GAS & ELECTRIC CO.
MAGMA POWER CO.
MIDAMERICAN ENERGY HOLDINGS
MINNESOTA POWER & LIGHT
MONTANA POWER CO.
NEW CENTURY ENERGIES INC.
NEW ENGLAND ELECTRIC SYSTEM
NIAGARA MOHAWK POWER
NISOURCE INC.
NORTHEAST UTILITIES
NORTHERN STATES POWER/MN
NORTHWESTERN CORP.
OGDEN PROJECTS INC.
ORANGE & ROCKLAND UTILITIES
OTTER TAIL POWER CO.
PACIFICORP

PECO ENERGY CO.
PENNSYLVANIA POWER & LIGHT
PG&E CORP.
PINNACLE WEST CAPITAL
PORTLAND GENERAL CORP.
POTOMAC ELECTRIC POWER
PSI RESOURCES INC.
PUBLIC SERVICE CO. OF N.MEX
PUGET SOUND POWER & LIGHT
RELIANT ENERGY INC.
ROCHESTER GAS & ELECTRIC
SCANA CORP.
SIERRA PACIFIC RESOURCES
SIGCORP.INC.
SOUTHERN CO.
SOUTHWESTERN PUBLIC SVC CO.
TECO ENERGY INC.
TEXAS UTILITIES CO.
THERMO ECOTEK CORP.
TNP ENTERPRISES
UNICOM CORP.
UNISOURCE ENERGY CORP. HLD CO.
UNITED ILLUMINATING CO.
UTAH POWER & LIGHT
WESTERN RESOURCES INC.
WISCONSIN ENERGY CORP.
WPS RESOURCES CORP.

TELEKOMMUNIKATION

ACC CORP.
ADVANCED TELECOMMUNICATIONS
ALC COMMUNICATIONS INC.
ALIANT COMMUNICATIONS INC.
ALLTEL CORP.
AMERICAN TELE & TELEGRAPH
AMERITECH CORP.
BELL ATLANTIC CORP.
BELLSOUTH CORP.
C TEC CORP.
CALL-NET ENTERPRISES—CL B
CENTEL CORP.
CENTURY TELEPHONE ENTERPRISE
CINC.INNATI BELL INC.
CONTEL CORP.
E SPIRE COMMUNICATIONS INC.
ELECTRIC LIGHTWAVE—CL A
EXCEL COMMUNICATIONS INC.
FRONTIER CORP.
GTE-CONTEL
ICG COMMUNICATIONS
IDT CORP.
INTERMEDIA COMMUNICATIONS INC.
ITC DELTACOM INC.
IXC COMMUNICATIONS INC.
LCI INTERNATIONAL INC.
MCI COMMUNICATIONS
MCI WORLDWIDE COMMUNICATIONS
MCLEODUSA INC.—CL A
NEXTLINK COMM INC.—CL A
NTL INC.
NYNEX CORP.
PACIFIC GATEWAY EXCHANGE INC.
PACIFIC TELECOM INC.
PACIFIC TELESIS GROUP
PRIMUS TELECOMM GROUP INC.
QWEST COMMUNICATION INTL. INC.
ROSEVILLE COMMUNICATIONS

RSL COMMUNICATIONSINC.CL A
SBC COMMUNICATIONS
SOUTHERN NEW ENG TELECOMM
SOUTHERN NEW ENG TELEPHONE
SPRINT (CENTEL)
STAR TELECOMMUNICATIONS INC.
TALK.COM INC.
TELEGLOBE INC.
TELEPHONE & DATA
TELEPORT COMM GRP—CL A
U S WEST INC.
VIATEL INC.
WINSTAR COMMUNICATIONS
WUI INC.

WASCH- UND REINIGUNGSMITTEL

ALBERTO-CULVER CO—CL B
AVON PRODUCTS
BLOCK DRUGINC.CL A
CHESEBROUGH-POND'S INC.
CHURCH & DWIGHT INC.
CLOROX CO/DE
COLGATE-PALMOLIVE CO.
DIAL CORP.ORATION
ECOLAB INC.
FABERGE INC.
FACTOR (MAX) CO—CL A
HELENA RUBINSTEIN INC.
HELENE CURTIS INDS.
LANVIN-CHARLES OF THE RITZ
LAUDER ESTEE COS INC.—CL A
MARY KAY CORP.
NCH CORP.
NEUTROGENA CORP.
NOXELLINC.CL B
PROCTER & GAMBLE CO.
PUREX INDUSTRIES INC.
REVLON INC.—CL A
SHULTON INC.

ZELLSTOFF- UND PAPIERPRODUKTE

ACX TECHNOLOGIES INC.
AMERICAN BUSINESS PRODS/GA
BEMIS CO.
BOHEMIA INC.
BOISE CASCADE CORP.
BOWATER INC.
BOWATER PULP & PAPER
BROOKS-SCANLON INC.
BUCKEYE TECHNOLOGIES INC.
CARAUSTAR INDUSTRIES INC.
CHAMPION INTERNATIONAL CORP.
CHEASAPEAKE CORP.
CONSOLIDATED PAPERS INC.
CROWN ZELLERBACH
DENNISON MFG CO.
DIAMOND INTERNATIONAL CORP.
FEDERAL PAPER BOARD CO.
FORT HOWARD CORP.
FORT JAMES CORP.
GAYLORD CONTAINER CP
GLATFELTER (P.H.) CO.
GREAT NORTHERN NEKOOSA CORP.
HAMMERMILL PAPER CO.
INTL PAPER CO.
KIMBERLY-CLARK CORP.
LONGVIEW FIBRE CO.
LOUISIANA-PACIFIC CORP.
MEAD CORP.
OLINKRAFT INC.
PENTAIR INC.
POPE & TALBOT INC.
POTLATCH INC.
RIVERWOOD INTL CORP.
ROCK-TENN COMPANY
SAXON INDUSTRIES
SCHWEITZER-MAUDUIT INTL INC.
SCOTT PAPER CO.
SMURFIT-STONE CONTAINER CORP.
SOUTHWEST FOREST INDUSTRIES
ST REGIS CORP.
STONE CONTAINER CORP.
TAMRANDS INC.
TEMPLE-INLAND INC.
UNION CAMP CORP.
WAUSAU-MOSINEE PAPER CORP.
WESTVACO CORP.
WEYERHAEUSER CO.
WILLAMETTE INDUSTRIES

Anhang B
Führungsstrategie von Finanzinvestoren

	Typisches Unternehmen	LBO-Organisation
Zweck und Struktur	Auf Dauer angelegt (langes Halten von Beteiligungen – mehrere Jahrzehnte; Spartenstruktur)	Auf begrenzte Laufzeit eines Fonds zugeschnitten (kurze Haltezeit – einige Jahre; Konzernstruktur mit Vorständen)
Steuerung	Steuert operatives Geschäft, oftmals durch die oberen Führungsebenen. Einheitlicher Führungsansatz, Fokus auf Informationsfluss. Alte Regeln gelten; werden nur langsam geändert. Keine Verantwortung für Finanzen und Steuern auf mittlerer Führungsebene. „Absprachen" statt schriftlicher Verträge. Wenig Wechsel in Führungspositionen	Verfolgt Geschäfte, steuert nicht. Vielfältige Führungssätze; Fokus auf Vergütung, Krisensituationen und Kapitalbeschaffung. Manager müssen sich neue Spielregeln aneignen. Verantwortlich für Finanzen und Steuern. Schriftliche Verträge. Fokus auf Austausch von Mitarbeitern bei unzureichender Leistung.
Dezentralisierung	Konzernzentrale mit umfangreichem Personal in Stabsstellen	Keine Zentrale. Sehr niedriger Personalbestand (Personalkosten abgedeckt durch Gebühr in Höhe von 2% des verwalteten Vermögens.)

Synergien	Von zentraler Bedeutung für das Prinzip der Ressourcenbündelung. Quersubventionierung möglich. Konsolidierte Abschlüsse.	Nicht betrachtet, ignoriert. Quersubventionierung nicht möglich. Keine konsolidierten Abschlüsse.
Vergütung	Komplexes System, das Surrogate für den Marktwert benutzt, aber oftmals auf der Größe des Bereichs basiert. Geringer Spielraum für Erhöhungen. Keine Kürzungen.	Einfaches System, an den Markt gekoppelt. Großer Spielraum für Erhöhungen. Kürzungen möglich.

Anhang C
Dynamische Performance-Analyse

Die Dynamische Performance-Analyse (DPA) besteht aus einer Reihe analytischer Verfahren, die die grundlegende Dynamik von Unternehmen, Branchen und Kapitalmärkten aufdecken sollen. Die DPA ist so konzipiert, dass sie die impliziten – und, wie wir meinen, unnötig einschränkenden – Annahmen herkömmlicher Analysen, die wir hier Statische Performance-Analysen (SPA) nennen möchten, vermeidet.

Unseres Erachtens bildet die DPA den Zustand der Wirtschaft, einer Branche oder eines Unternehmens genauer ab als die herkömmlichen SPA-Analysen, auf denen sie aufbaut. Zwischen beiden gibt es zwei wesentliche Unterschiede: Erstens misst die DPA dem Verständnis dynamischer Prozesse – also zeitabhängigen Kausalbeziehungen – große Bedeutung bei. Im Unterschied zur SPA nimmt die DPA nicht die Existenz eines Gleichgewichts als gegeben an; ist aber ein Gleichgewicht vorhanden, weist sie es aus. Zweitens geht die DPA ausdrücklich *nicht* davon aus, dass sich die Ergebnisse wettbewerbsbezogener Marktprozesse in einer Normalverteilung um den Mittelwert verteilen, wie oftmals von der SPA implizit unterstellt wird. Die DPA ist sehr darum bemüht, die tatsächliche Verteilung der Ergebnisse von großen Stichproben über längere Zeiträume zu betrachten. Aufgrund dieser beiden Unterschiede ist die SPA unseres Erachtens ein Sonderfall der DPA.

Welche Bedeutung das Verständnis dynamischer Performance hat, liegt auf der Hand. Bislang hat man dazu jedoch vornehmlich erweiterte Formen der statischen Analyse benutzt, anstatt sich um die Neuentwicklung dynamischer Methoden zu bemühen. Durch Anwendung der DPA konnten wir Erkenntnisse über das Wesen und die Determinanten des Unternehmenserfolgs gewinnen, die sich von vielen gängigen Theorien unterscheiden.

Grenzen der Statischen Erfolgsanalyse

Die SPA umfasst gängige Analysen zur Diagnose des historischen Unternehmenserfolgs, und sie wird manchmal den Prognosen zur künftigen Wertentwicklung von Unternehmen zugrunde gelegt. Viele dieser Prognosetechniken wenden Faustregeln an, die auf vergangenen Entwicklungen oder deren Fortschreibung basieren. Sie sind nicht geeignet, Diskontinuitäten oder wesentliche Veränderungen in der längerfristigen Wertentwicklung aufzudecken. Als Folge werden solche Diskontinuitäten durch die SPA auch nur selten aufgespürt. Das Nicht-Erkennen von Diskontinuitäten aber kann zu Prognosefehlern führen, weil dann davon ausgegangen wird, dass die Kausalbeziehungen der Vergangenheit auch für die Zukunft gelten.

Statische Erfolgsanalysen erfassen in der Regel Zeiträume von zwei bis fünf Jahren und erstrecken sich gelegentlich über Zehnjahresperioden. Dabei vernachlässigen sie die „minimale Analyseeinheit", wie wir sie nennen, oder auch den Geschäftszyklus. Im Allgemeinen werden die Zeiträume mit Bezug auf das laufende Jahr ausgewählt: Man geht zwei, fünf oder auch zehn Jahre zurück – unabhängig davon, in welcher Position sich die Volkswirtschaft oder Branche im laufenden Konjunkturzyklus befindet. Solche Vergleiche können leicht dazu führen, dass man die Ursachen für den früheren Erfolg oder Misserfolg des Unternehmens falsch einschätzt – und damit auch die künftigen Chancen und Entwicklungen.

Die Statische Performanceanalyse geht implizit von Kontinuität aus und kann daher Ergebnisse produzieren, welche diese implizite Annahme bestätigen. Sie kann vermeintlich herausragende (oder besonders schlechte) wirtschaftliche Ergebnisse aufzeigen, die in Wirklichkeit nicht auf Maßnahmen des betreffenden Unternehmens zurückzuführen sind, sondern auf branchenspezifische oder volkswirtschaftliche Effekte – oder auch einfach nur auf den betrachteten Zeitraum. Vielen der klassischen Beispiele für „Spitzenleistungen" liegen solche Fehlinterpretationen zugrunde. So werden etwa SmithKline Beecham oder Bristol-Myers Squibb gerne als besonders leistungsfähige Unternehmen angeführt, während aber ihre Ergebnisse, rein statistisch betrachtet, sich nicht von denen der Pharma-Branche insgesamt abheben.

In der traditionellen SPA können Ursache und Wirkung falsch gedeutet werden, entweder weil eine besonders gute oder besonders schlechte Periode im Konjunkturzyklus ausgewählt wurde oder weil der betrachtete Zeitraum zu kurz ist, um für die gesamtwirtschaftliche Entwicklung von Bedeutung zu sein. Oftmals basieren SPA-Analysetechniken auf dem impliziten Irrtum, zwischen Vergangenheit und Zukunft gebe es mehr Gemeinsamkeiten als Unterschiede. Damit lässt die SPA die dynamischen Rückkopplungsschleifen in der Wirtschaft (etwa zwischen Käufern und Verkäufern oder zwischen Aktiengesellschaften und Analysten oder Regulierer) außer Acht.

Die SPA vermag auch nicht zu erklären, warum es in zyklischen Branchen regelmäßig zu Schwankungen in der Aktionärsrendite kommt, obgleich der Konjunkturzyklus im Großen und Ganzen bekannt ist. Und sie liefert keine stichhaltige Erklärung dafür, warum es bei Börsenkursen immer wieder „Spekulationsblasen" gibt und wie sie zustande kommen. Die Dynamische Performance-Analyse hingegen kann diese und andere ähnlich komplexe Phänomene erklären. Daher kann sie die Häufigkeit falsch-positiver Ergebnisse – die mit der ausgewählten Analysemethode einhergehen – deutlich verringern.

Schließlich unterstellt die SPA oftmals eine Gauß'sche Normalverteilung statistischer Ergebnisse – wir wissen jedoch aus zahlreichen empirischen Untersuchungen, dass die tatsächliche Verteilung auch ganz andere Formen annehmen kann. Entsprechend unterschiedlich sind die Ansichten, was die Eintrittswahrscheinlichkeit von Ereignissen angeht (wie ist beispielsweise zu erklären, dass es in Großbritannien zweimal innerhalb eines Jahrzehnts zu einem „Jahrhundert-Wirbelsturm" kommen konnte?) sowie auch die Einschätzungen zum eigenen Risiko und sogar zur potenziellen Belohnung.

Unterschiede zwischen DPA und SPA

Die DPA will die herkömmliche ökonomische Analyse nicht verwerfen, stützt sich aber auch nicht ausschließlich darauf. Sie soll dabei helfen, Wettbewerb, Eintritts- und Austrittsbarrieren, den Zusammenhang zwischen Branchenstruktur, Unternehmensverhalten und Unternehmenserfolg sowie den Einfluss von Analysten-Erwartungen auf die Ergebnisse besser zu verstehen. All diese Effekte will die DPA in einen explizit dynamischen – und nicht etwa statischen – Kontext stellen.

Die DPA soll die SPA nicht ersetzen, ebenso wenig wie etwa die Quantenphysik die klassische Physik ersetzen kann. Tatsächlich liegt beiden Ansätzen dasselbe konzeptionelle Gerüst zugrunde – Faktoren wie beispielsweise das Machtverhältnis zwischen Angebot und Nachfrage, die Rolle des marginalen Anbieters für das Preisniveau, die Bedeutung von Austritts- und Eintrittsschranken. Die DPA baut auf der SPA auf und stellt sie in einen größeren Kontext. Es gibt viele Situationen, in denen die einfacheren Analysetechniken der SPA ausreichen. Die DPA ist besonders dann angezeigt, wenn es darum geht, die Ursachen langfristiger Veränderungsprozesse aufzudecken und den Analysten auf potentielle Quellen langfristiger Risiken aufmerksam zu machen. Die DPA schafft einen breiteren Kontext für die SPA.

Es gibt sechs grundlegende Unterschiede zwischen DPA und SPA:

1. Die Investorenperspektive nimmt eine zentrale Rolle ein. Die Erwartungen der Investoren werden bei der Analyse des – möglicherweise temporären – Wertsteigerungspotenzials explizit berücksichtigt.
2. Die DPA berücksichtigt ausdrücklich die potenzielle Bedeutung von Rückkopplungen und beinhaltet Methoden zu ihrer Aufdeckung. DPA-Techniken zielen darauf ab, die Annahme der Kontinuität zu vermeiden. Im Gegenteil: Sie sollen Diskontinuitäten entdecken, wie etwa die Ölkrisen der siebziger Jahre, die rapide Verschlechterung der Hardwarebranche Anfang der Achtziger oder die Restrukturierung des Telekommunikationsmarktes nach der Entflechtung des Bell-Systems. Die DPA deckt Kontinuität auf, sofern sie vorhanden ist. Wenn nicht, enthüllt sie die Diskontinuität.
3. Die DPA verwendet den Zyklus der Gesamt-Aktionärsrenditen als grundlegende Zeiteinheit der Analyse. Sie berücksichtigt die Erkenntnis, dass Schlussfolgerungen aus der SPA durch die Auswahl des Betrachtungszeitraums stark beeinflusst werden können. Wenn beispielsweise zwei Unternehmen einer Branche miteinander im Wettbewerb stehen, wovon jedoch das eine am Anfang seines Zyklus steht und seine Performance verbessert, während sich das andere am Zyklusende befindet und eine rückläufige Performance verzeichnet, dann wird die DPA beim Vergleich beider Unternehmen stets von ähnlichen Punkten in ihren Zyklen ausgehen. Die SPA hingegen lässt solche Überlegungen außer Acht und könnte daher im selben Fall zum Schluss kommen, eines der Unternehmen sei dem anderen von Haus aus überlegen.
4. Die DPA versucht, die Performance-Analyse in einen dynamischen statistischen Kontext zu stellen, sodass man leichter beurteilen kann, ob auftretende Veränderungen wohl von Bedeutung sein werden. Auch die SPA tut das in vielen Fällen, doch sind dabei spezielle Probleme zu lösen, wenn man diese dynamische Betrachtungsweise auf eine kleine Zahl von Un-

ternehmen anwenden will. So können beispielsweise von der Gauß'schen Verteilung abweichende Verteilungen sowie jährliche Veränderungen in der Form der Verteilungskurve dazu führen, dass so gängige Maße wie Mittelwerte und Mittelwertabweichungen unbrauchbar werden.

5. Im Unterschied zur SPA betrachtet die DPA ein breites Spektrum von Performance-Perioden und untersucht sie aus vielen unterschiedlichsten Perspektiven.
6. Die DPA geht nicht von einer Normalverteilung der Ergebnisse aus, sondern nutzt empirische Methoden, um die wahrscheinlichste Form der Verteilung zu ermitteln.

Die SPA scheint wie geschaffen für reifere Geschäftsfelder, die in einem Umfeld allmählicher Veränderungen operieren. Die SPA eignet sich gut für „Substanzwert-Anleger". Die DPA dagegen konzentriert sich eher auf Anleger, die in Wachstumswerte investieren, mit ihren speziellen Sorgen und Risiken. Indem sie sich auf die Wechselwirkung zwischen linearen und nicht-linearen Systemen konzentriert, gibt die DPA genaueren Aufschluss über langfristige Risikofaktoren als die SPA.

Die Analysetechniken der DPA werden im Lauf der Zeit sicher noch weiterentwickelt werden, da sich dieser Ansatz noch in einem relativen frühen Entwicklungsstadium befindet.

Ursprünge der DPA

Die DPA geht zurück auf das S-Kurven- und das Diskontinuitätskonzept, die Mitte der achtziger Jahre im Rahmen der vorbereitenden Arbeiten für das Buch *Innovation: The Attacker's Advantage* entstanden. Unsere „Analysenfamilie" entstand sukzessive/organisch in dem Maße, wie sich ein entsprechender Bedarf entwickelte. Wir wussten anfangs nicht, dass wir eine neue Analysemethode entwickeln mussten.

Diese Analysen deuteten darauf hin, dass es regelmäßige Performance-Muster gab und dass diese Muster keine linearen Fortschreibungen der Vergangenheit waren. Vielmehr folgen Branchen einem sehr regelmäßigen Muster: Auf langsame Fortschritte in der Anfangszeit folgt eine Phase der raschen Beschleunigung, bis das maximale Tempo des Fortschritts erreicht ist; schließlich setzt ein stetiger Rückgang ein, bis ein (statisches oder dynamisches, z. B. zyklisches)

Gleichgewicht erreicht wird, wenn sie ihr Potenzial erschöpft oder ihre Leistungsgrenze erreicht haben. Das Muster ist in folgendem Schaubild dargestellt.

S-Kurve

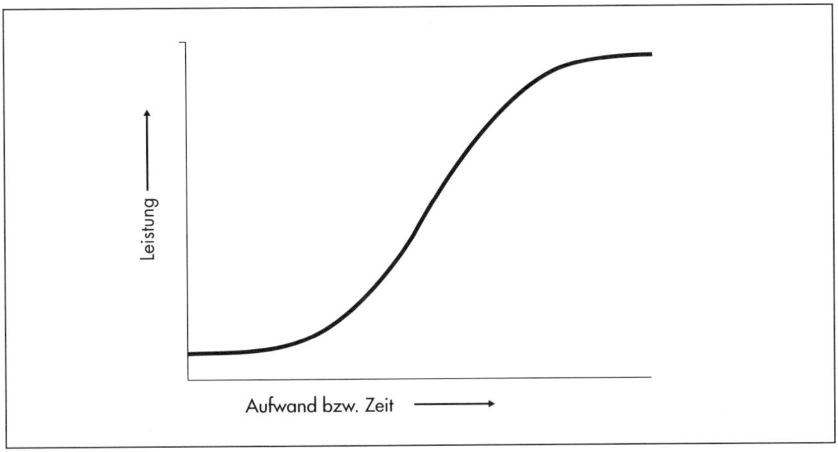

Aus der S-Kurve folgt unter anderem, dass die Produktivität – eine wesentliche Determinante des Unternehmenserfolgs – in einer regelmäßigen, aber vielleicht unerwarteten Weise schwankt. Die Produktivität ist nichts anderes als Output oder Unternehmensleistung, dividiert durch Input. Sie drückt sich in der oben abgebildeten Kurve aus: Zu Anfang ist das Niveau niedrig, da alle Beteiligten den neuen Ansatz lernen; dann beschleunigt sie sich zügig, wenn die leichteren Probleme gelöst werden; schließlich beginnt sie genau an dem Punkt abzuflachen, an dem manche eine Beschleunigung erwarten würden: Die S-Kurven-Entwicklung erreicht ihre Grenzen, und es bleiben nur sehr schwierige Probleme zu lösen. Mit weiterer Annäherung an die Grenzen wachsen die Probleme schneller an als die Kompetenz zu ihrer Lösung. Dies führt zu einem drastischen Rückfall – und damit einer Chance für potenzielle Angreifer, mit einem besseren und meist völlig anderen Ansatz auf den Plan zu treten.

Produktivität

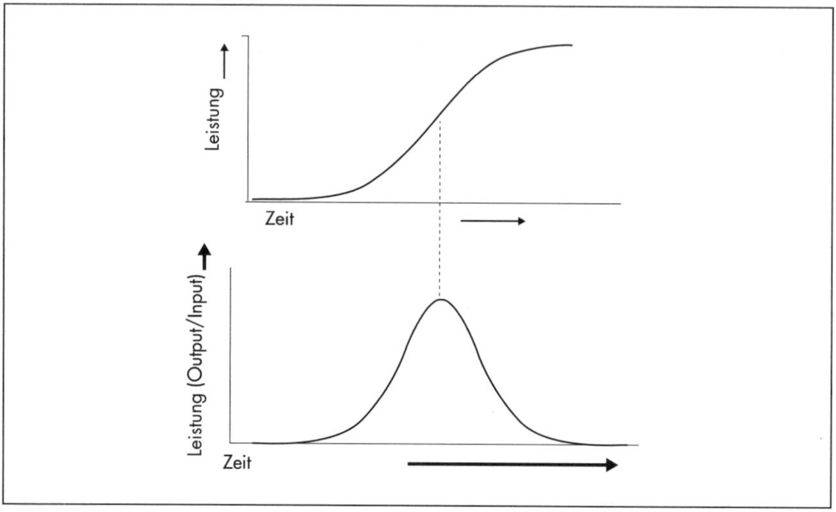

Wenn sich die Entwicklung dem Reifestadium nähert, kann eine Diskontinuität auftreten, welche die Wettbewerbsstruktur der Branche grundlegend verändert. Dies war vielfach in den Branchen Elektronik, Pharma, Konsumgüter, Verkehr und anderen der Fall. Diskontinuitäten sind der Wirbel im „Sturm der schöpferischen Zerstörung", den Schumpeter vor über fünfzig Jahren beschrieben hat. Wir geben diese Diskontinuität graphisch so wieder, wie im Schaubild auf der folgenden Seite gezeigt.

Diese Analysen sind zuweilen nicht relevant (wie beispielsweise bei der Erdölindustrie), weil äußere Ereignisse die regulären wirtschaftlichen Prozesse außer Kraft setzen. Doch wenn die Analysetechniken nicht geeignet sind, zeigen sie automatisch unsinnige Ergebnisse – damit wissen die Analysten, dass sie anderswo nach Antworten suchen müssen.

Diskontinuität zwischen S-Kurven

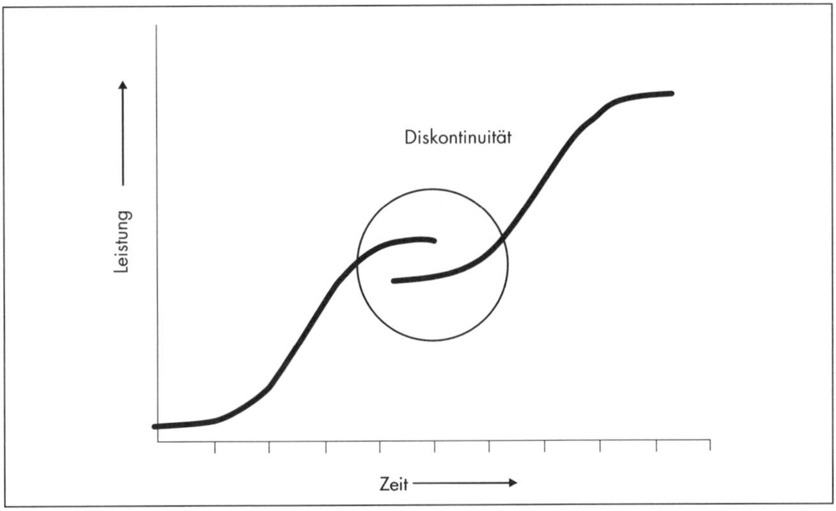

Grundlegende Fragen, welche die DPA beantworten will

Die DPA betrachtet jedes Unternehmen im Kontext der Branche und jede Branche im Kontext des jeweiligen nationalen Gesamtmarktes.

Wie die SPA sucht auch die DPA eine Antwort auf die Frage: Inwieweit ist die Leistung eines Unternehmens auf Maßnahmen des Managements zurückzuführen, und inwieweit geht sie auf andere Faktoren wie beispielsweise die branchenspezifischen oder volkswirtschaftlichen Rahmenbedingungen zurück? Diese Frage ist wesentlich, denn von ihr gehen die Beurteilungs- und Bonussysteme – die Feedback-/Steuerungssysteme eines Unternehmens – aus. Die Antwort darauf bestimmt auch die zentrale Frage, die sich das Management stellen muss: Sollten wir uns auf die Optimierung unserer operativen Abläufe konzentrieren oder Anpassungen in unserem Portfolio (also eine Neuinvestition oder Veräußerung) ins Auge fassen? Liegt die Antwort in der internen Optimierung, hat das Management sie selbst in der Hand. Geht es um externe Faktoren, sind diese nur durch Beeinflussung der Branchenstruktur (Fusion oder Ausgründung) oder über politische Maßnahmen (Lobbying bei Regulierungsbehörden) zu steuern.

Aus der Grundfrage nach den Determinanten des Unternehmenserfolgs folgern weitere wichtige Fragen für die Unternehmensleitung, so beispielsweise:

- Wer hat die stärkere Position – der Angreifer oder der Verteidiger? Wie haben sich die Machtverhältnisse mit der Zeit verändert, und weshalb?
- Wird derjenige, der in Führung liegt, im Laufe einer Diskontinuität verlieren, wie es in der Vergangenheit schon oft der Fall war? Wie und wann wird der Übergang vom Verteidiger zum Angreifer vonstatten gehen? Was heißt das für die wirtschaftliche Situation des Angreifers und des Verteidigers? Welche wirtschaftliche Logik liegt dem Angriff zugrunde, und welche neue Verteilung des Gewinnpotentials einer Branche wird sich ergeben?
- Wie werden sich die Prognosen von Analysten auf unsere Strategie auswirken?

DPA-Basisanalysen

Die Statische Performance-Analyse unterstellt oftmals implizit, dass die Zusammenhänge zwischen wirtschaftlichen Größen „linear" seien – nach dem Prinzip: je mehr man hineinsteckt, um so mehr zieht man heraus – und dass sich diese Proportionalität im Zeitablauf nicht verändert. Solche Zusammenhänge lassen sich leicht verstehen und kommunizieren. Sie lassen sich auch leicht analysieren, da sie nur einfachste mathematische Operationen voraussetzen. Oftmals entstehen aus diesen einfachen Relationen Faustregeln – wie zum Beispiel: Man multipliziere den Gewinn mit dem Kurs-Gewinn-Verhältnis, um den Aktienkurs zu erhalten.

Es gibt einige wirtschaftliche Situationen, in denen diese linearen Zusammenhänge und die daraus abgeleiteten verkürzten Regeln zutreffende Antworten liefern, besonders für kurzfristige Zeiträume. Doch sobald sich die Analyse über einige Jahre erstreckt, nimmt die Wahrscheinlichkeit, dass die Zusammenhänge diesen einfachen linearen Mustern folgen, stark ab. Die Beziehungen sind dann eher komplexer, und diese Komplexität verhindert eine exakte, eindeutige Interpretation. Längerfristig kommen häufig erhebliche Rückkopplungseffekte zum Tragen. Ein Beispiel: Analysten beginnen zu erwarten, dass Aktien bestimmter Unternehmen zu „Outperformern" werden, und sie bauen diese Erwartungen in ihre Modelle ein. Irgendwann kann das Unternehmen nicht mehr mit den ständig höher geschraubten Erwartungen Schritt halten, und seine Aktie entwickelt sich schlechter als erwartet. Sobald diese „Underperformance“ beginnt, ändern die Analysten ihre Modelle und schrauben ihre Erwartungen herunter. Es ist zu einer Rückkopplung zwischen Erwartungen und Performance gekommen. Solche Rückkopplungseffekte führen oftmals zu Zyklen, die sehr viel komplizierter zu analysieren sind als einfache lineare Beziehungen. Beispiele dafür sind die Produktsubstitution oder der Effekt, den die Ankündigung einer neuen Fertigungsanlage auf die Produktpreise haben kann, oder die Reaktion von Aktienkursen auf die Entstehung einer neuen Produktkategorie (die Internet-Spekulationsblase). Die Analyse von Rückkopplungssystemen kann sehr kompliziert sein, da die Stärke der Rückkopplung selbst variabel ist. Rückkopplungseffekte – und ihre Veränderung im Zeitablauf – sind der Grund dafür, warum Führungskräfte allenthalben zu hören bekommen: „Vorsicht! Das Unternehmen, das Sie führen, trägt die Keime seiner eigenen Zerstörung in sich.“ Aufgabe der DPA ist es, diese Keime frühzeitig zu entdecken und ihre Wirkungsweise zu verstehen, sodass man sie gezielt pflegen oder auch abtöten kann.

Die Dynamische Performance-Analyse umfasst 13 grundlegende Analyseverfahren, welche die zugrunde liegenden Muster und Komplexitäten aufdekken und erklären sollen.

1. S-Kurven-Analyse

S-Kurven bilden die Relation zwischen Input (z. B. Ressourcen oder Zeit) und Output (z. B. Produktausstoß, Umsatz oder Ertrag) ab. Diese Relationen zeigen ein klassisches Muster: Auf allmählichen Beginn folgt zügiger Aufschwung, dann wieder Verlangsamung, sobald eine Asymptote – ein Grenzwert – erreicht wird. Die Muster werden entsprechend ihrer Form als S-Kurven bezeichnet, wobei das S an der linken unteren Ecke angesetzt und dann zur rechten oberen Ecke ausgezogen wird.

Zu den Hauptfragen gehören: Wo stößt der gegenwärtige Ansatz an seine Grenzen? Wie schnell wird diese Grenze erreicht werden? Welche Alternativen sind verfügbar, die möglicherweise über die gegenwärtige Grenze hinausgehen? Wer ist in der Lage, diese Ansätze zu realisieren? Wann werden die Betreffenden von dieser Möglichkeit Gebrauch machen?

Die beste Beschreibung der mathematischen Logik hinter der S-Kurve lieferten Fisher und Pry 1971 mit ihrer Feststellung, dass alle Produkte ihren

Marktanteil durch Substitution bestehender Produkte ausweiten.[1] Fisher und Pry nahmen an, dass sich die Substitutionsrate proportional zur bereits substituierten Produktmenge sowie zum noch nicht substituierten Anteil an der Gesamt-Produktmenge verhält. Das heißt, bei sehr geringer Produktmenge ist auch die Substitutionsrate sehr gering – selbst wenn dabei zunächst noch ein relativ großer Anteil an substituierbarer Produktmenge übrig ist –, weil beim fraglichen Produkt noch so wenig Erfahrung in der Kunst der Substitution vorliegt. Mit zunehmender Erfahrung wird dann die substituierte Menge zunehmen und die Substitutionsrate steigen. Gegen Ende des Zyklus verlangsamt sich die Rate wieder.

Der von Fisher und Pry entwickelte Ansatz wurde auf viele andere Gebiete übertragen – zum Beispiel die Epidemiologie. Krankheiten breiten sich exakt in der gleichen Weise aus, wie ein Produkt ein anderes ersetzt. Auch Netzwerke wachsen auf diese Weise – etwa Netzwerke aus Fax-Geräten oder Internet-Sites. Zu Anfang gibt es niemanden, an den man sich anhängen kann; damit bleibt die Penetrationsrate zunächst gering. Nach einer Weile, wenn sich immer mehr Menschen an das Netzwerk anschließen, nimmt der Nutzen des Netzwerk-Anschlusses und ebenso die Anschlussrate zu. Schließlich haben sich praktisch alle, die einen Anschluss wollen, angeschlossen, und die Zuwachsrate geht langsam zurück. Dies ist die klassische S-Kurve, die in ihrer Struktur sowohl positive als auch negative Rückkopplungseffekte verknüpft.

Sprachlich formuliert, lautet die grundlegende mathematische (Differential-) Gleichung folgendermaßen:

*Veränderungsrate = Konstante * (bisheriger Prozentsatz der Gesamtsubstitution) * (Prozentsatz der noch nicht erfolgten Substitution)*

Die Konstante in dieser Gleichung ist die Substitutionsrate. Man nennt sie auch eine Ratenkonstante. Ist sie hoch, läuft die Substitution schnell ab. Ist sie niedrig, geht die Substitution langsam vonstatten.

Da der Gesamtbetrag der Substitution 100% ist, ist der noch nicht substituierte Prozentsatz 100% minus dem Prozentsatz, der bereits substituiert wurde.

Wenn x der substituierte Prozentsatz ist, k die Konstante und t die Zeit, dann lautet die mathematische Gleichung:

$$dx/dt = k * (\mathbf{x}) * (1-x) \qquad \text{Gleichung 1}$$

Diese Gleichung lässt sich auflösen, dass sie die Beziehung zwischen dem substituierten Prozentsatz und der Zeit wiedergibt. Sie sieht dann so aus:

$x = 0{,}5*\{1- \tanh [(t-t_{mid})/t_{crit}]\}$ Gleichung 2

t_{mid} und t_{crit} sind die beiden Konstanten, die sich aus der Lösung der Gleichung ergeben. t_{mid} ist das Jahr, in dem die Substitution zur Hälfte abgeschlossen ist. t_{crit} ist die benötigte Zeit, um die Substitution von 10% auf 90% zu bringen. Es ist eine konstante Rate. Durch Einbeziehung von t_{mid} und t_{crit} wird die konstante Rate „k" beseitigt. „tanh" ist der „Tangens hyperbolicus", eine grundlegende geometrische Funktion, die den meisten Nicht-Technikern nicht viel sagt. Eine mathematische Funktion ist eine explizite Beziehung zwischen zwei Größen. So können wir beispielsweise eine Funktion definieren, die wir 2X nennen. 2X macht aus jedem beliebigen Wert von X einen Wert von 2*X. Wenn X = 5, dann ist die Funktion gleich 10. Wenn X = 200, dann ist die Funktion gleich 400. „Tanh" funktioniert in genau der gleichen Weise, auch wenn sich die Ergebnisse von 2X unterscheiden. Bei der Gleichung 2 spielt der Wert der Größe innerhalb der eckigen Klammern, der sich unmittelbar an „tanh" anschließt, $[(t-t_{mid})/t_{crit}]$, die Rolle von X in 2X. Wenn für $[(t-t_{mid})/t_{crit}]$ ein Wert gegeben wird, dann ergibt „tanh" eine Zahl, mit der Gleichung 2 gelöst werden kann. „tanh" ist im mathematischen Tabellenwerk aller Computer enthalten, sodass sich die Funktion leicht nutzen lässt. Gleichung 2 ist der mathematische Ausdruck der S-Kurve.

Wenn wir diese Gleichung als gegeben annehmen, besteht die Aufgabe des Analysten nun darin, die Konstanten t_{mid} und t_{crit} zu ermitteln. Anschließend lässt sich anhand des historischen Verlaufs der S-Kurve die Zukunft prognostizieren, wenn man davon überzeugt ist, dass die S-Kurven-Prognose die Zukunft abbildet.

Um die Robustheit des S-Kurven-Modells zu überprüfen, haben wir t_{mid} und t_{crit} für die Umsatzentwicklung in allen Branchen berechnet. Das Ergebnis stimmte mit der tatsächlichen Entwicklung der jeweiligen Branchen recht gut überein, wie folgende Grafik zeigt:

Muster der Umsatzentwicklung

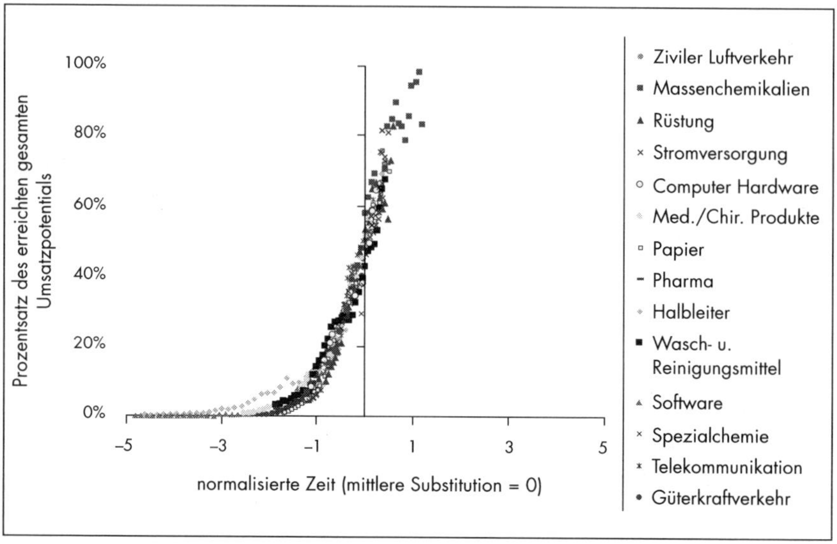

Wir haben die Erdölindustrie nicht in diese Analyse einbezogen, da ihre Preise – und damit ihr Umsatz – so stark von der Politik der OPEC-Staaten beeinflusst werden.

Das Gesamtmuster tritt relativ deutlich hervor. Es zeigt sich auch, dass das Modell nicht perfekt mit den empirischen Daten übereinstimmt, zumindest bei den Konstanten, die wir verwendet haben. Die Halbleiterbranche hat ihren Umsatz etwas schneller als die übrigen Branchen gesteigert, und die reife chemische Industrie folgt erwartungsgemäß einem zyklischen Muster, statt dem einfachen Aufschwung-Abschwung-Muster, wie es das Grundmodell von Fisher-Pry vorhersagt.

Die Zeitkonstanten, die bei diesen Kurven verwendet wurden, sagen uns etwas über das Veränderungstempo der jeweiligen Branche. Es ist nicht weiter verwunderlich, dass die langsamste Umsatzexpansion bei den Grundstoffchemikalien und die schnellste bei Software festzustellen ist. Dies stimmt mit unseren intuitiven Annahmen überein.

Eine letzte Bemerkung zu dieser Formulierung der S-Kurve: die Krümmung der S-Kurve stimmt, wie oben erwähnt, weitgehend mit der Krümmung der Gauß-Verteilung überein, welche die Ergebnisse von Zufallsprozessen beschreibt. Letztere bezeichnet man als „Gauß'sche Normalverteilung", weil sie die erwartete Verteilung der Ergebnisse für einen normalen Prozess wiedergibt. Nimmt man an, dass die verschiedenen Unternehmen einer Volkswirtschaft sich jeweils in einem bestimmten Stadium ihrer eigenen S-Kurve befinden, dann liegt die Vermutung nahe, dass ihre Wachstumsmuster proportional zur Steigung der S-Kurve verteilt sind. Prüft man diese Verteilungen, sollte man eigentlich leicht feststellen können, ob die zugrunde liegenden volkswirtschaftlichen Prozesse von Zufallsprozessen oder einer S-Kurve herrühren. Das Problem liegt darin, dass sich die Steigung der Normalverteilung und die der S-Kurve praktisch nicht voneinander unterscheiden lassen. Daher ist es so gut wie unmöglich, zwischen den Mechanismen, die möglicherweise für die beobachteten Ergebnisse verantwortlich sind, und den Verteilungen als solchen zu unterscheiden. Man muss auf andere Analysen zurückgreifen, um die Unterschiede aufzudecken. Wir meinen, dass die gewichtigen empirischen Befunde die S-Kurven-Hypothese und nicht die der Zufallsverteilung stützen.

2. Diskontinuitäts- und langfristige Risikoanalyse

S-Kurven enden vielfach in Diskontinuitäten. Die Diskontinuitätsanalyse soll aufdecken, wann eine neue S-Kurve beginnt, und abschätzen, welche Interaktionen wann zwischen alter und neuer S-Kurve auftreten. Diskontinuitäten können aus vielfältigen Gründen auftreten, etwa wegen einer neuen Technologie (wie z.B. Internet, Software), einer neuen Strategie (wie z. B. die Reorganisation des Luftverkehrs nach dem „Hub and Spokes"-Modell), einer Veränderung der Branchenstruktur (wie z.B. Fusion von zwei bedeutenden Marktteilnehmern); staatliche Eingriffe wie bei der Zerschlagung des Bell-Systems durch das US-Justizministerium; oder Bildung eines Kartells, wie im Fall der OPEC in den siebziger Jahren).

Diskontinuitäten können zu nicht-diversifizierbaren Risiken für den Investor und das Management führen. Die DPA soll vor allem auch langfristige Risiken (plötzliche Abweichungen von einem scheinbar regelmäßigen Muster) aufdecken und klassifizieren, und nicht so sehr kurzfristige Performance-Schwankungen, wie dies oftmals bei der SPA der Fall ist.

Obgleich sich Diskontinuitäten scheinbar zufällig ereignen, haben sie doch spezifische vorhersagbare Merkmale. Wir glauben, dass das Auftreten, die Dauer und die Auswirkungen von Diskontinuitäten auf grundlegende ökonomische Ursachen zurückzuführen ist – auch wenn sich diese oftmals erst im Nachhinein enthüllen lassen.

Im einfachsten Fall treten Diskontinuitäten dann auf, wenn die Kosten des angreifenden Unternehmens das Kostenniveau des verteidigenden Unternehmen erreichen und dann unterschreiten. In diesem Moment fließt Geld von den Bankkonten des Verteidigers auf die Konten des Angreifers. Tatsächlich muss man dabei die Besonderheiten zweier verschiedener Kostenarten betrachten: Die ersten sind die *Vollkosten*, die nötig sind, um die Rentabilitätsziele zu erreichen – beispielsweise eine 15-prozentige Kapitalrendite. Zu diesen Kosten gehören die laufenden, zahlungswirksamen Kosten für die Aufrechterhaltung der Geschäftsabläufe (also für Entwicklung, Herstellung, Verkauf, Vertrieb und Kundendienst) sowie die Abschreibungen auf Investitionsgüter und andere Firmenwerte und die Zahlungen an Gläubiger und Aktionäre.

Die zweite Kostenart sind die direkt zahlungswirksamen Kosten. Die Deckung dieser „Cash-Kosten" ist erforderlich, um nicht bei jedem Geschäftsvorfall unmittelbar Geld zu verlieren. Die Cash-Kosten sind immer geringer als die Vollkosten. Sie enthalten keine Abschreibungen und auch nicht die Ausschüttungen an die Aktionäre (während die Zinsen für Fremdkapital in den allermeisten Fällen dazu gezählt werden.) Bei der Differenz zwischen den Cash-Kosten und den Vollkosten handelt es sich also um eine spezielle Form eines Deckungsbeitrags.

In der Praxis ist die Zuordnung der Kosten – an sich eine scheinbar einfache Sache – oft um einiges komplizierter. In einer verstaatlichten Branche können aus Sicht des Staates die Steuern, die in einem normalen Unternehmen den zahlungswirksamen Kosten zugeordnet werden, unter Umständen als Teil des Deckungsbeitrags angesehen werden. Die Regierung kann unter Umständen auf diese Zahlungen vom Unternehmen verzichten, um andere Ziele zu erreichen. In den Vereinigten Staaten gewähren beispielsweise die Kommunen ausgewählten Unternehmen Steuernachlässe, um ihnen eine Ansiedelung schmackhaft zu machen. Ein weiteres Beispiel sind Finanzinvestoren, die von Internet-Firmen keinen kurzfristigen Rückfluss ihrer „Cash-Kosten" (des investierten Kapitals) erwarten, in der Hoffnung, dass das jeweilige Unternehmen mit der Zeit eine starke Marktstellung erlangen und schwarze Zahlen schreiben wird. Normalerweise würde ein Kapitalgeber auf einem profitablen Geschäftsbetrieb auf Vollkostenniveau bestehen; doch die Investoren sind heute so erpicht darauf, am Wachstumspotenzial des Internet und dem resultierenden Wertzuwachs Teil zu haben, dass sie zu größeren „Wetteinsätzen" bereit sind. Und bei einigen, wenn auch nicht bei allen, werden sie sich auch lohnen.

In den weitaus meisten Fällen kann man die wesentlichen Informationen jedoch nur dadurch gewinnen, dass man sich die Voll- und die Cash-Kosten ansieht. Diese Kosten sinken durch Produktivitätssteigerungen grundsätzlich sowohl für den Angreifer als auch für den Verteidiger; allerdings für den Angreifer schneller, da dieser sich an einem früheren Zeitpunkt der Geschäftsentwicklung befindet. Auf der anderen Seite sind die Kosten des Angreifers in der Regel zunächst höher, da er gerade erst in das Geschäft eingestiegen ist. Das Ergebnis ist ein Schnittpunkt, in dem die Kosten des Angreifers denen des Verteidigers entsprechen und ab dem sie darunter liegen. Da Angreifer wie auch Verteidiger von Cash- und Vollkosten betroffen sind, gibt es insgesamt vier Schnittpunkt, wie die folgende Grafik zeigt:

Zeitstruktur einer Diskontinuität

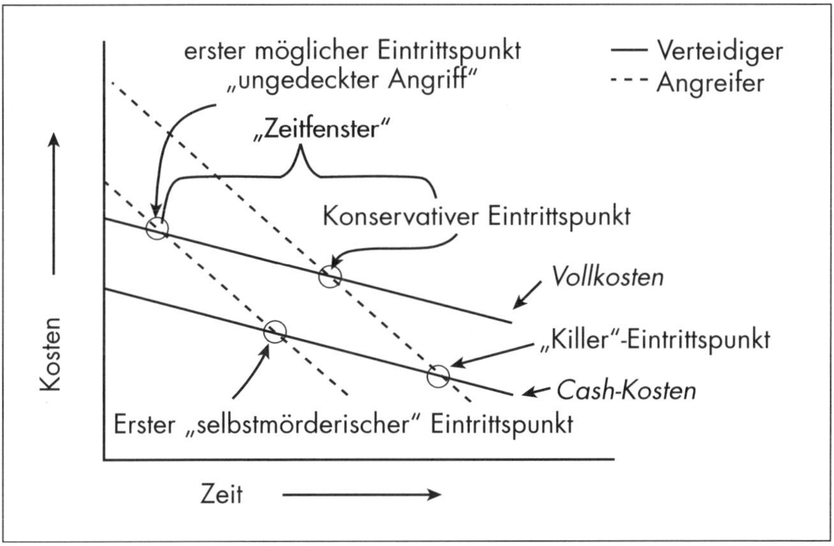

Der am leichtesten verständliche Punkt in diesem Schaubild ist der „konservative Eintrittspunkt". Dies ist der Punkt, wo die Vollkosten des Verteidigers und des Angreifers gleich sind. An diesem Punkt kann der Verteidiger, wenn er den Angreifer abwehren möchte, die Preise senken (oder auch den Kundennutzen des Produkts beziehungsweise der Dienstleistung steigern, ohne den Preis zu erhöhen) und so seine Gewinnspannen drücken. Um dieser Abwehrmaßnahme zu begegnen, muss der Angreifer seinerseits die Preise senken und seine Gewinnspanne reduzieren. Das ist ein Spiel mit harten Regeln, und gewinnen wird letztlich der Wettbewerber mit den niedrigsten Cash-Kosten.

Nach herkömmlichen Maßstäben ist eine Attacke frühestens dann wirtschaftlich sinnvoll, wenn die Cash-Kosten des Angreifers gleich den Vollkosten des Verteidigers sind. Wir sprechen vom „Punkt des ungedeckten Angriffs", weil der Angreifer zu diesem Zeitpunkt noch recht verletzlich ist. Der Angreifer wird seine gesamte Gewinnspanne opfern müssen, aber keine Liquidität verlieren, solange der Verteidiger nicht reagiert (was höchst unwahrscheinlich ist). Der Verteidiger wird höchstwahrscheinlich als Reaktion seine Preise senken, ohne negative Cashflows zu riskieren, sodass er dem Angreifer echten wirtschaftlichen Schaden zufügt und ihn möglicherweise sogar vernichtet. Nur wenige Angriffe sind an diesem Punkt Erfolg versprechend; dennoch werden viele unternommen.

Eine sichere Strategie für den vorsichtigen Angreifer besteht darin abzuwarten, bis seine Vollkosten niedriger sind als die Cash-Kosten des Verteidigers. Doch nur wenige kommen dazu, diese Strategie zu verfolgen, weil das Spiel zu diesem Zeitpunkt meist vorüber ist. Es gibt jedoch noch einen weiteren wichtigen Punkt für eine Attacke, und zwar dann, wenn die Cash-Kosten des Angreifers gleich denen des Verteidigers sind. Die Vollkosten des Angreifers sind zu diesem Zeitpunkt nicht geringer als die des Verteidigers, oft liegen sie sogar darüber. Doch wenn der Angreifer bereit ist, seine Vollkosten nicht vollständig hereinzuholen, dann kann er mit dem Preis des Verteidigers mithalten. Die Hauptwaffe des Verteidigers – den Preis bis zur Höhe der Cash-Kosten zu senken, um den Angreifer auszubluten –, kommt an diesem Punkt nicht infrage, da der Angreifer die gleichen Cash-Kosten hat wie der Verteidiger. Der Verteidiger kann seine Cash-Kosten zwar durch Erträge anderer Sparten decken oder aus Liquiditätsreserven finanzieren. Doch anders als am „Punkt des ungedeckten Angriffs" wird der Verteidiger in diesem Fall hart getroffen und daher vermutlich weniger aggressiv reagieren. Zwar ist das Risiko für den Angreifer auch hier noch hoch, aber dennoch geringer als am Punkt des ungedeckten Angriffs.

Die gesamte Diskontinuität erstreckt sich über einen Zeitraum, der ungefähr vom Punkt des ungedeckten Angriffs bis zum Punkt der „Killer-Attacke" reicht. Zum Wohle des Kunden werden die Preise dabei stark fallen, und zwar um einen Betrag, der in etwa der ursprünglichen Gewinnspanne des Verteidigers plus dem Wert der relativen Produktivitätssteigerungen über die Dauer der Diskontinuität entspricht. Es kann sich also um einen erheblichen Betrag handeln – nicht selten 25 % oder mehr des Preises zu Anfang der Diskontinuität.

Unsere empirischen Marktdaten zeigen, dass die Veränderung der Marktanteile parallel zum Prozess der Preisänderungen verläuft:

Zeitlicher Ablauf einer Diskontinuität

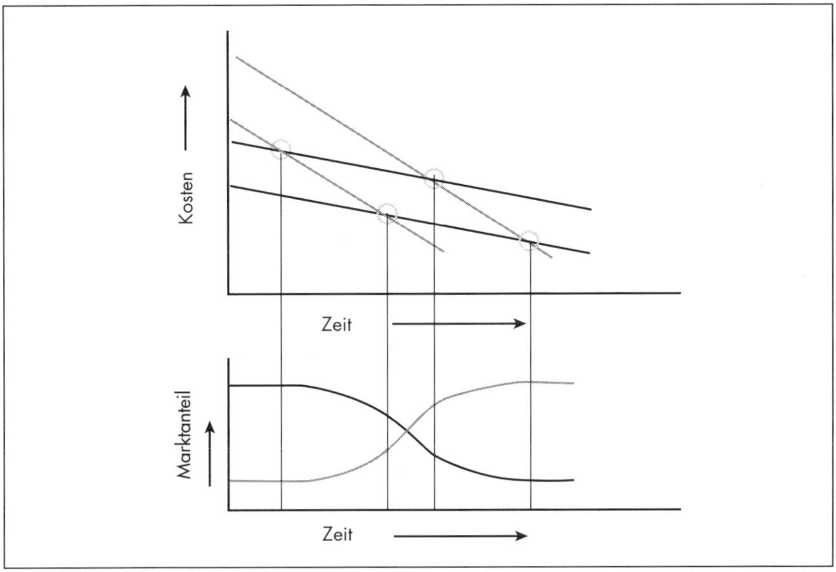

Natürlich liegen die Dinge in der Praxis nur selten so einfach (sofern man die bisherigen Ausführungen einfach nennen kann). Zuerst einmal gibt es zu wenig Informationen über die Gegenwart: Der Verteidiger und der Angreifer kennen nur selten die Kostenstruktur ihres Gegners; sie kennen in den wenigsten Fällen seine Produktivitätszahlen und deren potenzielle Bedeutung im Konkurrenzkampf; sie kennen nur selten seine Neigung, das Risiko eines Preiskriegs einzugehen. Und zusätzlich gibt es diverse offene Fragen zur Zukunft: Keiner von beiden Gegnern weiß, wie der Kunde reagieren wird; keiner kann vorhersehen, wie groß der Umfang der Quersubventionierung, die Bereitschaft zur Aufzehrung von Liquiditätsreserven oder das Geschick bei der Weitergabe von Kosten an Dritte (z.B. Lieferanten) sein werden. Somit dürften sich die oben dargelegten Grundsätze nur schwer in die Praxis umsetzen lassen. Dennoch ist es vielleicht beruhigend zu wissen, dass es wenigstens ein paar geltende Prinzipien gibt, die erklären, was geschehen ist und was vielleicht in der Zukunft geschehen könnte, auch wenn es keine Standard-Instrumente für ihre Anwendung gibt. Wir sind der Meinung, diese Prinzipien zu kennen ist immer noch besser als zu glauben, die Diskontinuität und ihre Effekte könnten nicht verstanden werden.

Zwar gibt es unseres Wissens keine zuverlässigen statistischen Daten darüber, doch wir schätzen, dass etwa ein Drittel aller Angreifer scheitert, weil sie zu früh attackieren. Sie unterschätzen die Findigkeit und Widerstandsfähigkeit des Verteidigers. Ein weiteres Drittel dürfte scheitern, weil es zu spät angreift. Aus Risikoscheu gehen sie das höchste Risiko ein: Sie warten, bis andere sich Marktpositionen gesichert haben. Von dem verbleibenden Drittel scheitern die meisten, weil sie zwar eine Zielvision haben, diese aber nicht in die Praxis umsetzen können. Die meisten Angreifer scheitern. Doch das Angreifen selber hat Erfolg: Es ist die endlose Reihe von Angriffswellen, die zusammen Schumpeters „Sturm" bilden.

3. Rückkopplungsanalyse: Die Entstehung von Zyklen und selbst-korrigierenden Mechanismen

Jede Wirkung hat eine Ursache, die letztlich die Wirkung untergraben kann. Preise werden zu hoch oder zu niedrig kalkuliert, Ressourcen werden zu schnell oder zu langsam erweitert. Daraus leitet sich das grundlegende zyklische Verhalten aller Märkte her. Das Wesen und die Effekte dieser Rückkopplung dürfen nicht außer Acht gelassen werden, sind aber schwer zu fassen, wenn man keinen geschulten Blick dafür hat. Rückkopplungsanalysen haben zum Ziel, diese Zusammenhänge aufzudecken und, wenn schon nicht die Ursachen, so doch wenigstens die Folgen aufklären. Rückkopplungseffekte gibt es überall, da es überall Regelkreisläufe — mithin also Rückkopplungssysteme – gibt.

4. Die kleinste Dateneinheit verstehen: Performance-Zyklen

Rückkopplungen und die Prozesse, die ihnen zugrunde liegen, sind verantwortlich für die zyklischen Schwankungen in der Volkswirtschaft und innerhalb von Branchen. Diese Zyklen bestimmen die kleinste Zeiteinheit für die Messung von Effekten. Es hat wenig Sinn, eine Messung auf dem Höhepunkt des Zyklus durchzuführen, um so die Zukunft vorherzusagen (es sei denn, man will den Zyklus selbst messen). Die lineare Faustregel versagt hier. Daher wird die kleinste Analyseeinheit in der DPA von der Länge des Konjunkturzyklus bestimmt, denn das ist die einzige Einheit, die uns Aufschluss über das Wesen des Systems geben kann. In den Vereinigten Staaten beträgt der GAR-Zyklus drei bis vier Jahre; somit ist das der minimale Betrachtungszeitraum, wenn man Rückschlüsse auf die Performance ziehen möchte. Analysen über kürzere Zeiträume laufen Gefahr, Zufallsschwankungen im System („Rauschen") als wichtige Effekte zu missdeuten. Um ganz sicher zu gehen, muss man zwei Zyklen betrachten, da ein Zyklus ein Ausreißer sein kann. Wir haben daher einen Zeitraum von sieben Jahren, entsprechend zwei kompletten GAR-Zyklen, als grundlegende Analyseeinheit verwendet.

5. Rauschunterdrückungs-Analyse

In jedem System tritt neben Regelmäßigkeiten immer auch „Rauschen" (Zufallsvariation) auf. Dieses muss herausgefiltert werden, bevor die Regelmäßigkeiten analysiert werden können. Die Kunst liegt darin, beide auseinander zu halten. Was für den CEO Rauschen ist, kann für den Tagesspekulanten Signal sein. Eine einfache Filtermethode ist die Verwendung von Siebenjahres-Durchschnitten, denn dadurch wird das Rauschen der konjunkturellen Schwankungen herausgefiltert. Es gibt weitere Methoden, die jedoch in dieser Studie nicht angewandt wurden.

6. Renormierende (Sondereffekte bereinigende) Analyse: Die Wirtschaft, die Branche und das Unternehmen

Um den Erfolg eines Unternehmens wirklich zu durchdringen, muss man verstehen, welche Beiträge der Gesamtzustand der Volkswirtschaft und der jeweiligen Branche dazu leisten. Die Performance einer Branche beruht oftmals auf der gesamtwirtschaftlichen Lage, und das muss man berücksichtigen. Die Performance eines Unternehmen ist häufig mit der Performance seiner Branche verknüpft, und auch diesen Zusammenhang muss man verstehen. Die Renormierungs-Analyse erlaubt es, diese komplexen Beziehungen sichtbar zu machen.

7. Analyse der Investorenerwartungen: Die Entstehung von „spekulativen Blasen"

Die Dynamische Performance-Analyse nimmt die Perspektive des Investors ein und versucht zu verstehen, unter welchen Voraussetzungen Unternehmen nachhaltige, nicht nur vorübergehende, Wertschöpfung erzielen. Anders als die herkömmliche Statische Performance-Analyse konzentriert sich die DPA ebenso sehr auf die Investoren und deren Erwartungen (sowie Veränderungen in diesen Erwartungen) wie auf das Unternehmen und die Branche. Denn die Erwartungen hinsichtlich des zukünftigen freien Cashflow beeinflussen wichtige strategische Variablen eines Konzerns, wie etwa die Marktkapitalisierung, das Kurs-Gewinn-Verhältnis und die Gesamt-Aktionärsrendite (GAR). Es gibt zwei kennzeichnende Merkmale der DPA:

1. Die DPA ist auf die GAR fokussiert. Damit kann sie zu einer anderen Perspektive führen als Methoden, die sich nur auf Gewinn je Aktie, Multiples, Wachstumsraten und Marktkapitalisierung konzentrieren.
2. Die DPA konzentriert sich auf Prognosemethoden der Investoren, da diese eng mit dem Marktwert eines Unternehmens und dessen zeitlicher Veränderung korrelieren.

Eine besondere Anwendung der Prognosemethoden von Investoren (wie wir sie verstehen) ist das Vorgehen von Analysten bei derPrognose von KGVs. Dieses ist besonders wichtig zur Beurteilung der Performance von Angreifern, denn dazu muss man die zwangsläufige Weiterentwicklung von Branchen und Unternehmen verstanden haben.

Wenden wir diesen Prognoseansatz einmal auf die Entstehung von „spekulativen Blasen“ an. Dabei nehmen wir erstens an, dass die Entwicklung einer Branche der vorne beschriebenen S-Kurve folgt. Zweitens gehen wir davon aus, dass Analysten aus Unvermögen, die langfristige Zukunft einer Branche zuverlässig vorherzusagen, auf „anerkannte“ Methoden – wie die Analyse von Multiples – zurückgreifen, die auf gegenwärtigen Erträgen und kurzfristigen Ergebnisprognosen basieren. Im Grunde prognostizieren diese Analysten dann die Zukunft auf Basis der jüngeren Vergangenheit. Diese Methode wird schon lange angewandt.[2]

Die folgende Grafik zeigt die S-Kurve. Geht man einmal davon aus, dass man diese Kurve kennen kann und auch kennt, kann man mit ihrer Hilfe den Barwert der künftigen Cashflows eines Unternehmens berechnen. Nach verbreiteten Annahmen entspricht dieser Wert dem Marktwert (der Marktkapiatalisierung) des Unternehmens in einem bestimmten Jahr. Bei gegebener S-Kurve lässt sich der Kapitalwert (Net Present Value, NPV) für jedes Jahr berechnen. Auf diese Weise erhält man eine neue Kurve, die NPV-Kurve, die der S-Kurve zwar ähnelt, aber nicht gleicht. Die Differenz zwischen den Kurven ist eine unmittelbare Folge des Diskontierungsprozesses.

Entwicklung von Gewinn und Marktwert

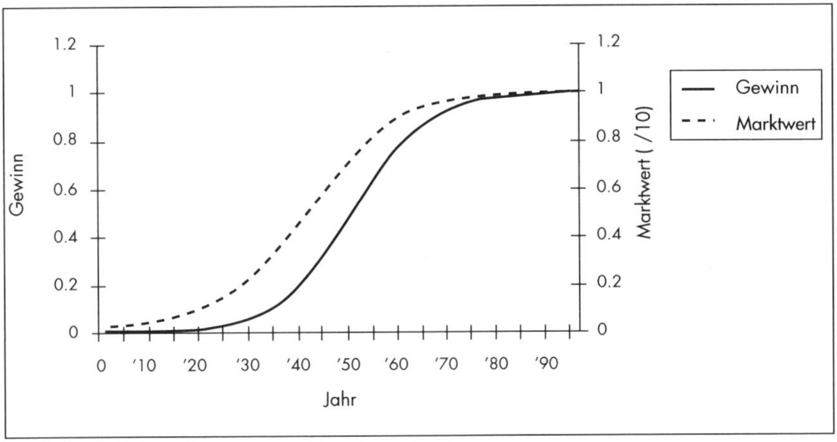

Wichtig ist, dass der Diskontierungsprozess die Entwicklung des Marktwertes beschleunigt. Daher ist zu erwarten, dass der Marktwert allein aufgrund des Diskontierungsprozesses schneller ansteigt als der Gewinn.

Bei gegebener Entwicklung des Marktwertes lässt sich unter der Voraussetzung, dass die Analysten die Zukunftsentwicklung exakt vorhersagen – dass also „vollkommene Information" vorliegt –, die Gesamt-Aktionärsrendite leicht berechnen. In diesem Fall ist sie (wie die nächste Grafik zeigt) immer gleich den Eigenkapitalkosten, die in unserem Beispiel auf 10 Prozent veranschlagt werden.

Führungskräfte sind von diesem Ergebnis häufig überrascht und bezweifeln gerne seinen Realitätsgehalt. Die GAR sollte das Wachstum widerspiegeln, tut es aber nicht. Vielmehr können Analysten, wenn sie künftige Entwicklungen zutreffend prognostizieren können, diese auch bewerten – und dabei sicherstellen, dass die jährlichen Renditen zu jeder Zeit gleich sind. Daraus folgt, dass das Kurs-Gewinn-Verhältnis in den ersten Jahren sehr hoch sein wird. Denn die Umsatzbasis mag derzeit noch so klein sein – wenn die Umsätze der nächsten fünfzig Jahre treffend vorhergesagt werden könnten (und davon gehen wir ja hier aus), dann resultiert daraus ein sehr hoher Wert, wie die Grafik auf der nächsten Seite unten zeigt.

Entwicklung von Gewinn, Marktwert und GAR bei vollkommener Information

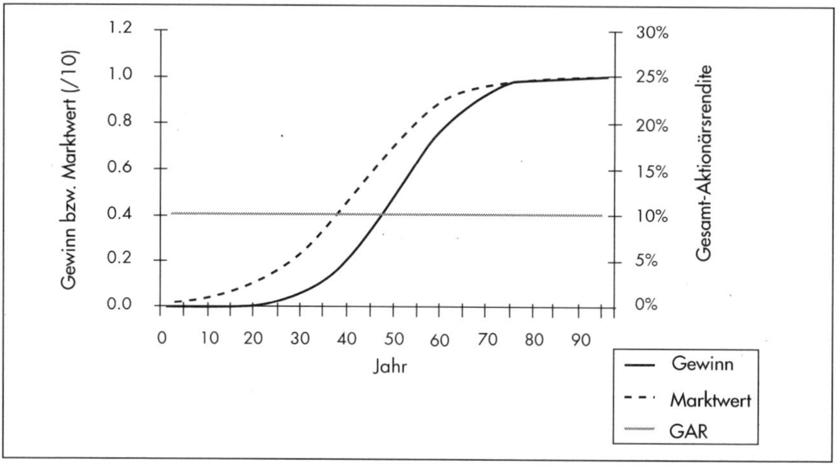

Entwicklung von Gewinn, Marktwert, GAR und KGV bei vollkommener Information

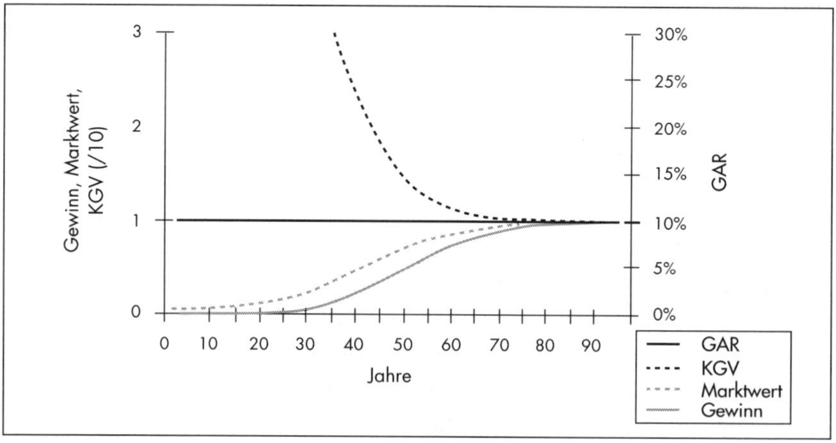

Aber diese Annahmen sind natürlich nicht ganz realistisch. Kein Analyst liefert jemals 100 Prozent korrekte Prognosen zur Zukunft einer Branche, geschweige denn eines Unternehmens. Analysten sind auch nur Menschen und haben ihre Fehler. *Recency* (Rückschaufehler) und *Anchoring* (Ankereffekte) sind zwei davon. *Recency* nennt man die verbreitete Tendenz, eher auf Daten der jüngeren Vergangenheit zu achten als auf sämtliche verfügbaren Daten.[3] *Anchoring* bezeichnet eine Geisteshaltung, bei der wir nur schwer unsere Meinung ändern können, wenn wir uns einmal auf ein bestimmtes Weltbild festgelegt haben. Beides sind wohlbekannte kognitive Fehlleistungen, und zusammen ergeben sie oft eine Analysemethode, die einfach die Gegenwart auf die Zukunft projiziert. Diese Methode ist zum gegebenen Zeitpunkt häufig durchaus verständlich, aber sie stimmt nicht mit unserem Wissen über die S-Kurve überein.

Wir nennen diese Prognose-Methode LINE-Verfahren, weil sie davon ausgeht, dass der Analyst von der Vergangenheit linear auf die Zukunft extrapoliert. LINE steht für „*L*ineare *In*vestoren- *E*rwartungen". Wie funktioniert LINE? Am Anfang der Kurve prognostiziert der Analyst eine niedrige Wachstumsrate. Die Prognose wird sich als zu niedrig erweisen – das wissen wir aus dem Verlauf der S-Kurve. Mit der Zeit prognostiziert der Analyst höhere Wachstumsraten, weil sich der Gewinn schneller entwickelt hat als erwartet. Diese erfreuliche Situation dauert bis zum mittleren Punkt der S-Kurve an, wo das extrapolierte Wachstum des Gewinns sein eigentliches Potenzial übersteigt. Das Stadium der Sättigung ist erreicht. Nach diesem Punkt übersteigen die Prognosen der Analysten die tatsächliche Geschäftsentwicklung, was zu anhaltender Enttäuschung führt (ein Phänomen, das häufig als „*Hockey-Stick*-Entwicklung" bezeichnet wird). Die folgende Grafik verdeutlicht dieses Szenario:

Entwicklung von „Blasen"

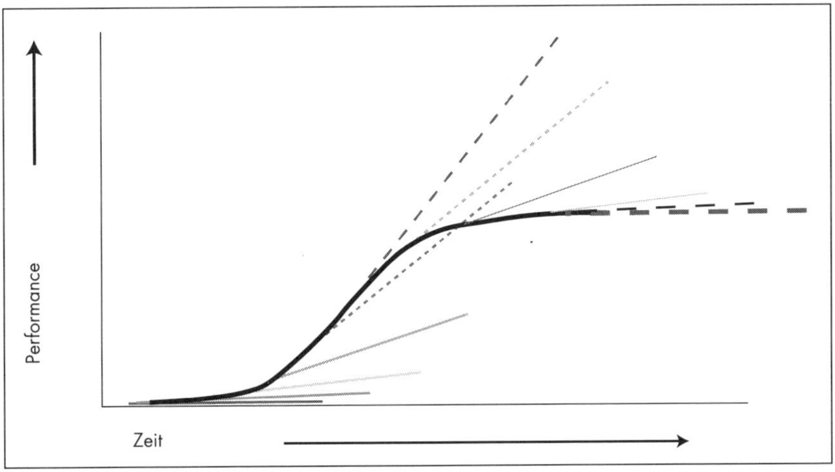

Wie es zur Entstehung systematischer, komplexer Prognosefehler kommt, ist mit diesem Schaubild einfach nachzuvollziehen.

Wie wirken sich diese Veränderungen auf die Entwicklung des Marktwertes (des Net Present Value) aus? Betrachten wir dazu die nächste Grafik.

Entwicklung von Gewinn und Marktwert mit und ohne vollkommene Information

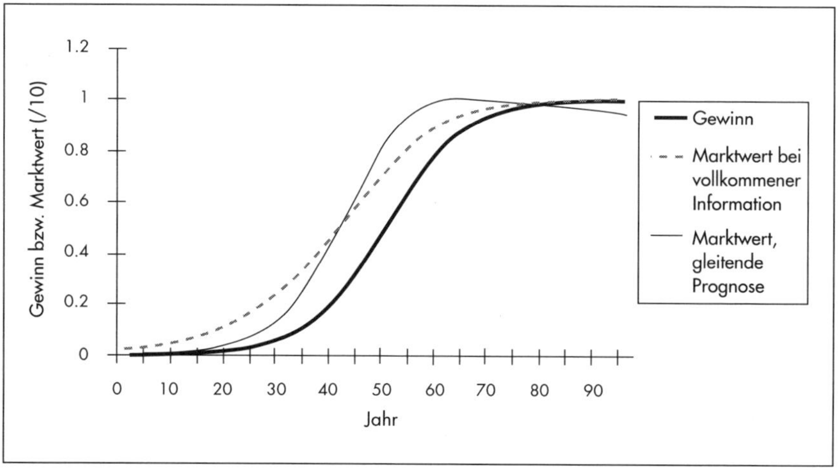

Die niedrige anfängliche Ergebnisprognose schlägt sich in niedrigen Kapitalwert-Prognosen nieder – bis zum Wendepunkt des Marktwert-Zyklus, der schneller erreicht wird als der entsprechende Punkt im Ertragszyklus: An diesem Punkt beginnen die Prognosen über den Marktwert, die „perfekte Prognose" zu übertreffen. Die Diskrepanz zwischen dieser Situation (sofern sie mit LINE adäquat wiedergegeben wird) und der Situation vollkommener Information kann man als „spekulative Blase" bezeichnen. Nach dem Wendepunkt der Marktwertkurve ist die Blase positiv – das heißt, der geschätzte Wert liegt über dem angemessenen Wert –, und vor dem Wendepunkt ist die Blase negativ, der geschätzte Wert liegt also unter dem angemessen Wert.

Natürlich resultieren aus den Lücken zwischen dem geschätzten und dem angemessenen Wert Veränderungen in der beobachteten Gesamt-Aktionärsrendite. Die nachstehende Grafik illustriert den Unterschied zwischen dem Modell „vollkommenes Zukunftswissen" und dem LINE-Ansatz.

Entwicklung von Gewinn, Marktwert und GAR bei vollkommener Information und LINE-Schätzungen

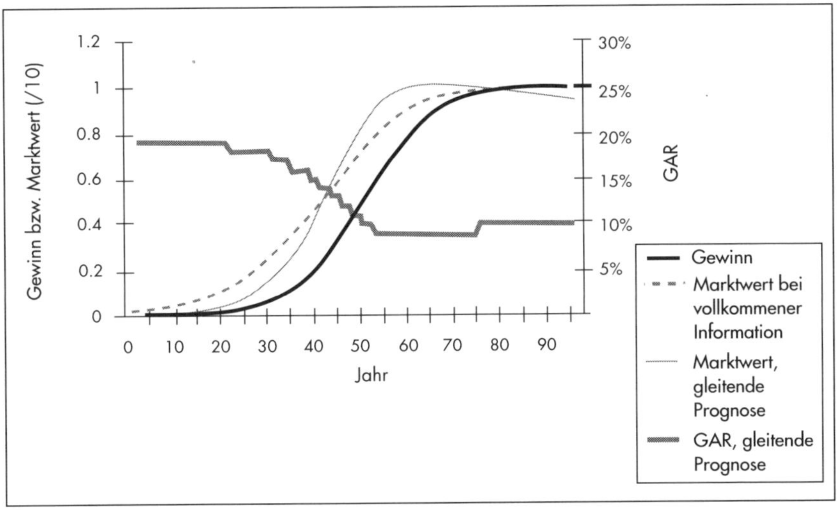

Wie diese Grafik zeigt, ist die GAR bis zum Mittelpunkt der Gewinnentwicklung (nicht des Marktwertes) laut LINE-Prognose höher als laut „perfekter Prognose"; anschließend liegt sie leicht darunter – zumindest wenn wir wie hier davon ausgehen, dass zwischen einer 10-prozentigen und 90-prozentigen Marktsättigung fünfzehn Jahre liegen.

Wie wirkt sich der LINE-Ansatz auf das KGV aus? Die Antwort zeigt die Grafik auf der folgenden Seite.

Hier sehen wir, dass das KGV sehr viel niedriger ist als bei „perfekter Prognose". Tatsächlich dürfte dieses Modell dem typischen Topmanager sehr viel plausibler erscheinen, abgesehen davon, dass hier über lange Zeiträume hinweg eine hohe GAR mit einem hohen KGV einhergeht – ein Phänomen, das der typische Substanzwert-Investor nicht als realitätsnah wiedererkennt. LINE-Prognosen bestätigen daher eher die Intuitionen von wachstumsorientierten Investoren als die von Substanzwert-Investoren.

Entwicklung von Gewinn, Marktwert, GAR und KGV bei vollkommener Information und mit LINE-Prognosen

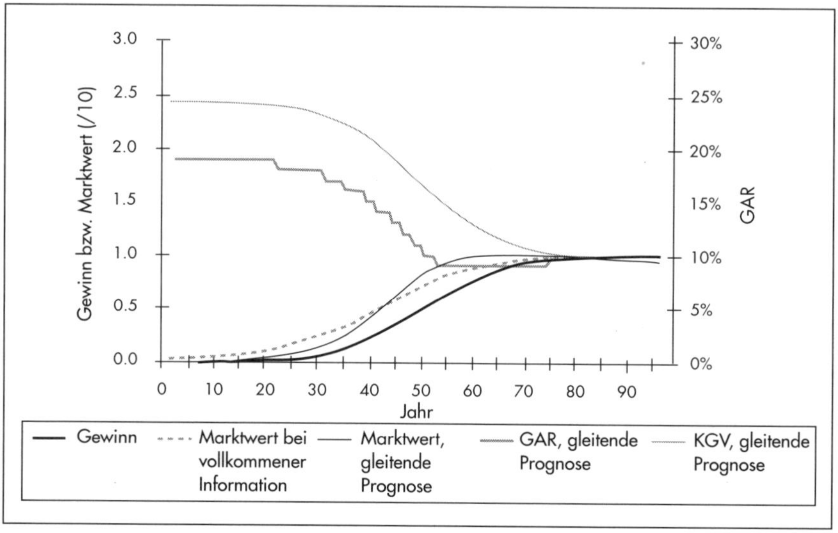

Beim oben dargelegten Fallbeispiel sind wir wie gesagt von einer fünfzehnjährigen Übergangszeit ausgegangen. Allerdings sind ja, wie wir gesehen haben, die Übergangszeiten rückläufig. Was passiert also, wenn die Übergangszeit zum Beispiel drei und nicht fünfzehn Jahre beträgt? Hier die Antwort: Erstens, bei vollkommenem Zukunftswissen steigt der Marktwert früher an als der Gewinn, aber die Unterschiede sind ausgeprägter (siehe Grafik auf der nächsten Seite oben). Zweitens, wenn zügige Übergänge mit LINE-Prognosen verbunden werden, kommt es in der Entwicklung der Marktkapitalisierung zu einer sehr gefährlichen Situation: Die geschätzte Marktkapitalisierung liegt eine Zeit lang erheblich über dem Niveau, das für längerfristiges Gleichgewicht erforderlich wäre. Das wird in der Grafik auf der nächsten Seite unten durch eine Ecke dargestellt. In diesem speziellen Fall, bei dreijähriger Übergangszeit, beträgt der Spitzenwert mehr als das Doppelte des endgültigen Marktwerts – das heißt, dass der Aktienkurs irgendwann um mindestens 50 Prozent fallen wird. Dies ist eine hoch riskante Phase für die Aktionäre wie auch das Management, die vielleicht überhaupt nicht darauf gefasst sind.

Entwicklung von Gewinn und Marktwert bei schneller Übergangszeit und vollkommener Information

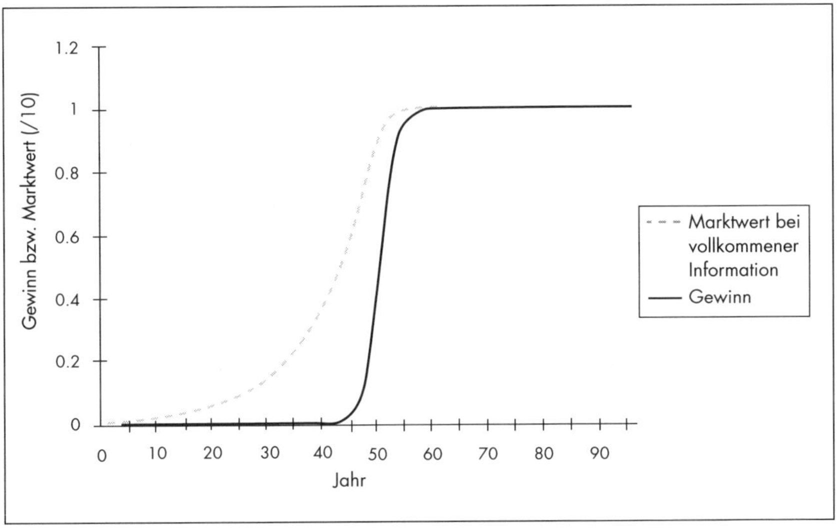

Dieser Zeitraum dauert recht lange – im vorliegenden Fall etwa zehn Jahre – und läuft vor der Marktsättigung ab. Konkret beginnt die anfängliche Risikophase ungefähr am Wendepunkt der Gewinnentwicklung der Marktwertkurve. Wir möchten an dieser Stelle nochmals darauf hinweisen, dass diese „Blase" ausschließlich auf falsche Prognosen über die – zumindest an diesem Punkt – vermeintlich nicht vorhersagbare Zukunft zurückzuführen ist. Wir haben diese Verhaltensweisen in unseren Fallstudien beobachtet, und wir haben sie beschrieben und analysiert.

Entwicklung von Gewinn bei schneller Übergangszeit mit vollkommener Information und mit LINE-Prognose

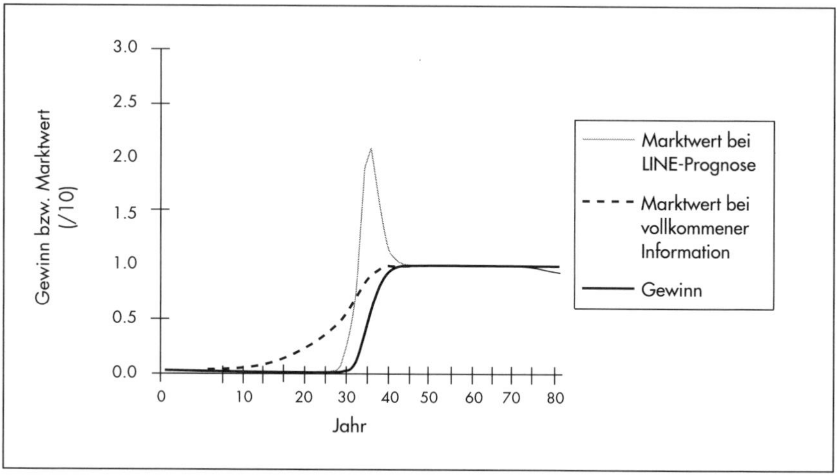

Nun können wir allerdings feststellen, dass die Verhaltensweisen unmittelbar auf Prognose-Ungenauigkeiten und nicht auf Managementfehler zurückzuführen sind. Dies wird möglicherweise Folgen für das Management und die Management-Incentives haben, wenn nämlich die Führungsspitze darin die Ursache des Problems vermutet.

Natürlich wird sich diese sinusförmige Entwicklung der Marktkapitalisierung in der Gesamt-Aktionärsrendite niederschlagen.

Entwicklung von Gewinn, Marktwert und GAR bei schneller Übergangszeit mit vollkommener Information und mit LINE-Prognosen

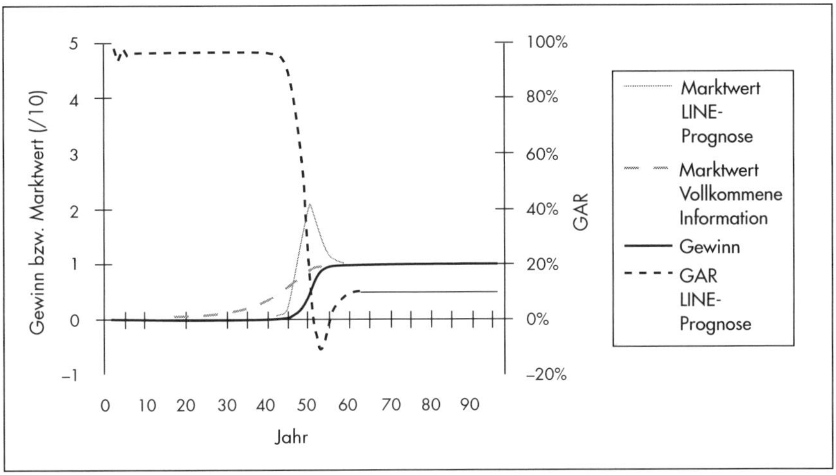

Wie alle Risikokapitalgeber wissen, ist die GAR zunächst sehr hoch und stürzt dann tief in negative Bereiche ab. Hier gehen neue Investoren ein extremes Risiko ein. Die Performance der Vergangenheit ist nicht nur keine Garantie für die künftige Performance; sie kann sogar ein Warnsignal für drohendes Unheil sein – wenn auch, angesichts der Dauer der hohen GAR, ein doppeldeutiges Warnsignal. Die Phase stetig rückläufiger Renditen kann mehrere Jahre dauern, wie viele Hightech-Investoren wissen. Wer das Abenteuer liebt, kann auf der Talfahrt zuschlagen, aber man braucht schon sehr akkurate Prognosen, um dabei nicht selber abzustürzen.

Ein ähnliches Bild ergibt sich beim Kurs-Gewinn-Verhältnis, wie die nächste Grafik zeigt.

KGVs können in der Frühphase außergewöhnlich hoch sein, wie sich unlängst gezeigt hat, aber auch sie stürzen ab, sobald realistische Erwartungen einsetzen. Tatsächlich sind es die einbrechenden KGVs, im Zusammenwirken mit einem leicht verlangsamten Gewinnwachstum, welche die Marktkapitalisierung und die bisherigen Aktionärsrenditen drücken.

Jedenfalls müssen wir angesichts des weiter steigenden Veränderungstempos in der Wirtschaft eher mit einer Zunahme als mit einem Rückgang dieser „Risiken" rechnen – die eigentlich unumgängliche Ereignisse sind, solange die Prognosetechniken auf dem heutigen Stand bleiben.

Diese „Blasen" sind also eine unvermeidliche Folge des Entwicklungsgangs von Branchen und der Unfähigkeit von Analysten, die Zukunft exakt vorherzusagen. So gesehen, hat eine Blase sogar einen gewissen analytischen Wert: Wenn sie platzt, kann dies ein deutliches Signal dafür sein, dass die S-Kurve des gegenwärtigen Geschäftsmodells an ihr Ende gelangt.

Entwicklung von Gewinn, Marktwert, GAR und KGV bei schneller Übergangszeit mit vollkommener Information und mit LINE-Prognosen

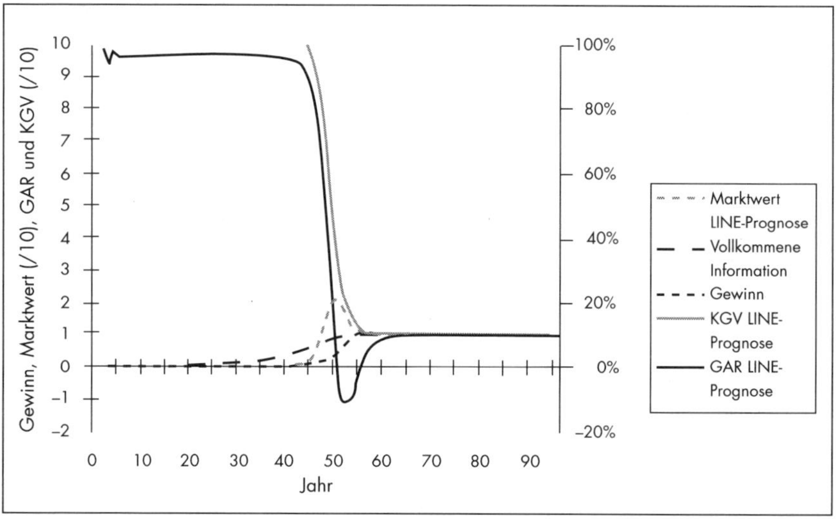

8. Markteintritts- und -austritts-Analyse

Da die Dynamische Performance-Analyse die Probleme der „Präferenz für Langlebige" – denen Analysten häufig anheim fallen – unbedingt vermeiden will, konzentriert sie sich explizit auf Markteintritts- und –austrittsraten. Diese Dynamik spielt eine entscheidende Rolle für die GAR einer Branche – ob als Ursache oder Wirkung, ist noch nicht klar. Deshalb legt die DPA größeren Nachdruck darauf, die Eintritts- und Austrittskandidaten einer Branche zu durchleuchten.

9. Peripherie-Analyse: Die Praktiken von neuen Wettbewerbern analysieren

Unter den Eintrittskandidaten einer Branche verstehen wir diejenigen, die sich an der Peripherie dieser Branche aufhalten. Sie sorgen für den größten Teil der Überrenditen einer Branche oder Volkswirtschaft. Daher ist die Peripherie außerordentlich wichtig für den, der die Branchendynamik mit ihren wirtschaftlichen Ausdrucksformen verstehen will. Die Peripherie ist ein wesentliches Element von Schumpeters „Sturm der schöpferischen Zerstörung". Die DPA möchte vor allem klären, wie Unternehmen an der Peripherie Wert schöpfen, wie lange sie diese Wertschöpfung aufrecht erhalten können und weshalb sie „zusätzlichen Wert" generieren.

10. Analyse der Markteintrittsbarrieren

Nicht alle Branchen nehmen neue Teilnehmer mit offenen Armen auf. Es ist eine zentrale Aufgabe der DPA herauszufinden, welche Branchen gute Bedingungen für Neuzugänge bieten und welche nicht.

11. Konfidenz-Analyse

Hierbei handelt es sich um eine Reihe von Analysetechniken, mit denen man die Wahrscheinlichkeit bestimmen kann, dass die beobachteten Ergebnisse wahr sind und nicht auf einem Artefakt beruhen. Unseres Erachtens besteht hier eine Analogie zur Meteorologie. Welche klimatischen Bedingungen sind für diese Jahreszeit beziehungsweise für das Jahr im Allgemeinen „normal"? Diese Frage ist nicht unwichtig, wie wir im Zeitalter des Treibhauseffektes alle wissen. Regierungen geben Millionen von Dollar dafür aus, der Natur die Antwort zu entlocken. Neue empirische Daten werden zusammengetragen, die nicht nur helfen, diese Umweltdebatte zu entscheiden, sondern auch verdeutlichen, wie schwierig es ist, „Normalität" für Kapitalmärkte zu definieren. Das Wissenschaftsmagazin *Science* schrieb Mitte 1999:

> *Der Winter, den George Washington 1777–78 in Valley George verbrachte, bei Temperaturen von bis zu –15°C, war für die damalige Zeit relativ mild – in manchen Jahren fror sogar der Hafen von New York zu. Die Jahrhunderte von etwa 1400 bis 1900 waren in der Tat so bitter kalt, dass sie die „kleine Eiszeit" genannt wurden. Doch neue Daten scheinen zu bestätigen, dass der*

lange Kälteeinbruch keineswegs ungewöhnlich war. Vielmehr handelte es sich lediglich um des jüngsten Endpunkt in der Schwingung des klimatischen Pendels, welche die Nordatlantik-Region, wenn nicht den ganzen Globus, über lange erdgeschichtliche Zeiträume abwechselnd erwärmt und abkühlt.[4]

So wie Meteorologen und Geologen die „normalen" Klimazyklen erkunden müssen, um herauszufinden, inwieweit die globale Erwärmung auf natürliche Vorgänge und inwieweit sie auf den Einfluss des Menschen zurückzuführen ist, so müssen wir die „normalen" Schwankungen der Kapitalmärkte berücksichtigen , um Abweichungen erkennen zu können. Wie sehen diese „normalen" Schwankungen oder Zyklen aus? Unsere Technik zur Beantwortung dieser Frage ist die Konfidenz-Analyse.

12. Nicht-Gauß'sche Analysen: die tatsächliche Häufigkeit von Ereignissen

Anders als Ereignisse in der Natur (z. B. die Verteilung der Intelligenz um den Mittelwert) zeigen Ereignisse in den Kapitalmärkten oftmals ein ungewöhnliches Verteilungsmuster – das heißt, sehr viel mehr Ereignisse, als man erwarten würde, sind über oder unter dem Mittelwert angesiedelt. Zudem können sich die Verteilungsmuster selbst mit der Zeit verändern. Das Verständnis dieser Verteilungen und ihrer Veränderungen ist von entscheidender Bedeutung für die akkurate Interpretation statistischer Größen wie Mittelwerte und Standardabweichungen.

13. Dynamische Finanzanalyse

Die DPA stützt sich auf die gängigen Kennzahlen, die im Rahmen der Statischen Erfolgsanalyse ermittelt werden (Wachstumsrate des Gewinns pro Aktie, Gewinnspannen, EBITDA [Ergebnis vor Zinsen, Steuern und Abschreibungen] freier Cashflow, usw.), aber auch auf dynamischere Variablen wie die Reinvestitionsrate (und deren Stabilität), das Wachstum der Rendite auf das eingesetzte Kapital und das EBITDA-Wachstum, das durch jeden zusätzlich investierten Dollar erzielt wird.

Der Nutzen der Dynamischen Performance-Analyse

Die DPA ermöglicht es uns, Perioden der Kontinuität zu erkennen und klar von Perioden des Wandels abzugrenzen. Sie hilft, „das Geordnete vom Zufälligen" zu trennen, wie es der Physik-Nobelpreisträger und Komplexitätsforscher Murray Gellmann einmal ausdrückte.

Die DPA hilft, den historischen Kontext (die „Verpackung") des Wandels zu bestimmen und zu verstehen und somit die wahrscheinlichen Veränderungen der Zukunft einzugrenzen. Sie ermöglicht es, durch gründliches Verständnis von entsprechenden Entwicklungen der Vergangenheit die Nachhaltigkeit der langfristigen Performance zu beurteilen. Sie verschafft uns eine automatische Kontrollstichprobe – den Markt als Ganzes –, welche das Risiko einer falschen Zuordnung von Ursache und Wirkung minimiert.

Unseres Erachtens eignet sich die DPA für Personen mit operativer und Finanzverantwortung für ihr Unternehmen, die nachvollziehen möchten, wie Investoren die Ergebnisse ihres Unternehmens beurteilen und wie die Börse diese Ergebnisse interpretiert. Diese Führungskräfte möchten auch verstehen, welche Kräfte in ihren Branchen wirken.

Unsere Erkenntnisse aus der DPA

Wir haben bereits in Kapitel 2 einige der Erkenntnisse behandelt, die wir mittels der DPA gewonnen haben. Nachfolgend möchten wir unsere Schlussfolgerungen noch einmal kurz resümieren:

- Im Analysezeitraum durchlief die Wirtschaft zwei grundlegenden Phasen: eine vor 1974–75 und eine danach. Seit 1976 sind die GAR-Zyklen in der Volkswirtschaft relativ konsistent.
- Die meisten Branchen zeigen keinen statistisch signifikanten Unterschied zur Gesamtwirtschaft auf. Nur die Branchen, die sich grundlegend gewandelt haben, weisen einen statistisch signifikanten Performance-Vorsprung. Es gibt aber auch Branchen, die sich durchwegs schlechter entwickelt haben als die Gesamtwirtschaft.
- Eine hervorragende Performance, gemessen an der langfristigen (über zwei Zyklen gemessennen) Gesamt-Aktionärsrendite, wird sehr viel stärker

durch das Ergebniswachstum und die Kapitalrendite angetrieben, als sich mit KGVs erklären lässt.

- Hervorragende Performance wird nie langfristig aufrechterhalten. Ob eine Branche oder ein Unternehmen über dem Durchschnitt liegt, irgendwann kommt diese außerordentliche Wertentwicklung an ihr Ende. Das Ende dieser Spitzenleistung ist ein gutes Maß für das langfristige Risiko des Investors.
- Die Performance von Unternehmen verschlechtert sich langfristig, weil der Markt dynamischer ist als jedes Unternehmen.
- Unternehmen schlagen den Markt normalerweise nicht, abgesehen von so seltenen, nicht verallgemeinerungsfähigen Fällen wie Berkshire Hathaway.
- Die Ein- und Austrittsraten einer Branche korrelieren stark mit der Branchen-Performance. Es lässt sich nicht immer eindeutig klären, was Ursache und was Wirkung ist. Meist spielt beides eine Rolle.
- Die beste Chance, die Märkte zu schlagen, hat man in der Frühphase, wenn das Veränderungspotenzial sehr viel größer ist, als der Markt es einschätzt.
- Die Schwierigkeit, zukünftige Entwicklungen zu prognostizieren, verbunden mit den Schwierigkeiten bei der Umsetzung eines konzernweiten Veränderungsprogramms, machen Führung zur kritischen Ressource.

Anmerkungen

EINLEITUNG
Schöpferische Zerstörung – Modell und Wirklichkeit

1 Es herrschen gewisse Zweifel, ob Churchill diese Worte tatsächlich geäußert hat, doch das Statement wird ihm häufig zugeschrieben. Richard M. Longworth, der Herausgeber von *Finest Hour* am Churchill Center, erklärt dazu: „Ich habe es oft gehört, konnte es jedoch nie belegen. Ich vermute, es ist eines jener geläufigen Zitate, die vielen zugeschrieben werden."

2 Siehe Anhang C, wo wir die Variablen aufführen, die wir bei unserer Datensammlung berücksichtigt haben.

3 Die Regulierungsinstanzen der Kapitalmärkte verfolgen das Ziel, für ein „ebenes Spielfeld" zu sorgen, d.h. keinem Spieler einen unfairen Informationsvorteil zu ermöglichen. Ein wichtiger Ansatz zur Erreichung dieses Ziels besteht darin, Standards für die Qualität und Transparenz von Information fest- und durchzusetzen – das heißt, klar definierte Normen für die Information und klare Regeln für deren Zugang, Einsatz und Verbreitung. Die Einhaltung dieser Standards wird oft sorgfältig kontrolliert und von einer (hoffentlich) neutralen staatlichen Justiz durchgesetzt. Die Reglements der Kapitalmärkte können per Diskurs und Dialog zwischen legislativen, judikativen und exekutiven Instanzen geändert werden. In die Diskussion über Änderungen bringen oft auch die Akteure der Kapitalmärkte ihre Ansichten ein. Der Prozess der Änderung kann sich über Jahrzehnte und sogar länger hinziehen.

4 Merchant, Kenneth A., *Control in Business Organizations.* Boston: Pittman, 1985.

5 Simons, Robert, *Levers of Control: How Managers Use Innovative Control Systems to Drive Strategic Renewal.* Boston: Harvard Business School Press, 1995.

KAPITEL 1
Überleben und Erfolg im Zeitalter der Diskontinuität

1 In diesem Buch verwenden wir als Maß für die langfristige Investitionsrendite einheitlich den Begriff Gesamt-Aktionärsrendite oder GAR. Diese Größe, die in

der Finanzwelt allgemein Verwendung findet, ist die Summe aus dem jährlichen Anstieg des Aktienkurses eines Unternehmens sowie der Dividenden und Sonderausschüttungen an die Anleger. Sie ist der beste Maßstab für den Vermögenszuwachs des Anlegers.

2 Der ursprüngliche S&P-Index wurde 1926 eingeführt und umfasste neunzig Unternehmen.

3 Reston, James, *The Last Apocalypse: Europe at the Year 1000 A.D.* New York: Doubleday, 1998.

4 Munger, C., „A Lesson in Elementary, Worldly Wisdom As It Relates to Investment Management and Business", *Outstanding Investor Digest*, 1995, zitiert in Mauboussin, *On the Shoulders of Giants – Mental Models for a New Millennium*, Bd. 2. Credit Suisse First Boston, 16. November 1998.

5 Merchant, 1985

6 Zugegeben, diese Partnerschaften operieren wegen der besonderen Gesetze, denen sie unterstehen (die wir im 7. Kapitel erörtern) außerhalb der täglichen Kontrolle der Kapitalmärkte; dadurch gewinnen sie wertvolle Zeit, sich auf die Grundlagen ihres Geschäftes zu konzentrieren, und müssen sich nicht ständig darum sorgen, wie die Kapitalmärkte ihre Aktionen interpretieren. Doch irgendwann verkaufen all diese Vermittler ihre Beteiligungen an andere – manchmal über eine organisierte Auktion unter börsennotierten Unternehmen, manchmal durch öffentliche Auflegung von Wertpapieren (den so genannten Börsengang). Zum Zeitpunkt des Verkaufs realisieren sie ihre Gewinne und berechnen ihre Renditen, genau wie ein Anleger einer Publikumsgesellschaft.

7 F. Scott Fitzgerald, „The Crack Up", zitiert in J. Collins und J. Porras, *Built to Last*, Harper Business/Harper Collins, 1994.

8 Heifetz, Ronald A., *Leadership Without Easy Answers.* Cambridge: Belknap Press – Harvard University Press, 1994.

KAPITEL 2
Die Dynamik schöpferischer Zerstörung – oder: Das Schicksal der East River Savings Bank

1 „East River Savings' New Name", *The Wall Street Journal*, 18. Oktober 1988.

2 Allon, J., „Neighborhood Report for the Upper West Side", *The New York Times*, 9. November 1997.

3 Als absehbar war, dass aus der Bank eine Apotheke werden würde, ließen kommunale Aktivisten das Äußere des Gebäudes unter Denkmalschutz stellen. Über das Innere des Gebäudes wurde noch nicht endgültig entschieden.

4 Dies ist nicht der einzige Indikator, den man verwenden könnte. Wir haben auch die entsprechende Zahl von Unternehmen an den größeren Börsen verfolgt, wobei sich ein ähnliches, wenn auch etwas weniger drastisches Muster beobachten lässt. Ein weiterer Indikator ist die Zahl von Unternehmen in unserem Sample von fünfzehn Branchen; diese hat sich von etwa 250 pro Jahr am Beginn unserer Datensammlung auf über sechshundert im Jahre 1998 erhöht.

5 Joseph Alois Schumpeter, *Konjunkturzyklen. Eine theoretische, historische und statistische Analyse des kapitalistischen Prozesses.* Dt. von Klaus Dockhorn, 2 Bde. Göttingen: Vandenhoeck und Ruprecht, 1961.

6 Die genaue Formel lautet Ii = (Pi-Pe)/Ce, wobei gilt:
Ii = Performance Index
Pi = Performance der Branche beziehungsweise des Unternehmens
Pe = Performance der Gesamtwirtschaft beziehungsweise der Branche
Ce = 90% Konfidenzbereich für die Wirtschaft beziehungsweise Branche

7 *Standard and Poor's Industry Survey of Computer and Office Equipment*, 6/6/85, S. C83.

8 G. K. Chesterton, zitiert in Peter L. Bernstein, *Against the Gods: The Remarkable Story of Risk.* New York: John Wiley & Sons, Inc., 1996.

9 Sterman, John D., *Business Dynamics: Systems Thinking and Modeling for a Complex World.* New York: Irwin/McGraw-Hill, 2000.

KAPITEL 3
Erstarrung in der Unternehmenskultur

1 Zitiert in Alfredo Medio und Giampaolo Gallo, *Chaotic Dynamics: Theory and Applications to Economics.* Cambridge: Cambridge University Press, 1995.

2 „What Went Wrong at IBM: The Toughest Job in American Business“, *The Economist*, 16. Januar 1993.

3 Zitiert in Medio und Gallo, op. cit.

4 Kenneth Craik, zitiert in Philip N. Johnson-Laird, *Mental Models.* Cambridge, MA: Harvard University Press, 1983.

5 Virginia Woolf, zitiert in Maria F. Ippolito und Ryan D. Tweney, „The Inception of Insight“, in *Nature of Insight*, Hrsg. Robert J. Sternberg und Janet E. Davidson, Cambridge, MA: MIT Press, 1995, S. 433-462.

6 Johnson-Laird, op. cit.

7 Ebd.

8 Dean Keith Simonton, *Scientific Genius: A Psychology of Science.* Cambridge: Cambridge University Press, 1988.

9 James G. March, *A Primer on Decision Making: How Decisions Happen.* New York: The Free Press-Macmillan, 1994.

10 Siehe Johnson-Laird, der Experimente mit Wason-Karten schildert, die diese These bestätigen.

11 March, op. cit.

12 Simonton, op. cit.

13 Jay W. Forrester, *World Dynamics.* Cambridge, MA: Wright-Allen Press, 1971.

14 March, op. cit.

15 Sterman, op. cit.

16 Johnson-Laird, op. cit.

17 Dies mag tautologisch klingen, denn Glaubenssätze sind selbst mentale Modelle. Sie können aber auch als Werkzeugmaschinen für mentale Modelle fungieren und zum Zusammenbau anderer mentaler Modelle dienen, so wie Werkzeugmaschinen zur Herstellung anderer Maschinen dienen.

18 Simons, op. cit.

19 Ebd.

20 Siehe Anhang C zur analytischen Beschreibung der Dynamik ökonomischer Übergänge.

21 John Markoff, „I.B.M.'s Chief Criticizes Staff Again", *The New York Times,* 19. Juni 1991.

22 Priscilla L. Vail, *Emotion: The On/Off Switch for Learning.* Rosemont, NJ: Modern Learning Press, 1994.

23 Zitiert in Sterman, op. cit.

24 Das englische Wort *manage* stammt vom italienischen *maneggio* ab, was so viel bedeutet wie „ein Pferd abrichten". Quelle: WWWebster.

25 Adam Smith, *The Wealth of Nations: An Inquiry into the Nature and Causes* (1776). New York: Everyman's Library, 1991.

26 Kahnemann, Daniel, Paul Slovic und Amos Tversky (Hrsg.), *Judgment Under Uncertainty: Heuristics and Biases.* Cambridge: Cambridge Univesity press, 1982.

KAPITEL 4
Operativ versus Kreativ – oder: Der Fall Storage Technology Corporation

1 „A Corny (But True) Story", *Forbes,* 15. Oktober 1977.

2 „Buying Magnuson and Its Problems", *The New York Times,* 21. Dezember 1981.

3 Karen Blumenthal, „At a Crossroads: Storage Technology, In a Slump, Pins Hope On New Data Device – Firm's Woes Show Hazards Of Battling With IBM; It

Pushes Optical System – Technological Glitches Hurt", *The Wall Street Journal*, 16. August 1984.

4 Ebd.

5 Sandra D. Atchison, Mary J. Pitzer und Marilyn A. Harris, „Storage Technology Found Its Iacocca?", *Business Week*, 4. Februar 1985.

6 Mark Ivey, „Storage Technology Is Turning Around – But Where's It Headed?", *Business Week*, 24. Februar 1986.

7 Hal Lancaster, „Storage Technology to Launch Its Vaunted Iceberg – Many Rave About the Data-Storing Device, but Some Doubts Linger", *The Wall Street Journal*, 24. Januar 1992.

8 Ebd.

9 Diese Gespräche führten wir in Zusammenarbeit mit dem Center for Corporate Innovation, Inc., 10835 West Olympic Boulevard, Suite 835, Los Angeles, CA 90064, Tel. (310) 575-1444.

10 Diese Sicht deckt sich absolut mit Schumpeters Denkweise. Schumpeter verwendete zwar nicht den Begriff „Innovation" selbst, führte aber die ökonomischen Effekte, die er beobachtete, zurück auf „die Einführung einer neuen Ware, die Einführung einer neuen Fertigungsmethode, die Erschließung eines neuen Marktes, die Erschließung einer neuen Bezugsquelle für Rohstoffe oder halb fertige Produkte und die Neuordnung einer Branche, etwa durch die Bildung oder Zerschlagung eines Monopols". Sicherlich waren technische Fortschritte und Produktverbesserungen in Schumpeters Konzept enthalten, doch sie bildeten nur einen Teil davon.

11 Simons, op. cit.

12 Siehe Kasten mit der Definition von „Innovation" am Ende dieses Kapitels, S. 157.

13 Michael L. Tushman und Philip Anderson, „Technological Discontinuities and Organization Environments", *Administrative Science Quarterly*, September 1986, S. 439-468.

14 Das neuzeitliche Nachdenken über das Wesen der Kreativität setzte Mitte bis Ende des neunzehnten Jahrhunderts ein, als Europa einen wahren Ausbruch an Kreativität in den Künsten und den Beginn der zweiten wirklichen Revolution in den Naturwissenschaften erlebte. In der Kunst kam der Impressionismus auf. Monet ließ sich 1863 in Giverny nieder. De Maupassant und andere Schriftsteller reflektierten in ihren Gedanken und Werken das Wesen der Kreativität. In der Musik nahmen Bruckner und später Mahler eine wichtige Stellung ein. Verdi und Wagner kämpften um die Herrschaft über die Opernbühne. In den Naturwissenschaften erfreute sich Darwin bald großer Popularität, und die Theorie des Elektromagnetismus beschäftigte die Phantasie nicht weniger Unternehmer.

In der Mathematik hatte – dank der Vorarbeiten von Cauchy und anderen – die Zahlentheorie in Wien ihren Siegeszug angetreten, die später der Quantenmechanik den Weg bahnte.

15 Simonton, S. 24.

16 Csikszentmihalyi, Mihaly, „Kreativität. Wie Sie das Unmögliche schaffen und Ihre Grenzen überwinden. Dt. von Maren Klostermann, Stuttgart: Klett-Cotta, 1997, S. 18

17 Epstein, Robert, *Cognition, Creativity and Behavior.* Westport, Connecticut, Praeger, 1996.

18 Simonton, S. 43

19 Csikszentmihalyi, S. 141-2

20 Simonton, 1988

21 Simonton, 1988.

22 Siehe Ippolito und Tweney.

23 Csikszentmihalyi, S. 20.

24 Ebd., S. 373

25 Ebd., S. 374-5

26 Winsemius, Peter, „The Emotional Revolution“, Amsterdam: McKinsey & Company, 1999.

27 Amabile, Teresa M., et. al., Hrsg., *Creativity in Context: Update to the Social Psychology of Creativity.* Boulder, Colorado: Westview Press/Perseus Books, 1996.

28 Dies deckt sich mit den Beobachtungen von Kahneman und Tversky, wonach die Korrelation zwischen Kreativität und Risiko U-förmig ist. Wenn Menschen zielnah operieren, sind sie risikoscheu; wenn sie ihren Zielen weit voraus sind oder weit hinter diesen zurückliegen, setzen sie vermehrt kreative Strategien ein. Anscheinend entspricht dies eher der kreativen Persönlichkeit, die selten einen Zustand der Zufriedenheit erreicht.

29 Siehe Csikszentmihalyi, 1997.

30 Isaak, M. I., und Just, M. M., „Constraints on Thinking in Insight and Invention“. *Nature of Insight,* Hrsg. Robert J. Sternberg und Janet E. Davidson, Cambridge, MA: MIT Press, 1995, S. 281-326.

KAPITEL 5
Die Stürme der Zerstörung

1 Hardy, Quentin, „Technology & Science: McAfee Will Lobby Stockholders in Bid to Get Cheyenne“, *The Wall Street Journal*, 17. April 1996.

2 „Technology & Telecommunications: Cheyenne Sues McAfee, Chief on Fraud Charges“, *The Wall Street Journal*, 19. April 1996.
3 Weber, Thomas E. und Steven Lipin, „Computer Associates to Buy Cheyenne – Pact for $ 1.2 Billion Comes Half Year After Target Spurned McAfee's Offer“, *The Wall Street Journal*, 8. Oktober 1996.
4 „Strategic Exit and Corporate Transformation: Evolving Links of Technology Strategy and Substantive Generic Corporate Strategies“, Robert A. Burgelman, George W. Cogan und Bruce K. Graham, Research Paper Series, Graduate School of Business, Stanford University, Nr. 1406, September 1996.
5 Ebd.
6 Ebd.
7 Ebd.
8 Ebd.
9 Ebd.
10 Winsemius, 1999.
11 Ebd.
12 Kübler-Ross, Elisabeth, *On Death and Dying*, New York: Collier – Macmillan, 1969.
13 Die Zeitspanne reicht von 250 Jahren, wie Tacitus behauptet, bis zu 1500 Jahren, wenn wir Lipsius folgen. Die durchschnittliche Dauer der Dynastien in Ägypten lag eher bei dreihundert Jahren.
14 Zwar gehen von Zeit zu Zeit größere Unternehmen in den Vereinigten Staaten in Konkurs, doch die amerikanischen Konkursgesetze bremsen diesen Prozess. Wichtigste Quelle transformatorischer Zerstörung ist die Übernahme.

KAPITEL 6
Zerstörung und Schöpfung im Gleichgewicht

1 CNN, 6. März 2000.
2 CNBC, 6. Dezember 1999.
3 CNN, 20. Juli 1999.
4 Siehe Website von Corning.
5 Alle Äußerungen entstammen einem Papier über Wertvorstellungen, das Welchs Strategieteam damals ausarbeitete.
6 Anderson, Michael A. und Gordon Bock, „Information Processing: Sequent Discovers Talents It Didn't Know It Had – Its Fast-Thinking Computer Hasn't Done Well In The Scientific Market – But It's A Surprise Hit In Offices“, *Business Week*, 19. Mai 1986.

7 Heins, John, „Many Hands Make Light Work. (Sequent Computer Systems Inc.)", *Forbes*, 29. Mai 1989.

8 „Sequent Computer Posts Quarterly Loss, Cites Major Charge", *The Wall Street Journal*, 21. Oktober 1991.

9 Hof, Robert D., „Information Processing: Just When Sequent Thought It Was Safe ... The Computer Maker's Once-Cozy Turf Is Being Invaded", *Business Week*, 9. November 1992.

10 „Sequent Goes It Alone In Bid For Top Spot: Ignores The Industry Trends Of Volume And Commodity", *Computergram International*, 17. März 1997.

Bibliographie

Csikszentmihalyi, Mihaly, *Flow. Das Geheimnis des Glücks*. Dt. von Annette Charpentier, Stuttgart: Klett-Cotta, 1992.

Drucker, Peter F., *Die Zukunft bewältigen. Aufgaben und Chancen im Zeitalter der Ungewissheit* (*The Age of Discontinuity*, 1968), Dt. von Meinrad Amann. Düsseldorf: Econ, 1969/1998.

Foster, Richard N., *Innovation. Die technologische Offensive* (*Innovation. The Attacker's Advantage*, 1986), Dt. von Brigitte Stein. Wiesbaden: Gabler, 1986.

Schumpeter, Joseph Alois, *Konjunkturzyklen. Eine theoretische, historische und statistische Analyse des kapitalistischen Prozesses*, Dt. von Klaus Dockhorn, 2 Bde., Göttingen: Vandenhoeck und Ruprecht, 1961.

Schumpeter, Joseph Alois, *Kapitalismus, Sozialismus und Demokratie*, Dt. von Susanne Preiswerk, München: Francke, 1972.

KAPITEL 7
Auf Wandel angelegt

1 Peltz, Michael, „High Tech's Premier Venture Capitalists", *Institutional Investor*, Juni 1996.

2 Ebd.

3 Perkins, Anthony B., „The Thinker – Interview with John Doerr, General Partner in Charge of Investments in Information Technology at Kleiner Perkins Caulfield & Byers", *The Red Herring*, 1. März 1995.

4 Rutter, Nancy, „Fastest VC in the West", *Forbes*, 25. Okt. 1993.

5 Perkins, Anthony, op. cit.

6 Peltz Michael, op. cit.

7 Leveraged Buyout: Fremd finanzierter Unternehmenskauf durch private Finanzinvestoren
8 Baker, George P. und Smith, George David, *The New Financial Capitalists: Kohlberg Kravis Roberts and the Creation of Corporate Value*, Cambridge 1998.
9 Mittlerweile novelliert durch den National Securities Markets Improvement Act von 1996.
10 Baker und Smith, op. cit.
11 Pricewaterhouse Coopers MoneyTree®-Erhebung
12 Baker und Smith, op. cit.
13 The Street.com
14 Nach Auskunft der National Business Incubator Association.

KAPITEL 8
Schöpferische Zerstörung anführen

1 Heifetz, Ronald A., *Leadership Without Easy Answers*, Cambridge 1994.
2 Ebd.
3 Ebd.
4 Hall, Cheryl, „When the parts are greater than the sum; Some of Safeguard Scientifics' spinoffs reap big rewards for investors“, *The Dallas Morning News*, 12. März 1995
5 CNBC/Dow Jones Business Video, 03/16/1999.
6 Bulkeley, William M., „Tech IPOs Put Unsung Backer In the Limelight“, *The Wall Street Journal*, 14. Okt. 1999.
7 Presse-Verlautbarung von Website, 26.5.1999.
8 CNBC/Dow Jones Business Video, 16.3.1999.
9 Born, Pete, „Lindsay Owen-Jones. A world vision for L'Oréal“, *Women's Wear Daily*, 12. Okt. 1990.
10 Barrett, Amy, „L'Oréal's Pretty Face Veils Growth Drive – Research Arm Helps Maintain Ist Global Position“, *The Wall Street Journal*, 16. Jan. 1998

KAPITEL 9
Wie man Neuschöpfung verzehnfacht

1 Lerner, Josh, *Venture Capital & Private Equity*, New York 2000.
2 Erstmals 1996 entwickelt von Kevin Coyne und anderen im McKinsey-Office Atlanta.

3 Csikszentmihalyi, a. a. O., S. 20
4 Smith, Steven, „Getting into and out of mental ruts: A theory of fixation, incubation, and insight“, *Nature of Insight*, Hg. von Robert J. Sternberg und Janet E. Davidson, Cambridge 1995.
5 Everdell, William R. , *The First Moderns: Profiles in the Origins of Twentieth-Century Thought*, Chicago 1997.
6 Simonton, Dean Keith, „Foresight in insight? A Darwinian answer“, *Nature of Insight,* Hg. von Robert J. Sternberg und Janet E. Davidson, Cambridge 1995, S. 465-494.
7 Csikszentmihalyi, a. a. O., S. 341
8 Diese Arbeiten wurden ursprünglich von Lothar Stein, Director im McKinsey-Office München, geleitet.

KAPITEL 10
Kontrolle, Eigenverantwortung und Risiko

1 Drucker, Peter F., *Das Großunternehmen – Sinn, Arbeitsweise und Zielsetzung in unserer Zeit*, Düsseldorf, Wien 1966, S. 69.
2 Ebd., S. 70
3 Merchant, Kenneth A., *Control in Business Organizations*, Boston: Pittman, 1985.
4 Simons, Robert, *Levers of Control: How Managers Use Innovative Control Systems to Drive Strategic Renewal*, Boston 1995.
5 In einer Studie über die Budgetpraktiken von mehr als vierhundert US-Firmen gaben fast alle Befragten an, sie hätten schon ein oder mehr Budgettricks angewandt. Die Manager haben die Budgetziele entweder nicht akzeptiert und sich entschieden, das System zu schlagen, oder sie spürten den Druck, die Budgetziele unter allen Umständen einzuhalten.
6 *Business Month*, Dez. 1989, S. 33 und *Management Review*, 1986, S. 49.
7 Wir plädieren hier nicht für den vollständigen Verzicht auf Planung und Kontrolle, wir versuchen lediglich die Unterschiede zwischen Märkten und Konzernen zu verdeutlichen, und eines der kennzeichnenden Merkmale von Märkten ist, dass in ihnen keine Planung und Kontrolle stattfindet.
8 Tom Peters, Conference Board Review, 1991.
9 Pinchot, Gifford, *Intrapreneuring: Why You Don't Have to Leave the Corporation to Become an Entrepreneur*, New York 1985.
10 Bernstein, Peter L., *Against the Gods: The Remarkable Story of Risk*, New York 1996.
11 CCI Interviews.

12 Simonton, Dean Keith, [Die Angabe verweist auf ein nicht in der Bibliographie angeführtes Buch oder die Jahreszahl ist falsch]

13 Baldwin, William, „Serendipity", *Forbes*, 16. Nov. 1987.

14 *New England Business*, Dez. 1989.

15 Wilke, John R., „Innovative Ways: Thermo Electron Uses An Unusual Strategy to Create Products – It >Spins Out< New Companies to the Public but Retains a Majority of the Stocks – for Sale: Core Technologies", *The Wall Street Journal*, 5. Aug. 1993.

16 *The Wall Street Journal*, 5. Aug. 1993, S. A1.

17 Bulkeley, William M., „Thermo Electron to Take Pretax Charge, Reacquire Stakes in Four Subsidiaries", *The Wall Street Journal*, 25. Mai 1999.

18 Sellers, Patricia, „So You Fail. Now Bounce Back!", *Fortune*, 1. Mai 1995.

19 Ford, Cameron, M., und Dennis A Giola, *Creative Actions in Organizations: Ivory Tower Visions & Real World Voices*, Thousand Oaks 1995.

KAPITEL 11
Tempo und Ausmaß des Wandels bestimmen

1 Quelle: Jahresbericht 1972 von Johnson & Johnson, Brief des Chairman an die Aktionäre.

2 Sämtliche Zitate aus persönlichen Unterredungen und Briefen, sofern nicht anders angegeben.

3 Jones, Gladys Montgomery, „Framing the future: How Johnson & Johnson executives keep in touch with the changing marketplace – and one another", Magazin von *Continental Airlines*, März 1999.

4 Am 18. August 1993 berichtet *Chemical Week*, dass J&J den Abbau von 3000 Arbeitsplätzen und – damit zusammenhängend – eine Abschreibung in Höhe von 200 Millionen Dollar bekannt gegeben habe.

5 Barrett, Amy, „J&J Stops Babying Itself", *Business Week*, 13. Sept. 1999.

6 Im Jahr 1998 übernahm Russell Deyo von Roger Finde die Verantwortung für das .

7 Daretta und Gelbman kam eine Schlüsselrolle bei der Führung späterer FrameworkS-Sitzungen zu.

8 Ralph S. Larsen, „FrameworkS: Turning the Challenges of Change into Opportunities for Growth", 1. Mai 99, *Chief Executive* (U.S.)

ANHANG C

1 Fisher, J. C. und Ory, R. H., „A Simple Substitution Model for Technological Change“, *Technological Forecasting and Social Change* 3, 1971, S. 75-88.

2 Kahnemann, Daniel, Slovic, Paul und Tversky, Amos, (Hg.), *Judgement Under Uncertainty: Heuristics and Biases*, Cambridge 1982.

3 Kerr, Richard A., „The Little Ice Age – Only the Latest Big Chill“, *Science*, 25. Juni 1999.

4 *Science*, Juni 1999.

Weiterführende Literatur

Amabile, Teresa M. et. al. (Hg.). Creativity in Context: Update to the Social Psychology of Creativity. Boulder: Westview Press/Perseus Books, 1996.

Argyris, Chris und Donald A. Schön. Die lernende Organisation: Grundlagen, Methode, Praxis. Stuttgart: Klett-Cotta, 1999.

Argyris, Chris. Wissen in Aktion: Eine Fallstudie zur lernenden Organisation. Stuttgart: Klett-Cotta, 1997.

Arthur, Brian W. Increasing Returns and Path Dependence in the Economy. Ann Arbor: University of Michigan Press, 1994.

Baker, George P. und George David Smith. The New Financial Capitalists: Kohlberg Kravis Roberts and the Creation of Corporate Value. Cambridge: Cambridge University Press, 1998.

Bernstein, Peter L. Wider die Götter: Die Geschichte von Risiko und Riskmanagement von der Antike bis heute. München: Gerling Akademie Verlag, 2000.

Christensen, Clayton M. The Innovator's Dilemma: When New Technologies Cause Great Firms to Fail. Boston: Harvard Business School Press, 1997.

Csikszentmihalyi, Mihaly. Wie Sie das Unmögliche schaffen und Ihre Grenzen überwinden. Stuttgart: Klett-Cotta, 1997.

Csikszentmihalyi, Mihaly. Flow: Das Geheimnis des Glücks. Stuttgart: Klett-Cotta, 2001.

Csikszentmihalyi, Mihaly und Keith Sawyer. „Creative Insight: The Social Dimension of a Solitary Moment" in: Nature of Insight. Hg. von Robert J. Sternberg und Janet E. Davidson. Cambridge: MIT Press, 1995.

Drucker, Peter F. The Age of Discontinuity: Guidelines to Our Changing Society. New Brunswick: Transaction Publishers, 1992.

Drucker, Peter F. Concept of the Corporation. New Brunswick: Transaction Publishers, 1993.

Dunbar, Kevin. „How Scientists Really Reason: Scientific Reasoning in Real-World Laboratiories" in: Nature of Insight. Hg. von Robert J. Sternberg und Janet E. Davidson. Cambridge: MIT Press, 1995.

Epstein, Robert. Cognition, Creativity and Behavior. Westport: Praeger, 1996.
Everdell, William R. The End of Kings: A History of Republics and Republicans. New York: The Free Press, 1983.
Everdell, William R. The First Moderns: Profiles in the Origins of Twentieth-Century Thought. Chicago: University of Chicago Press, 1997.
Ford, Cameron M. und Gennis A. Giola. Creative Actions in Organizations: Ivory Tower Visions and Real World Voices. Thousand Oaks: Sage Publications, 1995.
Forrester, Jay W. World Dynamics. Cambridge: Wright-Allen Press, 1971.
Foster, Richard N. Innovation: The Attacker's Advantage. New York: Summit Books/Simon & Schuster, 1986.
Heifetz, Ronald A. Leadership Without Easy Answers. Cambridge: Belknap Press/Harvard University Press, 1994.
Ippolito, Maria F. und Ryan D. Tweney. „The Inception of Insight" in: Nature of Insight. Hg. von Robert J. Sternberg und Janet E. Davidson. Cambridge: MIT Press, 1995.
Isaak, M. I. und M. M. Just. „Constraints on Thinking in Insight and Invention" in: Nature of Insight. Hg. von Robert J. Sternberg und Janet E. Davidson. Cambridge: MIT Press, 1995.
Johnson-Laird, Philip N. Mental Models. Cambridge: Harvard University Press, 1983.
Kahnemann, Daniel, Paul Slovic und Amos Tversky (Hg.). Judgement under Uncertainty: Heuristics and Biases. Cambridge: Cambridge University Press, 1982.
Kübler-Ross, Elizabeth. Über den Tod und das Leben danach. Güllesheim: Silberschnur, 2001 (1969).
Lerner, Josh. Venture Capital and Private Equity: A Casebook. New York: John Wiley, 2000.
March, James G. A Primer on Decision Making: How Decisions Happen. New York: The Free Press – Macmillan, 1994.
Merchant, Kenneth A. Control in Business Organizations. Boston: Pittman, 1985.
Pinchot, Gifford. Intrapreneuring: Why You Don't Have to Leave the Corporation to Become an Entrepreneur. New York: Harper & Row, 1985.
Reston, James. The Last Apocalypse: Europe at the Year 1000 A. D. New York: Doubleday, 1998.

Schumpeter, Joseph A. Theorie der wirtschaftlichen Entwicklung: Eine Untersuchung über Unternehmergewinn, Kapital, Kredit, Zins und den Konjunkturzyklus. Berlin: Duncker und Humblot, 1997 (9. A.).

Schumpeter, Joseph A. Kapitalismus, Sozialismus und Demokratie. Stuttgart: UTB, 1993 (7. A.).

Senge, Peter M. Die Fünfte Disziplin: Kunst und Praxis der lernenden Organisation. Stuttgart: Klett-Cotta, 1999 (8. A.).

Senge, Peter M. et. al. Das Fieldbook zur Fünften Disziplin. Stuttgart: Klett-Cotta, 1996.

Simons, Robert. Levers of Control: How Managers Use Innovative Control Systems to Drive Strategic Renewal. Boston: Harvard Business School Press, 1995.

Simonton, Dean Keith. Genius, Creativity, and Leadership. Cambridge: Harvard University Press, 1984.

Simonton, Dean Keith. Scientific Genius: A Psychology of Science. Cambridge: Cambridge University Press, 1988.

Simonton, Dean Keith. „Foresight in Insight? A Darwinian Answer“ in: Nature of Insight. Hg. von Robert J. Sternberg und Janet E. Davidson. Cambridge: MIT Press, 1995.

Smith, Steven. „Getting Into and Out of Mental Ruts: A Theory of Fixation, Incubation and Insight“ in Nature of Insight. Hg. von Robert J. Sternberg und Janet E. Davidson. Cambridge: MIT Press, 1995.

Sterman, John D. Business Dynamics: Systems Thinking and Modeling for a Complex World. New York: Irwin/McGraw-Hill, 2000.

Sternberg, Robert J. und Janet E. Davidson (Hg.). Nature of Insight. Cambridge: MIT Press, 1995.

Tushman, Michael L. und Philip Anderson. „Technological Discontinuities and Organization Environments“ in Administrative Science Quarterly, September 1986, S. 439-468.

Vail, Priscilla L. Emotion: The On/Off Switch for Learning. Rosemont: Modern Learning Press, 1994.

Winsemius, Peter. The Emotional Revolution. Amsterdam: McKinsey & Company, 1999.

Stichwortverzeichnis

E

F

G

RICHARD FOSTER ist Senior Partner im New Yorker Büro von McKinsey & Company, einer weltweit tätigen Unternehmensberatung. Er kam 1973 zur Firma, wurde 1977 zum Partner und 1982 zum Senior Partner gewählt. Im Rahmen seiner Beratungstätigkeit bei McKinsey hat er für Klienten aus über 50 Branchen gearbeitet. Richard Foster hat sich besonders intensiv mit der Frage beschäftigt, wie große Unternehmen ihr Wachstum und ihre Innovationsleistung verbessern können. Richard Foster hat mehrere Artikel über Innovation und Unternehmenserfolg in der BusinessWeek, dem Wall Street Journal und der Harvard Business Review veröffentlicht. Sein Buch Innovation: The Attacker's Advantage wurde in einer Umfrage des Wall Street Journal zu einem der fünf besten Management-Bücher des Jahres 1986 gewählt. Foster ist Mitglied im Stiftungsrat des Santa Fe Institute, im Leitungsgremium der Keck Foundation sowie im Beirat des Whitehead Institute. Er hat an der Yale University in Ingenieurwesen und angewandten Naturwissenschaften promoviert. Richard Foster lebt mit seiner Frau in New York City und ist Vater dreier Söhne.

SARAH KAPLAN war als „Innovation Specialist" im New Yorker Büro von McKinsey & Company beschäftigt, wo sie über zehn Jahre lang Unternehmen aus aller Welt zu Fragen des Wachstums und der Erneuerung beriet. Ihre Klienten stammten aus so unterschiedlichen Branchen wie Pharma, Luftverkehr und Konsumgüter. Sarah Kaplan hat an der University of California in Los Angeles und der Johns Hopkins School for Advanced International Studies studiert. Gegenwärtig promoviert sie an der MIT Sloan School of Management in Technologiemanagement, Innovation und Unternehmertum. Sarah Kaplan lebt in Cambridge, Massachusetts.